Paradigmenwechsel im Gesundheitswesen
durch neue Versorgungsstrukturen?

ALLOKATION IM MARKTWIRTSCHAFTLICHEN SYSTEM

Herausgegeben von
Heinz König (†), Hans-Heinrich Nachtkamp,
Ulrich Schlieper, Eberhard Wille

Band 52

PETER LANG
Frankfurt am Main · Berlin · Bern · Bruxelles · New York · Oxford · Wien

EBERHARD WILLE
MANFRED ALBRING
(HRSG.)

PARADIGMENWECHSEL IM GESUNDHEITSWESEN DURCH NEUE VERSORGUNGS-STRUKTUREN?

8. Bad Orber Gespräche
6.–8. November 2003

PETER LANG
Europäischer Verlag der Wissenschaften

Bibliografische Information Der Deutschen Bibliothek
Die Deutsche Bibliothek verzeichnet diese Publikation in der
Deutschen Nationalbibliografie; detaillierte bibliografische
Daten sind im Internet über <http://dnb.ddb.de> abrufbar.

ISSN 0939-7728
ISBN 3-631-53394-2
© Peter Lang GmbH
Europäischer Verlag der Wissenschaften
Frankfurt am Main 2004
Alle Rechte vorbehalten.

Das Werk einschließlich aller seiner Teile ist urheberrechtlich geschützt. Jede Verwertung außerhalb der engen Grenzen des Urheberrechtsgesetzes ist ohne Zustimmung des Verlages unzulässig und strafbar. Das gilt insbesondere für Vervielfältigungen, Übersetzungen, Mikroverfilmungen und die Einspeicherung und Verarbeitung in elektronischen Systemen.

www.peterlang.de

Danksagung

Die Fertigstellung des vorliegenden Symposium-Bandes der achten „Bad Orber Gespräche" erforderte ein hohes Engagement. Von der Planung und Vorbereitung bis hin zur Durchführung der Tagung und Präsentation der Ergebnisse als Publikation waren Arbeitseinsatz und Motivation vieler Beteiligter gefragt. Stellvertretend für alle möchten wir unseren ausdrücklichen Dank Dr. Michaela Flug, Dr. Vanessa Elisabeth Schaub, Konstanze Lipelt aussprechen.

Prof. Dr. rer. pol. Eberhard Wille   Dr. med. Manfred Albring

Berlin, im September 2004

Inhaltsverzeichnis

Birgit Naase	Vorwort	9
Manfred Albring	Begrüßung	21
Peter Zweifel	Was können wir vom Schweizer Gesundheitswesen lernen?	25

Themenkreis 1

Gerhard Schulte	Vertragswettbewerb	43
Helge Sodan	Selektives Kontrahieren unter wettbewerbsrechtlichen Gesichtspunkten	45
Ingwer Ebsen	Selektives Kontrahieren in der GKV unter wettbewerbsrechtlichen Gesichtspunkten	57
Hans Jürgen Ahrens	Umsetzung der integrierten Versorgung bis zu Einzelverträgen	81
Karl-Heinz Schönbach	Integrierte Versorgung	87
Jürgen Bausch	Vertragswettbewerb und ärztliche Vergütung	101
Klaus-Dieter Kossow	Vertragswettbewerb und ärztliche Vergütung	109
Franz Knieps	Vertragswettbewerb	121
Heinz Lohmann	Auswirkungen von Vertragswettbewerb auf die Krankenhäuser: vom Budget- zum Vertragssystem	125
Werner Gerdelmann	Auswirkungen von Vertragswettbewerb auf die Krankenhäuser	133
Wolfgang Schmeinck	Auswirkungen der Preisbildungsregelung im Arzneimittelbereich	143
Frank E. Münnich	Auswirkungen der Preisbildungs- und Erstattungs-Neuregelungen im Arzneimittelbereich	151
Christoph Straub	Interdependenzen zwischen Disease-Management-Programmen und Vertragswettbewerb	165

Rolf Hoberg	Interdependenzen zwischen Disease-Management-Programmen und Vertragswettbewerb	175

Themenkreis 2

Eberhard Wille	Effizienz und Effektivität der Arzneimitteltherapie	187
Ulrich Schwabe	Bewertung des Nutzens aus ärztlicher Sicht	205
Norbert Schmacke	Bewertung des Nutzens von Arzneimitteln aus ärztlicher Sicht	229
Oliver Schöffski	Probleme der Kosten-Nutzen-Bewertung	243
Wolfgang Kaesbach	Probleme der Kosten-Nutzen-Bewertung	255
Dieter Cassel	Innovationshürden und Diffusionsbarrieren der Arzneimittelversorgung	275
Bertram Häussler	Innovationshürden als Barriere der medizinischen Versorgung: Vermindert ein restriktiver Umgang mit innovativen Leistungen die Leistungsfähigkeit des Gesundheitssystems?	289
	Verzeichnis der Referenten	301
	Verzeichnis der Teilnehmer	303

Vorwort

Birgit Naase

Seit Jahren wird darüber diskutiert, ob nicht durch andere Versorgungsstrukturen die Gesundheitsversorgung besser und/oder preiswerter organisiert werden kann als im bisherigen System. Der Weg geht über Modellvorhaben nach § 63 SGB V, Strukturverträge nach § 73 ASGB V, Disease-Management-Programme bis hin zu Integrationslösungen, die durch das Gesundheitsmodernisierungsgesetz einen kräftigen Schub erhalten haben, sowie über hausarztzentrierte Versorgungsformen. Der Zeitpunkt für eine eingehende Auseinandersetzung mit den Fragen, die die Implementation neuer Versorgungsstrukturen aufwerfen, ist gut gewählt, denn es ist nicht zu übersehen, dass Bewegung in die Landschaft gekommen ist. Vertragswettbewerb ist kein leeres Wort mehr, sondern alle Beteiligten sowohl auf Seiten der Kostenträger als auch auf Seiten der Leistungserbringer haben erkannt, dass man die Gestaltung der Strukturen aktiv betreiben muss, wenn man das Feld nicht anderen überlassen will.

- Die Veranstaltung hat es sich zum Ziel gesetzt, zu versuchen, Antworten auf die drängendsten Fragen zu finden:

- Welche Voraussetzungen sind für einen effizienten Vertragswettbewerb erforderlich?

- Wie stark muss der Rahmen gesetzt sein?

- Warum hat das bisher so wenig geklappt?

- Was bedeutet das für die einzelnen Sektoren, z. B. die Krankenhausplanung, die Preisbildung bei Arzneimitteln?

- Wie ordnen sich die Disease-Management-Programme in diese Vorstellungen ein?

- Worum soll der Wettbewerb gehen, um Preise, Qualität, Leistungen oder die Struktur der Versorgung, und wie kann er im Einzelnen aussehen?

Vom Ausland lernen

In seinem Festvortrag ordnet Prof. Peter Zweifel die Diskussion über die Effizienz eines Gesundheitssystems ein anhand der fünf Kriterien: präferenzgerechte Versorgung, produktionstechnische Effizienz, Anpassungskapazität, dynamische Effizienz und leistungsgerechte Einkommensverteilung. Unter Wettbewerb im Gesundheitswesen versteht er dabei nicht notwendig das freie Spiel von Angebot und Nachfrage auf einem Spotmarkt, sondern dass Verträge mit frei wählbaren Inhalten zwischen frei wählbaren Partnern abgeschlossen werden können, wovon man hierzulande noch weit entfernt ist. Sein Bericht über die Organisation der Gesundheitsversorgung in der Schweiz öffnet die Augen dafür, was bei Reformen in Deutschland zu beachten ist. So zeigt er, dass Einheitsprämien einen Risikostrukturausgleich als sekundäre Regulierung bedingen und der Risikostrukturausgleich seinerseits wiederum ungünstige Nebenwirkungen entfaltet, indem er nicht nur den Anreiz zur Risikoselektion, sondern auch den zur Innovation schwächt. Er weist zudem auf die Schwierigkeit hin, einen weit gefassten Pflichtkatalog an Leistungen mit den individuellen Präferenzen in Übereinstimmung zu bringen, und er legt dar, dass einheitliche Preise es unmöglich machen, Unterschiede der Präferenzen in Preissignale umzusetzen.

Wettbewerbsrechtliche Aspekte einzelvertraglicher Beziehungen zwischen Kostenträgern und Leistungserbringern

Die Beiträge von Prof. Ingwer Ebsen und Prof. Helge Sodan beleuchten den wettbewerblichen Aspekt eines möglichen Aufbruchs in ein Zeitalter, in dem das korporatistische Grundmodell des deutschen Krankenversicherungssystems durch einzelvertragliche Lösungen ersetzt werden könnte. Er betrachtet dabei unterschiedliche Vertragsmöglichkeiten zwischen Leistungserbringern und Krankenkassen: den Zulassungsakt, wie er heute z. B. bei Vertragsärzten, Krankenhäusern, Heil- und Hilfsmittelerbringern und Apothekern zum Tragen kommt, und das selektive Kontrahieren über Verträge oder einseitige Zulassungsakte der GKV, bei dem es im Ermessen der Krankenkassen liegt, ob und in welchem Umfang Leistungserbringer auf ihre Kosten für ihre Versicherten tätig werden können, wie z. B. bei den Rehabilitationseinrichtungen oder den Modellvorhaben nach § 64 Abs. 1 SGB V, der Versorgung mit Haushaltshilfen nach § 132 SGB V oder der häuslichen Krankenpflege nach § 132a Abs. 2 SGB V.

Die Möglichkeiten des selektiven Kontrahierens sind mit dem Gesundheitsmodernisierungsgesetz deutlich erweitert worden: durch Verträge über eine hausarztzentrierte Versorgung nach § 73b SGB V, über die Durchführung von Leistungen mit besonderen Qualitätsanforderungen an § 73c Abs. 2 Satz 2 SGB V, über ambulante Versorgung in Krankenhäusern, die an strukturierten Behandlungsprogrammen nach § 137g teilnehmen oder hoch spezialisierte Leistungen nach § 116b anbieten sowie die Verträge über integrierte Versorgung nach den § 140a ff. Umso wichtiger ist damit die Frage geworden, wie sichergestellt werden kann, dass auch in einem Bereich, in dem sich die Leistungserbringer den Krankenkassen als dem Staat im weiteren Sinne zuzuordnende Hoheitsträger gegenüber sehen, faire Vertragsbedingungen geschaffen werden können, welche normalerweise (ohne solche Macht) aus freien Aushandlungsprozessen zu erwarten sind. Herrn Prof. Ebsen zufolge ist nationales Kartellrecht auf die Verträge über selektives Kontrahieren nicht anwendbar. Im europäischen Wettbewerbsrecht kommt es auf die Abgrenzung zwischen wirtschaftlicher Betätigung und Erfüllung öffentlicher Aufgaben im Hinblick auf die jeweiligen Tätigkeitsbereiche an. Was die Beziehungen zu den Leistungserbringern anbelangt, wird darauf abgehoben, dass die deutschen Krankenkassen wegen der inzwischen eingeführten Wettbewerbselemente und ihrer Gestaltungsspielräume im Wettbewerb untereinander sowie wegen des auf die freiwillig Versicherten bezogenen Wettbewerbs mit der PKV gerade für ihr „Kerngeschäft" als Unternehmen anzusehen sind. Wenn dies der Fall ist, wären die Krankenkassen damit grundsätzlich an die Ver- und Gebote der Artikel 81 und 82 EGV gebunden, so dass ein Zusammenschluss mehrerer Krankenkassen zum Abschluss selektiver Verträge als Kartell an Artikel 81 EGV zu messen wäre.

Die rechtliche Bewertung, das ist in der Veranstaltung deutlich geworden, ist wichtig und notwendig. Sie hilft jedoch nur bedingt weiter, wenn es darum geht, neue Konzepte für die Zukunft zu schneidern. Es wurde deutlich, dass es Gestaltungsspielräume für die Ausgestaltung selektiver Verträge mit Leistungserbringern gibt, die politisch ausgefüllt werden müssen. Bezüglich der Ausgestaltung von Ausschreibungen, z. B. um Ärzte mit der Qualifikation für besondere Früherkennungsuntersuchungen nach § 25 Abs. 5 SGB V oder Ärzte für die hausarztzentrierte Versorgung nach § 73b Abs. 2 SGB V auszuwählen, zeichnet sich ab, dass es darum geht, eigene auf die jeweiligen Konstellationen zugeschnittene Anforderungen zu entwickeln und nicht auf das GWB- Vergaberecht zurückzugreifen. Auch im europäischen Vergaberecht gibt es kaum relevante Anforderungen, die bei der Gestaltung von Dienstleistungsaufträgen im Leistungserbringerbereich der GKV umgesetzt werden müssten. Damit ist eine Auseinandersetzung darüber, welche politischen Vorstellungen mit Einzelverträgen zwischen Leistungserbringern und Krankenkassen verbunden werden, in den Vordergrund gerückt.

Entwicklung zur integrierten Versorgung

Die Forderung nach einer Überwindung der sektoralen Versorgung der Patienten ist auch eine Forderung nach Finanzierungsmodellen, die einem solchen Integrationsansatz Rechnung tragen. Wie Dr. Ahrens in seinem Beitrag zutreffend darstellt, ist es bereits in der Vergangenheit möglich gewesen, integrierte Versorgungsverträge abzuschließen. Nur hat das kaum jemand gemacht. Die bürokratischen Hürden waren zu groß, die Anreize zu gering, und die Finanzmittel fehlten. Hinzu kommt, dass durch die seit 1993 verfestigte sektorale Budgetierung eine Zementierung der alten Strukturen fast unvermeidbar war. Das Gesundheitsmodernisierungsgesetz hat in vielen Punkten für Abhilfe gesorgt, so z. B. durch die Anschubfinanzierung, die von Ärzten und Krankenkassen ein Prozent der Budgets für die Bezahlung integrierter Versorgungsformen abfordert. Zudem wird durch die Möglichkeit freier Vertragsgestaltungen der notwendige Handlungsspielraum geschaffen, um verschiedene Kooperationsformen zu erproben. Karl-Heinz Schönbach führt vor Augen, dass

- die KV weder als Vertrags- noch als Rahmenvertragspartner vorgesehen ist,

- Vertragspartner nicht mehr nur Gemeinschaften von Ärzten, sondern auch einzelne Ärzte sein können,

- in der Gemeinschaft von Leistungserbringern vom jeweiligen Zulassungsstatus abgewichen werden kann,

- der Zutritt zu geschlossenen Verträgen ausdrücklich nur mit Zustimmung der Vertragspartner möglich ist,

- die Krankenkassen das Ein-Prozent-Budget zur Finanzierung nutzen können,

- der Einbezug der Apotheken zumindest vertragsrechtlich stattfindet,

- die Versicherten mit Zuzahlungs- und Beitragsrabatt gewonnen werden können und

- für die Haushaltsjahre bis 2006 das Gebot der Beitragssatzstabilität eingeschränkt gilt.

Damit bietet sich aus Sicht der Krankenkassen die Chance, zu beweisen, dass sich ein Wettbewerb auf der Leistungsseite sowohl für die Versicherten, die Leistungserbringer als auch für die Krankenkassen lohnt. Es fehlt allerdings an einem echten Leistungswettbewerb, weil der Leistungskatalog selbst fast vollständig vorgegeben ist und damit keine Unterschiede in der Tarifgestaltung zulässt.

Der Einfluss von Vergütungsfragen auf die integrierte Versorgung

Das Zeitalter der ausschließlichen Kollektivverträge ist vorbei. Bereits mit den Disease-Management-Verträgen ist hier eine Zäsur eingetreten. Prof. Jürgen Bausch zeigt am Beispiel Hessen auf, dass ein Wettbewerb der Ärzteschaft bezüglich des Diabetesprojektes funktioniert hat. Die innerärztliche Geschlossenheit und Solidarität gegenüber den Vertragspartnern stehe massiv auf dem Prüfstand. Der Sicherstellungsauftrag ist durch das System durchsiebt worden und das Kollektivvertragssystem franst in den Randbereichen potenziell erheblich aus. Er spricht von Folterwerkzeugen, die vorgezeigt werden können, und führt dabei folgende Beispiele an:

- die Teilöffnung der Krankenhäuser im Rahmen der Disease-Management-Programme,

- die Öffnung der Krankenhäuser für ambulante Versorgung von hochspezialisierten Leistungen und die Betreuung seltener Erkrankungen,

- die Möglichkeit integrierter Versorgungsverträge zwischen Krankenhäusern, anderen Vertragsanbietern und Krankenkassen,

- die Heranziehung der Krankenhäuser als Institut zur Sicherstellung bei festgestellter Unterversorgung,

- die Zulassung medizinischer Versorgungszentren sowie

- Sonderverträge zur Förderung der Qualität in der vertragsärztlichen Versorgung und

- die hausarztzentrierte Versorgung.

Es wird sich zeigen, ob die Kapazitäten der Handelnden ausreichen, all diese Möglichkeiten aufzugreifen.

Was ändert sich im Krankenhaussektor?

Eine der spannendsten Fragen in diesem Zusammenhang ist die von Franz Knieps in seiner Einleitung zum Thema der Auswirkungen des Vertragswettbewerbs auf einzelne Sektoren aufgeworfene Frage, ob es stimmt, dass die Krankenkassen im stationären Sektor immer enger als in anderen Versorgungsbereichen gemeinsam und einheitlich handeln müssen (und vielleicht auch immer noch wollen). Prof. Heinz Lohmann weist zu Recht darauf hin, dass es für die Krankenhäuser in Zukunft unter gewandelten Bedingungen des Produktivitätsdrucks darauf ankommt, gute Medizin zu bezahlbaren Preisen anzubieten. Er prophezeit einen Konzentrationsprozess, der heute schon begonnen hat. Richtig wirksam kann der Wettbewerb allerdings erst dann werden, wenn die Budgets abgeschafft und durch ein Preissystem ersetzt werden. Das einheitliche und gemeinsame Handeln muss durch ein Vertragssystem einzelner Krankenhäuser oder Anbietergruppen mit einzelnen Krankenkassen oder Nachfragergruppen ersetzt werden. Das GMG hat hier zwar einige Ansatzpunkte geschaffen. Insbesondere die Neugestaltung der integrierten Versorgung bietet Spielräume durch ein weites Maß an Vertragsfreiheit und durch die Anschubfinanzierung. Hier liegen wohl die größten Chancen für Krankenkassen, Krankenhäuser und die anderen Leistungserbringer, zu zeigen, dass vertragliche Lösungen planerischen Vorgaben überlegen sind. Deutlich geworden ist aber auch, dass sich im Krankenhaussektor nur dann echter Wettbewerb entfalten kann, wenn es ein Preissystem ohne Budgets gibt, eine Krankenhausplanung, die sich allein auf eine Rahmensetzung beschränkt, und die monistische Finanzierung.

Was geschieht im Arzneimittelsektor?

Die Neuerungen im Arzneimittelbereich setzen fast alle am Preisbildungsgeschehen an, auch wenn die Preise, genauso wie die Menge der Verordnungen, in den letzten Jahren kaum gestiegen sind. Die Veränderungen sind vielmehr primär an der Strukturkomponente festzumachen. Die Änderung der Arzneimittelpreisverordnung mit der Konsequenz, dass preiswerte Arzneimittel teurer und teurere Arzneimittel deutlich preiswerter werden, die Aussetzung der Arzneimittelpreisverordnung bei nicht zulasten der GKV verordneten und nicht verschreibungspflichtigen Arzneimitteln gehören ebenso zum Preisgeschehen wie de facto die Festbetragsregelung für wirkstoffgleiche Arzneimittel mit der höchst problematischen, strategieanfälligen Höchstgrenze des unteren Drittels der Spanne zwischen dem untersten und dem höchsten Preis der jeweiligen Festbetragsgruppe sowie die – vermutlich nicht sehr exzessiv genutzte – Möglichkeit der Bildung von Festbetragsgruppen der Stufe 2 mit ausschließlich patentgeschützten Wirkstoffen. Selbst die Zulassung des Versandhandels ist weitgehend preispolitisch determiniert, erhofft man sich hiervon doch preiswertere Lösungen für Krankenkassen und/oder Patienten.

Darüber hinaus setzt die Politik auf weitere gesetzgeberische Maßnahmen, wie die Verschärfung des Aut-idem-Gebots, die Begünstigung von (Re-) Importen sowie die grundsätzliche Herausnahme nicht verschreibungspflichtiger Arzneimittel aus der Leistungspflicht der GKV, die allerdings für die Fälle durchbrochen wird, in denen diese Arzneimittel zur

Standardtherapie bei schweren Erkrankungen gehören. Die Ausformulierung im Einzelnen ist Aufgabe des Gemeinsamen Bundesausschusses, der sich, geprägt durch den Wunsch der Politik, zu einer kuriosen Ausnahmeregelung durchgerungen hat. Lediglich bei chemisch definierten und pflanzlichen Arzneimitteln ist rigide vorgegangen worden, nicht jedoch bei homöopathischen und anthroposophischen Arzneimitteln, obwohl dort dem ansonsten erhobenen Anspruch einer soliden Datenlage nicht immer entsprochen wird. Entweder man vertritt die Auffassung, dass ärztliches Heilen nicht immer naturwissenschaftlich unterlegbar ist, dann darf man das Therapiespektrum insgesamt nicht begrenzen, indem man eine ganze Gruppe von Arzneimitteln ausgrenzt, nur weil sie nicht verschrieben werden müssen, oder man glaubt nur evidenzbasierten Therapiekonzepten. Dann muss das für alle Bereiche gelten.

Mit Spannung darf erwartet werden, inwiefern im Rahmen der integrierten Versorgung von der Einbeziehung der Apotheker Gebrauch gemacht wird. Zwar gilt auch bei Verträgen, die im Rahmen der integrierten Versorgung geschlossen werden, die Arzneimittelpreisverordnung. Rabatte sind jedoch nicht ausgeschlossen. Wolfgang Schmeinck betont in seinem Beitrag, dass sich Preferred-Provider-Lösungen im Bereich der integrierten Versorgung, bei Hausarztmodellen und bei Disease-Management-Programmen vorstellen lassen. Er sieht dort gewissermaßen die Inseln des funktionalen Wettbewerbs und die besonderen Chancen spezialisierter Versandapotheken.

Die Rolle der Disease-Management-Programme (DMP) im Vertragswettbewerb

Hart geht Dr. Christoph Straub mit den bisher entwickelten DMPs ins Gericht. Sie seien mit erheblichen Mehraufwendungen verbunden, ohne dass ein erkennbarer medizinischer Nutzen für die Patienten entsteht. Der Verwaltungsaufwand sei immens, ohne dass die Krankenkassen die generierten Daten in ausreichendem Maße nutzen dürften. Es sei eine Illusion, zu glauben, diese medizinisch und prozessual anspruchsvollen Versorgungsmodelle seien zum Nulltarif zu haben und würden großartige Einsparungen erzielen. Vielmehr seien zunächst Investitionen erforderlich, die sich irgendwann vielleicht einmal amortisieren. In der aktuellen Umsetzung der DMP finde weder Qualitätswettbewerb noch Vertragswettbewerb statt. Die Anreize seien über die Koppelung an den RSA so gesetzt, dass möglichst viele Patienten in die DMPs eingeschrieben werden, obwohl sie nur für bestimmte Hochrisiko-Patientengruppen sinnvoll sind. Zu bedenken sei auch, dass nur ein Teil der Patienten in der Lage ist, sein Verhalten so zu ändern, dass die erforderlichen medizinischen Zielwerte im Rahmen der DMP eingehalten werden können. Konsequenterweise spricht sich Dr. Christoph Straub dafür aus, die Koppelung von DMP und RSA aufzuheben und stattdessen eine Förderung vorzusehen, die sich nur nach Aufwands- oder Erfolgsgrößen bemisst.

Dr. Rolf Hoberg sieht die Chancen der DMP dagegen wesentlich positiver. Er begrüßt auch die Koppelung an den RSA als Voraussetzung dafür, dass Krankenkassen überhaupt in diesem Sinne tätig werden. Allerdings sieht er auch, dass durch diese Koppelung detaillierte gesetzliche Regelung notwendig sind, die verhindern sollen, dass Krankenkassen unrechtmäßig RSA-Gelder erhalten. Das engt die Handlungsspielräume der Krankenkassen erheblich ein. Um wirklich etwas zu bewegen, müssten die Krankenkassen Verträge mit ausgewählten Leistungserbringern schließen können. Der Kontrahierungszwang müsste aufgehoben werden. Aus den bisher gemachten Erfahrungen heraus müsste zudem die komplizierte Antragstellung beim Bundesversicherungsamt zur Akkreditierung der Programme vereinfacht werden, ebenso wie die Dokumentationen. Ein weiteres Hindernis, das bei allen integrativen Ansätzen beklagt wird, ist die sektorale Budgetierung, die sektorübergreifende Lösungen erschwert. Wenn die DMPs ihren Möglichkeiten als Form der integrierten Versorgung gerecht werden sollen, müssen die gesetzlichen Regelungen entsprechend geändert werden.

(Kosten)-Nutzen-Bewertung von Arzneimitteln

Prof. Norbert Schmacke ist zuzustimmen, dass es eine Herausforderung bleibt, in der Medizin die individualmedizinische Betrachtung von Versorgungsfragen mit einer populationsbezogenen Perspektive in eine breit akzeptierte Wechselwirkung zu setzen. Ohne Zweifel muss eine Nutzenbewertung mit dem Anspruch der Allgemeingültigkeit Standardisierungen vornehmen, die in dem hochkomplexen Geschehen eines Heilungsprozesses nicht in jedem Fall das optimale Ergebnis hervorbringen können. Aus ärztlicher Sicht wird deshalb darauf verwiesen, dass es eigentlich darum gehen muss, Nutzen und Risiken von Behandlungsverfahren im Alltag zu untersuchen. Dabei kommt es entscheidend auch darauf an, welche Informationen aus der Publikationsflut wahrgenommen und wie sie in Alltagssituationen umgesetzt werden, sowie darauf, wie der Patient mit dem Einsatz eines Arzneimittels im Rahmen seiner Erkrankung umgeht.

Mit dem Gesundheitsmodernisierungsgesetz ist das neu zu gründende Institut für Qualität und Wirtschaftlichkeit im Gesundheitswesen unter anderem mit der Aufgabe betraut worden, den Nutzen insbesondere neuer Arzneimittel mit patentgeschützten Wirkstoffen zu bewerten. Geklärt werden soll die Frage, ob ein neu auf den Markt kommendes Arzneimittel dem bisher als Standard eingesetzten Medikament überlegen ist. Dabei ist nach Prof. Oliver Schöffski zwischen ökonomischem Nutzen, der z. B. in einem niedrigeren Preis bei gleicher Wirksamkeit liegen kann, und medizinischem Nutzen zu differenzieren. Aufgabe des Instituts wird es sein, ein schlüssiges Konzept für die Nutzenermittlung zu erstellen. Prof. Schöffski unterscheidet sechs Möglichkeiten, den Nutzen operationalisierbar zu machen:

- Quantifizierung des Nutzens in nahe liegenden natürlichen Einheiten (wie z. B. Längenmaßen, Flächenmaßen, Raummaßen usw.)

- Quantifizierung des Nutzens anhand von künstlichen Scores, also künstlichen Instrumenten, wie z. B. dem Mini Mental Status Test im Bereich der Alzheimer'schen Erkrankung

- Quantifizierung des Nutzens anhand der erfolgreich behandelten Fälle

- Quantifizierung des Nutzens anhand gewonnener Lebensjahre

- Quantifizierung des Nutzens anhand der Lebensqualität

- Quantifizierung des Nutzens in Nutzwerten, einer Kombination aus Lebenserwartung und Lebensqualität.

Jedes dieser Konzepte birgt ganz eigene Schwierigkeiten der Umsetzung und der Objektivierbarkeit. Zudem bleibt das Grundproblem bestehen, dass dann, wenn man die Bewertung benötigt, nämlich wenn ein neues Arzneimittel auf den Markt kommt, die zur Verfügung stehenden Daten nicht ausreichen, sondern erst zu einem sehr viel späteren Zeitpunkt zur Verfügung stehen, wenn bestimmte Entscheidungen schon getroffen wurden.

Innovationshürden und ihre Folgen

Bertram Häussler erläutert in seinem Vortrag Bedingungen, die dazu führen, dass Innovationen nicht realisiert werden. Neben fehlenden wirtschaftlichen Anreizen zur Forschung, wie das z. B. bei Orphan Drugs der Fall ist, der fehlenden Kaufkraft z. B. der afrikanischen Länder, HIV/Aids-Wirkstoffe zu erwerben, Preisregulierungen und Ausschlüssen aus dem Leistungskatalog der Versicherungen und Leitlinien sind das auch ökonomische Faktoren wie die Budgetverantwortung der Ärzte und die sektoralen Budgets. Innovationshürden können dazu führen, dass bestimmte Produkte gar nicht oder später als möglich zum Tragen kommen. Verdeutlichen lässt sich das an der Verordnung von Statinen. Die Gefahr, dass aus Kostendämpfungsmaßnahmen Hürden gegen die Inanspruchnahme innovativer Produkte errichtet werden, ist insbesondere dann gegeben, wenn

- es sich um Produkte und Leistungen gegen nicht lebensbedrohliche Erkrankungen handelt,
- die innovativen Produkte einen höheren Preis haben als die bereits eingeführten,
- der zusätzliche gesundheitliche und/oder finanzielle Nutzen schlecht belegt ist oder
- aufgrund sektoraler Budgets der finanzielle Vorteil nicht realisiert werden kann.

Der Arzneimittelmarkt ist mit einer Vielzahl von Regulierungsmaßnahmen überzogen, die Innovation sowie die rasche Verbreitung therapeutisch überlegener und die Verdrängung veralteter medizinisch fragwürdiger Präparate behindern können. Bedenklich ist insbesondere die Kumulation der auf bloße Kostendämpfung gerichteten Regulierungsmaßnahmen, die im Widerspruch zu den Funktionsbedingungen effizienter Märkte stehen. Die Lösung, die Prof. Dieter Cassel anbietet, lautet: Wettbewerb, so dass Kassen und Arzt individuelle Handlungsparameter und nicht GKV-einheitliche Regulierungsinstrumente einer auf Effektivität und Effizienz der Arzneimittelversorgung gerichteten Steuerungsfunktion wahrnehmen.

Fazit

Die Bad Orber Gespräche haben wieder einmal eine vorzügliche Plattform für Diskussionen darüber geboten, welche Chancen und Gefahren in der Weiterentwicklung des Gesundheitswesens, insbesondere auch des Arzneimittelsektors, liegen. Sie haben einen Ausblick darauf ermöglicht, wie in Zukunft die Gesundheitsversorgung in Deutschland organisiert sein könnte. Dabei geht die Entwicklung eindeutig hin zu integrierten Versorgungsformen. Alle Beteiligten sind sich darin einig, dass die sektorale Trennung schädlich im Hinblick auf einen ganzheitlichen Behandlungsansatz ist. Darüber hinaus zeichnet sich ab, dass mehr und mehr damit zu rechnen ist, dass Verhandlungen von der kollektiven Ebene auf die handelnden Akteure vor Ort verlagert werden. Es wird genau zu beobachten sein, ob sich Befürchtungen, dass es hierdurch zu Engpässen in der flächendeckenden Versorgung oder auch zu Qualitätsproblemen kommen kann, tatsächlich realisieren. Im Arzneimittelbereich wird eine der spannenden Fragen sein, wie das neu gegründete

Institut für die Qualitätssicherung in der Medizin seine Aufgabe der Bewertung neuer Arzneimittel bewältigt, ohne dass hierdurch eine neue Innovationshürde aufgebaut wird. Zudem bleibt abzuwarten, ob der Weg in die Regulierung weiter beschritten wird oder ob ein Umdenken dahingehend stattfindet, dass sich Innovationen nur dann realisieren lassen, wenn eine wettbewerbliche Marktausrichtung für die notwendigen Rahmenbedingungen sorgt.

Begrüßung

Manfred Albring

Meine sehr geehrten Damen und Herren!

Wie Sie bereits den Postern und dem Programm der diesjährigen Bad Orber Gespräche entnommen haben, begrüße ich Sie heute nicht allein im Namen der Schering Deutschland GmbH, sondern gleichzeitig auch im Namen von Vivantes. Die „Vivantes-Netzwerk für Gesundheit GmbH" versorgt nahezu 30 % aller Krankenhauspatienten in Berlin mit 130 Kliniken in neun Krankenhäusern und ist mit 12.000 Beschäftigten der größte Arbeitgeber in der Hauptstadt. Während der Bad Orber Gespräche im vergangenen Jahr war über Professor Holzgreve, einen der Referenten, ein erster Kontakt zu Vivantes zu Stande gekommen. In dessen Folge entwickelte sich die Idee, die Bad Orber Gespräche als gemeinschaftliches Symposion von Vivantes und der Schering Deutschland GmbH durchzuführen.

Wir haben kürzlich eine vertragliche Vereinbarung geschlossen, die eine gemeinsame und gleichwertige Beteiligung beider Partner für die Zukunft vorsieht. Für die gute und kollegiale Kooperation möchte ich an dieser Stelle besonders Herrn Wolfgang Schäfer, dem Vorsitzenden der Geschäftsführung von Vivantes, herzlich danken, der bei der diesjährigen Veranstaltung die Funktion des Co-Chairman übernehmen wird. Ich gehe davon aus, dass die sektorübergreifende Sponsorenschaft verschiedener Leistungserbringer im Gesundheitswesen einen neuen Impuls bei der Konzeption zukünftiger Bad Orber Gespräche setzen wird.

Mit den Bad Orber Gesprächen ist inzwischen eine gute Tradition des offenen Diskurses aller Beteiligten im Gesundheitswesen geschaffen worden, auch, nachdem wir vor zwei Jahren die Tradition durchbrochen haben und das Symposion aus dem ruhig-beschaulichen Spessart in die Hauptstadt verlegt haben. Obwohl in Berlin so manches auf Sand gebaut oder manchmal auch in den Sand gesetzt wird, kann nach der überaus positiven Resonanz auf unser Symposion im vergangenen Jahr eines mit Sicherheit gesagt werden: Wir gehen in diese Tagung mit ausgesprochen hohen Erwartungen an die Qualität der Referate und der Diskussion.

Wichtige Voraussetzungen dafür sind gegeben. Das GKV-Modernisierungs-Gesetz ist von Bundestag und Bundesrat verabschiedet – wir brauchen nicht mehr darüber zu spekulieren, was der Gesetzgeber für die unmittelbar bevorstehende Zukunft plant. Zugleich stellen wir fest:

Nach der Reform ist vor der Reform – und so hat auch schon in allen Parteien und Fraktionen die Diskussion über die nächste Gesundheitsreform begonnen. Diese soll zum Ziel haben, vor allem die Finanzierung des Gesundheitswesens angesichts der Herausforderungen durch die demographische Entwicklung und den medizinisch-technischen Fortschritt auf eine bessere Grundlage zu stellen. Die Wege dazu sind in Umrissen umschrieben – Bürgerversicherung, Rürup-Modell und Herzog-Konzept. Welcher dieser Wege beschritten wird, ist einstweilen noch heftig umstritten – auch innerhalb der Parteien.

In diesem Zusammenhang bin ich besonders froh, dass es Herrn Professor Wille gelungen ist, mit Professor Peter Zweifel einen international renommierten und hervorragenden Referenten für den Start in unser Programm gewonnen zu haben. – Erinnern Sie sich? Vor drei Jahren hat die Bertelsmann-Stiftung die schweizerische Gesundheitsreform mit einem Preis ausgezeichnet – immerhin das teuerste Gesundheitswesen in Europa, das zweitteuerste der Welt. Eines kann man wohl heute sagen: Nach der Hoffnung auf eine Systemoptimierung durch Managed Care kam die Ernüchterung – und damit stellt sich für uns die Frage: Was ist schief gelaufen in unserem viel wohlhabenderen Nachbarland – und woraus können wir lernen?

In einem Punkt herrscht auf jeden Fall Konsens: Neben der ungelösten Finanzierungsproblematik steht das Gesundheitswesen vor der Daueraufgabe, seine Strukturen zu modernisieren und die komplexen Prozesse zum Erbringen medizinischer Dienstleistungen weiter zu rationalisieren. Bei unserem Symposion sollten wir den Blick nicht rückwärts wenden und auf die in der Vergangenheit oft frustran endenden Kostendämpfungsversuche schauen. Wir werden auch nicht in Larmoyanz verfallen über die Belastungen, die mehr oder weniger allen Beteiligten mit dem GKV-Modernisierungsgesetz zugemutet werden.

Lassen Sie uns also bei aller Skepsis mit vorsichtiger Zuversicht in die Zukunft blicken und nehmen wir die Reform auch als das, was sie nach dem Willen des Gesetzgebers sein soll: ein Stück Modernisierung. Wobei sich im Gesundheitswesen erneut erweist: Auch wenn die Politik das Primat der Zielbildung und des Handelns hat und beansprucht – der Erfolg ihres Handelns ist wie nirgendwo sonst in der Wirtschaftsgesellschaft davon abhängig, dass die Organisationen im Gesundheitswesen und die einzelnen Leistungsträger selbst willens und in der Lage sind, Reformprozesse aktiv in Gang zu setzen.

Die Politik hat in den vergangenen Jahren die bittere Erfahrung machen müssen, dass an sich richtige und sinnvolle Zielsetzungen, wie zum Beispiel integrierte Versorgungsformen, keine Garantie dafür sind, dass auch nur ein einziger Schritt in Richtung auf dieses Ziel gemacht wurde. Das Kernstück der Gesundheitsreform 2000, jetzt immerhin vier Jahre alt, hat deshalb nur rein deklamatorischen Charakter gehabt. Solche Erfahrungen müssen ernst genommen werden: Zum einen deshalb, weil wirkungslose Gesetze bei der Lösung von Sachproblemen nicht weiterhelfen, ja, die Probleme sogar verschärfen. Zum anderen, weil Placebo-Gesetze den Gesetzgeber und damit ein Verfassungsorgan der Lächerlichkeit preisgeben und letztlich den Rechtsstaat beschädigen können.

Nun hat die Politik einen neuen Anlauf genommen und für neue Versorgungsformen – Integrationsversorgung, hausarztzentrierte Versorgung, medizinische Versorgungszentren, Öffnung der Krankenhäuser für spezielle ambulante Leistungen – ein neues Reglement geschaffen. Nachdem jahrelang darüber diskutiert worden ist, welche Konzeptionen aus welchen Gründen nicht funktionieren, erwarte ich von unserem Symposium darüber Aufschluss, mit welchen Vertragsmodellen Patienten und Versicherte eine qualitativ bessere und vielleicht auch preiswertere Versorgung erhalten können.

Ich hoffe ernsthaft, dass wir dabei nicht in der Theorie stecken bleiben, sondern dass wir bis zum morgigen Abend einige Optionen erarbeitet haben, die uns für das nächste Jahr ein wenig optimistischer stimmen können.

Nicht das erste Mal beschäftigen sich die Bad Orber Gespräche mit der Arzneimittelversorgung. Die Rolle von Innovationen und deren Auswirkungen auf die Arzneimittelkosten waren Thema der ersten Bad Orber Gespräche im Jahre 1996. Am Samstag werden wir uns dem Thema von einem anderen Blickwinkel aus nähern.

In den 90er Jahren standen zunächst die Arzneimittelpreise, dann die Menge der verordneten Arzneimittel und schließlich umstrittene Arzneimittel sowie Analogpräparate im politischen Fokus. Eine hohe Strukturkomponente war in den 90er Jahren ein klarer Hinweis auf die erwünschte Modernisierung der Arzneimitteltherapie, deren Nützlichkeit für den Patienten als prinzipiell nicht umstritten galt. Das hat sich in den vergangenen Jahren geändert, zumal sich eine Bremse für die Diffusion des pharmakotherapeutischen Fortschritts, nämlich die Arzneimittelbudgets, im Lauf der 90er Jahre als zunehmend unwirksam erwiesen hat: Arzneimittelinnovationen gelten seit einiger Zeit bei manchen als kritikwürdige Hauptursache steigender Behandlungskosten – kritikwürdig deshalb, weil unterstellt wird, dass zumindest ein Teil der neuen Arzneimittel keinen oder nur einen geringen Zusatznutzen in der Versorgung bewirken. So viel sei vorweggeschickt. Weil aber auch die Arzneimitteltherapie nicht außerhalb der Notwendigkeit wirtschaftlichen Handelns steht, ist die Frage nach dem Nutzen einer Innovation völlig legitim.

Nach der generellen Entscheidung des Gesetzgebers, ein Institut für Qualität und Wirtschaftlichkeit in der gesetzlichen Krankenversicherung zu schaffen und diesem Institut die Aufgabe zu stellen, den Nutzen von Arzneimitteln zu bewerten, findet in der Praxis der deutschen Medizin gewissermaßen ein Paradigmenwechsel statt. Die individuelle und dezentrale Entscheidung jedes einzelnen Arztes, wie sie bislang auf der Basis individueller Evidenz und Erfahrungstherapie getroffen worden ist, dürfte künftig stärker durch zentrale Bewertungen bestimmt werden. Erfahrungen aus anderen Ländern, deren Gesundheitssysteme allerdings mit dem deutschen nicht unbedingt vergleichbar sind, lassen erwarten, dass dadurch die Ausgaben für Arzneimittel nicht geringer werden. Möglicherweise wird der Zugang zu Innovationen jedoch erheblich verzögert. Als weiteres Problem in der Arzneimittelversorgung könnte sich die auf eine enge Innensicht des eigenen Budgets beschränkte Perspektive der Krankenkassen erweisen – die eben weder die Perspektive des Patienten und auch nicht die gesamtgesellschaftliche Perspektive ist. Eines aber wird kurzfristig erforderlich sein: eine Verständigung über Methoden der Evaluation von Arzneimittelinnovationen. Die Frage ist nur, ob das Know how, das die pharmazeutische Industrie bis dato erarbeitet hat, auch genutzt werden wird. Damit könnte die Frage nach dem Stellenwert anbieterunabhängiger Arzneimittelinformationen in einem neuen Licht erscheinen.

Ganz besonders erfreut bin ich, dass in diesem Jahr Parlamentarier nahezu aller Fraktionen ihre Teilnahme an den Bad Orber Gesprächen zugesagt haben. Ich entnehme daraus Ihr Interesse und Ihre Neugier daran, was aus "Ihrer" Reform schlussendlich gemacht werden könnte. Es ist nicht zuletzt aber auch ein Kompliment an diese Veranstaltung – und für uns natürlich ein Ansporn, in den nächsten eineinhalb Tagen hart zu arbeiten. Dazu wünsche ich uns allen ein gutes Gelingen!

Was können wir vom Schweizer Gesundheitswesen lernen?

Peter Zweifel

1. Einleitung

In der deutschen Debatte um die Neugestaltung des Gesundheitswesens, die zur Formulierung eines Gesundheitsmodernisierungsgesetzes (GME) geführt hat, ist öfters der Gedanke aufgetaucht, man könne vom schweizerischen Gesundheitswesen lernen. Dabei stand die Finanzierung der Krankenversicherung mit einer einheitlichen Prämie statt eines am Arbeitseinkommen bemessenen Beitrags im Vordergrund. Es stellt sich jedoch allgemeiner die Frage, welche Aspekte des schweizerischen Gesundheitswesens als vorteilhaft zu beurteilen sind und welche anderen als nachteilig zu gelten haben. Dieser Beitrag ist dieser allgemeinen Fragestellung gewidmet.

Zunächst werden im zweiten Abschnitt Kriterien vorgestellt, die für die Beurteilung von ganzen Wirtschaftssystemen entwickelt wurden und hier auf das Gesundheitswesen übertragen werden. Im dritten Abschnitt folgt eine kurze Beschreibung der Rahmenbedingungen des schweizerischen Gesundheitswesens, die mitverantwortlich dafür sind, dass gewisse dieser Kriterien besser, andere weniger gut erfüllt werden. Vor diesem Hintergrund lassen sich im vierten Abschnitt die wirtschaftlichen Beziehungen zwischen den drei hauptsächlichen Akteuren des Gesundheitswesens analysieren. Es geht um die Vertragsbeziehungen zwischen den Versicherten und den Krankenversicherern, jene zwischen den Krankenversicherern und den Leistungserbringern sowie schließlich zwischen den Versicherten und den Leistungserbringern. Es stellt sich heraus, dass diese drei Beziehungen in sehr unterschiedlichem Maße den Beurteilungskriterien genügen. Diese Einzelergebnisse bilden die Grundlage für eine abschließende Gesamtwertung, die im fünften Abschnitt vorgenommen wird.

2. Kriterien für die Beurteilung eines Gesundheitssystems

Aus der Theorie der Wirtschaftssysteme lassen sich fünf Kriterien unterscheiden, welche die Effizienz sowohl an einem bestimmten Zeitpunkt wie auch über die Zeit hinweg gewährleisten (Fritsch/Wein/Evers, 2003). Sie sind in der Tabelle 1 aufgeführt und kurz erklärt.

Von zentraler Bedeutung ist (1) die präferenzgerechte Versorgung. Im Gesundheitswesen ergibt sich hier die Schwierigkeit, dass die Präferenzen für Gesundheitsleistungen stark vom Gesundheitszustand der Individuen abhängen. Ökonomisch gesprochen, ist die Zahlungsbereitschaft für bestimmte Gesundheitsleistungen hoch im Falle einer entsprechenden Erkrankung und gleich Null in allen sonstigen Fällen. Dieses Problem lässt sich durch die Gestaltung des Versicherungsvertrags lösen. Die Versicherten müssen Gelegenheit haben, für Situationen, in denen sie als Patienten eine besonders hohe Zahlungsbereitschaft für Gesundheitsleistungen aufweisen werden, entsprechend umfassend Vorsorge zu treffen. So ist eine präferenzgerechte Steuerung auch des Gesundheitswesens möglich.

Das nächste Kriterium ist (2) die produktionstechnische Effizienz. Sie verlangt, dass die (präferenzgerechten) Leistungen zu den geringstmöglichen Kosten bereit gestellt werden. Dieses Erfordernis lässt sich unmittelbar auf das Gesundheitswesen übertragen.

Das Kriterium der Anpassungsfähigkeit (3) verlangt, dass Präferenzen und Produktionsmöglichkeiten immer wieder durch Produktionsumstellungen zur Abstimmung gebracht werden müssen. Da einerseits Präferenz-Änderungen nicht ausgeschlossen werden können und andererseits der technologische Wandel gerade im Gesundheitswesen rasch vor sich geht, kommt diesem Kriterium einige Bedeutung zu. Hier sollten sich Versicherer wie auch Leistungserbringer rasch an veränderte Knappheiten anpassen. Im Rest der Wirtschaft steigen verknappte Güter im Preis, was für die Produzenten einen Anreiz zur Mehrproduktion bedeutet. Im Gesundheitswesen ist diese Signalfunktion der Preise unvollkommen, weil die Tarife in langwierigen Honorarverhandlungen angepasst werden.

Mit dem technologischen Wandel (4) ist die dynamische Effizienz angesprochen. Über die Zeit hinweg bleibt weder die Menge der zur Verfügung stehenden Leistungen noch die Menge der Produktionsprozesse gleich, sondern sie weitet sich aus. Während Produktinnovationen im Gesundheitswesen die Leistungen mit neuen, von den Patienten positiv gewerteten Eigenschaften ausstatten, geht es bei den Prozessinnovationen darum, eine bestimmte Leistung zu reduzierten Kosten herzustellen. Diese beiden Innovationsarten müssen in einem ausgewogenen Verhältnis stehen.

Tab. 1: Eigenschaften eines effizienten Gesundheitswesens

Kriterien	Erklärung	Befund für die Schweiz
1. Präferenzgerechte Versorgung	Die Leistungen des Gesundheitswesens sind auf die Wünsche der Versicherten/Patienten abgestimmt.	vgl. Abschn. 4, 5
2. Produktionstechnische Effizienz	Die präferenzgerechten Leistungen werden zu den geringstmöglichen Kosten bereitgestellt.	vgl. Abschn. 4, 5
3. Anpassungskapazität	Die Versicherer und Leistungserbringer passen sich an veränderte Knappheiten zügig an.	vgl. Abschn. 4, 5
4. Dynamische Effizienz	Es kommt zu Produkt- und Prozessinnovationen in einem ausgewogenen Verhältnis.	vgl. Abschn. 4, 5
5. Leistungsgerechte Einkommensverteilung	Verteilungspolitische Eingriffe schaffen keine dauerhaften monopolistischen Renten, welche die Erfüllung von (1) bis (4) gefährden.	vgl. Abschn. 4, 5

Angepasst aus Fritsch/Wein/Ewers (2003), S. 14-17

Das letzte Kriterium (5) schließlich ist die leistungsgerechte Einkommensverteilung. Damit ist nicht gemeint, dass die aus dem Marktprozess resultierende Einkommensverteilung akzeptiert werden muss; verteilungspolitische Eingriffe sollten aber keine dauerhaften „monopolistischen Pfründe", sog. Renten, schaffen. Damit sind Einkommen gemeint, die an sich nicht nötig sind, um Ressourcen, also Beschäftigte und Kapital, im Gesundheitswesen zu halten. Sind jedoch einzelne Teilmärkte genügend abgeschottet, um überhöhte Einkommen zuzulassen, wird dadurch auch die Erfüllung der ersten vier Kriterien gefährdet.

Nach dem zweiten Hauptsatz der Wohlfahrtstheorie sind offene Märkte mit Wettbewerb in der Lage, zumindest vier dieser fünf Kriterien zu erfüllen. Vorbehalte bestehen bei der dynamischen Effizienz (Kriterium Nr. 4), weil ohne eine zumindest zeitweilige Abschottung des Marktes (z. B. durch Patentschutz) kaum genügend Anreize für Innovation geschaffen werden können. Abgesehen davon kann Wettbewerb auf offenen Märkten als eine Organisationsform des Wirtschaftens aufgefasst werden, welche Effizienz begünstigt.

Im Falle des Gesundheitswesens ist mit Wettbewerb nicht notwendig das freie Spiel von Angebot und Nachfrage auf einem Spotmarkt gemeint. Die Vertragsbeziehungen zwischen den wichtigsten Akteuren im Gesundheitswesen (Versicherte bzw. Patienten; Krankenversicherer und Leistungserbringer) sind meist längerfristiger Natur. Wettbewerb bedeutet in diesem Falle, dass die Verträge mit frei wählbaren Inhalten zwischen frei wählbaren Partnern abgeschlossen werden können. Vorbehalten bleiben lediglich Vereinbarungen, die Dritte ohne Kompensation schädigen (Abwesenheit von externen Effekten).

Das schweizerische Gesundheitswesen soll im Folgenden an einem Ideal gemessen werden, bei dem alle fünf Kriterien erfüllt sind. Diese Vorgehensweise hat den Vorteil, dass sie die Notwendigkeit vermeidet, spezifisch auf die Stärken und Schwächen eines anderen (namentlich des deutschen) Gesundheitswesens einzugehen, was genaue Kenntnisse des Vergleichslandes bedingen würde.

3. Rahmenbedingungen des schweizerischen Gesundheitswesens

Die Schweiz ist in drei Ebenen gegliedert: den Bund, die 26 Kantone sowie rund 3000 Gemeinden. Über die jeweiligen Zuständigkeiten im Gesundheitswesen orientiert umfassend Kocher (2001).

3.1 Kompetenzen des Bundes

Auch wenn die Kantone grundsätzlich für die öffentliche Gesundheitsversorgung zuständig sind, war die Regulierung der Krankenversicherung von Anfang an Sache des Bundes. Die ursprüngliche Fassung des Krankenversicherungsgesetzes geht auf das Jahr 1911 zurück. Es hatte zum Ziel, den Arbeitern und ihren Familien den Beitritt zu den bereits bestehenden Krankenkassen schmackhaft zu machen. Die Krankenkassen durften zwar nicht nach dem Risiko tarifieren, behielten aber das Recht, die Beiträge nach dem Eintrittsalter abzustufen, was den jungen Beschäftigten den Anreiz gab, von Anfang an eine Krankenversicherung zu vereinbaren. Zur Verbilligung der Prämien erhielten die Krankenkassen einen Pro-Kopf-Beitrag aus der Bundeskasse. Schließlich konnten die Steuerzahler die Krankenkassenprämien bei der Bundessteuer (sowie bei den meisten Kantonen) vom Einkommen abziehen. Diese Kombination machte die Krankenversicherung so attraktiv, dass Ende der 1980er Jahre fast 100 % der Bevölkerung in die sozialen Krankenversicherung integriert war, ohne dass dafür eine Pflicht bestanden hätte (Bundesamt für Sozialversicherung, 2003, S. 55).

Anfang 1996 trat das 1994 verabschiedete neue Krankenversicherungsgesetz (KVG 94) in Kraft. Es führte die allgemeine Versicherungspflicht ein. Dies ermöglichte eine verstärkte systematische Umverteilung innerhalb der Krankenversicherung. Die Abstufung nach dem Eintrittsalter wurde fallen gelassen (auch um älteren Versicherten die Möglichkeit zu geben, den Versicherer zu wechseln) und durch eine Einheitsprämie für alle Erwachsenen ab 25 Jahren einer bestimmten Tarifregion ersetzt. Kindern wird je nach Versicherer eine Reduktion um rd. 75 % und 19 - 25 - Jährigen um rd. 25 % gewährt. Innerhalb eines Kantons dürfen nicht mehr als drei Tarifregionen unterschieden werden, innerhalb derer ein bestimmter Versicherer nur eine Prämie verlangen darf. Dies schließt nicht aus, dass ein Konkurrent in der gleichen Tarifregion eine niedrigere Prämie anbietet. Um den Stimmbürgern eine Pflichtmitgliedschaft „zu bezahlbaren Prämien" versprechen zu können, werden die Prämien wiederum subventioniert. Die Mittel dafür sind grundsätzlich durch den Bund aufzubringen, müssen aber von den Kantonen um mindestens 50 % aufgestockt werden (Art. 66/4 KVG 94). Neuerdings fließen diese Subventionen nicht an die Krankenversicherer, sondern an die Versicherten direkt, wobei die zu bezahlende Prämie mit dem steuerlichen Einkommen verglichen wird. Je nach Kanton übersteigt die Prämie zwischen 8 und 12 % des Einkommens, bis die Subvention ausgelöst wird; die Differenz wird nicht vollständig gedeckt, damit auch Subventionsempfänger ein Interesse an kostengünstigen Verträgen behalten. Etwa 33 % der Wohnbevölkerung kommen in den Genuss dieser Subvention (Bundesamt für Sozialversicherung, 2003, S. 157).

Das KVG 94 setzt also auf den Wettbewerb der Krankenversicherer; zugleich stattet es aber der Bund mit einer Reihe von zusätzlichen Regulierungskompetenzen aus. Die wenig ermutigenden Erfahrungen mit den kantonalen Krankenhausplanungen führten nicht etwa zur Infragestellung solcher Planung, sondern zur Kompetenz des Bundes, Richtlinien zur Krankenhausplanung zu erlassen. Diese Richtlinien lassen auf sich warten. Hingegen führte eine ähnliche Kompetenz in Bezug auf die Honorierung der Ärzte zum bundesweiten Tarifwerk Tarmed, das Anfang 2004 in Kraft trat. Überdies reguliert der Bund auch den Zugang zum Markt für ärztliche Leistungen (durch Diplome) und für Arzneimittel. Diese Gesetzgebung untersteht jedoch dem Referendum, das mit 50.000 Unterschriften verlangt werden kann, sowie der Möglichkeit der Volksinitiative (100.000 Unterschriften), dies bei rund 5 Millionen Stimmberechtigten.

3.2 Kompetenzen der Kantone

Die 26 Kantone der Schweiz sind im Grundsatz für die Gesundheitsversorgung zuständig. Sie geben sich einen Sicherstellungsauftrag namentlich im Bereich der stationären Versorgung. Sie genehmigen die Tarifverträge und legen im Falle eines Scheiterns der Vertragsverhandlungen zwischen den Krankenversicherern und den Leistungserbringern die Art und Höhe der Honorierung fest. Dies führt zur Bildung von faktischen Zwangsverbänden der Krankenversicherer, der Ärzte sowie der Krankenhäuser auf Kantonsebene. Damit ist es den einzelnen Krankenversicherern nicht möglich, mit einem Krankenhaus individuelle Verträge abzuschließen. Ihre Verhandlungsstellung im Verband ist zudem von vornherein geschwächt, weil die kantonale Regierung bei Tarifdisputen mit den Krankenhäusern als parteiischer Schiedsrichter auftritt. Da die Kantone gemäß KVG 94 gehalten sind, 50 % der laufenden Betriebskosten der Krankenhäuser zu finanzieren, und sie darüber hinaus Anteile der Investitionskosten übernehmen, üben sie hier maßgebliche Eigentumsrechte aus. Dies hat namentlich zur Folge, dass ihr Interesse an einer Kosteneindämmung abgeschwächt wird, weil es ihnen offen steht, erhöhte Betriebskosten wenigstens zur Hälfte auf die Krankenversicherer abzuwälzen, deren Mitglieder überwiegend nicht im gleichen Kanton, sondern in der übrigen Schweiz wohnen.

Schließlich müssen sich die Kantone an den Prämiensubventionen der Versicherten beteiligen, wobei es ihnen freisteht, auf bis zu 50 % der Bundesgelder zu verzichten. Dies hat zur Folge, dass in den weniger großzügigen Kantonen die Krankenversicherung bis zu 12 % des steuerbaren Einkommens kosten kann, bevor die Subventionierung einsetzt. Dabei sind die Regierungen und Parlamente der Kantone zumindest in ihrer Gesetzgebung durch das Referendum und (in der Mehrzahl der Kantone) auch die Volksinitiative an den Willen der Stimmbürger gebunden. Die meisten Kantone müssen zudem größere Investitionsprojekte einer Volksabstimmung unterbreiten; dabei werden allerdings Ausbauvorhaben für Krankenhäuser regelmäßig mit großer Mehrheit genehmigt.

3.3 Kompetenzen der Gemeinden

Die Gemeinden sind für gesundheitspolizeiliche Aufgaben zuständig. Darüber hinaus subventionieren sie Pflege- und Altenheime und betreiben sie öfters auch selbst. Sie bilden Krankenhausverbände und tragen über diese zur Finanzierung der Investitionen bei; die Entscheidung über die Krankenhausinvestitionen liegt jedoch bei der kantonalen Regierung.

3.4 Würdigung der institutionellen Rahmenbedingungen

Für die in der Tabelle 1 aufgeführten Kriterien dürften die institutionellen Rahmenbedingungen der Schweiz die folgenden Konsequenzen haben:

1. *Präferenzgerechte Versorgung:* Sie wird grundsätzlich begünstigt, da es keine zentrale Rationierungsinstanz gibt und die Bevölkerung sich in Volksabstimmungen zu Art und Umfang der Versorgung äußern kann.

2. *Produktionstechnische Effizienz:* Hier ist eine wesentliche Behinderung darin zu sehen, dass die Krankenversicherer als Einkäufer von Leistungen von vornherein gehalten sind, nur inländische Ärzte und Krankenhäuser zu berücksichtigen (Inlandsbeschaffungsprinzip).

Außerdem begünstigt die Krankenhausplanung der Kantone die Beschaffung von Investitionen und die Aufrechterhaltung von Kapazitäten auf Vorrat, was der produktionstechnischen Effizienz ebenfalls nicht förderlich ist.

3. *Anpassungskapazität:* Da die Krankenversicherer dem Wettbewerb ausgesetzt sind, müssen sie (im Rahmen des KVG 94) auf veränderte Präferenzen ihrer Mitglieder eingehen. Bei den Ärzten finden analoge Anpassungen in reduziertem Ausmaß statt, weil sich die relativen Preise ihrer Leistungen nur sehr verzögert ändern. Im Bereich der Krankenhäuser und Pflegeheime dagegen schränken die Eigentumsrechte der Kantone und Gemeinden die Anpassungskapazität von vornherein ein.

4. *Dynamische Effizienz:* Die Krankenhäuser eines Kantons stehen nicht mit den Tarifen, sondern mit ihrer Leistungspalette im Wettbewerb. Deshalb geben sie Produktinnovationen gegenüber kostensenkenden Prozessinnovationen regelmäßig den Vorzug, was mit dynamischer Effizienz nicht vereinbar ist.

5. *Leistungsgerechte Einkommensverteilung:* So wie auch andere sozialpolitisch motivierte Transfers hat auch die Subventionierung der Prämien die Nebenwirkung, dass eine Erhöhung des Bruttoeinkommens wegen des Wegfalls der Subvention zu einer Reduktion des Nettoeinkommens führen kann. Zusätzliche Leistung wird deshalb nicht immer belohnt. Die größere Gefährdung dieses Kriteriums geht allerdings von der Vielzahl von Verhandlungen auf Verbandsebene aus. Sie verhindert, dass Leistungserbringer, die sich durch ein besonders günstiges Leistungs-Kosten-Verhältnis auszeichnen, von den Krankenversicherern besonders honoriert werden können, namentlich durch Aufnahme in eine empfohlene Liste.

Das Ergebnis dieser Rahmenbedingungen ist ein vergleichsweise teures Gesundheitswesen, wie aus der Tabelle 2 hervorgeht. Was den nominellen Anteil der Gesundheitsausgaben am BIP betrifft (Teil A der Tabelle 2), so hat die Schweiz in den 1990er Jahren gegenüber Deutschland aufgeholt und ist mit den alten Bundesländern vergleichbar. Beide Länder liegen deutlich über Großbritannien mit einem nationalen Gesundheitsdienst, der jedoch die Präferenzen der Bevölkerung wenig berücksichtigt. Die USA dagegen entwickeln neue medizinische Technologie und führen sie in der Regel als erstes Land im Gesundheitswesen ein, was zumindest teilweise den hohen Ausgabenanteil erklärt.

Tab. 2: Anteil der Gesundheitsausgaben am Bruttoinlandsprodukt

	1970	1980	1990	1995	2000
A. Nomineller Anteil der Gesundheitsausgaben am BIP, in %					
- Schweiz	5.0	7.6	8.5	10.0	10.7[a]
- Deutschland (alte Bundesländer)	5.9	8.8	8.7	10.2	10.3[b]
- Großbritannien	4.5	5.6	6.0	7.0	7.3
- U.S.A.	6.9	8.7	11.9	13.3	13.0
B. Realer Anteil der Gesundheitsausgaben am BIP, in %, Preise 1995					
- Schweiz	n.a.	5.0	7.8	10.0	10.3[a]
- Deutschland (alte Bundesländer)	n.a.	6.2	7.4	10.2	n.a.
- Großbritannien	n.a.	5.6	5.6	7.0	n.a.
- U.S.A.	n.a.	7.5	11.6	13.3	13.5
Quelle: Health Data File, Paris: OECD.		[a] 1999		[b] 1998	

Die Ineffizienzen im Gesundheitswesen könnten sich dadurch niederschlagen, dass dort die Preise im Vergleich zum Rest der Wirtschaft überhöht sind (Teil B der Tabelle 2). Die jeweilige Umrechnung in reale Größen müsste dann die Gesundheitsausgaben stärker senken als das BIP, so dass der reale Anteil der Gesundheitsausgaben unter dem nominellen bleibt. Dies trifft auf die Schweiz (abgesehen vom Basisjahr 1995) stets zu, und zwar noch ausgesprochener als auf Deutschland. Diese Beobachtung stimmt mit der oben formulierten und nachstehend erhärteten Vermutung überein, dass die Bedingungen der produktiven Effizienz (Kriterium 2 der Tabelle 1) in der Schweiz verletzt sein könnten.

4. Die Vertragsbeziehungen im schweizerischen Gesundheitswesen

4.1 Versicherte und Krankenversicherer

Die Beziehungen zwischen den Versicherten und den Krankenversicherern werden durch die Tatsache geprägt, dass zwar das KVG 94 die Versicherungspflicht einführte, jedoch die individuelle Wahl zwischen rund 100 Krankenversicherern gewährleistet. Keine Wahlfreiheit besteht hingegen in Bezug auf den Katalog der Pflichtleistungen, welcher mit dem KVG 94 erweitert und 1997 sowie 1998 nochmals angepasst wurde.

Immerhin haben die Versicherten die Möglichkeit, durch die Wahl ihres Versicherungsvertrages die Prämie zu reduzieren (dabei ist allerdings die maximale Prämienreduktion stets durch Verordnung vorgegeben):

- Die jährliche Kostenbeteiligung von minimal CHF 300.-- (€ 190 zu aktuellen Kursen) kann höher gewählt werden, bis zu einem Maximum von CHF 1'500.--, verbunden mit einer Prämienreduktion von 40 %. Rund 38 % der Versicherten wählen eine erhöhte jährliche

Kostenbeteiligung. Im Bereich der konventionellen Verträge gilt darüber hinaus eine Selbstbeteiligung von 10 %.

- Die Bonusversicherung gewährt eine Prämienreduktion für Schadenfreiheit bis zu 45 % nach drei schadenfreien Jahren. Trotz der Existenz eines Risikostrukturausgleiches fürchtete der Gesetzgeber allerdings, diese Vertragsvariante werde zur Jagd auf die guten Risiken verwendet, und belastete sie mit einem Solidaritätszuschlag von 10 % zur Vergleichsprämie bei CHF 300.-- Kostenbeteiligung.

- Einen Schritt in Richtung von Managed-Care-Alternativen macht die (mit einer Prämienreduktion von 8 % belohnte) Auflage, sich vor dem ersten Arztbesuch telefonisch beraten zu lassen (Helsana, 2004).

- Mehrere Versicherer führen auch Verträge mit eingeschränkter Ärzteliste. Allerdings bleibt in der Regel die Einzelleistungsvergütung der Ärzte bestehen.

- Manche Versicherer bieten auch ein Hausarztmodell an, bei dem die teilnehmenden Leistungserbringer mit einer Pauschale je eingeschriebenen Versicherten honoriert werden.

- Den Health Maintenance Organisations der USA nachgebildet ist die HMO-Variante, die einen weitgehenden Verzicht auf die freie Wahl des Arztes bedingt. Die teilnehmenden Leistungserbringer werden ebenfalls mit einer Pauschale je Versicherten entschädigt.

Im Übrigen ist das KVG 94 anderen Vertragsvarianten gegenüber offen. Der Innovation sind in diesem Bereich demnach keine Grenzen gesetzt (für weitere Einzelheiten vgl. Britt/Brombacher-Steiner/Streit, 2001).

Im Übrigen schränkt jedoch eine Vielzahl von Regulierungen die Gestaltungsfreiheit der Vertragsbeziehung ein. Namentlich sind hier die Einheitsprämien zu erwähnen. Die Krankenversicherer dürfen nicht mehr als drei Tarifregionen innerhalb eines Kantons unterscheiden, und innerhalb einer Tarifregion ist einem erwachsenen Mitglied unabhängig von irgendwelchen Risikofaktoren der gleiche Beitrag zu berechnen. Damit wird zwar der Wechsel zwischen Krankenversicherern auch im fortgeschrittenen Alter erleichtert; die Einheitsprämie bedingt andererseits den Risikostrukturausgleich als sekundäre Regulierung. Denn die Einheitsprämie veranlasst den Versicherer, günstige Risiken zu suchen, um die Unterdeckung bei den ungünstigen Risiken ausgleichen zu können.

Der Risikostrukturausgleich hat aber seinerseits wieder eine ungünstige Nebenwirkung, indem er nicht nur den Anreiz zur Risikoselektion, sondern auch zur Innovation schwächt (Zweifel/Breuer, 2002, Kap. 4.2). Denn eine neue Vertragsform zieht regelmäßig jüngere Individuen an, und dieser erhöhte Anteil junger Mitglieder geht in die Ausgleichsformel ein. Ein Krankenversicherer, der eine Innovation lanciert, wird also finanziell bestraft. Dies macht die sog. indirekte Risikoselektion umso attraktiver. Die schweizerischen Krankenversicherer dürfen nämlich selbst eine Zusatzversicherung für z. B. den Aufenthalt im Privatzimmer von Krankenhäusern anbieten. Durch die Ausgestaltung dieser Zusatzleistungen können sie versuchen, günstige Risiken auch für die Grundversicherung anzuziehen.

Zusammenfassend lassen sich die Beziehungen zwischen Versicherten und Krankenversicherern mithilfe der in Tabelle 1 aufgeführten Kriterien wie folgt einschätzen:

1. *Präferenzgerechte Versorgung:* Der sehr weit gefasste Pflichtkatalog der Leistungen läuft Gefahr, manchen Individuen die Finanzierung von Leistungen aufzubürden, die sie nie in Anspruch nehmen werden. Zusätzlich verschärft jede Ausweitung des Leistungskatalogs das moralische Risiko (Zweifel/Manning, 2000). Anderseits kann man auf der Ebene der Versicherungsverträge durchaus von einer präferenzgerechten Versorgung ausgehen, da Zusatzdeckung auch für nicht konventionelle Therapien abgeschlossen werden kann.

2. *Produktionstechnische Effizienz*: Sie wird durch den Wettbewerb begünstigt, so bleibt der Verwaltungskostensatz der Krankenversicherer im Durchschnitt unter 10 % der Prämieneinnahmen. Andererseits ist die produktionstechnische Effizienz deshalb nicht voll gewährleistet, weil erzielte Kostenreduktionen nicht voll weitergegeben werden dürfen, namentlich im Bereich der Managed-Care-Alternativen (Lehmann und Zweifel, 2004).

3. *Anpassungskapazität*: Dieses Kriterium ist bei den Versicherungsprodukten erfüllt, beim Katalog der Pflichtleistungen hingegen weniger, weil der einzelne Krankenversicherer hier keinen Gestaltungsspielraum hat, sondern die Entscheidungen der vom Bund eingesetzten Leistungskommission übernehmen muss.

4. *Dynamische Effizienz*: Wenn sich die Präferenzen der Versicherten ändern, setzen Wanderbewegungen ein. Sie sind zwar mit rd. 5 % jährlich gering, setzen durch ihr Drohpotenzial die Versicherer jedoch unter einigen Druck, sich anzupassen.

(http://www.swissinfo.org/sde/Swissinfo.html?siteSect=105
&sid=4660814)

5. *Leistungsgerechte Einkommensverteilung*: Dieses Kriterium wird gefährdet, denn die Einheitsprämie untergräbt die Anstrengungen zur Erhaltung der Gesundheit gerade bei den Bevölkerungsgruppen, die die Ressourcen dazu hätten. Sie begünstigt reiche, ungünstige Risiken gegenüber armen, günstigen Risiken.

4.2 Versicherer und Leistungsempfänger

Ambulante Versorgung

Allgemein besteht in der konventionellen ambulanten Versorgung der Vertragszwang, d. h. die Krankenversicherer müssen jeden Arzt, der sich an den Katalog der Pflichtleistungen hält und die ausgehandelten Tarife anwendet, als Vertragspartner akzeptieren. Immerhin besteht für die Managed-Care-Alternativen (namentlich HMO und Ärztenetzwerke, die auf einer Auswahl der Leistungserbringer beruhen) eine Ausnahmeregelung gemäß KVG 94. Was die Höhe der ärztlichen Vergütung betrifft, besteht innerhalb der konventionellen Versorgung die einheitliche Vorgabe des „Tarmed" ab 2004. Damit gaben die Krankenversicherer eine Aufgabe aus der Hand, die sie zugunsten ihrer Klientel hätten wahrnehmen können, nämlich das Aushandeln von Vergütungssystemen mit relativen Preisen, die für optimale finanzielle Anreize in der Gesundheitsversorgung sorgen würden. Je nach Ausmaß der Informationsasymmetrie zwischen Patienten und Leistungserbringern hängt die optimale Vergütungsform und -höhe von unterschiedlichen Parametern ab. Eine Analyse des „Tarmed" ergibt nun aber, dass jene sechs Parameter, welche die Vergütung bestimmen, bestenfalls mit zwei Größen etwas zu tun haben, die sich aus der Theorie der optimalen Verträge herleiten lassen (Zweifel, 2002).

Auch bei der Beschaffung von Arzneimitteln ist es dem einzelnen Krankenversicherer nicht möglich, seine Verhandlungsmacht und sein Verhandlungsgeschick in die Waagschale zu werfen, denn es gilt eine einheitliche Positivliste mit für alle Versicherer verbindlichen Preisen.

Stationäre Versorgung

Das KVG 94 beauftragt die Kantone, Listen der zugelassenen Krankenhäuser aufzustellen, wobei nur Häuser mit einem günstigen Leistungs-Kosten-Verhältnis in die Liste aufgenommen werden sollten. Während die Aufnahme der öffentlichen Krankenhäuser ohne weiteres gewährt wurde, mussten die privaten Kliniken darum kämpfen. Ausgearbeitete

Kriterien für die Aufnahme fehlten in den meisten Kantonen. Die Nichtaufnahme in die kantonale Liste bedeutet, dass ein Krankenhaus als Vertragspartner weder der Krankenversicherer des Standortkantons noch der übrigen Schweiz in Frage kommt. Da dieser Ausschluss auch für die Zusatzversicherten gilt, hängt das wirtschaftliche Überleben der Privatkliniken von einem administrativen Entscheid ab, ohne viel Möglichkeit, durch Leistungen an Patienten von außerhalb der Standortregion ein günstiges Leistungs-Kosten-Verhältnis dokumentieren zu können.

Die in die Liste aufgenommenen Krankenhäuser müssen gemeinsam mit dem Verband der Krankenversicherer des Kantons verhandeln, wobei die ausgehandelten Vergütungen vom jeweiligen kantonalen Parlament oder der Regierung genehmigt werden. Die Vergütungen sollen die Hälfte der gesamten Betriebskosten decken, während Investitionen von den Gemeinden (über einen regionalen Trägerverband) sowie vom Kanton finanziert werden. Somit gilt für einen gegebenen Kanton ein einheitliches Vergütungssystem, von dem die Vertragspartner nicht abweichen können. Es handelt sich in der Mehrzahl der Kantone um Tagespauschalen; die Einführung von prospektiven Fallpauschalen (DRG) wird erst vorbereitet.

Insgesamt lässt sich die Gestaltung der Beziehungen zwischen Versicherern und Leistungserbringern wie folgt nach den Kriterien der Tabelle 1 bewerten:

1. *Präferenzgerechte Versorgung*: Die Einheitlichkeit der Vergütungssysteme und der bezahlten Tarife verunmöglicht es, Unterschiede der Präferenzen in Preissignale umzusetzen. Immerhin besteht eine Ausweichmöglichkeit in Form von Managed-Care-Alternativen wie HMO und ärztlichen Netzwerken.

2. *Produktionstechnische Effizienz:* Durch den Vertragszwang wird im ambulanten Bereich das wirtschaftliche Überleben auch von Arztpraxen mit ungünstigem Leistungs-Kosten-Verhältnis gewährleistet. Dasselbe gilt im stationären Bereich, da die Hälfte der Betriebskosten sowie die Investitionen ohnehin durch Trägerverband und Kanton übernommen werden. Dies hat auch zur Folge, dass die Bewohner einer Standortgemeinde für die Weiterführung „ihres" Krankenhauses massiv unterstützt werden und sich deshalb gegen die Schließung auch eines ineffizienten Hauses zur Wehr setzen. Schließlich kennt die Mehrzahl der Kantone die Vergütung mit Tagespauschalen. All dies schwächt das Interesse an produktionstechnischer Effizienz ganz erheblich.

3. *Anpassungskapazität:* Jede Anpassung des „Tarmed" bedingt Verhandlungen auf zentraler Ebene, die wegen der damit verbundenen Neuverteilung von ärztlichen Einkommen langwierig sein werden. Bei den Krankenhausvergütungen sind die Parlamente bzw. Regierungen der Kantone nicht bereit, Managed-Care-Organisationen, welche eine bestimmte Zahl von Behandlungsfällen garantieren könnten, mit Tarifnachlässen entgegenzukommen. Grundsätzlich wäre ein gewisser Systemwettbewerb zwischen den Kantonen denkbar. Dies wird durch die Vorschrift des KVG 94 behindert, dass ein Patient grundsätzlich in einem Krankenhaus seines Wohnsitzkantons behandelt werden soll. Insgesamt ist die Anpassungskapazität als eher beschränkt einzuschätzen.

4. *Dynamische Effizienz:* Der rasche technologische Wandel in der Medizin führt zu immer neuen Knappheiten, die aber sowohl im ambulanten wie im stationären Bereich durch die Vergütungssysteme nur mit erheblicher Verzögerung und ungenau abgebildet werden.

5. *Leistungsbezogene Einkommensverteilung*: Die Gefahr bleibender Renten besteht, denn die Versicherer können nicht jene Leistungserbringer auswählen, die für ihre Klientel ein günstiges Leistungs-Kosten-Verhältnis aufweisen. Außerdem bilden die Tarife für technische und apparative Leistungen die Grenzkosten nicht ab, was den Fachärzten monopolistische Renten ermöglicht.

4.3 Versicherte und Leistungserbringer

Die freie Arztwahl ist für die Versicherten landesweit gewährleistet, die freie Krankenhauswahl hingegen grundsätzlich auf den Wohnsitzkanton beschränkt. Ebenso ist aber der Verzicht auf die freie Arztwahl möglich, wofür die Versicherer mit Managed-Care-Alternativen eine Prämienreduktion anbieten (die allerdings ebenfalls gesetzlich beschränkt ist, vgl. Abschnitt 4.1). Hingegen ist der Verzicht auf die Krankenhauswahl innerhalb des Kantons nicht möglich, obschon dies eine zusätzliche Prämienreduktion ermöglichen würde. Die Versicherten können auch Leistungen der Komplementärmedizin in Anspruch nehmen, müssen dafür allerdings eine Zusatzversicherung abschließen. Eine Zusatzversicherung weitet auch die Wahl des Krankenhauses auf das Gebiet der ganzen Schweiz aus.

Die Leistungserbringer dürfen grundsätzlich Werbung betreiben, doch kantonale Gesetze, die vielfach unter dem Einfluss der Standesorganisationen verfasst werden, schränken sie dabei unterschiedlich stark ein.

Abgesehen von den Verträgen mit eingeschränkter Ärzteliste stellen die Krankenversicherer ihren Mitgliedern keine Information über Qualitätsmerkmale von Ärzten oder Krankenhäusern zur Verfügung. Dies macht die Informationsbeschaffung für die Versicherten kostspielig.

Die Beziehungen zwischen den Versicherten und Leistungserbringern lassen sich zusammenfassend mit Hilfe der in Tabelle 1 aufgeführten Kriterien wie folgt werten:

1. *Präferenzgerechte Versorgung:* Indem die Versicherten die freie Arztwahl haben, im Austausch gegen andere Vorteile aber auch darauf verzichten können, ist die präferenzgerechte Versorgung im ambulanten Bereich einigermaßen gewährleistet, nicht aber im stationären Bereich.

2. *Produktionstechnische Effizienz:* Eine kostengünstig geführte Arztpraxis oder ein kostengünstig geführtes Krankenhaus kann diese Vorteile nicht in die Verhandlungen mit einem einzelnen Krankenversicherer einbringen. Erzielbare Ersparnisse können sich somit auch nicht in den Versicherungsprämien niederschlagen. Deshalb ist dieses Kriterium mangelhaft erfüllt.

3. *Anpassungskapazität:* Die bisherige Erfahrung zeigt, dass zwar der Leistungskatalog zügig durch neue Therapien ergänzt wird, dass aber das Leistungs-Kosten-Verhältnis einmal aufgenommener Therapien selten je überprüft wird. Insofern ist auch dieses Kriterium mangelhaft erfüllt.

4. *Dynamische Effizienz:* Sie ist grundsätzlich dadurch gefährdet, dass die Präferenzen der Versicherten nicht über die Anpassungen des Leistungskatalogs entscheiden.

5. *Leistungsgerechte Einkommensverteilung:* Die Leistungs-Kosten-Verhältnisse der verschiedenen Leistungserbringer sind den Patienten kaum bekannt. Auf Seiten der Kosten bestehen wegen der Versicherungsdeckung kaum Unterschiede und somit wenig Anreiz, sich zu informieren. Auf Seiten der Leistungen bestehen starke Anreize zur Informationsbeschaffung, denen allerdings sehr hohe Kosten gegenüber stehen. Diese mangelnde Transparenz begünstigt die bleibende Existenz von Renten.

5. Zusammenfassung und Schlussfolgerungen

Abschließend soll der Versuch unternommen werden, aufgrund der Ausführungen in den Abschnitten 3 und 4 zu einer Gesamtwertung des schweizerischen Gesundheitswesens zu gelangen.

In der Tabelle 3 sind die fünf Kriterien nochmals aufgeführt. Die Erfüllung des Kriteriums wird für jeden der drei Vertragsbeziehungen gewertet, also zwischen den Versicherten/Patienten und den Krankenversicherern (VP ↔ KV), zwischen den Versicherern und den Leistungserbringern (KV ↔ LE) sowie zwischen den Versicherten/Patienten und den Leistungserbringern (VP ↔ LE). Vollumfängliche Erfüllung wird einfachheitshalber mit zwei Punkten gewertet, die fragliche oder teilweise mit einem Punkt und die Nichterfüllung mit null Punkten.

Tab. 3: Zusammenfassung der Bewertung nach Kriterien

Kriterien	Befund für die Schweiz		Max.
1. Präferenzgerechte Versorgung	VP ↔ KV:	1	
	KV ↔ LE:	1	
	VP ↔ LE:	2	
		4	6
2. Produktionstechnische Effizienz	VP ↔ KV:	1	
	KV ↔ LE:	0	
	VP ↔ LE:	1	
		2	6
3. Anpassungskapazität	VP ↔ KV:	2	
	KV ↔ LE:	0	
	VP ↔ LE:	2	
		4	6
4. Dynamische Effizienz	VP ↔ KV:	2	
	KV ↔ LE:	0	
	VP ↔ LE:	1	
		3	6
5. Leistungsgerechte Einkommensverteilung	VP ↔ KV:	1	
	KV ↔ LE:	0	
	VP ↔ LE:	1	
		2	6
Gesamtwertung	VP ↔ KV:	7	10
	KV ↔ LE:	1	10
	VP ↔ LE:	7	10
2 = gewährleistet, 1 = fraglich, 0 = nicht gegeben			
VP = Versicherter/Patient			
KV = Krankenversicherer LE = Leistungserbringer			

Die Tabelle 3 zeigt, dass die Schweiz in Bezug auf zwei Kriterien günstig abschneidet, nämlich bei der präferenzgerechten Versorgung (Kriterium 1) und der Anpassungskapazität (Kriterium 3), wo sie vier von sechs möglichen Wertungspunkten erreicht. Umgekehrt sind Schwächen bei der produktionstechnischen Effizienz (Kriterium 2) und der leistungsgerechten Einkommensverteilung (Kriterium 5) erkennbar, wo nur gerade zwei von maximal sechs Wertungspunkten erreicht werden. Eine Mittelstellung nimmt die dynamische Effizienz (Kriterium 4) mit drei von sechs Punkten ein.

Die Tabelle 3 macht somit klar, dass man vom schweizerischen Gesundheitswesen in Bezug auf produktionstechnische Effizienz und leistungsgerechte Einkommensverteilung vorderhand nicht viel lernen kann. Ermittelt man in einer Gesamtwertung die Stärken und Schwächen nach den drei unterschiedenen wirtschaftlichen Beziehungen, so ergeben sich markante Unterschiede. Die Beziehungen zwischen Versicherten bzw. Patienten und Krankenversicherern erfüllen die wirtschaftlichen Effizienzkriterien weitgehend (sieben von zehn Punkten). Ähnliches trifft auch auf die Beziehung zwischen Versicherten bzw. Patienten und den Leistungserbringern zu, indem auch hier sieben von maximal zehn Wertungspunkten erreicht werden. Sehr deutlich treten hingegen Mängel zutage bei den Beziehungen zwischen Krankenversicherern und Leistungserbringern, wo die Tabelle 3 nur gerade einen von zehn Punkten ausweist. Für diese Mängel sind ganz wesentlich die Beziehungen zwischen Krankenversicherern und Leistungserbringern verantwortlich. Dies ist nicht sehr erstaunlich, herrscht doch in der Schweiz noch immer der Vertragszwang.

Die bisher verwendeten Kriterien beziehen sich ausschließlich auf die Effizienz. Abschließend sind aber doch auch Betrachtungen zum sozialen Ausgleich angebracht. Bei der Beurteilung ist allerdings die Wahl des Kriteriums entscheidend (für einen Überblick vgl. Williams/Cookson, 2000). Anhänger eines (gesundheitsspezifischen) Egalitarismus werden dem schweizerischen Gesundheitswesen wenig abgewinnen können, weil die Beiträge zur Krankenversicherung nicht mit dem Einkommen und Vermögen ansteigen. Dabei wird allerdings leicht übersehen, dass die laufenden Krankenhausaufwendungen zur Hälfte und die Investitionen ganz aus öffentlichen Mitteln finanziert werden. Diese Mittel stammen aus Einkommenssteuern insbesondere der Kantone, was die Finanzierung insgesamt progressiv macht.

Der alternative Standard ist jener der nicht egalitären Solidarität. Sie verlangt, dass eine bestimmte Mindestversorgung mit Gütern und Leistungen jedem Mitglied der Gesellschaft zur Verfügung steht. Gemessen an diesem Standard erfüllt das schweizerische Gesundheitswesen die Anforderung des sozialen Ausgleichs, indem dank der gezielten Prämienverbilligung jeder Einwohner der Schweiz in die Lage versetzt wird, Krankenversicherungsschutz zu kaufen, der den Zugang zu den Leistungen des Gesundheitswesens sicherstellt. Empfänger von Sozialhilfe, die wegen der Kostenbeteiligung von 10 % auf ambulante Leistungen in finanzielle Bedrängnis geraten würden, können von der Zahlung befreit werden.

Die beiden Auffassungen von Solidarität sind auch in der Schweiz vertreten, und im Sinne des gesundheitsspezifischen Egalitarismus gibt es immer wieder Bestrebungen, die Prämien der Krankenversicherung einkommensabhängig zu gestalten. Dies wurde von einer Volksinitiative verlangt, die jedoch im Mai 2003 mit einer Mehrheit von 2/3 der Stimmenden verworfen wurde.

Daneben sind auch Bestrebungen im Gange, den Vertragszwang der Krankenversicherer aufzuheben und damit einen wichtigen, oben angesprochenen Schwachpunkt des schweizerischen Gesundheitswesens zu beheben. Im November 2003 hätte das schweizerische Parlament eine entsprechende zweite Revision des KVG 94 verabschieden sollen. Die beiden Kammern hatten jedoch je eigene Gesetzesvorschläge erarbeitet, und ein Vermittlungsvorschlag scheiterte in der Schlussabstimmung. Dabei dürfte auch die bereits formulierte Drohung der Verbindung der Schweizer Ärzte (FMH) eine Rolle gespielt haben, gegen eine Revision des KVG 94 das Referendum zu ergreifen. Es scheint, als ob damit die herausgearbeiteten Stärken und Schwächen des schweizerischen Gesundheitswesens noch für einige Zeit Bestand haben dürften.

Literatur:

Britt, F./Brombacher-Steiner, V./Streit, P. (2001), Krankenversicherung, in: G. Kocher und W. Oggier (Hrsg.), Gesundheitswesen Schweiz 2001/2002, Solothurn: Verlag Konkordat der schweizerischen Krankenversicherer, Kap.15.

Bundesamt für Sozialversicherung (2003), Schweizerische Sozialversicherungsstatistik 2001, Bern: EDMZ (http://www.bsv.admin.ch/publikat/svs/d/svs_2003_d.pdf).

Fritsch, M./Wein, T./Ewers, H.-J. (2003), Marktversagen und Wirtschaftspolitik – Mikroökonomische Grundlagen staatlichen Handelns, 5. Aufl., München: Vahlen.

Helsana Krankenversicherungen (2004), www.helsana.ch/content.cfm/

Kocher, G. (2001), Kompetenz- und Aufgabenteilung Bund – Kantone – Gemeinden, in: G. Kocher und W. Oggier (Hrsg.), Gesundheitswesen Schweiz 2001/2002, Solothurn: Verlag Konkordat der schweizerischen Krankenversicherer, Kap.10.

Lehmann, Hj./Zweifel, P. (2004), Innovation and Risk Selection in Deregulated Social Health Insurance, erscheint in: Journal of Health Economics. Health Data File, Paris: OECD.

Williams, A./Cookson, R. (2000), Equity in Health, in: A. J. Culyer und J. P. Newhouse (Hrsg.), Handbook of Health Economics Vol. 1B, Amsterdam: Elsevier, Kap. 35.

Zweifel P./Manning, W.G. (2000), Moral and Consumer Incentives in Health Care, in: A.J. Culyer und J.P. Newhouse (Hrsg.), Handbook of Health Economics Vol. 1A, Amsterdam: Elsevier, Kap. 8.

Zweifel, P. (2002), "Tarmed": Der neue schweizerische Tarif für ärztliche Leistungen, in: E. Wille (Hrsg.), Anreizkompatible Vergütungssysteme im Gesundheitswesen, Baden-Baden: Nomos, 43-55.

Zweifel, P./Breuer, M. (2002), Weiterentwicklung des deutschen Gesundheitssystems. Gutachten im Auftrag des Verbands Forschender Arzneimittelhersteller.

Themenkreis 1

Vertragswettbewerb

Gerhard Schulte

Ich möchte Sie herzlich begrüßen zum ersten Teil unserer Gespräche über Paradigmenwechsel im Gesundheitswesen durch neue Versorgungsstrukturen. Im ersten Teil beschäftigen wir uns mit den Möglichkeiten des Vertragswettbewerbs. Die Veranstalter haben klugerweise ein Fragezeichen hinter „Paradigmenwechsel" gestellt. Es fällt allgemein auf, dass in letzter Zeit von Jahrhundertreformen nicht mehr geredet wird, stattdessen aber vermehrt von Paradigmenwechseln.

Sie werden sich erinnern, dass vor zehn Jahren aus Anlass des Gesundheitsstrukturgesetzes die gesetzliche Krankenversicherung eine programmatische Erklärung unter dem Stichwort „Solidarische Wettbewerbsordnung" herausgegeben hat und den Vertragswettbewerb in den Mittelpunkt ihrer angekündigten Strategien gestellt hat. Das Lächeln hier im Saale zum Stichwort „Vertragswettbewerb der gesetzlichen Krankenversicherung" zeigt, was daraus geworden ist. Aber gleichwohl, zum damaligen Zeitpunkt war das Bewusstsein der gesetzlichen Krankenversicherung und auch der Politik sehr stark geprägt von dem Glauben an die Kraft der Anbieterkartelle. Deswegen haben viele Vertreter der gesetzlichen Krankenversicherungen gemeint, in wichtigen Bereichen der Vertragsgestaltung einheitlich und gemeinsam operieren zu müssen. Der Gesetzgeber hat im weiteren Verlauf, nicht auf einen Schlag, aber doch zunächst über **Modellvorhaben** nach § 63 SGB V den Krankenkassen und der Ärzteschaft die Möglichkeit gegeben, durchaus selektiv zu kontrahieren. Im weiteren Verlauf der Geschichte dieses § 63 ist der Einfluss der KVen reduziert worden. Gleichwohl kann man nicht behaupten, dass die Vertragspartner vorher oder später von der Möglichkeit der Modellvorhaben ausreichend Gebrauch gemacht hätten.

Wenige Jahre später gab es die **Strukturverträge** auf der Grundlage des § 73a SGB V. Hier hatten zunächst die KVen eine strategisch hervorragende Rolle zu spielen. Strukturverträge hat es sehr wenige gegeben. Leider ist festzuhalten, dass die wenigen, die aufgegriffen worden sind, in aller Regel schon nach einigen Jahren mangels Erfolges wieder eingestellt worden sind. Auch dass hier später ebenso die KVen durch den Gesetzgeber zurückgedrängt worden sind, hat nicht etwa zu einer Renaissance der Strukturverträge geführt.

Die Krankenkassen haben dann wesentlich später die **Integrationsversorgung** als Möglichkeit operativen Handelns bekommen. Die Integrationsversorgung als Institution feiert demnächst ihren dritten Geburtstag. Es gibt allerdings bis heute keinen nennenswerten Integrationsvertrag in Deutschland. Wohl deswegen ist dieser Ansatz im Gesundheitsmodernisierungsgesetz erleichtert und verbessert worden. Die **Disease-Management-Programme** sind zunächst zu Recht von der Krankenversicherung als eine echte Möglichkeit verstanden worden, einen Vertragswettbewerb für chronisch Kranke eröffnen zu können. Aber schon im Gesetzgebungsverfahren hat der Gesetzgeber den KVen eine herausragende und kaum zu umgehende Rolle zugeteilt. Heute müssen wir bei den Disease-Management-Programmen im Wesentlichen sagen, es sind einheitliche und gemeinsame Kollektivverträge, deren Inhalte im Wesentlichen übereinstimmmen – auch wenn gelegentlich von den Krankenkassen-verbänden unterschiedliche Formulare benutzt werden.

Und schließlich, um noch kurz einen Blick auf die aktuelle Lage des GKV-Modernierungsgesetzes zu werfen: Dort gibt es neben einer Verbesserung der schon bekannten Instrumente jetzt eine Verpflichtung der Krankenkassen, **hausarztzentrierte Versorgung** auszuschreiben. Grundlage einer hausarztzentrierten Versorgung sind aber zunächst wiederum Verträge der Partner der Gesamtverträge in der ambulanten ärztlichen Versorgung. Es steht allerdings, und das ist vielleicht die eigentliche Revolution des GKV-Modernisierungsgesetzes, folgender bemerkenswerte Satz im Paragraphen über die hausarztzentrierte Versorgung: „Ein Anspruch auf Vertragsschluss besteht nicht." Im Folgeparagraphen, wo es um die **Qualität in der vertragsärztlichen Versorgung** geht, war in der ursprünglichen Fassung genau dieser Satz ebenfalls zu finden. Der ist dann im weiteren Gesetzgebungsverfahren abgelöst worden durch eine Formulierung, dass zwischen den Vertragspartnern zu regeln ist, ob ein Anspruch auf Vertragsabschluss besteht. Im Bereich der fachärztlichen Versorgung hat der Gesetzgeber das Prinzip des selektiven Kontrahierens schon weitgehend zurückgenommen.

Man kann vor dem Hintergrund der Entwicklung, die ich kurz aufgezeigt habe, bestenfalls sagen: Der Paradigmenwechsel erfolgt in Raten. Ob die Schlussrate am 1. Januar 2004 fällig ist, werden wir heute diskutieren. Über die Aussprache zu diesem Punkt freue ich mich besonders.

Selektives Kontrahieren unter wettbewerbsrechtlichen Gesichtspunkten

Helge Sodan

1. Einleitung

Unter selektivem Kontrahieren kann die bewusste Auswahl des Vertragspartners aus einer Mehrzahl von Wettbewerbern verstanden werden. Der Vertragsschluss hat dabei nicht nur die positive Bedeutung, mit jemandem in Geschäftsbeziehung zu treten. Er enthält dabei auch negativ die bewusste Entscheidung, mit einem anderem keine Geschäftsbeziehung aufzunehmen.

Das selektive Kontrahieren ist uns allen vertraut, sind wir doch jeden Tag daran selbst beteiligt. Denn wir alle prüfen, wessen Produkte wir bei wem kaufen wollen. Die bewusste Auswahl des Vertragspartners unter beabsichtigtem Ausschluss seiner Wettbewerber ist unter dem Gesichtspunkt der Wettbewerbsfreiheit grundsätzlich völlig unbedenklich und der Regelfall. Die Freiheit zum selektiven Kontrahieren ist geradezu Grundbedingung der marktwirtschaftlichen Ordnung. Ohne sie könnte der Marktmechanismus, in welchem sich aus Angebot und Nachfrage der Preis bildet, nicht funktionieren. Rechtlich werden diese Freiheit und damit das marktwirtschaftliche System durch die Gewährleistung der zivilrechtlichen Privatautonomie geschützt.

Freiheiten, die im idealtypischen atomistischen Marktmodell, in dem kein einzelner Marktteilnehmer einen erheblichen Einfluss auf das Marktgeschehen hat, jedem Marktteilnehmer ohne Wenn und Aber zustehen, können bei vermachteten, d. h. gestörten Marktstrukturen schädliche Auswirkungen auf den Wettbewerb haben, wenn sie ohne Einschränkungen von Marktmächtigen, insbesondere Marktbeherrschern, geltend gemacht werden dürften. Gerade hier muss die staatliche Wettbewerbsordnung ansetzen. Ihre Aufgabe ist es, schädliche Verhaltensweisen marktmächtiger Unternehmen zu verhindern und die Funktionsbedingungen eines hinreichend freien und fairen Wettbewerbs zu erhalten.

In der gesundheitspolitischen Diskussion steht derzeit als eine Frage im Mittelpunkt, ob die Teilnahme an der vertragsärztlichen Versorgung im Rahmen der Gesetzlichen Krankenversicherung (GKV) durch Verträge zwischen den Krankenkassen und einzelnen Ärzten (so genannte Einzelverträge) geregelt werden sollte. Wenn nicht jeder Arzt Anspruch auf Abschluss eines Teilnahmevertrages haben soll, geht es für die Krankenkassen um eine bewusste Auswahl ihrer Vertragspartner. Bedenkt man, dass mittlerweile über 90 Prozent der Gesamtbevölkerung in der GKV versichert sind, kann die negative, d. h. ablehnende Auswahlentscheidung einer Krankenkasse einem Arzt weite Teile der Bevölkerung als Patienten entziehen. Dabei drängt sich geradezu die Frage auf, inwiefern eine solche Auswahlentscheidung, ein derartiges selektives Kontrahieren den Schranken des deutschen und europäischen Wettbewerbsrechts unterliegt. Zuvor ist allerdings der gegenwärtige Stand der Reformbemühungen hinsichtlich der Einfügung von Elementen des selektiven Kontrahierens zugunsten von Krankenkassen aufzuzeigen.

2. Sozialgesetzliche Regelungen betreffend das selektive Kontrahieren

In seiner Regierungserklärung vom 14. März 2003 formulierte der Bundeskanzler, Ziel der Reformanstrengungen der Bundesregierung auf dem Gebiet der GKV sei die Durchbrechung des Vertragsmonopols der kassenärztlichen Vereinigungen. Dieses habe sich überlebt. Den Krankenkassen solle endlich ermöglicht werden, Einzelverträge mit Ärzten abzuschließen.[1] Nach geltendem Recht sind nämlich die Beziehungen der Krankenkassen zu den Leistungserbringern im Grundsatz dadurch geprägt, dass die Interessen der Ärzte im Rahmen der GKV durch die kassenärztlichen Vereinigungen vertreten werden. Diese Vereinigungen – und nicht der einzelne Arzt – stehen als starke Einheiten den Krankenkassen bzw. deren Verbänden gegenüber.

Nach dem von der Bundesregierung beschlossenen sowie von den Fraktionen der SPD und Bündnis 90/Die Grünen im Juni 2003 in den Deutschen Bundestag eingebrachten Entwurf eines Gesetzes zur Modernisierung des Gesundheitssystems[2] sollte der Neuzugang zur fachärztlichen Versorgung – ausgenommen Frauenärzte und Augenärzte – nicht mehr über die Erteilung einer Kassenzulassung erfolgen, sondern durch Einzelvertrag eines Arztes mit der Krankenkasse. Ein Anspruch auf Abschluss eines Einzelvertrages war nicht vorgesehen. Die Ärzteschaft befürchtete dadurch einen weit reichenden Ausschluss von der Teilnahme an der fachärztlichen Versorgung. Ferner sah sie die Gefahr, dass Krankenkassen aufgrund ihrer neuen Machtposition Preisdumping durchsetzen würden. Diese Pläne wurden im weiteren Gesetzgebungsverfahren fallen gelassen.

Das nunmehr beschlossene Gesetz zur Modernisierung der gesetzlichen Krankenversicherung (GKV-Modernisierungsgesetz – GMG) vom

---

[1] BT-Plenarprotokoll 15/32 S. 2490
[2] Siehe BT-Drucks. 15/1170.

14. November 2003[3] sieht Einzelverträge für die Teilnahme von Vertragsärzten an der „Integrierten Versorgung" nach den §§ 140a ff. des Fünften Buches des Sozialgesetzbuches (SGB V) und der neuen, so genannten hausarztzentrierten Versorgung vor.

Nachfolgend soll exemplarisch das im GMG verankerte Modell der hausarztzentrierten Versorgung skizziert werden, welches sich in § 73b SGB V wiederfindet. Danach können sich Versicherte gegenüber ihrer Krankenkasse schriftlich verpflichten, ambulante fachärztliche Leistungen nur auf Überweisung eines zur hausarztzentrierten Versorgung zugelassenen Hausarztes in Anspruch zu nehmen. Als Gegenleistung für diese freiwillige Selbstverpflichtung können die Versicherten Zuzahlungs- und Beitragsermäßigungen erhalten (§ 65a Abs. 2 SGB V n. F.).

An der hausarztzentrierten Versorgung darf aber nicht jeder Hausarzt teilnehmen. Dies dürfen vielmehr nur „besonders qualifizierte Hausärzte", mit denen die Krankenkassen jeweils einen Einzelvertrag geschlossen haben (siehe § 73b Abs. 2 Sätze 1 und 2 SGB V n. F.). Ein Anspruch auf Vertragsabschluss ist ausdrücklich ausgeschlossen; die Aufforderung zur Abgabe eines Vertragsangebots ist unter Bekanntgabe objektiver Auswahlkriterien von den Krankenkassen öffentlich auszuschreiben (§ 73b Abs. 2 Satz 3 SGB V n. F.). In den Gesamtverträgen sind Regelungen zu treffen, wie diese hausarztzentrierte Versorgung zu vergüten ist (§ 73b Abs. 3 Satz 2 SGB V n. F.).

Festzustellen ist also, dass mit dem GMG ein System etabliert wird, in welchem für den einzelnen Arzt der Zugang zu einem Teil der Versicherten vom Abschluss eines Einzelvertrages mit der Krankenkasse abhängig ist. Wie viele Versicherte dadurch den gewöhnlichen Hausärzten als Patienten zukünftig entzogen werden, hängt davon ab, wie stark die Versicherten von der freiwilligen Selbstverpflichtung Gebrauch machen werden. Letzteres wird wiederum von der Höhe der Anreize abhängen, welche die Krankenkassen den Versicherten dafür gewähren.

3. Anwendbarkeit von Regelungen des deutschen Wettbewerbsrechts

Der Spielraum der Krankenkassen beim selektiven Kontrahieren könnte aber durch das Wettbewerbsrecht eingeschränkt sein. In Betracht kommen hier insbesondere das Missbrauchsverbot aus § 19 Abs. 1 des Gesetzes gegen Wettbewerbsbeschränkungen (GWB) oder Art. 82 des Vertrages zur Gründung der Europäischen Gemeinschaft (EGV) sowie das Diskriminierungsverbot nach § 20 Abs. 1 GWB.

---

[3] BGBl. I S. 2190

Ob die Regelungen des deutschen Wettbewerbsrechts, insbesondere die Vorschriften des GWB, auf die Rechtsbeziehungen zwischen Krankenkassen und Leistungserbringern zur Anwendung kommen, ist in Rechtsprechung und Literatur umstritten. Der Kartellsenat des Bundesgerichtshofes hat diese Frage jüngst in einer Entscheidung vom 24. Juni 2003 offen gelassen.[4] Der Streit dreht sich um die Lesart des durch das „GKV-Gesundheitsreformgesetz 2000"[5] neu gefassten § 69 Satz 1 SGB V. Diese Vorschrift bestimmt, dass das Vierte Kapitel des SGB V sowie vereinzelte andere Vorschriften „abschließend die Rechtsbeziehungen der Krankenkassen und ihrer Verbände zu Ärzten, Zahnärzten, Psychotherapeuten, Apotheken sowie sonstigen Leistungserbringern und ihren Verbänden" regeln.

Teilweise – u. a. vom 3. Senat des Bundessozialgerichts – wird diese Bestimmung als genereller Ausschlusstatbestand für die Anwendung kartellrechtlicher Vorschriften verstanden.[6] Danach würde es sich faktisch um eine Bereichsausnahme handeln. Die Gegenauffassung, welche u. a. vom 6. Senat des Bundessozialgerichts vertreten wird, betrachtet § 69 Satz 1 SGB V nicht isoliert, sondern kommt in einer systematischen Interpretation mit anderen Änderungsvorschriften des GKV-Gesundheitsreformgesetzes 2000 zu dem Ergebnis, dass der Gesetzgeber nicht die Anwendung des Kartellrechts ausgeschlossen, sondern nur für die wettbewerbsrechtlichen Fragen den Rechtsweg zu den Sozialgerichten begründet habe.[7] So fügte der Gesetzgeber nämlich gleichzeitig in die für den Rechtsweg zur Sozialgerichtsbarkeit maßgebliche Vorschrift des § 51 des Sozialgerichtsgesetzes (SGG) folgenden Satz ein: „§§ 87 und 96 des Gesetzes gegen Wettbewerbsbeschränkungen finden keine Anwendung" (§ 51 Abs. 2 Satz 2 SGG). Die gerade genannten §§ 87 und 96 GWB regeln die Zuständigkeit der Landgerichte für kartellrechtliche Streitigkeiten. Ebenfalls gleichzeitig wurde zu § 51 Abs. 2 Satz 2 SGG korrespondierend in den §§ 87 und 96 GWB der Hinweis aufgenommen, dass die Zuständigkeit der Landgerichte nach diesen beiden Vorschriften nicht für Rechtsverhältnisse nach § 69 SGB V begründet wird. Zutreffend weist der Kartellsenat des Oberlandesgerichts Dresden

---

[4] Siehe BGH, WRP 2003, S. 2215 ff.
[5] Gesetz zur Reform der gesetzlichen Krankenversicherung ab dem Jahr 2000 vom 22.12.1999 (BGBl. I S. 2626 ff.)
[6] Siehe BSGE 87, 95 (99); 89, 24 (30 ff.); *W. Boecken*, NZS 2000, S. 269 (270 f.); *U. Knispel*, NZS 2001, S. 466 (468 f.); *P. Peikert/M. Proel*, MedR 2001, S. 14 (19 f.); *J. Bornkamm*, in: *E. Langen/H.-J. Bunte*, Kommentar zum deutschen und europäischen Kartellrecht, 9. Aufl. 2001, § 87 GWB Rn. 6b; *R. Bechtold*, Kartellgesetz – Gesetz gegen Wettbewerbsbeschränkungen, 3. Aufl. 2002, § 87 Rn. 9.
[7] Siehe BSGE 86, 223 (229 f.); OLG Dresden, NZS 2002, S. 33; *K. Engelmann*, NZS 2000, S. 213 (220 f.); *D. Stelzer*, SozVers 2000, S. 141 (145).

darauf hin, dass es der Änderungen in § 51 SGG sowie in den §§ 87 und 96 GWB nicht bedurft hätte, wenn sich schon aus § 69 SGB V der Ausschluss des Kartellrechts insgesamt ergäbe, insbesondere kaum nachzuvollziehen wäre, weshalb § 51 Abs. 2 Satz 2 SGG nur die Anwendbarkeit der §§ 87 und 96 GWB ausschließen sollte.[8] Ohne hier auf weitere, insbesondere verfassungsrechtliche Argumente eingehen zu können, die für die Anwendbarkeit des deutschen Wettbewerbsrechts auf Institutionen der GKV sprechen, kann festgestellt werden: Das nationale Wettbewerbsrecht ist von den Krankenkassen bei der Gestaltung ihrer Beziehungen zu den Leistungserbringern zu beachten.

Dieses Ergebnis müsste in den oben beschriebenen Fällen auch für die selektive „Beschaffung" von ärztlichen Dienstleistungen durch die Krankenkassen gelten, denn dadurch wird gerade das bisherige, öffentlich-rechtlich geprägte Regime verlassen, in welchem die kassenärztlichen Vereinigungen den Krankenkassen gegenüberstehen und sich der einzelne Arzt als Mitglied einer dieser Vereinigungen gerade nicht selbst in unmittelbarer Rechtsbeziehung zu den Krankenkassen befindet.

4. Zur Bedeutung des im GWB geregelten Missbrauchs- und Diskriminierungsverbots

Die Krankenkassen können Normadressaten des Missbrauchsverbots (§ 19 Abs. 1 GWB) und des Diskriminierungsverbots (§ 20 Abs. 1 GWB) sein. Gemäß § 19 Abs. 1 GWB ist die missbräuchliche Ausnutzung einer marktbeherrschenden Stellung durch ein oder mehrere Unternehmen verboten. Nach § 20 Abs. 1 GWB dürfen marktbeherrschende Unternehmen ein anderes Unternehmen in einem Geschäftsverkehr, der gleichartigen Unternehmen üblicherweise zugänglich ist, weder unmittelbar noch mittelbar unbillig behindern oder gegenüber gleichartigen Unternehmen ohne sachlich gerechtfertigten Grund unmittelbar oder mittelbar unterschiedlich behandeln.

Diese Verbote richten sich zwar an Unternehmen. Nach dem funktionalen Unternehmensbegriff des GWB ist aber jede wirtschaftliche Tätigkeit ein Unternehmen.[9] § 130 Abs. 1 Satz 1 GWB stellt klar, dass der öffentlich-rechtliche Status einer Wirtschaftseinheit die Anwendung des GWB nicht ausschließt. Deshalb ist anerkannt, dass auch Krankenkassen als

---

[8] Siehe OLG Dresden, NZS 2002, S. 33 (unter II 1 e cc) – nicht abgedruckt, im Volltext zu finden in „juris".

[9] Vgl. nur BGH, WuW/E DE-R S. 289 (291) – Lottospielgemeinschaft; *D. Zimmer*, in: *U. Immenga/E.-J. Mestmäcker*, Gesetz gegen Wettbewerbsbeschränkungen, 3. Aufl. 2001, § 1 Rn. 30 m. w. N.

Körperschaften des öffentlichen Rechts bei der Leistungsnachfrage Unternehmen im Sinne des Kartellrechts sind.[10]

Krankenkassen könnten eine marktbeherrschende Stellung im Sinne des § 19 Abs. 2 GWB innehaben. Dazu ist zunächst der sachlich und räumlich relevante Markt abzugrenzen. Die Marktabgrenzung bestimmt sich dem Bedarfsmarktkonzept zufolge danach, welche Güter und Dienstleistungen aus der Sicht der Marktgegenseite nach Eigenschaft, Verwendungszweck und Preislage zur Deckung eines bestimmten Bedarfs austauschbar sind.[11] Bezogen auf die oben aufgezeigten Einzelverträge wäre hinsichtlich des sachlich relevanten Marktes auf den Nachfragemarkt nach ärztlichen Dienstleistungen abzustellen. Die ärztlichen Dienstleistungen werden aber eigentlich von den Versicherten nachgefragt und nicht von den Krankenkassen. Das Nachfrageverhalten der Versicherten ist jedoch durch die Kostenübernahme der Krankenkassen maßgeblich vorgeprägt. Bei der für das Kartellrecht maßgeblichen wirtschaftlichen und funktionalen Betrachtungsweise werden daher die Versicherten mit ihrem Nachfrageverhalten auf dem medizinischen Sach- und Dienstleistungsmarkt in einem weiteren Sinne lediglich als Repräsentanten der Krankenkassen gesehen.[12] Diese Sichtweise wird durch das geltende so genannte Sachleistungs- oder Naturalleistungsprinzip gestützt, nach dem die Krankenkassen den Versicherten die Leistungen mittels ihrer Leistungserbringer zur Verfügung stellen.[13] Der räumlich relevante Markt dürfte sich auf den Aktionsradius eines Arztes beschränken, wobei die Patientensicht auf die Krankenkassen durchschlägt. Regelmäßig wird es das Gebiet einer größeren politischen Gemeinde umfassen.

Marktbeherrschung ist durch ein Unternehmen allein als Einzelmarktbeherrschung oder durch mehrere Unternehmen zusammen als Oligopolmarktbeherrschung möglich. Eine Einzelmarktbeherrschung dürfte für die Allgemeinen Ortskrankenkassen regelmäßig zu bejahen sein. Da deren durchschnittlicher Marktanteil – bezogen auf die Gesamtbevölkerung – bei rund einem Drittel liegt[14], erfüllen viele Ortskrankenkassen bereits die gesetzliche Vermutung des § 19 Abs. 3 Satz 1 GWB. Auch kann aufgrund ihres Marktanteilsabstandes, des so genannten relativen

---

[10] Ständige Rechtsprechung seit BGHZ 36, 91 (102 ff.) – Gummistrümpfe.
[11] BGH, WuW/E S. 3058 (3062) – Pay-TV-Durchleitung; KG, WuW/E DE-R S. 628 – Stellenmarkt für Deutschland II.
[12] OLG Dresden, NZS 2002, S. 33 (34); J. Busche, OLG-NL 2000, S. 84 (85).
[13] Siehe dazu näher H. Sodan, Freie Berufe als Leistungserbringer im Recht der gesetzlichen Krankenversicherung. Ein verfassungs- und verwaltungsrechtlicher Beitrag zum Umbau des Sozialstaates, 1997, S. 119 ff.
[14] Vgl. im Internet: www.aok-bv.de/aok/daten/index.html.

Marktanteils, und ihrer überragenden Finanzkraft gegenüber den anderen Krankenkassen eine überragende Marktstellung der Allgemeinen Ortskrankenkassen im Sinne von § 19 Abs. 2 Satz 1 Nr. 2 GWB festgestellt werden.[15]

Zumindest die größeren Krankenkassen, wie die Barmer Ersatzkasse und die Deutsche Angestellten-Krankenkasse, möglicherweise auch die Techniker Krankenkasse, dürften zusammen mit dem Einzelmarktbeherrscher AOK auf dem relevanten Markt ein marktbeherrschendes Oligopol bilden.[16] Sie erfüllen mit ihren Marktanteilen[17] zusammen zunächst die gesetzliche Oligopolvermutung des § 19 Abs. 3 Satz 2 GWB. Danach gilt eine Gesamtheit von Unternehmen als marktbeherrschend, wenn sie aus drei oder weniger Unternehmen besteht, die zusammen einen Marktanteil von 50 vom Hundert erreichen, oder aus fünf oder weniger Unternehmen, die zusammen einen Marktanteil von zwei Dritteln erreichen, es sei denn, die Unternehmen weisen nach, dass die Wettbewerbsbedingungen zwischen ihnen wesentlichen Wettbewerb erwarten lassen oder die Gesamtheit der Unternehmen im Verhältnis zu den übrigen Wettbewerbern keine überragende Marktstellung hat.

Auch ohne diese Vermutung ist davon auszugehen, dass die genannten großen Krankenkassen in ihrer Gesamtheit die materiellen Oligopolanforderungen nach § 19 Abs. 2 GWB erfüllen: Zwischen ihnen besteht regelmäßig kein wesentlicher Wettbewerb auf dem hier allein relevanten Nachfragemarkt nach ärztlichen Leistungen. Die Krankenkassen stehen untereinander nämlich nicht im Wettbewerb um Ärzte; ihr Innenverhältnis ist diesbezüglich durch ein Bewusstsein über gleichgerichtete Interessen gekennzeichnet. Wäre ein solches Gruppenbewusstsein nicht feststellbar, könnte ein gleichförmiges Verhalten über einen längeren Zeitraum Indizien für fehlenden Wettbewerb liefern.[18] Gleichförmiges Verhalten wäre zu bejahen, wenn die Einzelverträge ähnliche Inhalte und Bedingungen aufwiesen und keine größere Variationsbreite zwischen den einzelnen Kassen bestünde. Kann ein solches gleichförmiges Verhalten für

---

[15] So auch OLG Düsseldorf, WRP 1994, S. 344 (346).
[16] Marktbeherrschende Oligopole wurden beispielsweise bejaht von OLG Stuttgart, WuW/ES.1740 (1741) – Badeinstitut; OLG Celle, WuW/E S. 4061 (4062) – Altenpflege; OLG Jena, OLG-NL 2000, S. 82 (83 f.); OLG Dresden, NZS 2002, S. 33 (34 ff.). A. A. LG Leipzig, WuW/E DE-R S. 603 (604) – Wiederverwendbare Krankenhilfsmittel.
[17] Vgl. im Internet: www.aok-bv.de/aok/daten/index.html.
[18] *Bechtold* (Fn. 6), § 19 Rn. 43

alle Krankenkassen festgestellt werden, wäre es sogar denkbar, dass sämtliche Krankenkassen zusammen ein Oligopol bilden.[19]

Sind zumindest die größeren Krankenkassen Normadressaten des kartellrechtlichen Missbrauchs- und Diskriminierungsverbots, stellt sich die Frage, welche Verhaltensweisen sich im Rahmen des selektiven Kontrahierens mittels Einzelvertrags als missbräuchlich bzw. als diskriminierend erweisen würden. Dabei ist zunächst zu bemerken, dass der Abschluss eines Einzelvertrages als solcher nicht schon missbräuchlich oder diskriminierend ist. Ein wettbewerbsrechtliches Gebot, nur mit starken kassenärztlichen Vereinigungen in Vertragsbeziehung zu treten, gibt es nicht. Das GWB begrenzt jedoch den Vertragsinhalt und stellt Anforderungen an das Auswahlverfahren.

Als Missbrauch und Diskriminierung wäre die Durchsetzung einer Preis- und Konditionenspaltung[20] durch die Krankenkassen zu bewerten. Darunter ist zu verstehen, dass ein marktbeherrschendes Unternehmen ungünstigere Entgelte oder sonstige Geschäftsbedingungen fordert, als sie das marktbeherrschende Unternehmen selbst auf vergleichbaren Märkten von gleichartigen Abnehmern fordert; es sei denn, dass der Unterschied sachlich gerechtfertigt ist (vgl. § 19 Abs. 4 Nr. 3 GWB). Verboten ist danach die ungerechtfertigte Anwendung unterschiedlicher Bedingungen bei gleichwertigen Leistungen gegenüber Handelspartnern (vgl. Art. 82 Satz 2 Buchstabe c EGV). Daher wird es den marktbeherrschenden Krankenkassen aus wettbewerbsrechtlichen Gründen nicht möglich sein, mit den einzelvertraglich gebundenen Ärzten geringere Vergütungsentgelte zu vereinbaren. Die unter dem Dach der kassenärztlichen Vereinigungen bleibenden Ärzte sind auf demselben Markt tätig wie die einzelvertraglich gebundenen. Sie sind gleichartige Unternehmer, welche gleichwertige Leistungen gegenüber den Krankenkassen bzw. ihren Versicherten anbieten. Da die Vergütungen nach all den Einschnitten der letzten Jahre für viele Vertragsärzte schon heute kaum auskömmlich sind und nicht etwa als üppig oder unangemessen hoch – im Sinne einer übertriebenen Handelsspanne – bezeichnet werden können, müsste ein Einlassen von Ärzten auf noch geringere Entgelte in den Einzelverträgen als ein durch Marktmacht erzwungenes Verhalten interpretiert und somit als Ausbeutungsmissbrauch verstanden werden. Erzwingbar deshalb, weil der Verhaltensspielraum der Krankenkassen durch andere Marktteilnehmer, d. h. Konkurrenten (z. B. auch die private

---

[19] So OLG Jena, OLG-NL 2000, S. 82 (83 f.).
[20] Vgl. zum Preis- und Konditionenmissbrauch: *H. Köhler*, Wettbewerbs- und kartellrechtliche Kontrolle der Nachfragemacht, 1979, S. 88 ff.; *K.-P. Schultz*, in: *Langen/Bunte* (Fn. 6), § 19 Rn. 94 ff.; *W. Möschel*, in: *Immenga/Mestmäcker* (Fn. 9), § 19 Rn. 169 ff.

Krankenversicherung) und die Marktgegenseite (Ärzte), wettbewerblich nicht mehr hinreichend kontrolliert werden kann. Diese Bewertung gilt entsprechend auch für die einzelvertragliche Vereinbarung erheblich schlechterer Geschäftsbedingungen, wobei hier ein breiterer Handlungsspielraum verbleiben dürfte als bei dem Hauptwettbewerbsparameter Preis.

5. Wirkungen gemeinschaftsrechtlicher Wettbewerbsregelungen

Ist somit ein Preisdumping durch Einzelverträge wettbewerbsrechtlich ausgeschlossen, stellt sich die Frage, ob das Wettbewerbsrecht unter Umständen auch einen Anspruch der Ärzte auf Abschluss von Einzelverträgen, d. h. einen Kontrahierungszwang für die Krankenkassen begründen kann. In der Rechtsprechung zum deutschen Wettbewerbsrecht ist anerkannt, dass ausnahmsweise auch Nachfrager einem Kontrahierungszwang unterliegen können.[21]

Jedoch wird das deutsche Recht hier nicht weiterhelfen können, da nach § 73b Abs. 2 Satz 3 SGB V n. F. in Bezug auf die hausarztzentrierte Versorgung ein Anspruch auf Vertragsabschluss ausdrücklich ausgeschlossen ist. Ein solcher Ausschluss zugunsten marktbeherrschender Unternehmen könnte jedoch nicht mit Wirkung für die gemeinschaftsrechtliche Wettbewerbsordnung angeordnet werden, sofern diese einen Kontrahierungszwang gebietet. Denn Art. 86 Abs. 1 EGV bestimmt, dass die Mitgliedstaaten in Bezug auf öffentliche Unternehmen, denen sie besondere Rechte gewähren, keine dem europäischen Wettbewerbsrecht, namentlich dem Missbrauchsverbot des Art. 82 EGV, widersprechenden Maßnahmen treffen dürfen.

Damit stellt sich die Frage, ob die Wettbewerbsregelungen der Art. 81 und 82 EGV im Allgemeinen auch auf Krankenkassen Anwendung finden.[22] Insoweit steht eine abschließende Klärung durch den Europäischen Gerichtshof noch aus. Jedoch ist bei ihm ein Kartellabsprachen betreffender Rechtsstreit zwischen Arzneimittelherstellern und Krankenkassen anhängig.[23] Auf ein Vorab-Entscheidungsersuchen des Oberlandesgerichts Düsseldorf und des Bundesgerichtshofs hin muss sich der Europäische Gerichtshof damit beschäftigen, ob die in den §§ 35 und 36 SGB V enthaltene Ermächtigung der Krankenkassenver-

---

[21] Siehe BGHZ 101, 72 (81 ff.) – Krankentransporte.
[22] Siehe dazu näher H. Sodan, Die gesetzlichen Krankenkassen als Unternehmen im Sinne des europäischen Gemeinschaftsrechts, in: Gedächtnisschrift für W. Blomeyer, 2004 (im Erscheinen).
[23] Verbundene Rechtssachen C-264/01, C-306/01, C-354/01 und C-355/01.

bände, für Arznei- und Hilfsmittel Festbeträge festzusetzen, mit europäischem Gemeinschaftsrecht vereinbar ist.

Interessante Hinweise auf das demnächst zu erwartende Urteil geben die Schlussanträge des Generalanwalts Francis G. Jacobs. Der Generalanwalt hält die europäischen Wettbewerbsregeln grundsätzlich für anwendbar und bewertet die Tätigkeit von Krankenkassen – in Übereinstimmung mit dem deutschen Kartellrecht – als wirtschaftliche Tätigkeit. Deshalb seien die Krankenkassen bei der Erbringung von Krankenversicherungsleistungen Unternehmen im Sinne des europäischen Wettbewerbsrechts.[24] Im Speziellen lässt er jedoch für weite Bereiche ihrer Tätigkeit eine Berufung auf die Ausnahmevorschrift des Art. 86 Abs. 2 Satz 1 EGV zu. Danach gelten die Wettbewerbsvorschriften des EGV nicht für Unternehmen, welche mit Dienstleistungen von allgemeinem wirtschaftlichem Interesse betraut sind, soweit die Anwendung dieser Vorschriften die Erfüllung der ihnen übertragenen besonderen Aufgabe rechtlich oder tatsächlich verhindert. Dafür solle es – unter Berufung auf die neuere Rechtsprechung des Europäischen Gerichtshofs[25] – bereits genügen, dass die Aufgabe bei Geltung des europäischen Wettbewerbsrechts nicht unter finanziell stabilen Bedingungen erfüllt werden könnte.[26]

Meines Erachtens lässt der Generalanwalt den Ausschluss des europäischen Wettbewerbsrechts nach Art. 86 Abs. 2 EGV für bestimmte Handlungsweisen im Bereich der sozialen Sicherheit unter zu geringen Voraussetzungen zu. Der Wortlaut der Ausnahmevorschrift verlangt eine Verhinderung der Aufgabenerledigung und begnügt sich nicht mit einer vermeintlichen Beeinträchtigung.

Aber davon abgesehen verlangt auch der Generalanwalt nach Maßgabe der genannten Rechtsprechung des Europäischen Gerichtshofes, dass eine Berufung auf Art. 86 Abs. 2 EGV nur dann möglich sein soll, wenn nationale Gerichte kontrollieren können, dass der mit der Aufgabenerfüllung betraute Wirtschaftsteilnehmer seine Entscheidungsbefugnisse nicht in diskriminierender Weise einsetzt.[27] Wenn man bedenkt, dass

---

[24] Vgl. die Schlussanträge des Generalanwalts *Francis G. Jacobs* vom 22.5.2003, Verbundene Rechtssachen C-264/01, C-306/01, C-354/01 und C-355/01, Rn. 23ff. – AOK-Bundesverband u. a./Ichthyol-Gesellschaft Cordes u. a. http://curia.eu.int/jurisp/cgi–bin/gettext.pl?lang=de&num=79969477C 190 10264&doc=T&ouvert=T&seance=CONCL&where=()].

[25] Siehe EuGH, Urt. v. 19.5.1993, Rs. C-320/91, Slg. 1993 I-2533 Rn. 14 ff. – Corbeau; Urt. v. 21.9.1999, Rs. C-67/96, Slg. 1999 I-5751 Rn. 107 – Albany/ Stichting.

[26] Generalanwalt (Fn. 24), Rn. 88.

[27] EuGH, Urt. v. 21.9.1999, Rs. C-67/96, Slg. 1999 I-5751 Rn. 121 – Albany/ Stichting; Generalanwalt (Fn. 24), Rn. 101.

wettbewerbsrechtliche Kontrahierungszwänge für Nachfrager ohnehin nur bei schwerwiegender Diskriminierung bejaht werden, könnte bei einem nationalen Ausschluss des wettbewerbsrechtlichen Kontrahierungszwanges für Krankenkassen bei der Leistungsbeschaffung gerade in den besonders schwerwiegenden Fällen kein gerichtlicher Schutz vor Diskriminierung erlangt werden. Deshalb entfällt dann die Berufung auf Art. 86 Abs. 2 EGV, um den europarechtlich gebotenen Mindestschutz wiederherzustellen.

Somit bleibt festzuhalten, dass sich ausnahmsweise auch wettbewerbsrechtliche Ansprüche von Ärzten gegen die Krankenkassen auf Abschluss eines Einzelvertrages aus dem Missbrauchsverbot des Art. 82 EGV ergeben könnten. Ein solcher Anspruch wird sich jedoch wohl eher in Form eines Teilhaberechts – im Sinne eines Anspruchs auf Vergabe weiterer Einzelverträge – ergeben. Allerdings wird die Bejahung von wettbewerbsrechtlichen Kontrahierungszwängen entscheidend davon abhängen, in welchem Ausmaß die Krankenkassen zum Abschluss von Einzelverträgen bereit sein werden und eine sachlich nicht gerechtfertigte Zugangssperre errichten wird.

Selektives Kontrahieren in der GKV unter wettbewerbsrechtlichen Gesichtspunkten

Ingwer Ebsen

1. Selektives Kontrahieren in der GKV und daraus erwachsende Wettbewerbsprobleme

Das Grundmodell der Gesundheitsversorgung als so genannte „Sachleistungen" in der GKV ist das bekannte Dreiecksverhältnis von Kasse, Versichertem und realem Leistungserbringer. In diesem Grundmodell ist typischerweise die Einbeziehung der Leistungserbringer in die Sachleistungen zulasten der GKV so organisiert, dass diese in einem formalisierten, nicht von der einzelnen Kasse beeinflussbaren Verfahren zur Leistungserbringung zugelassen werden und sodann als Zugelassene grundsätzlich von den Versicherten frei gewählt werden können. Insofern hat nicht die Kasse eine Entscheidungsbefugnis darüber, welcher Leistungserbringer ihren Versicherten auf ihre Kosten Sach- oder Dienstleistungen erbringt, sondern dies hängt vom Zulassungssystem und vom Nachfrageverhalten der Versicherten ab. Das Verhältnis des Leistungserbringers zu den Kassen ist nicht durch einen individuell ausgehandelten Vertrag gekennzeichnet, sondern durch einen durch Zulassungsakt begründeten Status, der die Befugnis begründet, nach Auswahl der Versicherten diesen Leistungen zulasten der GKV zu erbringen.

Diesem Grundmodell entspricht das Zulassungswesen für Vertragsärzte, Krankenhäuser, Heil- und Hilfsmittelerbringer und Apotheker. Und selbst da, wo die Zulassung nicht nur ein formaler Akt ist, auf den jeder, der bestimmte Anforderungen erfüllt, einen Anspruch hat, sondern eine bedarfsgesteuerte Entscheidung wie bei Krankenhäusern und bei Vertragsärzten in Planbereichen mit Überversorgung, sind die Zulassungsverfahren so ausgestaltet, dass keine Rede davon sein kann, die Kassen würden sich „ihre" Leistungserbringer aussuchen. Jedenfalls sind die „gemeinsame Selbstverwaltung" der Kassenverbände auf Landesebene mit den KVen bei der Zulassung von Vertragsärzten und das Zusammenwirken mit den Ländern bei der Zulassung von Krankenhäusern etwas ganz anderes als die Auswahl von Leistungserbringern durch die Kassen als Zahler.

Gegenüber diesem Grundmodell lässt sich „selektives Kontrahieren" absetzen. Unabhängig davon, ob wirklich Verträge geschlossen werden oder ob es sich um einseitige Zulassungsakte auf Antrag eines Leistungserbringers handelt[1], soll von selektivem Kontrahieren die Rede sein, wenn die Kasse (gegebenenfalls auch Kassenverbände auf Landesebene) nach ihrem Ermessen darüber entscheiden kann, ob und in welchem Umfang Leistungserbringer auf ihre Kosten für ihre Versicherten tätig werden können. Solche Gestaltungen haben durchaus Tradition in der GKV, nämlich bei der Auswahl von Rehabilitationseinrichtungen nach § 40 Abs. 3 S. 1 SGB V und auch schon hinsichtlich des vorgelagerten Versorgungsvertrages mit solchen Einrichtungen nach § 111 SGB V, wo allerdings das Auswahlermessen von den Kassenverbänden auf Landesebene gemeinsam auszuüben ist.

Auswahlspielräume hat es auch schon seit längerem für Modellvorhaben (§ 64 Abs. 1 SGB V), die Versorgung mit Haushaltshilfe (§ 132 SGB V), häuslicher Krankenpflege (§ 132a Abs. 2 SGB V; durch das GMG v. 14.11.2003 ergänzt durch ein rudimentäres Schiedsverfahren hinsichtlich der Vertragskonditionen) und Soziotherapie (§ 132b SGB V) gegeben.

In jüngerer Zeit haben sich die Auswahlmöglichkeiten für Kassen ausgeweitet. Es handelt sich insbesondere um

- die Beschaffung von Hilfsmitteln zur leihweisen Überlassung an ihre Versicherten nach § 33 Abs. 5 i. V. m. individuellen Verträgen nach § 127 Abs. 2 SGB V (letztere Vorschrift eingefügt durch das GMG v. 14.11.2003);

- Verträge über hausarztzentrierte Versorgung nach § 73b SGB V (eingefügt durch das GMG v. 14.11.2003);

- Verträge über die Durchführung von Leistungen mit besonderen Qualitätsanforderungen nach § 73c Abs. 2 S. 2 SGB V (eingefügt durch das GMG v. 14.11.2003);

- Verträge über ambulante Versorgung durch Krankenhäuser, die an strukturierten Behandlungsprogrammen nach § 137g teilnehmen oder die hoch spezialisierte Leistungen anbieten, nach § 116b (eingefügt durch das GMG v. 14.11.2003);

- die Einbeziehung von Apotheken in vertraglich vereinbarte Versorgungsformen (z. B. integrierte Versorgung) nach § 129 Abs. 5b (eingefügt durch das GMG v. 14.11.2003);

---

[1] Die Beliebigkeit dieser konstruktiven Alternative wird besonders deutlich am Beispiel der „Vertrags"-Krankenhäuser, für welche die Rechtsprechung die Entscheidung über den gesetzliche vorgesehenen Vertrag nach § 108, Nr. 3, 109 SGB V als Verwaltungsakt konstruiert; vgl. etwa BSGE 78, 233; 87, 25.

- Verträge zur Versorgung mit sozialmedizinischen Nachsorgemaßnahmen nach § 132c SGB V (eingefügt durch das GMG v. 14.11.2003);

- Verträge über integrierte Versorgung nach §§ 140a ff. (grundlegend geändert durch das GMG v. 14.11.2003);

- Verträge mit Leistungserbringern im EG- und EWR-Ausland zur Erbringung von Sachleistungen nach § 140e SGB V (eingefügt durch das GMG v. 14.11.2003).

Mit der Ausweitung solcher Möglichkeiten zur Auswahl von Leistungserbringern als – gegenüber anderen bevorzugte – Vertragspartner werden damit verbundene Probleme deutlicher, die sich letztlich daraus ergeben, dass Kassen als dem Staat im weiteren Sinne zuzuordnende Hoheitsträger keine Vertragsfreiheit im Sinne von Privatautonomie haben und dass u. U. angesichts der Marktmachtpositionen von Kassen Gefahren für faire Vertragsbedingungen bestehen, welche normalerweise (ohne solche Marktmacht) aus freien Aushandlungsprozessen zu erwarten sind. Hier zieht die Rechtsprechung schon aus dem Grundsatz der Wahlfreiheit der Versicherten erheblich das Ermessen einschränkende Konsequenzen und erkennt insbesondere ohne spezifische gesetzliche Ermächtigung keine Befugnis der Kassen oder ihrer Verbände an, Bedarfsgesichtspunkte bei der Zulassungsentscheidung zu berücksichtigen.[2] Diese spezifisch krankenversicherungsrechtliche Restriktion soll hier ebenso wenig im Mittelpunkt stehen wie die auch zu berücksichtigende Berufsfreiheit der Leistungserbringer, welche in einem Gesundheitssystem mit so erheblichem Versorgungsanteil der GKV wie bei uns den Zugang zur Leistungserbringung in der GKV regelmäßig zu einem Grundrechtsproblem macht.[3] Hier soll es vielmehr um das nationale und europäische Wettbewerbsrecht (genauer: das Kartell- und sonstige Wettbewerbsbeschränkungsrecht) und das Vergaberecht gehen, wobei gerade das europäische Gemeinschaftsrecht dafür gesorgt hat, die Schutzfunktion des Vergaberechts für einen ungehinderten Wettbewerb zu verstärken und in den Mittelpunkt zu stellen.

Damit sind die wettbewerblichen Aspekte selektiven Kontrahierens der Krankenkassen einfach zu benennen. Es geht um die Anwendbarkeit und die Anforderungen des nationalen und europäischen Wettbewerbsbeschränkungs- und Vergaberechts auf die Beziehungen der Kassen zu den Leistungserbringern bei selektivem Kontrahieren. Demgemäß lässt

---

[2] Vgl. BSGE 90, 84
[3] Dazu sehr informativ BSGE 86, 223 (Diätassistentin); siehe auch Wigge, NZS 2001, 578 ff.

sich das Problemfeld in vier Abschnitte aufteilen, nämlich in nationales und europäisches Wettbewerbsbeschränkungsrecht und nationales und europäisches Vergaberecht.

Doch zuvor soll noch das Phänomen des selektiven Kontrahierens etwas genauer auf der Modellebene betrachtet werden, um zwei unterschiedliche Modelle hervorzuheben, die auch unterschiedliche rechtliche Fragen aufwerfen.

2. Auftragsvergabe und Konzession als unterschiedliche Modelle selektiver Verträge in der GKV

Um die Sach- und Dienstleistungsbeziehungen in der GKV als Wettbewerbsthema richtig zu verstehen, ist es erforderlich, sich die unterschiedlichen Wettbewerbsverhältnisse („Märkte") zu vergegenwärtigen, in denen diese Sachleistung sich abspielt. Dazu sind drei Abbildungen hilfreich, welche zum einen das traditionelle Grundmodell der Leistungserbringung und zum anderen zwei Varianten selektiven Kontrahierens einander gegenüberstellen.

Im Grundmodell (s. Bild 1) stehen die Leistungserbringer grundsätzlich, d. h. abgesehen von Knappheitssituationen etwa bei Spezialisten oder in schlecht versorgten Gebieten, dadurch im Wettbewerb um ihre Patienten bzw. „Kunden", dass diese grundsätzlich eine freie Auswahl unter allen zugelassenen Leistungserbringern in ihrem Umfeld haben. Die Kassen stehen seit der weitgehenden Kassenöffnung durch das Gesundheitsstrukturgesetz von 1992[4] im Wettbewerb um Versicherte, welche relativ leicht ihre Kasse wechseln können, ohne irgendwelche Nachteile hinsichtlich ihrer Versicherungskonditionen in Kauf nehmen zu müssen.

Demgegenüber gibt es im Grundmodell keinen Wettbewerb der Leistungserbringer um die Kassen als Zahler, da die Kasse jeden zugelassenen Leistungserbringer zu den nicht individuell verhandelbaren Konditionen akzeptieren muss.

Demgegenüber sieht es im Modell des selektiven Kontrahierens anders aus. Hier kann die Kasse aussuchen, welche Leistungserbringer zu ihren Lasten ihre Versicherten behandeln oder beliefern können, und kann damit auch Konditionen individuell aushandeln. Nun kann das Modell des selektiven Kontrahierens auf zweierlei Weise verwirklicht werden. Zum einen ist eine Gestaltung möglich, bei welcher die Kasse durch individuellen Vertrag oder ausgehandelten Zulassungsakt zwar bestimmte Leistungserbringer für bestimmte Leistungen für ihre Versicherten aus-

---

[4] GSG v. 21. 1. 1992, BGBl S. 2266

wählt, bei denen aber dann immer noch die Versicherten Wahlfreiheit zwischen einer Gruppe solcher Leistungserbringer haben, es also letztlich doch erst vom Nachfrageverhalten der Versicherten abhängt, welche Leistungserbringer wie viel zulasten der Kasse abrechnen können.

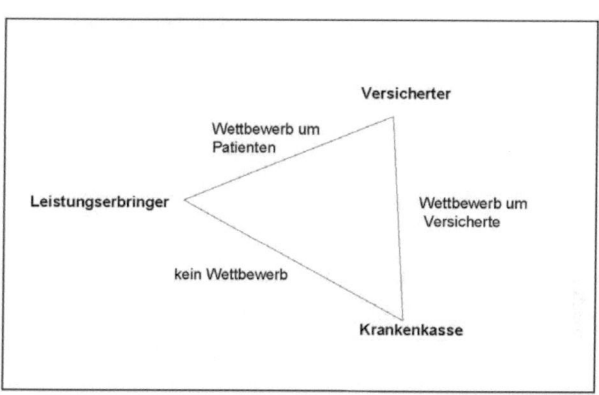

Bild 1: Wettbewerbsbeziehungen im Grundmodell der GKV-Leistungserbringung

Dieses Modell kann in Anlehnung an die im Vergaberecht wichtige Unterscheidung zwischen öffentlichem Auftrag und Konzession als „Konzessionsmodell" bezeichnet werden. In ihm herrscht auf allen drei Seiten des Sachleistungsdreiecks Wettbewerb, wobei schon in diesem Modell der Wettbewerb der Kassen um Versicherte auch mit der Auswahl „attraktiver" Leistungserbringer geführt werden kann, was deren Verhandlungsposition stärkt und im Prinzip auch zu einem Wettbewerb der Kassen um attraktive Leistungserbringer führen kann, soweit diese ihre Dienste auf einzelne Kassen oder Kassenarten beschränken können.

Das ist z. B. der Fall bei den Verträgen nach § 73b SGB V über hausarztzentrierte Versorgung, nach § 116b SGB V über ambulante Behandlung im Krankenhaus und nach § 140a SGB V über integrierte Versorgung. Dieses Modell ist – ohne spezielle und recht komplizierte Gestaltungen – das typische Modell bei den oben aufgeführten Beispielen selektiven Kontrahierens.

Bild 2: Wettbewerbsbeziehungen im Konzessionsmodell

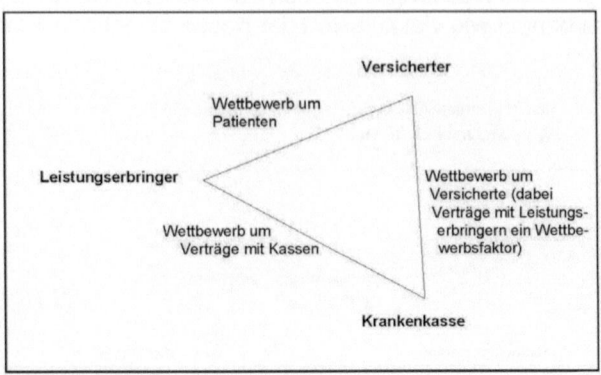

Dem steht das Modell selektiven Kontrahierens gegenüber, bei welchem die Kassen im Verhältnis zu ihren Versicherten entscheiden können, welcher Leistungserbringer welche Leistungen zu ihren Lasten für ihre Versicherten erbringt (s. Bild 2). Ein gesetzlich vorgesehenes Beispiel ist die jeweils konkrete Auswahl von Rehabilitationseinrichtungen nach § 40 SGB V Abs. 3 SGB V, welche – auch in Verbindung mit der Möglichkeit von Vertragsgestaltungen nach § 111 SGB V – Spielräume zu Kontingentverträgen eröffnet.

Andere Beispiele könnten in der integrierten Versorgung vereinbart werden, wenn etwa Bonusgestaltungen nach § 65a Abs. 2 SGB V so mit integrierter Versorgung verknüpft werden, dass jedenfalls faktisch die Kasse für eine bestimmte Zeit eine bestimmte Menge von Versicherten einem integrierten Versorger zur alleinigen oder irgendwie im Vorhinein definierten Versorgung (dann wohl zu einem morbiditätsabhängigen Pauschalpreis) anbieten kann.

Auch Verträge mit Hilfsmittellieferanten zum Aufbau eines Hilfsmittelpools zur leihweisen Überlassung von Hilfsmitteln nach § 33 Abs. 5 SGB V, welche wohl typischerweise auch die Verwaltung und Wartung der Hilfsmittel umfassen und damit eine Kombination von Liefer- und Dienstleistungsverträgen sein dürften, gehören hierher. Bei diesem Modell (s. Bild 3) regelt der Vertrag mit der Kasse, was der Leistungserbringer zu leisten hat. Sie ist der Nachfrager, so dass der Wettbewerb der Leistungserbringer untereinander jedenfalls unmittelbar allein im Verhältnis zu den Kassen stattfindet.

Allerdings wirkt der Kassenwettbewerb mittelbar natürlich auch über die Versicherten, um welche die Kassen konkurrieren. „Attraktive" Leistungserbringer haben auch hier eine größere Verhandlungsmacht gegenüber den Kassen, so dass auch in diesem Modell der Wettbewerb der Leistungserbringer auch um Zufriedenheit der Versicherten zu führen ist. Dieses Modell kann als „Einkaufsmodell" bezeichnet werden. Vergaberechtlich ist es dasjenige öffentlicher Aufträge im Gegensatz zu Konzessionsverträgen.

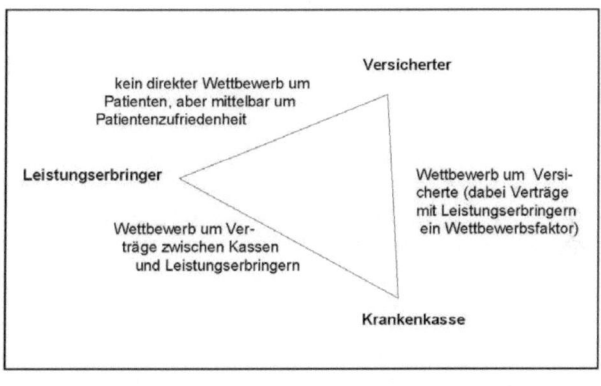

Bild 3: Wettbewerbsbeziehungen im Einkaufsmodell

Es ist offensichtlich, dass die beiden Modelle selektiven Kontrahierens in den üblichen vergaberechtlichen Kategorien einen großen Unterschied machen, da nur das zweite Modell die Kriterien eines öffentlichen Auftrags erfüllt. Auch leuchtet es ein, dass für Konzessionsverträge im oben beschriebenen Sinne andere Gesichtspunkte für die Entscheidungen von Kassen oder Kassenverbänden über die Zulassung eine Rolle spielen. Insofern ist bei der Würdigung einzelner selektiver Verträge immer auf die Zuordnung zu dem einen oder dem anderen Modell zu achten. Dabei wird es sicherlich auch schwierig zu beurteilende Verträge geben, bei denen z. B. formal das Wahlrecht der Versicherten und damit deren Nachfragerstellung aufrechterhalten bleibt, bei denen aber – z. B. wegen der begrenzten Kapazität der ausgewählten Leistungserbringer – faktisch mit dem Vertrag bestimmte Kontingente zugeteilt werden.

3. Keine Anwendbarkeit nationalen Kartellrechts auf die Verträge über selektives Kontrahieren

Zentrale Vorschrift für die Anwendbarkeit nationalen Rechts – und damit auch des Wettbewerbsrechts des GWB – auf die Verträge über selektives Kontrahieren in der GKV ist § 69 SGB V. Nach Satz 1 dieser sind

Vorschrift regelt das Vierte Kapitel des SGB V die Rechtsbeziehungen der Krankenkassen zu allen Leistungserbringern dieses Kapitels – und das sind alle, die hier relevant sind – abschließend. Die in der Vorschrift genannten Ausnahmen spielen hier keine Rolle. Damit – und das war auch der aus den Materialien erkennbare Sinn der 1999 durch das GKV-Gesundheitsreform G 2000 getroffenen Regelung – ist das Wettbewerbsrecht des GWB für die hier erörterten Verträge gesetzlich ausgeschlossen. In der amtlichen Begründung zur Änderung von § 69 SGB V[5] war seinerzeit erklärt worden, § 69 SGB V stelle klar, dass die dort genannten Rechtsbeziehungen ausnahmslos „nicht privatrechtlicher Natur" seien und dass deshalb die Kassen insoweit „nicht als Unternehmen im Sinne des Privatrechts, einschließlich des Wettbewerbs- und Kartellrechts" handelten und dass diese Qualifizierung auch gelte, soweit Rechte Dritter betroffen seien. Deshalb seien auch die Sozialgerichte für Rechtsstreitigkeiten aus diesen Beziehungen zuständig. Der in der Rechtsprechung entwickelten so genannten „Doppelnatur" von Handlungen der Kassen – zugleich öffentlich-rechtlich und privatrechtlich je nach Blickrichtung[6] – wird jedenfalls auf der Grundlage des neu gefassten § 69 SGB V eine Absage erteilt.

Obgleich § 69 SGB V so deutlich formuliert ist, dass Missverständnisse hinsichtlich der Qualifikation der einschlägigen Rechtsbeziehungen und damit auch hinsichtlich der dem folgenden Gerichtszuständigkeiten eigentlich nicht mehr möglich sind, hat dies dem Gesetzgeber nicht genügt. Aufgrund einer erst im zuständigen Ausschuss eingefügten Ergänzung[7] wurde dem § 51 Abs. 2 S. 1 SGG noch der Halbsatz angefügt: „§§ 87 und 96 des Gesetzes gegen Wettbewerbsbeschränkungen finden keine Anwendung", und damit dies auch von niemandem übersehen wird, wurde dieselbe Regelung auch noch einmal in § 87 Abs. 1 GWB eingefügt. Dieses ungewöhnliche Verhalten des Gesetzgebers war eine Reaktion auf Entscheidungen von Zivilgerichten, welche gesetzlich vorgesehene Regulierungen der Spitzenverbände der Krankenkassen und sogar des Bundesausschusses der Ärzte und Krankenkassen dem GWB und ihrer Jurisdiktion unterworfen hatten.[8] Inzwischen haben sich die Wogen geglättet, und der öffentlich-rechtliche Charakter und die Zuständigkeit der Sozialgerichte sind in der Praxis anerkannt, soweit es um die Erfüllung der Aufgaben nach dem SGB V geht.[9]

---

[5] BT-Drs. 14/1245, S. 67 f.
[6] Dazu m. w. N. Ebsen, ZSR 2000, 298 ff.
[7] Siehe BT-Drs. 14/1977, S. 131.
[8] Siehe dazu Knispel, NZS 1998, 563 ff.; ders., NZS 2000, 379 ff.
[9] Siehe BGH (Kartellsenat), NJW 2000, 2749, m. Anm. Kummer, SGB 2001, 138 ff.

Nicht ganz klar ist die Frage, was denn nun für den Fall etwa missbräuchlich wettbewerbsbeschränkenden Verhaltens der in § 69 genannten Institutionen oder Unternehmen gilt. Hierzu wird in der Literatur vertreten, trotz der klaren Aussage in § 69 S. 1 SGB V, die dort genannten Rechtsvorschriften seien „abschließend", und trotz des nunmehr zweifelsfrei öffentlich-rechtlichen Charakters der dort genannten Rechtsbeziehungen könne nicht nur das EG-Wettbewerbsrecht weiterhin – nun von den Sozialgerichten – angewandt werden, was aufgrund der unmittelbaren Anwendbarkeit der Art. 81 ff. EGV und des Anwendungsvorrangs des EG-Rechts ohnehin unstrittig ist, sondern auch das nationale Wettbewerbsrecht des GWB und das (hier nicht relevante) UWG.[10]

Dies ist – abgesehen von dem entgegenstehenden klaren Wortlaut des § 69 S. 1 SGB V – auch aus allgemeinen Gründen kaum begründbar, wenn die gesetzliche Qualifikation der in der Vorschrift geregelten Rechtsbeziehungen als öffentlich-rechtlich anerkannt wird. UWG und Kartellrecht setzen mit den Tatbestandserfordernissen des „geschäftlichen Verkehrs" (§ 1 UWG) und der Eigenschaft als „Unternehmen" als Adressaten der Pflichten des GWB-Kartellrechts nach nationalem Recht privatrechtliches Handeln voraus. Wer als dem Staat zuzurechnende Stelle öffentlich-rechtlich, also hoheitlich handelt, ist nicht Adressat von nationalem UWG- oder Kartellrecht.[11]

Dies bedeutet auch nationalrechtlich (abgesehen vom EG-Wettbewerbsrecht) nicht wirklich einen Schutzverlust für Vertragspartner von Kassen bei selektiven Verträgen. Die Kassen sind wegen ihres hoheitlichen Status an den allgemeinen Gleichheitssatz (Art. 3 Abs. 1 GG) und an die Berufsfreiheit (Art. 12 Abs. 1 GG) gebunden. Sie besitzen keine Privatautonomie, sondern müssen – auch im Wettbewerb untereinander, in welchen sie der Gesetzgeber gestellt hat – alle ihre Entscheidungsspielräume in Erfüllung ihrer Aufgaben nach pflichtgemäßem, am Zweck der Ermächtigung ausgerichtetem Ermessen treffen. Hiermit sind sie mindestens in gleicher Weise gebunden wie nach den Miss-

---

[10] Siehe *Engelmann*, NZS 2000, 213 ff. (220 f.); *Koenig/Engelmann*, WRP 2002, 1244 ff.; auch H.-D. *Steinmeyer*, SDSRV 48, 101 (119), der allerdings auch so verstanden werden kann, dass § 69 SGB V das GWB-Kartellrecht lediglich insoweit nicht ausschließe, als es um die Beziehungen der Leistungserbringer untereinander und um Beziehungen der Kassen außerhalb des Sozialrechts, also auch des Leistungserbringungsrechts des 4. Kapitels SGB V gehe, was wohl ganz unstreitig sein dürfte. Genau insoweit dürfte aber bereits die Rechtswegregelung des § 51 Abs. 2 S. 1 und 2 SGG nicht einschlägig sein; siehe auch BGH v. 26.11.2002, NJW 2003, 1192.
[11] Siehe auch BSGE 89, 24

brauchsvorschriften des Kartellrechts. Weiterhin brauchen die Kassen und ihre Verbände für ihr Handeln Ermächtigungsgrundlagen.

Aus dem allgemeinen Grundsatz des § 30 Abs. 1 SGB IV und der Gesetzessystematik des Vierten Kapitels des SGB V, in welchem jeweils genau gesagt ist, wer die Befugnis zu selektiven Verträgen hat, ist darüber hinaus zu schließen, dass die Verbände der Krankenkassen nur insoweit das selektive Kontrahieren auf ihre Ebene ziehen können, wie sie gesetzlich dazu ermächtigt sind. Das ist etwa der Fall bei den Verträgen über ambulante Krankenhausbehandlung nach § 116b SGB V, über Soziotherapie nach § 132b SGB V und über sozialmedizinische Nachsorge nach § 132c SGB V.

4. Europäisches Wettbewerbsrecht

Der Ausschluss nationalen Wettbewerbsrechts durch § 69 SGB V kann ebenso wenig die Anwendbarkeit europäischen Wettbewerbsrechts auf das Handeln der Krankenkassen ausschließen wie die gesetzgeberische Qualifikation ihres Handelns als öffentlich-rechtlich. Das folgt aus dem Vorrang des Gemeinschaftsrechts und der allein gemeinschaftsrechtlichen Begrifflichkeit der einschlägigen Tatbestände. Gemeinschaftsrechtlich geht es insbesondere um die Anwendbarkeit von Art. 81, 82 und 86 Abs. 2 EGV. Kernfragen sind hier, ob – bzw. genauer: in welchen Konstellationen – die Krankenkassen oder ihre Verbände Unternehmen bzw. Unternehmensverbände i. S. d. EG-Wettbewerbsrechts sind. Soweit man dies bejaht, geht es um die Frage, inwieweit eigentlich nach Art. 81, 82 EGV verbotene Verhaltensweisen nach Art. 86 Abs. 2 EGV gerechtfertigt sind, weil dies zur Erfüllung der den Körperschaften übertragenen besonderen Aufgaben erforderlich ist. Die Anwendbarkeit des EG-Wettbewerbsrechts hängt also von der Überwindung zweier hintereinander geschalteter Hürden ab.

Ausgangspunkt ist der so genannte funktionelle Unternehmensbegriff, den auch Hoheitsträger, die in ihrem eigentlichen Aufgabengebiet keine Unternehmen sind, erfüllen, soweit sie sich wirtschaftlich betätigen. Abzugrenzen ist also wirtschaftliche Betätigung von der Erfüllung öffentlicher Aufgaben im Hinblick auf jeweilige Tätigkeitsbereiche. Grundsätzlich gilt auch für das europäische Wettbewerbsrecht der funktionelle Unternehmensbegriff, so dass auch Hoheitsträger insoweit „Unternehmen" sind, als sie sich wirtschaftlich betätigen.[12] Für sie kommt es auf die konkreten Tätigkeiten an, um sie entweder dem Bereich der staatli-

---

[12] Besonders deutlich die Entscheidung des EuGH vom 23. 4. 1991 – Rs. C-41/90 – EuGHE 1991-I, S. 1979 (Höfner/Elsner).

chen Aufgabenerfüllung zuzuordnen oder wegen der Qualifikation der Tätigkeit als „wirtschaftlich" als Unternehmen i. S. d. EG-Wettbewerbsrechts einzustufen.[13] Im Gemeinschaftsrecht kommt noch hinzu, dass prinzipiell auch die Unterscheidung von öffentlich-rechtlichem und privatrechtlichem Handeln nach innerstaatlichem Recht keine Rolle spielen darf, da der Unternehmensbegriff des Art. 81 EGV allein gemeinschaftsrechtlich bestimmt werden kann. Hier kann es deshalb auch nicht darauf ankommen, ob der deutsche Gesetzgeber nunmehr einzelne Beziehungen öffentlich-rechtlich ausgestaltet oder nicht.[14] Die auch gemeinschaftsrechtlich erforderliche Abgrenzung von wirtschaftlichem oder „hoheitlichem", von Staats wegen regelndem Handeln muss nach inhaltlichen Kriterien erfolgen, wobei die Haltung des EuGH einiges für sich hat, dies im Wege der Abwägung der jeweiligen für und gegen eine Unternehmensqualifizierung sprechenden Gesichtspunkte zu tun.

Die Aufgabenerfüllung von Sozialversicherungsträgern gegenüber ihren Versicherten wurde in der Poucet/Pistre-Entscheidung von 1993[15] nicht als wirtschaftlich eingestuft. In diesem Fall hatte der EuGH im Hinblick auf Sozialversicherungsmonopole französischer Kranken- und Rentenversicherungsträger ausgeführt, unter welchen Voraussetzungen im weiteren Sinne „staatliche" Träger der Sozialversicherung nicht als Unternehmen i. S. v. Art. 85 (heute Art. 81) EGV anzusehen seien. Ausgeschlossen vom Anwendungsbereich seien „die bei der Verwaltung der öffentlichen Aufgabe der sozialen Sicherheit mitwirkenden Einrichtungen, die eine Aufgabe mit ausschließlich sozialem Charakter erfüllen und eine Tätigkeit ohne Gewinnzweck ausüben, die auf dem Grundsatz der nationalen Solidarität beruht".

In Anwendung dieser Grundsätze und ihrer Abgrenzung gegenüber den Entscheidungen in den Rechtssachen Höfner/Elser[16] sowie Fédération Française[17] lässt sich sagen, dass die Qualifikation von Sozialleistungsträgern als Unternehmen im Sinne des EG-Wettbewerbsrechts umso weniger gerechtfertigt ist, je mehr die folgenden Eigenschaften zu beja-

---

[13] Ein ausführlicher Überblick über die einschlägige Rechtsprechung bei *Benicke*, EWS 1997, 373 ff.; siehe auch *Haverkate*, VSSR 1999, 177 ff.; *Pitschas*, VSSR 1999, 221 ff.; *Ebsen*, ZSR 2000, 298 ff.; *Steinmeyer*, SDSRV Nr 48 (2001), 101 ff.; *Axer*, NZS 2002, 57 ff.; *Storr*, ZESAR 2003, 249 ff.
[14] Hierzu m. w. N. *Bieback*, EWS 1999, 361 ff.(366), der selbst allerdings die Frage offen lässt, ob eine öffentlich-rechtliche Ausgestaltung durch den nationalen Gesetzgeber automatisch die gemeinschaftsrechtliche Qualifikation als hoheitlich nach sich zieht.
[15] EuGH vom 17. 2. 1993 – Rs. C-159/81, C-160/91 – EuGHE 1993-I, S. 637
[16] Fn. 12
[17] EuGH vom 16. 11. 1995 – C-244/94 – EuGHE 1995 I, 4013

hen sind, und dass jedenfalls keine Unternehmensqualifikation in Betracht kommt, wenn alle folgenden Merkmale vorliegen:

- keine Gewinnorientierung;

- Abdeckung typischer sozialer Risiken;

- Verwirklichung von Solidarausgleich durch Abweichung von versicherungstechnischer Äquivalenz und dadurch Sozialtransfer von den finanziell Leistungsfähigeren zu den weniger Leistungsfähigen;

- Finanzierung des Systems im Umlageverfahren und nicht im Wege von Kapitalansparung und -ertrag;

- weitgehende Bestimmung der Beiträge und Leistungen durch staatliche Regulierung.

Diese Kriterien werden durch die deutsche GKV sicherlich genauso stark erfüllt wie durch die französischen Sozialversicherungsträger, die in der Rechtssache Poucet/Pistre nicht als Unternehmen angesehen wurden. Solange darum Reformen der GKV nicht dazu führen, dass die soziale Umverteilung durch Solidarausgleich (insbesondere die Entkoppelung von Beitrag und Risiko) weitgehend beseitigt wird, ist das durch die Pflichtversicherung in der GKV begründete Monopol nicht an den Maßstäben des EG-Wettbewerbsrechts rechtfertigungsbedürftig.[18]

Allerdings ist es wegen des funktionalen Unternehmensbegriffs nicht zwingend, diese Qualifikation auch auf die Beziehungen zu den Leistungserbringern zu beziehen. Dieses Verhältnis, das durch die Besonderheit des deutschen Sachleistungsdreiecks geprägt ist und in welchem in den einzelnen Sachleistungsbereichen durchaus unterschiedlich die Kassen in einer Mischung von Nachfrager und Regulierer wirken, steht in dem Verfahren zu den Festbetragsregelungen nach § 35 SGB V auf dem Prüfstand des EuGH. Hier hatte die Kommission in einer Stellungnahme die Unternehmenseigenschaft der Kassen bzw. die Eigenschaft der Spitzenverbände als Unternehmensvereinigungen verneint (vgl. FAZ v. 26.6.2002), während der Generalanwalt Jacobs in seiner Stellungnahme vom 22. Mai 2003 in den verbundenen Rechtssachen C-264/01, C-306/01, C-354/01 und C-355/01 die Krankenkassen als Unternehmen ansieht, wobei er nicht etwa auf den funktionalen Unternehmensbegriff

---

[18] Das könnte sich allerdings ändern, wenn der Gesetzgeber – ähnlich wie im Ansatz schon in der sozialen Pflegeversicherung – Strukturen schüfe, bei denen auch die private Krankenversicherung entsprechenden Solidarausgleich anböte, der durch einen verpflichtenden Risikostrukturausgleich ermöglicht würde; dazu auch *Bieback* (Fn. 14), S. 363.

und die Besonderheiten des Leistungserbringungsverhältnisses abstellt, sondern die deutschen Kassen wegen der inzwischen eingeführten Wettbewerbselemente und ihrer Gestaltungsspielräume im Wettbewerb untereinander sowie wegen des auf die freiwillig Versicherten bezogenen Wettbewerbs mit der PKV ganz generell und gerade für ihr „Kerngeschäft" als Unternehmen qualifiziert. Ausgehend von diesen Standards dürfte es wenig Zweifel geben, dass die Krankenkassen da, wo sie selektiv kontrahieren und – besonders deutlich bei der integrierten Versorgung nach §§ 140a ff. SGB V – durch ihre Verträge ein spezifisches Profil im Wettbewerb entwickeln können, als Unternehmen handeln.

Sie sind damit grundsätzlich an die Ver- und Gebote der Art. 81 und 82 EGV gebunden. Dies bedeutet z. B., dass ein Zusammenschluss mehrerer Kassen zum Abschluss selektiver Verträge als Kartelle an Art. 81 EGV zu messen wären. Entsprechendes dürfte wohl auch für die teilweise gesetzlich vorgesehenen entsprechenden Vertragsschlusskompetenzen auf der Verbandsebene gelten. Ob allerdings dann die drei kumulativen Kriterien erfüllt würden, dass die Zusammenschlüsse eine Verhinderung, Einschränkung oder Verfälschung des Wettbewerbs bezwecken oder bewirken, dass sie geeignet sind, den Handel zwischen Mitgliedstaaten zu beeinträchtigen, und dass sie spürbare Auswirkungen auf den Wettbewerb und den Handel haben, müsste im jeweiligen Einzelfall geprüft werden. Dabei dürfte die zwischenstaatliche Relevanz häufig kaum zu bejahen sein, könnte aber bei integrierter Versorgung oder bei Hilfsmittelverträgen leicht gegeben sein.

Abgesehen von den – hier beiseite gelassenen – Möglichkeiten, eine Freistellung durch die Kommission nach Art. 83 EGV und dem dazu ergangenen Sekundärrecht zu erlangen, kommt dann noch Art. 86 Abs. 2 EGV ins Spiel. In dem erwähnten Festbetragsverfahren hat Generalanwalt Jacobs die „gemeinsam und einheitlich" ergehenden Festbetragsfestsetzungen zwar als Beschlüsse nach Art. 81 Abs. 1 EGV qualifiziert, sie aber im Ergebnis nach Art. 86 Abs. 2 EGV gerechtfertigt, wobei er für die in diesem Rahmen anzustellende Verhältnismäßigkeitsprüfung nicht sonderlich strenge Maßstäbe angelegt und dies u. a. mit der Ausgestaltungskompetenz der Mitgliedstaaten hinsichtlich ihrer Gesundheitssysteme gerechtfertigt hat. Insgesamt könnten daher bestimmte Spezifika des deutschen Systems zur Rechtfertigung herangezogen werden – für gemeinsames Handeln von Kassen etwa die große Divergenz der Kassenlandschaft mit einerseits regional „kompakt" aufgestellten Kassen wie insbesondere den AOKen und andererseits nach Kassenarten strukturierten großflächigen, dafür aber weniger „kompakt" aufgestellten Kassen, die in den einzelnen Regionen bestimmte Vertragstypen sinnvoll nur im Verbund anstreben können. Hierzu wird man Konkreteres sagen können, wenn sich der EuGH selbst zu den Festbetragsverfahren geäußert haben wird.

5. Nationales Vergaberecht

In dem Maße, in dem die selektiven Verträge zu einem relevanten Element in den Leistungserbringungsverhältnissen der GKV werden, gelangt auch das Vergaberecht[19] zunehmend in den Blick der beteiligten Interessen und der juristischen Betrachtung, wobei vereinzelt auch schon Leistungserbringungsverhältnisse außerhalb der GKV unter dem Aspekt vergaberechtlicher Anforderungen betrachtet worden sind.[20] Auch in diesem Rechtsbereich – wie im Kartellrecht – stellt sich zunächst die Auslegungsfrage, ob § 69 SGB V als „abschließende" Regelung das GWB-Vergaberecht der §§ 97 ff. GWB ausschließt. Diese – von Koenig a. a. O. verneinte – Frage lässt sich jedenfalls nicht so klar bejahen, wie es hinsichtlich des Kartellrechts der Fall ist. Zum einen ist der öffentlich-rechtliche Charakter von Verträgen schon nach gemeinschaftsrechts-konform ausgelegtem deutschem Recht kein Argument gegen die Anwendbarkeit von Vergaberecht, da der Begriff des „öffentlichen Auftrags" nach seinem Wortlaut keinen Grund zum Ausschluss öffentlich-rechtlicher Verträge bietet und umgekehrt das einschlägige Gemeinschaftsrecht eine Einbeziehung auch öffentlich-rechtlicher Verträge verlangt, sofern nur die inhaltlichen Kriterien des öffentlichen Auftrags erfüllt sind.[21] Zum anderen ist auch für die Auslegung von § 69 SGB V das Verhältnis von nationalem und europäischem Vergaberecht zu beachten. Anders als im Wettbewerbsrecht kann die Lösung dieses Verhältnisses nicht schlicht im Vorrang des Gemeinschaftsrechts gesucht werden. Im Vergaberecht geht es nämlich darum, dass der nationale Gesetzgeber

---

[19] Hier wird nicht auf die haushaltsrechtlichen Vorgaben für öffentliche Aufträge eingegangen, sondern allein auf das europäische Vergaberecht sowie das nationale Recht zu seiner Umsetzung. Für die Anwendbarkeit dieser Vorschriften gelten unterschiedliche Schwellenwerte für die jeweiligen Aufträge, welche in § 2 VgV aufgeführt sind. Im hier betrachteten Bereich geht es immer um den Schwellenwert von 200 000 Euro nach § 2 Nr. 3 VgV.

[20] Siehe schon *Neumann*, RsDE Nr. 43 (1999), 1 ff. zur Rehabilitation durch die gesetzliche Rentenversicherung und *Eichenhofer*, NZS 2002, 348 ff. generell zur Rehabilitation; siehe auch schon die Kontroverse zwischen *Krölls* und *Apitzsch* zur Jugendhilfe, NDV 2000, 56; 206; 209; dazu auch *Neumann/Bieritz-Harder*, RsDE 48 (2001), 1 ff.; zur Vergaberechtsproblematik unter den neuen Bedingungen der GKV siehe *Koenig*, ZESAR 2003, 98 ff., 150 ff; *Koenig/Busch*, NZS 2003, 461 ff.; *Koenig/Engelmann/Hentschel*, MedR 2003, 562 ff.

[21] Dazu – unter Verweis auf EUGH v. 12.7.2001, EuZw 2001, 532 – BayObLG (Vergabesenat) v. 28.5.2003, ByObLGZ 2003, 129; siehe auch *Würfel/Butt*, NVwZ 2003, 153 ff.

die einschlägigen Richtlinien[22], welche nach Art. 249 S. 3 EGV grundsätzlich[23] nicht unmittelbar gelten, sondern zur Umsetzung an die Mitgliedstaaten gerichtet sind, durch eigenes Recht umsetzt. Soweit darum der Ausschluss des GWB-Vergaberechts durch § 69 SGB V bewirken würde, dass Deutschland seine Pflicht zur Umsetzung von Vergabe-Richtlinien verletzt, könnte der Grundsatz gemeinschaftsrechtskonformer Auslegung[24] des nationalen Rechts zu einer restriktiven Deutung von § 69 SGB V führen.

Auf der anderen Seite steht der klare Wortlaut des § 69 SGB V. Wenn die dort genannten Vorschriften die Rechtsbeziehungen in den Leistungserbringungsverhältnissen „abschließend" regeln, ist nicht ersichtlich, wie damit eine Geltung der § 97 ff. GWB mit dem hierauf (genauer: auf den Ermächtigungen in § 97 Abs. 6 und § 127) beruhenden untergesetzlichen Recht – VergabeVerordnung (VgV) und den durch statische Verweisung in die Geltung der VgV einbezogenen Verdingungsordnungen (hier relevant VOL und VOF) – in diesen Leistungserbringungsverhältnissen vereinbar sein sollte. Hinzu kommt – dies sei hier schon im Vorgriff auf alsbald zu Vertiefendes gesagt –, dass nach der gesetzgeberischen Konzeption die Verträge, um die es hier geht, allenfalls in Randbereichen und nur dann, wenn die Vertragsparteien ganz bestimmte Gestaltungen wählen, einmal das für die Anwendung von Vergaberecht erforderliche Merkmal des „öffentlichen Auftrags" (§ 99 GWB) erfüllen und dass, selbst wenn dies der Fall ist, jedenfalls im Bereich von Dienstleistungen das Gemeinschaftsrecht weitaus weniger Anforderungen stellt als die §§ 97 ff. GWB mit VgV und Verdingungsordnungen. Aus diesem Grunde ist auch nicht der Schluss gerechtfertigt, weil der Gesetzgeber mit den §§ 97 ff. GWB die einschlägigen gemeinschaftsrechtlichen Koordinierungsrichtlinien umfassend habe umsetzen wollen,

---

[22] Hier geht es vor allem um die Richtlinie 92/50/EWG vom 18. Juni 1992 über die Koordinierung der Verfahren zur Vergabe öffentlicher Dienstleistungsaufträge (ABl. L 209 vom 24.7.1992, S. 1) (DKR), die Richtlinie 93/36/EWG vom 14. Juni 1993 über die Koordinierung der Verfahren zur Vergabe öffentlicher Lieferaufträge (ABl. L 199 vom 9.8.1993, S. 1) (LKR) und die Richtlinie 89/665/EWG vom 21. Dezember 1989 zur Koordinierung der Rechts- und Verwaltungsvorschriften für die Anwendung der Nachprüfungsverfahren im Rahmen der Vergabe öffentlicher Liefer- und Bauaufträge (ABl. L 395 vom 30.12.1989 S. 33) (RKR), welche jetzt auch für Dienstleistungen gilt.

[23] Zur unmittelbaren Geltung von Richtlinien und deren Voraussetzungen bei mangelhafter Umsetzung durch Mitgliedstaaten siehe etwa Streinz, Europarecht, 5. Aufl. 2001, Ez. 398

[24] Dazu etwa Ehricke, Rabels Z 59 (1995), 598 ff.; *Schoch*, VBlBW 1999, 241 ff.

sei trotz des Wortlautes von § 69 SGB V davon auszugehen, das Kartell-Vergaberecht sei hiervon nicht erfasst.[25]

Umgekehrt hat der Gesetzgeber in einer Reihe von Fällen, in denen das GWB-Vergaberecht nach seinen eigenen Voraussetzungen nicht anwendbar ist, im SGB V „Ausschreibungen" in untechnischem Sinne vorgesehen, für welche ganze eigene Regeln zu entwickeln sind. Es handelt sich dabei um die Bestimmung von Ärzten mit der Qualifikation für besondere Früherkennungsuntersuchungen nach § 25 Abs. 5 SGB V, die Auswahl von Ärzten für die hausarztzentrierte Versorgung nach § 73b Abs. 2 SGB V, die Auswahl von Ärzten für frei gewordene Vertragsarztsitze in Planbereichen mit Zulassungsbeschränkung nach § 103 Abs. 4 SGB V, die Auswahl von Hilfsmittelversorgern für besondere Verträge nach § 127 Abs. 2 SGB V und die Auswahl von Apotheken für die Einbeziehung in vertraglich vereinbarte Versorgungsformen nach § 129 Abs. 5b SGB V.

Hinsichtlich mancher dieser „Ausschreibungen" ist noch vieles klärungsbedürftig. Jedenfalls zeigt sich aber in Ansätzen ein eigenes, vom GWB-Vergaberecht verschiedenes Regime, mit eigenen, auf die jeweiligen Konstellationen zugeschnittenen Anforderungen. Insgesamt sprechen insofern die besseren Gründe dafür, grundsätzlich nicht für die öffentlich-rechtlichen Verträge im GKV-Leistungserbringungsverhältnis auf das GWB-Vergaberecht zu rekurrieren. Das bedeutet zugleich, dass es auch keine Gründe gibt, die Rechtswegregelung des § 51 Abs. 1 Nr. 2 und Abs. 2 S. 1 SGG in Zweifel zu ziehen. Die Sozialgerichte und nicht die zuständigen Stellen für das Nachprüfungsverfahren nach §§ 102 ff. GWB (insbesondere die Vergabekammern nach § 104 GWB und die Vergabesenate bei den OLG nach § 116 GWB) sind insofern für Streitigkeiten um die Rechtmäßigkeit der Verfahren und Entscheidungen hinsichtlich der Auswahl von Vertragspartnern im Leistungserbringungsverhältnis der GKV zuständig.

Allenfalls für die kleinen Randbereiche, in denen, wie sich zeigen wird, der Ausschluss des GWB-Vergaberechts zu einer Umsetzungslücke hinsichtlich der einschlägigen Richtlinien führt, lässt sich an eine genau hierauf beschränkte teleologische Reduktion des § 69 SGB V, d. h. an eine Abweichung von seinem klaren Wortlaut denken. Um zu sehen, was das bedeutet, ist es aber zuvor nötig, das Gemeinschaftsvergaberecht selbst zu betrachten.

---

[25] So aber Koenig/Engelmann/Hentschel, MedR 2003, 562 ff. (563).

6. Europäisches Vergaberecht

Um zu beurteilen, inwieweit europäisches Vergaberecht spezifische Regelungen für die selektiven Verträge im Bereich der GKV verlangt, sind zwei Unterscheidungen wichtig, nämlich diejenige zwischen Lieferungen und Dienstleistungen und im Hinblick auf Dienstleistungen diejenige zwischen öffentlichem Auftrag und Dienstleistungskonzession.

Für Lieferungen von Sachen gilt die LKR. Nach deren Art. 1 ist ein „öffentlicher Lieferauftrag" ein mit einem öffentlichen Auftraggeber geschlossener schriftlicher entgeltlicher Vertrag über Kauf, Leasing, Miete, Pacht oder Ratenkauf, mit oder ohne Kaufoption, von Waren. Diese Lieferung kann auch Nebenarbeiten wie das Verlegen und Anbringen umfassen." Nach Art. 1 Buchst a DKR ist „öffentlicher Dienstleistungsauftrag" ein Auffangbegriff, der alle zwischen einem Dienstleistungserbringer und einem öffentlichen Auftraggeber geschlossenen schriftlichen entgeltlichen Verträge umfasst, sofern sie nicht in einem Ausnahmekatalog der dortigen Vorschrift erfasst sind; dabei ist die hier allein relevante Ausnahme diejenige für öffentliche Lieferaufträge.

Offensichtlich kommt für die meisten selektiven Verträge im Leistungserbringungsverhältnis der GKV von vornherein allenfalls die Einordnung als öffentlicher Dienstleistungsauftrag in Betracht, da es zumeist nicht um die Lieferung von Waren, sondern um Dienste geht. Lediglich für Arzneimittel, Hilfsmittel und Medizinprodukte kommt etwas anderes in Betracht. Insofern könnten Verträge mit Hilfsmittellieferanten nach § 127 Abs. 2 SGB V und solche über die Einbeziehung von Apothekern in vertraglich vereinbarte Versorgungsformen nach § 129 Abs. 3b SGB V vom Gegenstand her öffentliche Lieferaufträge sein.

Die Unterscheidung zwischen beiden Auftragsarten ist im Bereich der GKV von großer Bedeutung, da hier für Dienstleistungsaufträge nur relativ unwesentliche Vorgaben bestehen. Während die „Allgemeinen Vorschriften" des ersten Abschnitts der DKR (Art. 1-7) allgemein gelten, aber für den hier interessierenden Bereich außer Begriffsbestimmungen nur in Art. 6 sehr pauschale Verhaltensanforderungen normieren[26], be-

---

[26] Artikel 3: „(1) Die Auftraggeber wenden bei der Vergabe ihrer öffentlichen Dienstleistungsaufträge und bei der Durchführung von Wettbewerben Verfahren an, die den Bestimmungen dieser Richtlinie angepasst sind. (2) Die Auftraggeber sorgen dafür, dass keine Diskriminierung von Dienstleistungserbringern stattfindet. (3) Die Mitgliedstaaten treffen die erforderlichen Maßnahmen, damit die Auftraggeber die Bestimmungen dieser Richtlinie in den Fällen einhalten bzw. für ihre Einhaltung Sorge tragen, in denen sie einen von anderen Stellen in Verbindung mit einem Bauauftrag im Sinne des Artikels 1a Absatz 2 der Richtlinie

stimmt Art. 9 DKR, dass für bestimmte Bereiche, welche in Anhang IB der Richtlinie aufgeführt sind, von den Bestimmungen über das Vergabeverfahren lediglich die Art. 14 (Bestimmungen über die Verwendung technischer Spezifikationen) und 16 (Bestimmungen über die nachträgliche Bekanntmachung erteilter Aufträge an das Amt für amtliche Veröffentlichungen der Europäischen Gemeinschaften) zu beachten sind, während die übrigen Bestimmungen über Vergabeverfahren und Wettbewerbe, Bekanntmachungen und inhaltliche Anforderungen an die Vergabeentscheidung, also nahezu alle wesentlichen Bestimmungen für diese Bereiche, nicht anzuwenden sind. Insofern kommt die Regelung für die Anhang IB einer Bereichsausnahme sehr nahe. Grund für diese Zurückhaltung des europäischen Gesetzgebers ist die Absicht, die in Anhang IB aufgeführten Dienstleistungsaufträge zunächst nur zu beobachten. Darum sollte für diese lediglich das für die Gewinnung einschlägiger Information erforderliche Instrumentarium geschaffen werden.[27] In den Anhang IB fällt auch die Kategorie 25 „Gesundheits-, Veterinär- und Sozialwesen".[28] Damit gelten für Dienstleistungsaufträge im Leistungserbringungsbereich der GKV[29] kaum relevante Anforderungen, die der nationale Gesetzgeber erfüllen muss, um hier das einschlägige sekundäre Gemeinschaftsrecht umzusetzen, zumal die allgemeinen Pflichten des Art. 3 DKR, soweit sie an öffentliche Auftraggeber adressiert sind, sich hier praktisch auf das Diskriminierungsverbot reduzieren, welches für Krankenkassen ohnehin auch aus Art. 3 Abs. 1 GG gilt.

71/305/EWG vergebenen Dienstleistungsauftrag zu mehr als 50 v. H. direkt subventionieren."

[27] Siehe die einschlägige Begründungserwägung der DKR: "Die volle Anwendung dieser Richtlinie muss für eine Übergangszeit auf die Vergabe von Aufträgen für solche Dienstleistungen beschränkt werden, bezüglich deren ihre Vorschriften dazu beitragen, das Potential für mehr grenzüberschreitende Geschäfte voll auszunutzen. Aufträge für andere Dienstleistungen müssen für eine gewisse Zeit beobachtet werden, bevor die volle Anwendung dieser Richtlinie beschlossen werden kann. Das notwendige Beobachtungsinstrument muss geschaffen werden. Es sollte gleichzeitig auch dazu genutzt werden, den interessierten Kreisen die einschlägigen Informationen zugänglich zu machen."

[28] Dies wird definiert durch Bezugnahme auf die Gruppe 93 der „Central Product Classifications" der Vereinten Nationen, welche ihrerseits in den Untergruppen 931 „Human health services", 932 „Veterinary services" und 933 „Social services" genauer definiert ist. 931 teilt sich seinerseits auf in 9311 „Hospital services", 9312 „Medical and dental services" und 9319 „Other human health services". Diese Untergruppen sind dann ihrerseits inhaltlich definiert.

[29] Für Abgrenzungsprobleme- und Überlagerungsfelder ist die Entscheidung des EuGH v. 24.9.1998 - C-76/97 - Slg. 1998, I-05357; dazu auch Benedict, EuZW 1999, 77 ff.

Aber selbst die derart reduzierten Anforderungen bei Dienstleistungsaufträgen gelten nur, wenn der Vertrag inhaltlich ein solcher ist. Das wirft insbesondere die Frage einer Abgrenzung gegenüber so genannten „Dienstleistungskonzessionen" auf. Während ein "öffentlicher Auftrag" ein "entgeltlicher" Vertrag ist, d. h. ein solcher, bei welchem der Auftraggeber den Auftragnehmer dafür bezahlt, dass dieser ihm eine Leistung erbringt, ist eine Dienstleistungskonzession ein Vertrag, aufgrund dessen der Konzessionär das Recht erhält, auf eigene Rechnung eine durch die Konzession gewährte exklusive Befugnis zur Erbringung einer Dienstleistung zu verwerten. Solche Dienstleistungskonzessionen sind – nicht unbedingt zwingend nach dem Wortlaut, wohl aber zweifelsfrei aufgrund der Entstehungsgeschichte der DKR – aus dem Anwendungsbereich derselben auszuschließen.[30]

Die selektiven Verträge, um welche es hier geht, sind typischerweise so ausgestaltet, dass sie das Wahlrecht der Versicherten hinsichtlich der Leistungserbringer zwar einschränken oder die Versicherten durch Einwirkung auf ihre Entscheidungsgrundlagen mehr oder minder intensiv lenken – als Beispiel mag die Auswahl von Vertragspartnern für die hausarztzentrierte Versorgung nach § 73b SGB V dienen –, dass aber weiterhin die Erbringung und die Bezahlung der Leistungen vom Nachfrageverhalten der Versicherten abhängt, die zum einen entscheiden können, ob sie für die hausarztzentrierte Versorgung optieren, und zum anderen zwischen den beteiligten Hausärzten wählen können. Wäre eine solche Gestaltung mit einem Kostenerstattungssystem verknüpft, bei welchem die Kasse dem Versicherten das von ihm entrichtete Entgelt für die ärztliche Leistung erstattet oder bei dem sie ihn von seiner Schuld freistellt, gäbe es keinen Zweifel, dass diese Gestaltungen der Auswahl der Ärzte durch die Kassen Konzessionen und nicht Aufträge wären: Die ausgewählten Ärzte erhielten lediglich das Privileg, an den Versicherten zu verdienen, die ihrerseits wieder versicherungsmäßig abgedeckt wären.

Hier haben wir allerdings ein Sachleistungssystem vor uns, bei welchem die reale Aktivität des Leistungserbringers rechtlich eine Leistung der Kasse an den Versicherten und zugleich eine Leistung des Leistungserbringers an die Kasse ist. Damit stellt sich die Frage, ob und eventuell unter welchen zusätzlichen Voraussetzungen ein öffentlicher Vertrag ein Dienstleistungsauftrag ist, bei welchem die Kasse durch ein vorgeschal-

---

[30] Siehe insbesondere EuGH v. 7.12.2000 - C-324/98 - Slg. 2000, I10745 (Teleaustria) und EuGH v. 30.5.2002 - C-385/00 - Slg. 2002, I-4685 (Buchhändler-Vereinigung); siehe auch Gröning, VergabeR 2002, 24 ff.; kritisch *Enzian*, DVBl 2002, 235 ff.

tetes Selektionsverfahren den Kreis auswählt, aus welchem dann erst durch die Nachfrage der Versicherten diejenigen bestimmt werden, welche konkrete abrechnungsfähige Leistungen erbringen. Ausgehend davon, dass mit dem Auswählen einer Gruppe von „privilegierten" Leistungserbringern noch kein verbindlicher Auftrag verbunden ist und dass mit dem weiterhin bestehenden Auswahlspielraum der Versicherten es auch in dieser Konstellation diese sind, welche letztendlich über den wirtschaftlichen Erfolg des Leistungserbringers entscheiden, dürfte es grundsätzlich auch hier bei der Einordnung als Dienstleistungskonzession und damit auch beim Ausschluss des EG-Vergaberechts bleiben. Lediglich wenn im Einzelfall aufgrund der Lenkungswirkung der Rahmenbedingungen für die Versicherten und/oder der geringen Menge von Leistungserbringern, unter denen auszuwählen ist, faktisch doch schon mit der Auswahlentscheidung durch die Kasse auch über die Menge der Dienstleistungen im Wesentlichen entschieden ist, dürfte nach den allgemeinen Voraussetzungen des „Auftrags" ein solcher zu bejahen sein.

Allerdings ist zu erwägen, ob nicht, wenn nicht nach Sinn und Zweck für derartige, einen Kreis privilegierter Anbieter heraushebende Rahmenverträge der Begriff des „öffentlichen Dienstleistungsauftrags" nach Art. 1 DKR zu erweitern ist, sie zur Verhinderung des Missbrauchs auf der Vorstufe des eigentlichen Auftrags einzubeziehen wären. Dem steht allerdings das Kriterium entgegen, dass der Vertrag „entgeltlich" sein muss, um ein Auftrag zu sein. Und dieses Kriterium ist noch nicht durch einen Vertrag erfüllt, durch welchen weder konkrete Dienstleistungspflichten noch Entgeltpflichten begründet werden. Es kommt hinzu, dass der europäische Gesetzgeber das Problem sehr wohl gesehen hat. In der Richtlinie 93/38/EWG (Sektorenkoordinationsrichtlinie, SKR) wird der Begriff der „Rahmenübereinkunft" definiert[31] und werden dafür Sonderregelungen getroffen, welche erkennen lassen, dass grundsätzlich solche Rahmenübereinkommen gerade nicht als öffentliche Aufträge anzusehen sind. Insofern dürfte es dabei bleiben, dass die Verträge über die Einbeziehung in einen Kreis privilegierter Anbieter für bestimmte von der Nachfrage der Versicherten abhängige Dienstleistungen nicht dem europäischen Vergaberecht unterliegen, wenn sie nicht faktisch bereits die definitive Entscheidung über ein bestimmtes Abrechnungsvolumen darstellen.

---

[31] Art. 1 Nr. 5: „Rahmenübereinkunft: eine Übereinkunft zwischen einem Auftraggeber im Sinne des Artikels 2 und einem oder mehreren Lieferanten, Unternehmen oder Dienstleistungserbringern, die zum Ziel hat, die Bedingungen für die Aufträge, die im Laufe eines bestimmten Zeitraums vergeben werden sollen, festzulegen, insbesondere in Bezug auf den in Aussicht genommenen Preis und gegebenenfalls die in Aussicht genommene Menge".

Für Lieferungen von Produkten, also den Bereich der LKR, für welche es anders als bei der DKR die großen Ausnahmen vom Anwendungsbereich für den Gesundheitssektor nicht gibt, ist die Unterscheidung von Konzession und öffentlichem Auftrag von größerer Bedeutung als bei Dienstleistungen. Dies kann am Beispiel von Verträgen nach § 127 Abs. 2 SGB V verdeutlicht werden. Hier sind Verträge vorstellbar, welche besondere Preisgestaltungen und damit verbunden besondere Anreize für die Versicherten so attraktiv für letztere machen, dass faktisch bereits der Vertrag nach § 127 Abs. 2 die Entscheidung darüber darstellt, welcher Hilfsmittellieferant für die Versicherten der jeweiligen Kassen in einer jeweiligen Region „das Geschäft macht". Dann handelt es sich um einen öffentlichen Auftrag, für welchen die LKR gilt, wenn das Volumen dieses Vertrages nach § 127 Abs. 2 SGB V den Schwellenwert von 200.000 Euro überschreitet. Für solche Verträge ist die LKR anwendbar. Und hierfür ist die schlichte Normierung in § 127 Abs. 2 S. 2 SGB V, dass die „Aufforderung zur Abgabe eines Angebots unter Bekanntgabe objektiver Ausschreibungskriterien öffentlich ausgeschrieben werden" muss, sicherlich keine hinreichende Umsetzung der Richtlinie. Vergleichbares kommt in Betracht für Verträge, mit welchen Kassen sich in die Lage versetzen, Hilfsmittel leihweise an ihre Versicherten zu vergeben (§ 33 Abs. 5 S. 1 SGB V), wobei es vergaberechtlich keine Rolle spielt, ob ein solcher Vertrag einen Hilfsmittellieferanten zur Schaffung und Verwaltung eines entsprechenden Pools auf Kosten der Kasse (nach § 127 Abs. 1 S. 1 SGB V dürften wohl auch die Landesverbände solche Poolverträge schließen) verpflichtet oder ob die Kasse die Hilfsmittel selbst beschafft und in einem Pool selbst verwaltet. Letzteres würde allerdings eine Auseinandersetzung mit § 140 Abs. 2 S. 1 SGB V erforderlich machen.

Schließlich soll noch kurz auf den Rechtsschutz in vergaberechtlichen Fragen eingegangen werden. Es wurde schon darauf hingewiesen, dass nach nationalem Recht § 51 Abs. 1 Nr. 2 SGG der Rechtsweg auch für solche Streitigkeiten den Sozialgerichten zugewiesen ist, in denen sich ein Kläger auf Vergaberecht beruft. Einer Auslegung, welche in allein nationalrechtlicher Perspektive die Spezialität der Rechtsschutz- und Rechtswegbestimmungen des GWB-Vergaberechts (§§ 102 - 124 GWB) mit dem rechtssystematischen Argument des Zusammenhangs von materiellem Vergaberecht und Rechtsschutz begründet[32], ist die Unanwendbarkeit auch des materiellen GWB-Vergaberechts für die Leistungserbringungsbeziehungen des 4. Kapitels SGB V entgegen zu halten. Es bleibt aber die Frage, ob der Gesetzgeber für den Bereich der GKV die RKL angemessen umgesetzt hat oder ob auch hier gewisse

---

[32] Siehe Koenig/Engelmann/Hentschel, MedR 2003, 562 (564)

Umsetzungsdefizite bestehen. Praktisch gilt das insbesondere für die geschilderten Fälle, in denen im Hilfsmittelbereich öffentliche Aufträge zu bejahen sind und darum die LKR anzuwenden ist. Demgegenüber ist nicht ersichtlich, inwiefern bei Dienstleistungen, selbst wenn es sich einmal nicht um eine Dienstleistungskonzession, sondern um einen öffentlichen Auftrag handeln sollte, vergaberechtlicher Rechtsschutz eine Rolle spielen sollte. Die Pflichten zur Information der EG-Kommission und zur Verwendung der vorgegebenen technischen Spezifikationen (Art. 14 und 16 DKR) dienen nämlich ersichtlich nicht dem Interesse jeweiliger Konkurrenten sondern allein der Beobachtung des in Anhang IB bezeichneten Bereichs mit wettbewerbspolitischer Zielsetzung (vgl. auch Fn. 27).

Für den Anwendungsbereich der LKR könnte es zu Rechtsschutzbedarf nicht berücksichtigter Wettbewerber kommen. Beispiel mag ein beabsichtigter oder abgeschlossener Vertrag nach § 127 Abs. 2 SGB V sein. Hier könnte sich ein nicht berücksichtigter Wettbewerber oder jemand, der sich gegen die Bedingungen der nach § 127 Abs. 2 S. stattfindenden Ausschreibung wenden will, zur Wehr setzen wollen. Nun ist nicht ersichtlich, inwiefern ein sozialgerichtlicher Rechtsschutz nicht alle Anforderungen der RKR erfüllen sollte. Ein unabhängiges Gericht könnte ohne weiteres von jedem angerufen werden, der eine Betroffenheit in eigenen rechtlich geschützten Interessen geltend machen kann. Mit den seit Anfang 2002 geltenden Vorschriften des § 86b Abs. 2 SGG über die einstweilige Anordnung kann umfassend – auch schon vor Erhebung einer Klage in der Hauptsache – einstweiliger Rechtsschutz erlangt werden, der insbesondere auch die Aussetzung eines Vergabeverfahrens umfassen könnte. Rechtswidrige Entscheidungen in Vergabeverfahren könnten – wohl im Wege der Qualifikation als Verwaltungsakte – aufgehoben werden. Rechte von Wettbewerbern verletzende Verträge wären zumindest unter den gleichen Voraussetzungen nichtig wie zivilrechtliche Vergabeverträge (§ 59 SGB X). Die Entscheidungen der Sozialgerichte können im Wege der Vollstreckung durchgesetzt werden. Insgesamt ist insofern nicht ersichtlich, inwiefern der normale sozialverfahrensrechtliche und sozialgerichtliche Rechtsschutz in irgendeiner Weise hinter demjenigen nach dem GWB zurückbleiben sollte.

Es dürfte allerdings ein Desiderat bleiben, welches nicht mit der Gerichtsbarkeit zu tun hat, sondern ein materiell-rechtliches Gebot der RKR betrifft. Nach deren Art. 2 Abs. 1 Buchst. c muss das nationale Recht einen Schadensersatzanspruch derjenigen vorsehen, die durch einen Verstoß gegen Vergaberecht geschädigt wurden. Ein solcher spezifisch vergaberechtlicher, verschuldens-unabhängiger Schadensersatzanspruch ist – beschränkt auf Vertrauensschaden – in § 126 GWB für den Fall vorgesehen, dass ein vergaberechtlicher Rechtsverstoß eine „echte

Chance" auf den Zuschlag vereitelt hat. Etwas Entsprechendes fehlt für die in den Anwendungsbereich von § 69 SGB V fallenden Lieferaufträge.

Insgesamt kann damit festgestellt werden, dass es durchaus einige Punkte gibt, in denen für die selektiven Verträge in der GKV durch Ausschluss des GWB-Vergaberechts Lücken bei der Umsetzung der einschlägigen EG-Richtlinien entstehen können. Dies ist aber nur dann der Fall, wenn – was vom Gesetz her nicht als Regel vorgesehen ist – die einschlägigen Verträge einmal die Kriterien des öffentlichen Auftrags erfüllen und nicht im Bereich der Konzession verbleiben. Und es betrifft für Dienstleistungen lediglich marginale Vorschriften. Lediglich für öffentliche Aufträge über Lieferungen von Waren – das betrifft praktisch nur ganz bestimmte Konstellationen bei Hilfsmitteln – gibt es ein größeres Lückenproblem. Dieses Ergebnis ist kaum geeignet, das obige (bei Fn. 25) Ergebnis der Nichtanwendbarkeit der §§ 97 ff. GWB in Frage zu stellen. Es könnte aber Anlass für den Gesetzgeber sein, durch wenige Bestimmungen die aufgezeigten Lücken zu schließen. Dafür würde wohl genügen, bei § 127 SGB V einen Verweis auf das materielle GWB-Vergaberecht vorzusehen und an irgendeiner Stelle die Art. 14 und 16 der DKR umzusetzen.

Umsetzung der integrierten Versorgung bis zu Einzelverträgen

Hans Jürgen Ahrens

Nach vielen Änderungen, langen Konsensverhandlungen und hartem Ringen ist das GKV-Modernisierungsgesetz (GMG) nun auf den Weg gebracht. Ich bin mir sicher, dass die hieraus resultierenden finanziellen Belastungen für die Versicherten im kommenden Jahr noch zu zahlreichen Emotionsausschlägen führen werden. Und auch die jetzt zu beobachtenden Vorzieh-Reaktionen der Versicherten, die sich in einem Run auf Optikerläden, Zahnärzte und Apotheken manifestieren, lassen vermuten, dass wir uns auch im kommenden Jahr noch mit den Auswirkungen der kürzlich verabschiedeten Reform beschäftigen werden.

Das lange Ringen um einen Konsens beim GMG hat – aus unserer Sicht leider – dazu geführt, dass deutlich weniger Struktur- und Wettbewerbskomponenten aufgenommen wurden als in ersten Entwürfen für das GMG vorgesehen und von uns gewünscht. So beabsichtigte beispielsweise die Bundesregierung zu Anfang ihres Gesetzgebungsverfahrens, einen stärkeren Vertragswettbewerb unter den Leistungserbringern mit der Möglichkeit von Einzelverträgen zwischen Krankenkassen und Leistungserbringern zu etablieren. Die Einführung solcher wettbewerblichen Reformen wäre im Sinne der Vorstellungen der AOK gewesen. Diese haben wir bereits Anfang des Jahres in Form von 10 Thesen formuliert. Unsere Position lautet kurz:

- Wettbewerbliche Reformen sollten insbesondere im ambulanten wie im stationären Bereich durch eine weitgehende Liberalisierung des Vertragssystems beginnen. Stimmige, ordnungspolitische und rechtliche Rahmenbedingungen müssen hierfür geschaffen werden.

- Um ein System mit Vertragswettbewerb effizient umsetzen zu können, müssen verschiedene Bedingungen wie die Etablierung eines guten vertragswettbewerblichen Ordnungsrahmens erfüllt werden.

- Bis die Bedingungen vollständig erfüllt sind, kann in kontrollierten und evolutorischen Schritten die Liberalisierung des Vertragssystems vorangetrieben werden. Doch auch, wenn die Forderungen der AOK nach mehr Vertragswettbewerb unter den Leistungserbringern zur Steigerung der Effektivität von Qualität und Wirtschaftlichkeit der Versorgung ungehört blieben und weitestgehend die sektorale Bedarfsplanung und -zulassung sowie die Dominanz der kollektivvertraglichen Regelungen fortbesteht, gibt es eine vorsichtige Öffnung für einzelvertragliche Lösungen im Rahmen der integrierten Versorgung.

Bereits in der Vergangenheit war es zwar Leistungserbringern und Krankenkassen möglich, integrierte Versorgungsverträge abzuschließen. Aufgrund hoher bürokratischer Hürden, fehlender Finanzmittel und ungenügender Anreize war der Wille, neue und innovative, inte-griert arbeitende Versorgungsformen durchzuführen, jedoch sehr gering. Dies hat der Gesetzgeber nun erkannt und zahlreiche Neuerungen eingeführt sowie Hürden abgeschafft.

Nun sind die Entwicklungsmöglichkeiten neuer Versorgungsformen praktisch unbegrenzt. Ein Grund hierfür ist, dass ab sofort die kassenärztlichen Vereinigungen als Vertragspartner ausgeschlossen sind. Standespolitisch motivierte Blockadehaltungen sind damit passé. Die Ärzteverbände sind nur dann wieder mit im Boot, wenn sie als Dienstleister oder Berater von allen Vertragspartnern gewünscht werden. Aus diesem Grund sind auch einzelne kassenärztliche Vereinigungen bereits dazu übergegangen, KV-Consult-Gesellschaften zu gründen. Diese haben die Aufgabe, den Vertragspartner kassenärztliche Vereinigung bei Verträgen mit Krankenkassen zu ersetzen. Andere kassenärztliche Vereinigungen setzen auf Ärzteverbünde und Genossenschaften als Gegenmonopol. Es wird sich zeigen, ob sich die innovativen Ärzte diesen Strukturen unterstellen werden oder sich zutrauen, Einzelverträge im Verbund mit anderen Leistungserbringern abzuschließen. Wir werden sie hierbei jedenfalls unterstützen.

Ein ganz wichtiges Element der neuen Regelung zur integrierten Versorgung ist aus unserer Sicht, dass nun der Gesetzgeber eine Anschubfinanzierung dieser innovativen Versorgungsformen für die ersten drei Jahre sichergestellt hat. So sollen die Krankenkassen aus der Vergütung für Krankenhäuser sowie der kassenärztlichen Vereinigungen ein Prozent der Mittel einbehalten – dies ist, auf die GKV bezogen, ein erheblicher Batzen Geld, der massive Anreize zur Etablierung integrierter Versorgungsstrukturen setzt. Sollten die einbehaltenen Mittel nicht ausgeschöpft werden, besteht für die Kassen eine Rückzahlungsverpflichtung. Wir gehen jedoch derzeit davon aus, dass sich insbesondere die Krankenhäuser, aber auch die ambulanten Leistungserbringer sehr rasch so organisieren werden, dass sinnvolle und wirtschaftliche integrierte Versorgungsverträge verhandelt und von dem Geld finanziert werden können.

Da diese Gelder jedoch nicht verschwendet werden dürfen und nur für drei Jahre zur Verfügung stehen, werden wir als AOK intensiv darauf achten, dass in diesen innovativen Versorgungsformen sowohl die Qualität als auch die Wirtschaftlichkeit auf hohem Niveau ausbalanciert werden. Unser Ziel ist es, dass diese integrierten Versorgungsverträge auch nach Auslaufen der Anschubfinanzierung weiter arbeiten können und sich nicht als Eintagsfliegen entpuppen.

Damit integrierte Versorgungsverträge also nachhaltig bestehen und wirken, wird die AOK klare Anforderungen und Kriterien an integrierte Versorgungsverträge entwickeln. Diese Kriterien, die wir stellen werden, werden insbesondere die Qualität betreffen. Hierfür haben wir bereits Qualitätsindikatoren entwickelt, die in diesen Versorgungsmodellen zum Einsatz kommen sollen. Auch die Verwendung von Qualitätsmanagementtools sowie die Dokumentation der Versorgung sind wichtige Anforderungen, die wir an integrierte Versorgungsmodelle stellen. Darüber hinaus werden wir durch ein konsequentes Controlling und eine Erfolgsbewertung so genannte Best-Practice-Modelle entwickeln und mit unseren Vertragspartnern gestalten. Die Verausgabung der Mittel wird über ein transparentes Vergabeverfahren erfolgen.

Wir erwarten, dass integrierte Versorgungsmodelle, die diese Anforderungen erfüllen, effizienter sind als die Regelversorgung und somit nach Ende der Anschubfinanzierung wirtschaftlich arbeiten können. Sie werden darüber hinaus zu Veränderungen in der Struktur der Versorgung führen. Doppelstrukturen können abgebaut und das Leistungsangebot bzw. die Angebotsstruktur verändert und ausgebaut werden.

Aus unserer Sicht bietet sich also mit solchen Vertragsformen die ganz große Chance der Krankenkassen, zu beweisen, dass sich ein Wettbewerb auf der Leistungsseite sowohl für die Versicherten, die Leistungserbringer als auch für die Krankenkassen in dem Sinne lohnt, dass sich hohe Qualität bezahlt macht und für alle Beteiligten zu einer so genannten Win-Win-Situation führt. Diesen Beweis werden wir antreten, und ich bin zuversichtlich, dass wir ihn in drei Jahren auch anführen können.

Über die integrierte Versorgung hinaus hat der Gesetzgeber vorgesehen, dass flächendeckend eine hausarztzentrierte Versorgung einzuführen ist. Hierfür sollen die Kassen in Zukunft den Sicherstellungsauftrag erhalten – gleichzeitig besteht jedoch kein Anspruch der Ärzte auf einen Einzelvertrag.

Die AOK begrüßt ausdrücklich die Förderung der hausärztlichen Versorgung. Wir bedauern jedoch, dass der Gesetzgeber die kassenärztliche Vereinigung als verbindlichen Vertragspartner festgelegt hat. Mit ihm sind Inhalte, Anforderungen, Vergütung sowie die Frage der Budgetbereinigung zu verhandeln.

Die knappe und budgetierte Haushaltslage der Krankenkassen und die Ansprüche der Vertragsärzte, nur gegen zusätzliches Geld mehr Qualität bzw. verbesserte Strukturen zu bieten, lässt bereits vermuten, dass eine Einigung zu hausarztzentrierten Versorgungsverträgen sehr schwierig wird. Kommen trotz dieser Widrigkeiten Verträge zustande, werden die Versicherten wählen können, ob sie sich in hausarztzentrierte Versorgungsformen einschreiben wollen. Den Krankenkassen ist es möglich, in ihrer Satzung hierfür einen Bonus als Anreiz vorzusehen. Die jeweilige finanzielle Haushaltslage der Krankenkassen wird sicherlich darüber entscheiden, ob von dieser Regelung intensiv Gebrauch gemacht werden wird.

Der Gesetzgeber hat außerdem vorgesehen, dass die Kassenverbände und kassenärztlichen Vereinigungen besondere Versorgungsaufträge vereinbaren können. Voraussetzung für die Teilnahme von Leistungserbringern an diesen Versorgungsaufträgen ist die Erfüllung bestimmter Qualitätsanforderungen sowie die Verfügung über Zulassung und Qualifikation. Der Gesetzgeber sieht vor, dass mit den kassenärztlichen Vereinigungen über Vergütung und Anspruch der Ärzte auf Vertrag verhandelt werden soll. Deutlich ist bereits hier, dass nur mit Zustimmung der kassenärztlichen Vereinigung Budgetbereinigungen vorgenommen werden können. Die Vergangenheit hat gezeigt, dass dies nahezu ein Ding der Unmöglichkeit ist, und insofern müsste eine Vergütung solcher besonderen Versorgungsaufträge in der Regel „on top" erfolgen.

Damit wird auch hier die individuelle Haushaltslage einer Krankenkasse dafür bestimmend sein, ob solche Versorgungsaufträge zustande kommen. Einzelverträge dürfen jedenfalls nur dann per Ausschreibung erfolgen, wenn keine gesamtvertragliche Regelung existiert. Wir werden bald in die Verhandlungen einsteigen, um zu eruieren, ob wir hier zu einer Einigung kommen.

Mehr Wettbewerb unter den Leistungserbringern kann durch die Neuregelung, dass Krankenhäuser sich für die ambulante Versorgung teilweise öffnen können, etabliert werden. So ist es möglich, dass im Fall von Unterversorgung bzw. für hoch spezialisierte Leistungen Verträge abgeschlossen werden können, in denen Krankenhäuser ambulante Leistungen übernehmen. Damit bieten sich interessante Alternativen, um die Versorgung der Bevölkerung in den genannten Bereichen sicherzustellen.

Auch hier muss jedoch der Grundsatz, dass Geld der Leistung folgt, gelten. So sind beispielsweise die kassenärztlichen Vereinigungen per Gesetz dafür verantwortlich, die Versorgung der Bevölkerung sicherzustellen und somit Unterversorgung nicht aufkommen zu lassen. Tritt jedoch Unterversorgung ein und deckt ein Krankenhaus diesen Bedarf ab, muss die Finanzierung hierfür also aus dem ambulanten Bereich erfolgen. Es wird sich zeigen, ob die kassenärztlichen Vereinigungen für eine Bereinigung ihrer Budgets zugänglich sind. Besonders zuversichtlich bin ich derzeit nicht.

Eine stärkere Wettbewerbsdynamik kann auch durch die nun geschaffenen Möglichkeiten der Etablierung medizinischer Versorgungszentren entstehen. So können medizinische Versorgungszentren als gleichberechtigter zugelassener Leistungserbringer an der vertragsärztlichen Versorgung agieren, der jedoch fachübergreifend arbeiten muss. Dies bietet den Vorteil, dass Leistungserbringer künftig als Angestellte des Versorgungszentrums arbeiten können, ohne jedoch ihren Zulassungsanspruch zu verlieren. Damit wird insbesondere für junge Leistungserbringer das Investitionsrisiko in Praxisstrukturen reduziert und gleichzeitig ein Ansatz zur fachgebietsübergreifenden Arbeit hin zu integrierten Versorgungsstrukturen ermöglicht. Diese Versorgungszentren können als juristische Personen betrieben werden und damit auch Vertragspartner für neue Versorgungsformen sein. Wir hoffen, dass auf der Basis des Modells der Polikliniken, auf denen diese Versorgungsformen letztlich beruhen, ein weiterer Anreiz dafür geschaffen wird, auch außerhalb des kollektivvertraglichen Systems neue Schritte bei der Versorgung der Versicherten zu gehen. Ziel ist dabei immer, Strukturen zu etablieren, die zu mehr Qualität und Wirtschaftlichkeit führen und damit letztlich den Versicherten zugute kommen.

Abschließend lässt sich Folgendes festhalten:

Zwar wurden die Erwartungen der AOK hinsichtlich Strukturveränderungen im GMG nicht erfüllt, und es ist nur eine vorsichtige Öffnung für einzelvertragliche Lösungen vorgenommen worden. Gleichwohl wurde ein Einstieg in mehr Wettbewerb auf Leistungsseite durch die Reform der integrierten Versorgungsformen geschaffen. Aus unserer Sicht wird der Erfolg bzw. Misserfolg bei der Umsetzung dieser einzelvertraglichen Möglichkeiten die Entscheidungsbasis dafür sein, ob Politik künftig den Mut für mehr Vertragswettbewerb unter den Leistungserbringern aufbringen wird. Gleichwohl muss ich davor warnen, die integrierte Versorgung als Ei des Kolumbus zur Lösung aller Probleme des Gesundheitswesens zu sehen. Weitere Strukturveränderungen im Sinne von mehr Wettbewerb unter den Leistungserbringern sind jedoch dringend notwendig. Vor allem im stationären Bereich wird mit der Einführung der neuen Vergütungssysteme im Rahmen der Diagnostic Related Groups (DRG) eine weitere Öffnung der Vertragsmöglichkeiten zwischen Krankenkassen und Krankenhäusern notwendig sein.

Integrierte Versorgung

Karl Heinz Schönbach

Für die Jahre 2004 bis 2006 können die Krankenkassen erforderliche Leistungsausgaben aus Verträgen der integrierten Versorgung im Umfang von bis zu 1 Prozent ihrer Gesamtvergütung bzw. Krankenhausausgaben in dem Gebiet der jeweiligen kassenärztlichen Vereinigung abziehen. Damit entsteht vor der gesetzlich angelegten Abkehr von allen sektoralen Budgets ab dem Jahre 2007 ein kombiniertes Budget, in dem Inseln neuer Versorgungsstrukturen finanziert werden können. Der Beitrag beschäftigt sich mit der politischen Ökonomie dieses Ansatzes.

Einführung

Die außerhalb der GKV paradox anmutende These vom „Wettbewerb durch Budgetierung" wurde bisher nur in Bezug auf einzelne Sektoren des Gesundheitswesens benutzt, etwa für den deutschen Arzneimittelmarkt Mitte der 90er Jahre[1]; nun wird sie die integrierte Versorgung begleiten. Nicht erst seit alle Versicherten ihre Krankenkasse frei wählen können, haben Ökonomen gefordert, die Angebotsseite des Gesundheitswesens in einen funktionalen Wettbewerb einzubeziehen.[2] Verschiedene Regierungen haben diese Forderungen auf ihre Weise aufgegriffen. So hat das 2. GKV Neuordnungsgesetz 1997 Modellvorhaben auf Einzelvertragsebene zugelassen wie Strukturverträgen der Gesamtvertragspartner einen Namen gegeben. Mit der GKV-Gesundheitsreform 2000 wurde zusätzlich die „Integrierte Versorgung" eingeräumt, Verträge aber de facto an ein Vetorecht der kassenärztlichen Vereinigungen gebunden. Den Rest haben die Spitzenverbände selbst verhindert.[3]

---

[1] Vgl. Schönbach, K. H.: Das Arzneimittelbudget als Managementaufgabe der Kassenärztlichen Vereinigungen, in Arbeit und Sozialpolitik, Jahrgang 1994.

[2] Vgl.: ArGe der Spitzenverbände der Krankenkassen, Solidarische Wettbewerbsordnung als Grundlage für eine zukunftsorientierte gesetzliche Krankenversicherung, Broschüre, September 1994 und Schönbach, K. H.: Perspektiven funktionalen Wettbewerbs in der GKV, in: Arbeit und Sozialpolitik, Heft 1-2 1994, S. 19 ff.

[3] So hatte die KBV beim Rahmenvertrag nach § 140 d SGB V im Jahre 2000 so viele Zugeständnisse erlangt, dass ein Vertreter der Kassenseite meinte fragen zu müssen, wie denn nun der Zutritt der KV in die Verträge geregelt werden solle. Die Betriebskrankenkassen verweigerten später eine Zustimmung zu diesem Entwurf. Es gelang der KBV, das Schiedsverfahren 1½ Jahre zu verschleppen. Budgetbereinigungen haben entsprechend nicht in einem Fall stattgefunden.

In Bewegung gebracht hat der Gesetzgeber mit diesen Öffnungen kaum etwas.[4] Hauptgrund hierfür ist zweifellos, dass er die Finanzmittel der Krankenkassen per Gesetz vollständig an Anbietergruppen adressiert hat. Das Vertragsrecht der Krankenkassen vollzieht Zulassungs- und Finanzierungsansprüche dieser Anbieter, die den Leistungsanspruch des Versicherten maßgeblich selbst konkretisieren. Schließlich ist das deutsche Gesundheitswesen ein staatliches, das von der Selbstverwaltung im Rahmen des Möglichen durchgeführt wird. Offenen Gestaltungsoptionen, die in diesem Umfeld ausgelobt werden, fehlt die reale Basis.[5]

Wird eine solche Sichtweise auf die integrierte Versorgung gewählt, bedarf es offenbar nicht nur eines (befristeten) Budgets, um neue Versorgungsstrukturen zu ermöglichen. Es muss auch gefragt werden, wie mittelfristig der Bedarf und die Bedingungen dafür außerhalb des neuen kombinierten Budgets zu beurteilen sind.

Bedarf an integrierter Versorgung

Wie der Bericht der Bundesregierung über den „Runden Tisch" zum Reformbedarf vor der Bundestagswahl 2002 zeigt, unterstützen auch alle Anbietergruppen im Gesundheitswesen von den Ärztekammern bis zu den Zahntechnikern die integrierte Versorgung als Ziel von Reformbemühungen schlechthin: Die Zukunft des Gesundheitswesens wird in der integrierten Versorgung gesehen. Und solange die Zukunft nicht recht begonnen hat, werden aus gutem Grund andere Interessen vertreten.

Bei den Krankenkassen, die die Interessen von Patienten und Beitragszahlern verbinden, ist das Anliegen dringlicher. Ihre Einnahmen brechen angesichts der fehlenden wirtschaftlichen Dynamik immer mehr weg, während die Ausgaben steigen. Inzwischen liegen die deutschen Pro-Kopf-Einkommen im europäischen Mittelfeld, während wir bei den Ausgaben führen.[6] Das Ausgabenniveau eilt aber nicht nur dem Wohlstand weit voraus, es wird auch durch eine höhere Qualität der Versorgung

---

[4] So wurden etwa Strukturverträge gegen den Wortlaut der gesetzlichen Bestimmungen nicht geschlossen, um „kombinierte Budgets" einzuführen, sondern um arztgruppenspezifische Leistungen höher zu vergüten, etwa das ambulante Operieren. Die Gesamtvertragspartner haben auf diese Weise neue rechtliche Möglichkeiten gefunden, vom EBM abzuweichen.

[5] Dies liegt auch daran, dass „Politik" wenig originäre Zielvorstellungen hat und daher, um Ausgleich bemüht, schwankend den Anliegen der Gruppen folgt, wodurch vieles ermöglicht und gleichzeitig verhindert wird, etwa die integrierte Versorgung durch das Veto der KV oder die Medizinischen Versorgungszentren durch Einbezug in die vertragsärztliche Bedarfsplanung.

[6] Hauptgrund dafür ist sicherlich, dass die neuen Bundesländer kaum mehr als 32 Prozent ihrer Pro-Kopf-Einkommen dort auch erwirtschaften.

nicht gerechtfertigt, im Gegenteil. So zeigt sich im EU-Vergleich etwa, dass Deutschland

- bei der Zahl der invasiven Eingriffe am Herzen weit führt, die hohe Sterberate aufgrund koronarer Erkrankungen aber keineswegs gesenkt werden konnte,[7]
- bei einem Vergleich von Kosten und Qualität der stationären Versorgung nach Herzinfarkt[8] zwar hohe Werte erreicht, in den letzten Jahren aber etwa hinsichtlich der anschließenden ambulanten Einstellung von Blutdruck- (vgl. Abb. 1) und Blutfettwerten[9] sogar zurückfällt.

Abb. 1: Anteil guter Blutdruckeinstellung 6 Monate nach Herzinfarkt im europäischen Vergleich

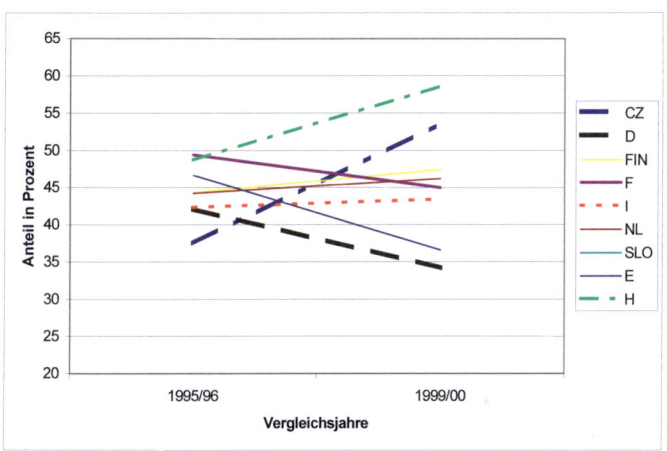

Quelle: „Clinical Reality of Coronary Prevention Guidelines", Lancet 2001; 357: 998.

Während die Kostenprobleme – auch aufgrund von Überkapazitäten[10] und unzureichender Planung der Versorgungsstrukturen[11] – ihren Aus-

---

[7] Labour Market and Social Policy – Occasional Papers N°36: Health outcomes in OECD countries: A framework of health indicators for outcome-oriented policy-making. 1998, S. 7.
[8] Gandjour et al.: European Comparison of Costs and Quality ..., European Heart Journal, 2002, 23: 861.
[9] Vgl. EUROASPIRE, Clinical Reality of Coronary Prevention Guidelines, in: Lancet 2001; 357: 998/9.
[10] So war etwa – um im Lande zu bleiben – die Apothekendichte Anfang der neunziger Jahre in den neuen Bundesländern gut halb so hoch wie in den alten Bun-

gangspunkt gerade im stationären Bereich haben, kommen im ambulanten Bereich Qualitätsfragen hinzu. Hintergrund hierfür ist die weithin unkoordinierte ambulante ärztliche Versorgung in nach immer mehr spezialisierten Arztgruppen differenzierten Einzelpraxen, die wir – im doppelten Wortsinn – „zulassen".[12] Dabei hält die Politik im Zweifel am KV-Monopol fest, weil sie von daher eine Kapazitätssteuerung vermutet. Tatsächlich aber verteilt die KV die Arztsitze gemeinsam mit den Krankenkassen nur gleichmäßig über das Land und verwaltet Flächentarifverträge, die sonst bei geringerem Anlass in Frage gestellt werden.

Abb. 2: Diskussion von Versorgungsnetzen 1994

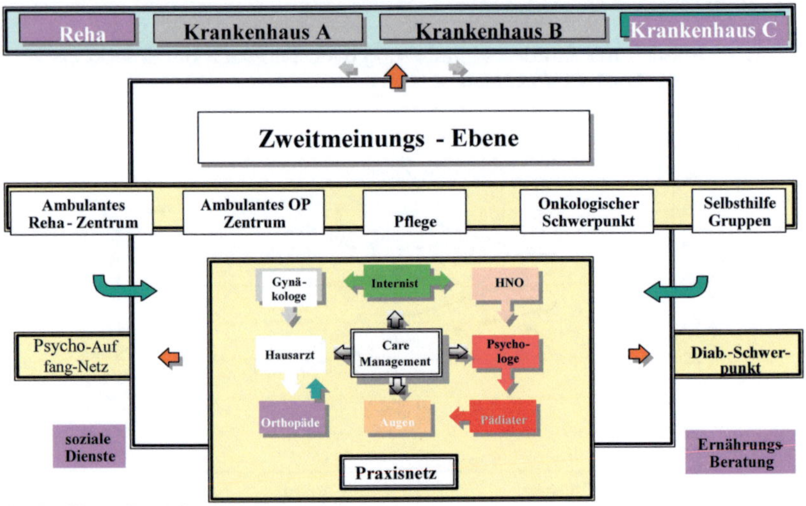

Quelle: Eigene Darstellung

An Konzepten, diesen Defiziten im Wettbewerb durch integrierte Versorgung zu begegnen, fehlt es seit langem nicht.[13] Ihr Ziel war primär und

---

desländern, ohne dass es Defizite in der Versorgung und im Versorgungskomfort gegeben hätte.

[11] Beispiel: Nephrologische Schwerpunktkliniken mit (sekundär) präventivem Ansatz gegenüber Dialysekapazitäten. Das Geschäft mit der Blutwäsche ist kommerziell exzellent organisiert, während dies von der staatlichen Krankenhausplanung der Länder noch nicht behauptet worden ist.

[12] Vgl. dazu Schönbach, K. H.: Kooperationsbedarf in der kassenärztlichen Versorgung aus Sicht der Krankenkassen, in: Arbeit und Sozialpolitik, Heft 5-6 in 1992, S. 10 ff.

[13] Vgl. etwa in diesem Sinne Schönbach, K. H.: Zur Erprobung eines HMO-Modells im Rahmen der gesetzlichen Krankenversicherung, in: Arbeit und Sozialpolitik,

bleibt unverändert aktuell, die ambulante Versorgung zu ordnen, durch leistungsfähige Kooperationen zu ergänzen und mit der stationären Versorgung zu verbinden (vgl. Abb. 2). Ihr Fehlschlag in dem o. g. Umfeld hat den Gesetzgeber bestärkt, „Strukturierte Behandlungsprogramme" auf dem Verordnungswege in die Welt zu setzen und ihre Einführung mit dem Risikostrukturausgleich der Krankenkassen zu verbinden. Seither unternehmen die Krankenkassen alles, um chronisch kranke Patienten für entsprechende Programme zu gewinnen. Das hat zu einer Renaissance von Flächenverträgen mit kassenärztlichen Vereinigungen geführt, die ihre Monopolstellung gerne zu Nebengeschäften nutzen. Dagegen fehlen für die Ärzte bis heute mit positiven Zielen motivierende Programme.[14] Unter den Bedingungen des RSA kommt es in der Praxis zu kaum mehr als Bürokratie und Zusatzkosten.[15][16] War die Diskussion um Versorgungsnetze Mitte der neunziger Jahre eine Art idealistisches Strohfeuer, wird heute weithin Bürokratie aufgetürmt, um Verteilungsziele zu realisieren.

Zudem war aus Sicht von Beobachtern gleich welcher Couleur allein die Ankündigung von Disease-Management-Programmen (DMP) im milliardenschweren „Risikostrukturausgleich der Krankenkassen" das Ende von Bemühungen zur „Integrierten Versorgung". Aufgrund von „überoptimalen" Fehlanreizen aus dem Risikostrukturausgleich im Sinne von Straub war die Kassenseite nun auf Einschreibungen in DMP fixiert.[17] Ebenso kann man sich kaum vorstellen, dass von den Tarifoptionen des GMG bei den DMP regelmäßig mit Augenmaß Gebrauch gemacht werden wird. Umso mehr gilt es, das Augenmerk auf die integrierte Versorgung zu lenken.

---

[14] Heft 11-12 in 1991, S. 36 ff. oder ders.: Kombinierte Budgets, in: Die Betriebskrankenkasse, Heft 7 in 1994, S. 390 ff.
Die strukturieren Behandlungsprogramme fassen zusammen, was medizinisch positive Evidenz aufweist, formulieren aber keine Ziele zur schrittweisen Entmüllung der Medizin.

[15] Vgl. Kumpf, S., Galas, E.: Disease-Management-Programme inm RSA – Anspruch und Wirklichkeit, in: Gesundheits- und Sozialpolitik, November 2003.

[16] Allerdings weisen die Beratungssysteme der Krankenkassen für besondere Risikoträger in den DMP hohe Effizienz und Nutzen für die Patienten auf. Für das BKK-System Medical/Contact konnten bereits im ersten Jahr signifikante Verbesserungen bei Diabetikern bei gleichzeitigem Rückgang der Krankenhaustage verzeichnet werden. Die Versichertenbefragung liegt Anfang 2004 vor.

[17] Vgl. den Beitrag von Chr. Straub zu Fehlanreizen für die Disease-Management-Programme aus dem Risikostrukturausgleich in diesem Band und die gegenteilige Auffassung von Hoberg.

Integrierte Versorgung nach dem GMG

Die bis hierhin versuchte Einbettung des Themas gehört sich so, da es sich um den mehrfach wiederholten Anlauf der integrierten Versorgung handelt. Aber immerhin kann die politisch verkündete „Effizienz-Revolution" durch Einzelverträge der Krankenkassen nun zumindest hier stattfinden. Die gesetzlichen Änderungen in dieser Hinsicht sollen im Folgenden kurz angesprochen werden:

Die KV ist weder als Vertrags- noch als Rahmenvertragspartner vorgesehen (§§ 140 a und b jeweils Abs. 1 SGB V).

Auch bisher hatte der Gesetzgeber das 4. Kapitel des SGB V suspendiert, für die Fortgeltung des Sicherstellungsauftrages der kassenärztlichen Vereinigungen aber mit Fristsetzung eine Rahmenvereinbarung der Spitzenverbände mit der Kassenärztlichen Bundesvereinigung vorgesehen. Die Vereinbarung kam nicht zustande, weil die KV-Seite den Zutritt zu Verträgen nach einer Frist von 3 Jahren verlangte. Das Verfahren dazu vor dem Bundesschiedsamt wurde bis zum Frühjahr 2001 hinausgezögert und mit einer Leerformel abgeschlossen. Schon vor diesem Zeitpunkt galt der Vertragstyp allgemein als unrealisierbar.

Auch weiterhin dürfte die mit dem GMG klargestellte Abstinenz die KV kaum hindern, Rahmenverträge etwa mit Landesverbänden der Krankenkassen zu schließen, die erst durch den Beitritt der jeweiligen konkreten Vertragspartner wirksam werden, soweit diese die Rahmenverträge ebenso ignorieren könnten bzw. davon nicht behindert würden.

Vertragspartner können nicht mehr nur Gemeinschaften von Ärzten, sondern auch einzelne Ärzte sein (§ 140b Abs. 1 SGB V).

Der einzelne Arzt hatte bisher nur die Möglichkeit, Partner eines Modellvorhabens nach §§ 63 und 64 SGB V zu werden. An Modellvorhaben hält der Gesetzgeber parallel zur integrierten Versorgung fest, weil sie auch die Erprobung neuer Leistungen ermöglichen. Modellvorhaben erfordern Satzungsänderungen der Krankenkassen.

Im Übrigen wird der Kreis potenzieller Vertragspartner auch um Träger von medizinischen Versorgungszentren nach § 95 SGB V erweitert. Medizinische Versorgungszentren sind fachübergreifende ärztlich geleitete Einrichtungen, in denen Ärzte, die in das Arztregister nach Absatz 2 Satz 3 Nr. 1 eingetragen sind, als Angestellte oder Vertragsärzte tätig sind. Die medizinischen Versorgungszentren können aufgrund von Zulassung, Ermächtigung oder Vertrag an der medizinischen Versorgung der Versicherten teilnehmen und sich aller zulässigen Organisationsformen bedienen. Sie unterliegen allerdings der ärztlichen Bedarfsplanung, die Arztsitze verteilt.[18] Ermöglicht werden den Krankenkassen auch Verträge mit Trägern, die selbst keine Versorgung erbringen, sondern die Versorgung durch dazu berechtigte Leistungserbringer anbieten (Managementgesellschaften). Solche Managementgesellschaften sind auch in der Begründung nicht näher umschrieben. Es ist davon auszugehen, dass auch Krankenkassen und/oder ihre Verbände Gesellschaften gründen oder sich an ihnen beteiligen können, wenn der Zweck der integrierten Versorgung dadurch gefördert bzw. wirtschaftlicher erreicht wird.

In der Gemeinschaft von Leistungserbringern kann vom jeweiligen Zulassungsstatus abgewichen werden (§ 140b Abs. 4 SGB V).

Sind Leistungserbringer mit unterschiedlichem Zulassungsstatus gemeinsam Vertragspartner, kann der Einzelne von einem in der Gemeinschaft vorhandenen Status Gebrauch machen, auch wenn er ihn nicht selbst erworben hat. Auf diesem Wege kann zum Beispiel ein Krankenhaus seine ambulante Tätigkeit ausweiten, wenn es mit niedergelassenen Ärzten kooperiert. Die berufsrechtlichen Vorschriften bleiben unberührt.

Der Zutritt zu geschlossenen Verträgen ist ausdrücklich nur mit Zustimmung der Vertragspartner möglich (§ 140b Abs. 5 SGB V).

Ebenso wie die KV hatten bisher einzelne Kassenarten darauf gedrungen, angenommene Wettbewerbsnachteile durch Beitrittsrechte zu geschlossenen Verträgen auszugleichen. Solche Rechte, die gesetzlich ohnehin nicht abgeleitet werden konnten, wurden rahmenvertraglich ersessen und hiermit ausgeschlossen.

Die Krankenkassen können das „1-Prozent-Budget" zur Finanzierung nutzen (§ 140d SGB V).

Der Abzug von der Gesamtvergütung und allen Krankenhausrechnungen im Gebiet einer kassenärztlichen Vereinigung kann nur vorgenommen werden, „soweit die einbehaltenen Mittel zur Umsetzung von nach § 140b geschlossenen Verträgen erforderlich sind". Der im Gesetzgebungsverfahren nachgeschobene Passus vollzieht die Ab-

---

[18] Da freie Arztsitze zurzeit im gebietsärztlichen Bereich nur vereinzelt bestehen, dürfte der Aufbau entsprechender Zentren auf erhebliche Widerstände treffen. Von daher ist der gewählte systematische Einstieg in die Richtung zu begrüßen. Dem müssen weitere Schritte folgen, sollen die Zentren nicht den gleichen Weg gehen wie ehedem „Praxiskliniken", deren Schicksal im Vergessenwerden liegt.

kehr von einem pauschalen Einbehalten von Beträgen, die soweit auch zu einem Liquiditätsentzug der Adressaten hätten führen können. Dies begründet kein tiefes Nachdenken, was der Gesetzgeber mit „soweit erforderlich" gemeint haben könnte und wie wem gegenüber der Nachweis dazu zu führen sei. Das „soweit wegen geschlossener Verträge erforderlich" kennzeichnet die Änderung zur Formulierung vorher, bei der keine geschlossenen Verträge hätten vorliegen müssen. Eine Vorlagepflicht wird dadurch nicht begründet. Gleichwohl kann es zweckmäßig sein, Verträge von Art und Umfang her der jeweiligen Rechtsaufsicht anzuzeigen.

Der Einbezug der Apotheken findet zumindest vertragsrechtlich statt (§ 129 Abs. 5b SGB V).

Die Versicherten können mit Zuzahlungs- und Beitragsrabatt gewonnen werden (§ 65a Abs. 2 und 4 SGB V).

Bisher konnten Versicherte nur im Rahmen von Einsparungen zusätzlich zum medizinischen Gewinn von der integrierten Versorgung profitieren. Auch in Verbindung mit dem Gebot der Beitragssatzstabilität und dem Wirtschaften in Haushaltsjahren konnten auf dieser Grundlage wenig attraktive und kommunizierbare Merkmale gewonnen werden. Auf der neuen gesetzlichen Rechtsgrundlage und angesichts der hier um sich greifenden Zuzahlungen bzw. der geänderten Chroniker-Regelung können von der Krankenkasse allein schon geminderte Zuzahlungen hinreichende Anreize geben, sich als Versicherter/Patient für die integrierte Versorgung zu interessieren. Darüber hinaus besteht die Möglichkeit zu Beitragsrabatten, die – ggf. nach Jahren der Teilnahme gestaffelt – einen Beitrag zur Vertragsbindung der Versicherten leisten.

Und schließlich wird für die Haushaltsjahre bis 2006 das Gebot der Beitragssatzstabilität eingeschränkt (§ 140b Abs. 4 SGB V).

Perspektiven der integrierten Versorgung

Auf dieser gesetzlichen Grundlage startet die integrierte Versorgung neu. Der 1-Prozent-Korridor (vgl. Abb. 3) war bereits im Gesetzgebungsverfahren zur GKV- Gesundheitsreform 2000 diskutiert und abgelehnt worden.[19] Er bietet nun auch den notwendigen Anreiz für Initiativen der Leistungserbringer, die diesen Abzug vermeiden wollen.

Aus Sicht der Krankenkassen sind die übrigen Regelungen des GMG anzuführen. Ab dem Jahre 2007 haben sie zu erwarten, dass

- ihre Einnahmen aufgrund des so genannten Morbi-RSA diagnoseorientiert umverteilt werden,
- ihre Ausgaben für stationäre Behandlung ebenfalls diagnoseorientiert zustande kommen und sich der Budgetierung entziehen
- und ihre Ausgaben für ambulante ärztliche Behandlung diagnoseorientiert zustande kommen bzw. verhandelt werden und herkömmliche Gesamtvergütungen ersetzen.[20]

Auf die ordnungspolitische Brisanz dieser Konstellation für die finanzielle Stabilität der GKV hat der Autor an anderer Stelle hingewiesen.[21] Für den unmittelbaren Handlungsansatz der Krankenkassen ergibt sich aus dem Morbi-RSA bei gleichzeitigem Wegfall der letzten Budgets zum einen, dass sich das Ausgabenniveau eher erhöht, während die Beitragssätze unter verschärftem Wettbewerb weiter zusammenrücken, und zum anderen, dass bisher aufgrund der ambulanten Budgets verzerrte Finanzierungslasten offen zu Tage treten. Hintergrund dafür ist die Einführung der Regelleistungsvolumen mit gleichem Ausgangspunktwert nach § 85d SGB V.

Bei dieser Ausgangslage treten wirksame Maßnahmen der Versichertenbindung in den Mittelpunkt des Wettbewerbs. Solange die GKV dabei mit nahezu identischem Leistungskatalog und hoher Preistransparenz in offenem Wettbewerb steht, dürften für die Versichertenbindung PKV-Elemente wie Kostenerstattung und Selbstbehalt kaum eine größere Rolle spielen. Auch der Bonus für gesundheitsförderliches Verhalten

---

[19] Als „etatistisch" abgelehnt wurde er auch von den Initiatoren der gesetzlichen Regelung selbst, die ihn nicht mit ihrem Wettbewerbsverständnis vereinbaren wollten. Soviel Selbstkritik muss sein.

[20] Verhandelt werden aufgrund der Zahl und Risikostruktur der Versicherten arztgruppenspezifische Punktzahl-Obergrenzen der Krankenkasse. Vergleiche hierzu auch Graf von Stillfried, D.: Morbiditätsbezogene Regelleistungsvolumen Perspektive einer angekündigten Revolution, in Gesundheits- und Sozialpolitik, Heft 6 in 2003, erscheint im Dezember 2003.

[21] Vgl. Schönbach, K.H.: Versorgungs- und Vertragsmanagement ohne Alternative, Krankenversicherung in Zeiten der Konsensgespräche, in DIE BKK, Heft 8 in 2003.

spricht sicherlich gerade die Versicherten an, die heute schon mit höherer Intensität entsprechende Volkshochschulkurse nutzen.

Beide Anreizformen zu verbinden, wie es offenbar die AOK in ihrer Mustersatzung nahe legt, konzentriert die Nutzung des Tarifs auf die Schnittmenge dieser Vorlieben. Es entsteht eine Art „Me-too-Tarif", und dies ist kaufmännisch unseriös, weil damit verbundene Anreize zusätzlich finanziert werden müssen. Unternehmerisch attraktiv wären dagegen wirksame Tarife.

Abb. 3: Etatistischer Korridor für wettbewerbliche Versorgungsstrukturen als Ergebnis des GMG

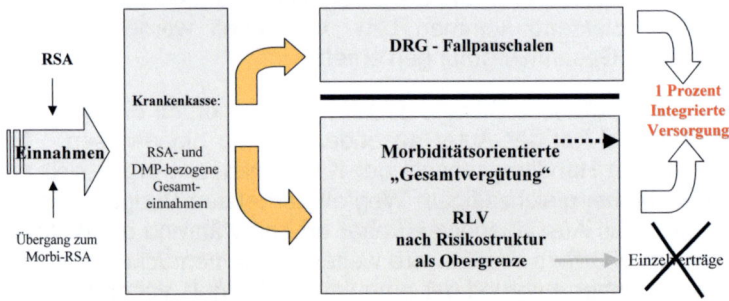

- Einnahmen nach Morbi-RSA
- Ärztevergütung nach Morbi-Struktur
- DRG nach Morbi-Struktur
- Vollständige Kontrahierung
- Verteilende Bedarfsplanung
- HVM im Einvernehmen
- integrierte Versorgung bei 1 Prozent
- weiter: Verteilung vor Allokation

Von daher stehen für die Versichertenbindung die vertraglichen Versorgungsformen im Zentrum der Strategien, mithin die Verbindung der Tarifmerkmale des § 65a Abs. 2 SGB V, geminderte Zuzahlungen und Beitragsrabatte, mit den Vertragsformen der

- hausarztzentrierten Versorgung nach § 73b SGB V, die allerdings im bestehenden Kassenarztsystem mit Kopfpauschalen zusätzlich finanziert werden muss,

- die strukturierten Behandlungsprogramme nach § 137f SGB V, für die zudem der Einnahmeneffekt aus dem RSA spricht

- und eben die integrierte Versorgung nach § 140a ff. SGB V, für die zudem die Aussicht auf Qualitäts- und Wirtschaftlichkeitsvorsprünge spricht.

Strategische Elemente

Für den Erfolg der integrierten Versorgung ist die Attraktivität aus Sicht der Patienten entscheidend. Sie speist sich aus Leistung/Qualität/Komfort/Anreizen, die die Nachfrage für die vertragliche Versorgungsform prägen. Auf Seiten der Leistungserbringer stehen damit die strukturierten Behandlungsprogramme nach § 137c SGB V zumindest in einem indirektem Zusammenhang, da hier sektorübergreifend Inhalte der Behandlung, die als evidenzbasiert gelten können, und die entsprechenden Schnittstellen der Versorgung beschrieben sind.

Abb. 4: Strategische Elemente der integrierten Versorgung

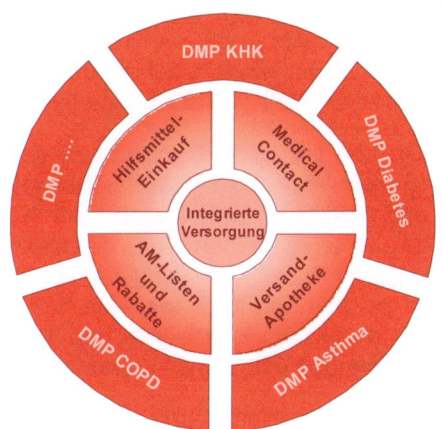

Kern der integrierten Versorgung ist es unter anderem, gerade die Probleme an diesen Schnittstellen zu überwinden, die Organisation sektorübergreifend sicherzustellen und die Beteiligten im Hinblick auf Leistungen, ihre qualitativ hochwertige und wirtschaftliche Erbringung und optimale Inanspruchnahme zu unterstützen. Von daher finden die Vertragspartner in den DMP-Manualen eine Grundlage, die sie ergänzen und im Sinne der Zielerreichung positiv formulieren können. Über die Frage hinaus, was gute Medizin im Kern ist, muss gefragt werden, wie dieses Ziel in der Praxis der Versorgung erreicht wird und gemeinsam unerwünschte Defizite eingedämmt und abgestellt werden können.

Dem wird von Protagonisten, die die DMP als Kochbuch-Medizin zu diskreditieren versuchen, der entsprechende Vorwurf gemacht werden. Es ist aber auch nicht zu rechtfertigen, wie bei den DMP Milliarden Euro nur für Kochbücher auszugeben. Jedenfalls muss einerseits nicht jede integrierte Versorgung in medizinische Fundamentaldiskussionen investieren, wie dies zu Beginn der Praxisnetze zu beobachten war. Andererseits trägt die integrierte Versorgung nicht ohne exzellente medizinische Konzepte. Das Nutzen komparativer ökonomischer Vorteile reicht allein schon in Hinblick auf das notwendige Vertrauen der Patienten nicht aus.

Auf Seiten der Krankenkassen stehen für die integrierte Versorgung darüber hinaus Beschaffungs- und Beratungsleistungen im Vordergrund. Für die Beschaffungsseite spielen eine besondere Rolle:

- Die Krankenhaus- und Versandapotheken als neue Vertragspartner, die bei entsprechendem Indikationsbezug der integrierten Versorgung komparative Vorteile der Spezialisierung einbringen können. Auf diese Vorteile kann auch Bezug genommen werden, wenn die Beteiligung von Apotheken nach § 129 Abs. 5b SGB V ausgeschrieben wird. Im Hinblick auf die ökonomische Differenzierung stehen wie nach altem Recht Rabatte zur Verfügung.

- Die Lieferanten von Hilfsmitteln, gegenüber denen das GMG die Rechte der Krankenkassen zu Ausschreibungen explizit regelt (§ 127 Abs. 2 und 3 SGB V). Dabei gehört der Absatz 3 mit seinen Durchschnittspreisbetrachtungen von einzelnen Hilfsmittelverträgen in Verbindung mit der Zuzahlungsregelung nach § 33 Abs. 2 Satz 2 SGB V zu dem Entrücktesten, was das Bundesministerium für Gesundheit je auf Papier verlassen hat, weil es eine geradezu prohibitive Zuzahlungsbürokratie an ungeeignetem Ort initiiert.

Für die notwendigen Beratungsleistungen der Krankenkasse stehen inzwischen weithin telematikgestützte Management-Instrumente zur Verfügung, deren qualitativer und wirtschaftlicher Beitrag nachgewiesen ist. Bei den Betriebskrankenkassen zum Beispiel

- haben Beratungsprogramme für Patienten die Krankenhaushäufigkeit bereits im ersten Jahr deutlich gesenkt,

- stehen individuelle Arzt-Beratungsprogramme für die Pharmakotherapie bereit

- und können mehrere Leistungsbereiche einschließende und regional konfigurierbare Controlling-Instrumente online genutzt werden.

Strategische Ausrichtungen

Zweifellos werden auch kurzfristig realisierbare Initiativen der Anbieter im Rahmen des 1-Prozent-Korridors Einfluss auf die Vertragsentwicklung haben. Die Krankenhäuser bieten auf breiter Front Komplexmodelle unter Einbezug der Rehabilitation an. Bei den niedergelassenen Ärzten stehen ad hoc hier und da Praxisnetze zur Verfügung, die mit einer geminderten Zuzahlung auf einen Nachfrageschub hoffen.

Es kann aber nicht darum gehen, kurzfristig den 1-Prozent-Korridor zu füllen.[22] Nachhaltige Modelle entwickeln und kombinieren die o. g. strategischen Elemente Schritt für Schritt. Dabei ist eine hinreichende Kommunikationsstrategie als verbindende Voraussetzung wertvoll.[23] Wer langfristig in den Erfolg der integrierten Versorgung investieren will, sollte sein Konzept mit einer stabilen Marke entwickeln. Dies gilt nicht nur, um strategische Partnerschaften mit Leistungserbringern und ggf. mit anderen Krankenkassen zu finden, sondern auch, um in der Summe der Aktivitäten einen gemeinsamen Nenner für die Versichertenbindung zu gewinnen. Es bleibt abzuwarten, was Kassenarten dabei leisten können.

Unter den Partnern stehen die Krankenhäuser inzwischen in der ersten Reihe. Wie in der ersten Generation der Modelle bleibt ein vorrangiges Ziel, durch Kooperation ambulant Einweisungen stationär zu vermeiden und die Qualität insgesamt zu verbessern bzw. Wirtschaftlichkeitsreserven zu nutzen. In der ersten Phase der integrierten Versorgung hatte die Krankenkasse, die Verträge mit einem Krankenhaus abschloss, zusätzlich den Minder-Erlösausgleich im Nachbarhaus zu bezahlen. Aufgrund der Vergütung der Krankenhäuser nach DRGs, die nicht mehr die Finanzierung von Betten beinhaltet, ist die Geschäftsgrundlage heute und auf lange Sicht eine andere. Dafür lassen sich auch folgende Gesichtspunkte in Anspruch nehmen:

- Alle Gesundheitsmärkte sind lokal. Die stärkste medizinische Stellung und das höchste Vertrauen der Patienten in diesen Gesundheitsmärkten haben zweifellos führende Krankenhäuser.

- Alle Initiativen erfordern Management. Auch hier sind führende Krankenhäuser regional am ehesten in der Lage, Kapazitäten zu mobilisieren.

- Das Management braucht ein stabiles Eigeninteresse, um ein verlässlicher Partner der Krankenkassen zu sein. Die Einführung des DRG-Systems motiviert die Häuser, im Rahmen belastbarer medizinischer Konzepte das ambulante Vorfeld zu binden. Dies geschieht auch ohne die Krankenkassen. Sich an dieser Stelle im Wettbewerb positiv einzubringen ist besser, als erst bei Interessenkonflikten zu intervenieren.

---

[22] Schlaumeier nutzen Verträge mit KVen auf der Basis von § 140 b SGB V, um Geld in DMPs zu lenken, das Einschreibungen nach sich zieht.
[23] Ellis Huber spricht von einem ethischen Versprechen.

- Und schließlich stellt das GMG eine Reihe ambulanter Vertragsoptionen mit den Krankenhäusern zur Verfügung.[24]

Diese Gesichtspunkte müssen mit Blick auf eine strategische Ausrichtung auf den ambulanten ärztlichen Bereich keineswegs vollständig ins Negative verkehrt werden. Es ergibt sich aber aus der Argumentation eine offenkundige Bewertung. Ambulante Partnerschaften knüpfen in der Regel an ambulante OP-Zentren, spezialisierte Einzelpraxen und Praxisnetze an.

Die Option medizinischer Versorgungszentren sollte hier nicht vertieft werden, solange sie aufgrund der Bedarfsplanungsvorbehalte theoretisch bleiben muss. Das kann sich schnell ändern – was überaus zu begrüßen wäre. Die Krankenkassen werden die Realisierung dieser Option nachhaltig unterstützen.

Fazit

Das GMG hat die Funktionsbedingungen der integrierten Versorgung nach § 140a ff. SGB V substanziell verbessert. Da die Krankenkassen nach Abkehr von Budgets und weiterer Differenzierung des Risikostrukturausgleichs vor noch schärferem Wettbewerb stehen, werden sie die tariflichen Kundenbindungen vertraglicher Versorgungsformen nutzen. Dieses Ziel trifft bei den Leistungserbringern auf ein kompatibles Interesse. Außerdem werden sie in der verbleibenden Budgetphase keinen Abzug von Liquidität aufgrund der Anschubfinanzierung der integrierten Versorgung hinnehmen wollen. Erster Partner der zweiten Generation von Verträgen scheinen dabei die Krankenhäuser zu werden.

---

[24] Hervorzuheben sind dabei die kassenindividuellen Verträge im Rahmen strukturierter Behandlungsprogramme nach § 137f SGB V auf der Grundlage von § 116b Abs. 1 SGB V und im Rahmen hoch spezialisierter Leistungen, seltener Erkrankungen sowie Erkrankungen mit besonderen Krankheitsverläufen (§ 116b Abs. 2 SGB V).

Vertragswettbewerb und ärztliche Vergütung

Jürgen Bausch

Vorbemerkung

Insgesamt 16 Jahre lang habe ich als zweiter und erster Vorsitzender der Kassenärztlichen Vereinigung Hessen Kollektivverträge mit den Krankenkassen darüber abgeschlossen, wie die Leistungen der Ärzte in Hessen zu vergüten sind. Über die Honorarverteilung wurde nach Abschluss der Kollektivverträge eine Art Feinregulierung innerhalb der Gruppe der Ärzte durchgeführt. Bestandteil dieser Vorträge waren immer auch Sonderregelungen für Ärzte, die Sonderbedarfssituationen der Versorgung sichergestellt haben. Das KV-System ist trainiert auf positive Vertragsabschlüsse. Kein Wunder, dass die Kassen an diesen KVen vorbei verhandeln wollen. Dreimal darf jeder raten, ob dieser von der Politik wegen des „Wettbewerbs" geforderte Drang der Kassen zu besseren Konditionen für die Vergütung der ärztlichen Leistungen führen wird.

Dieses Zeitalter der ausschließlichen Kollektivverträge zwischen Krankenkassenverbänden und kassenärztlichen Vereinigungen zur Honorierung ambulanter ärztlicher Leistungen hat bereits mit den Möglichkeiten des Abschlusses von DMP-Verträgen außerhalb des KV-Systems eine Zäsur bekommen. Das Vorspiel allerdings zu dieser Zäsur haben wir bei den Verträgen zur integrierten Versorgung beobachten können, die seinerzeit noch unter der Bundesgesundheitsministerin Fischer in das GMG als Herzstück eingebaut worden waren. Die damaligen Auseinandersetzungen auf der Bundesebene über die Vertragsgestaltung bei integrierten Verträgen auch außerhalb des KV-Systems – verbunden mit dem riesengroßen Problem der Bereinigung des Ausgangshonorarvolumens – wirken im Nachhinein nach meiner Erinnerung nur als das, was man üblicherweise einen „Trockenschwimmkurs" nennt. In der Tat sind mir so richtig vollinhaltliche Verträge nach § 140 ohne KV nicht bekannt geworden. Über die Ursachen mag man streiten und den KVen Versagen vorwerfen. Aber Tatsache ist: Wenn man ohne zusätzliche Finanzierung komplexe Vorgänge so kompliziert regelt, braucht man sich nicht zu wundern, wenn nichts zustande kommt.

Ernstfall DMP-Verträge

DMP-Verträge gibt es inzwischen landauf und landab. Nahezu alle sind unter aktiver Mitwirkung der KVen zustande gekommen, zumindest, was den Diabetes-DMP-Vertrag betrifft. Bei der Mammakarzinom-Problematik, die auf politischen Druck in ein DMP-Projekt aufgenommen wurde, obwohl sich dieses Krankheitsbild dazu wenig eignet, wurden unterschiedliche Wege gefunden. Mehrheitlich finden Vereinbarungen statt, die ihren Versorgungsschwerpunkt in speziellen Zentren eines Krankenhauses – häufig einer Universitätsklinik oder einem Schwerpunktkrankenhaus – haben. Niedergelassene Gynäkologen spielen bei den Mammakarzinom-DMP-Programmen in aller Regel eine Nebenrolle in der Nachsorge.

Aus medizinischer Sicht ist diese schwerwiegende, häufig vorkommende Frauenerkrankung mit einer sehr ernsten Prognose am besten dort untergebracht, wo die richtige Weichenstellung in Diagnostik und Therapie nach dem aktuell besten Wissensstand erfolgt. Dies sollte in der Regel in großen Zentren der Fall sein.

Im Gegensatz zu den meisten anderen KVen in Deutschland gibt es in Hessen ein Diabetes-DMP-Projekt, welches an der KV vorbei mit dem Hausärzteverband abgeschlossen wurde. Der Wettbewerb hat hier funktioniert.

Was war passiert?

Der Erwartungshorizont der Kassenärztlichen Vereinigung Hessen an die federführende AOK war hinsichtlich einiger DMP-Inhalte höher, als der Vertragspartner zu geben willens und bereit war. Wobei die Krankenkassen allerdings strikt auf die Einhaltung der Vorgaben durch die RSVO geachtet haben. In dieser Verhandlungssituation war es der Ortskrankenkasse in Hessen sehr willkommen, im BDA Hessen einen willigeren Vertragspartner an Land ziehen zu können, als es die Kassenärztliche Vereinigung Hessen gewesen war – noch dazu einen Vertragspartner, der bereit war, das Verhandlungstableau der Kassenseite sozusagen ungeschmälert zu akzeptieren.

In dieser Wettbewerbssituation ging es in erster Linie nicht um Vergütungsfragen, sondern um Inhalte und letztendlich um die Machtfrage. Was die Vergütung betrifft, so sehe ich, von einigen geringen Honorardifferenzen abgesehen, keine dramatischen Unterschiede in der DMP-Verhandlungslandschaft in Deutschland. Was allerdings die Honorierung und die Inhalte der Versorgungsverträge in Zukunft betrifft, lehrt uns das hessische Beispiel aus Sicht der Ärzte, dass diese sich darauf einstellen müssen, dass sie in allen Bereichen, wo es der Gesetzgeber ermöglicht hat, von der Kassenseite auseinander dividiert werden können.

Die große Versuchung

Wir werden erwarten dürfen, dass die Kassen immer da, wo sie es können, den Versuch machen werden, weiche Stellen in der Ärztefront zu finden. So, wie wir es als Ärzte in den KVen in den zurückliegenden Jahren durch Einzelverträge mit einzelnen Kassenarten geschickt zustande gebracht haben, dass auf der Kassenseite die weichen Stellen ausgelotet wurden.

Ich prognostiziere, dass es den kassenärztlichen Vereinigungen, aber auch den Verbänden und den Parallelorganisationen zu den KVen im Vertragswettbewerb, nicht immer gelingen wird, die jeweiligen Schäflein bei der Stange zu halten. Denn in jeder Gruppierung einer Population – neudeutsch würde man sagen, in einer „Community" – gibt es Interessenlagen, die für ein Linsengericht zuvor groß angekündigte Positionen und Bastionen aufgeben. Dies tun sie mitunter auch, wenn das „Movens primum" die persönliche Profilierung einzelner Akteure ist. Innerärztliche Geschlossenheit und Solidarität gegenüber den Vertragspartnern stehen massiv auf dem Prüfstand.

Wie geht es weiter?

Das GMG eröffnet auf der Basis kollektiver tarifvertraglicher Regelungen eine beachtliche Zahl von zusätzlichen Möglichkeiten der Frontaufweichung bei den kassenärztlichen Vereinigungen. Die Rolle der KVen wird sich deswegen zwingend verändern müssen.

Dies kann tief greifende Folgen provozieren, denn die neuen Strukturen des GMG sehen eine Teilöffnung der Krankenhäuser, die Bildung medizinischer Versorgungszentren und die Weiterentwicklung des Kollektivvertragssystems durch Vereinbarungen über die hausarztzentrierte Versorgung und die Bildung von fachärztlichen besonderen Versorgungsaufträgen vor. Außerdem kommt es zu einer Weiterentwicklung der sektorübergreifenden Integrationsverträge, wo einengende Bestimmungen beseitigt und eine Anschubfinanzierung beschlossen wurde.

Sicher und gewiss bleibt die Basis: das Kollektivvertragssystem als Honorierungsgrundlage, sozusagen als Regelversorgung und eine Art Basisvergütung.

Als altgedienter ehemaliger KV-Vorsitzender stelle ich fest: Der Sicherstellungsauftrag ist durch das GMG erheblich durchsiebt worden und das Kollektivvertragssystem franst in den Randbereichen potenziell erheblich aus. Das muss alles nicht so kommen, es kann auch alles ganz anders kommen.

Die Folterwerkzeuge

In den Inquisitionsprozessen zurückliegender Jahrhunderte wurden den Delinquenten, die nicht willens waren, ihre Häresien durch ein Geständnis einzuräumen, die Folterwerkzeuge zunächst Stück für Stück vorgeführt. Vielfach führte dies zu dem gewünschten Ergebnis eines Geständnisses, was es den Inquisitoren leicht machte, den ohnehin schon gefassten Plan der Verbrennung auf dem Scheiterhaufen zu realisieren.

Bezogen auf das Thema: „Vertragswettbewerb und ärztliche Vergütung" in der neuen GMG-Landschaft seien einige dieser Folterinstrumente vorgeführt:

Teilöffnung der Krankenhäuser

- DMP-Programme sind in Zukunft mit Krankenhäusern möglich. Sie bedürfen einer vertraglichen Vereinbarung, und die Öffnung in die ambulante Versorgung ist immer da gangbar, wo es die strukturierten Behandlungsprogramme erfordern. Dies dürfte den KVen noch allerlei Kopfschmerzen bereiten, vorausgesetzt, dass die DMP-Programme nicht durch Überbürokratisierung den Erstickungstod sterben (wonach es zurzeit aussieht).

- Hoch spezialisierte Leistungen und die Betreuung seltener Erkrankungen werden nach § 116b zum Aufgabenbereich der ambulanten Versorgung durch Krankenhäuser. Das ist kein Zwang. Das ist kein Muss. Denn der Gesetzgeber hat ausdrücklich vorgeschrieben, dass zur Behandlung dieser Erkrankungen die Krankenkassen mit den Krankenhäusern solche Verträge abschließen können. Aber es ist eine Abkehr vom bisherigen Sicherstellungsauftrag, bei dem das Krankenhaus als Institut über den Zulassungsausschuss eine Ermächtigung bekommen hat, oder der dafür spezialisierte Chef- oder Oberarzt eine persönliche Ermächtigung zur Sicherstellung der ambulanten Versorgung erhielt. Dem Ministerium war es aus ideologischen Gründen äußerst wichtig, hier das eigentliche Ziel, nämlich die generelle Öffnung der Krankenhäuser, als institutionelle Leistung zu implementieren. Anders kann man sich einen Katalog nicht erklären, der unter dem § 116b Abs. 3 detailliert vorschreibt, um welche Erkrankungen man sich besonders bemühen möchte. Ergänzend kommt hinzu, dass der Gemeinsame Bundesausschuss diesen Katalog überprüfen und ergänzen kann, wenn er denn einmal seine Arbeit aufgenommen haben wird. Auch hier aus der Sicht eines altgedienten KV-Vorsitzenden: Im Wesentlichen bildet diese gesetzliche Passage des § 116b die Versorgungswirklichkeit ab, die bislang schon ihre Regelungen gefunden hat. Es ist ja nicht so, dass diese Erkrankungen derzeit nicht adäquat mit einem Schwerpunkt in der ambulanten Versorgung therapiert werden. Aber der Gesetzgeber geht einen deutlichen Schritt weiter, als es der derzeitigen Versorgungswirklichkeit entspricht. Und es ist einfach nicht nachvollziehbar, weswegen man, wenn es auch anders geht, dem teuersten Leistungssektor im System, und das ist das Krankenhaus, die institutionelle Möglichkeit eröffnet, als Anbieter tätig zu werden. Von Leistungsentgelten ist dabei noch gar nicht die Rede, aber dies wird der Knackpunkt werden. Meine Prognose für diese Fall-konstellation ist: Die Kassen werden sich aus Mangel an Geld auf diesem Feld nicht verkämpfen.

- Ein weiteres „Folterwerkzeug" für die KVen wird durch den § 140b Abs. 4 eröffnet. Danach kann es zu integrierten Versorgungsverträgen zwischen Krankenhäusern, anderen Vertragsanbietern und Krankenkassen kommen, die über den Zulassungsstatus hinausgehen. Allerdings ist insoweit eine Bremse eingebaut, als keine Verträge zulasten Dritter abgeschlossen werden können. Ein weites Feld. Die eigentliche Dynamik in der integrierten Versorgung entsteht durch eine gesetzlich verfügte Anschubfinanzierung; 1 % des Kassenarzthonorars und 1 % aus den Krankenhausabrechnungen stehen zur Verfügung. Eine klassische Honorarumverteilung, kein „neu gedrucktes Geld", das in das System kommt.

- Bei festgestellter Unterversorgung können in Zukunft Krankenhäuser als Institut zur Sicherstellung herangezogen werden, wohl auch an der KV vorbei. Das klingt wie eine Drohgebärde an die KV-Adresse mit ihrem Sicherstellungsauftrag. Ob es ein Papiertiger bleibt, wird man sehen. Die Erfahrung lehrt: In kassenärztlich unterversorgten Gegenden hatten die Krankenhäuser bislang immer die größten Personalprobleme.

Medizinische Versorgungszentren

Ob die medizinischen Versorgungszentren nach § 95 als fachübergreifende ärztliche Einrichtungen mit angestellten und/oder Vertragsärzten ein echtes Folterinstrument für die kassenärztlichen Vereinigungen und die Vertragsärzte darstellen werden, wird sich erst erweisen, denn befugt für die Bildung solcher medizinischer Versorgungszentren sind alle Leistungserbringer, aber nicht Krankenkassen und auch nicht Aldi, Metro oder die Deutsche Bundesbank. Die Vergütung hat nach den allgemeinen Regeln der Honorierung kassenärztlicher Versorgung stattzufinden, und eine Zulassung solcher medizinischer Versorgungszentren erfolgt nur im Rahmen der Bedarfsplanung.

Dazu eine persönliche Anmerkung: So richtig verstanden haben nur wenige, was eigentlich die Initiatoren für die medizinischen Versorgungszentren bewogen hat, eine solche Regelung einzuführen. Denn innerhalb unseres Systems waren schon immer Ärzte berechtigt, solche fachübergreifenden Gemeinschaften zu gründen. Sie hatten lediglich nicht die bequeme Möglichkeit, Assistenzärzte einzustellen, wenn nicht besondere Voraussetzungen erfüllt waren. Es ist sicher richtig, dass zunehmend Ärzte das Niederlassungsrisiko scheuen und lieber ambulant tätig wären in einer abhängigen, voll finanzierten Assistenzarztposition. Nur: Welche großartig funktionierende, fachübergreifende Gemeinschaftspraxis im Sinne eines medizinischen Versorgungszentrums erwirtschaftet einen so großen Ertrag, mit dem die Mitarbeit von angestellten Ärzten zu finanzieren wäre? Und ob sie so viel mehr Leistung erbringen, wenn nach den neuen Bestimmungen ein solches Zentrum gegründet wird, dass sich ihr Gehalt auch durch die Abrechnung mit der kassenärztlichen Vereinigung refinanziert, muss abgewartet werden. Skepsis ist angesagt. Dass junge Ärzte zunehmend nicht mehr den Mut haben, sich in das teure Niederlassungsabenteuer zu stürzen, und lieber Assistenzärzte bleiben wollen, ist die Folge einer total verfehlten Politik gegen die Freiberuflichkeit der Ärzte.

Sonderverträge

Als vorletztes Folterinstrument, ohne Anspruch auf Vollständigkeit, sei der § 73 herangezogen, wo es um die Förderung der Qualität in der vertragsärztlichen Versorgung geht. Hier werden die Gesamtvertragspartner aufgefordert, besondere Versorgungsaufträge für vornehmlich fachärztliche Leistungen abzuschließen. Nur wenn eine gesamtvertragliche Regelung scheitert, ist ein Einzelvertragssystem zwischen Kasse und entsprechendem Arzt möglich. Ich vermute einmal, dass diesem § 3c keine besonders große Bedeutung zuwachsen wird, weil es den Krankenkassen nicht möglich sein wird, die mit solchen besonderen Versorgungsverträgen notwendigen Geldmittel aufzubringen – es sei denn durch Honorarumverteilung, bei der immer besondere Freude aufkommt bei denjenigen, die etwas weggenommen bekommen.

Hausarztzentrierte Versorgung

Zum Schluss noch ein „Folterinstrument" der besonderen Art: die hausarztzentrierte Versorgung (§ 73b). Die Kassen sollen ihren Versicherten Angebote machen, dass diese auf die Freiheitsgrade ihrer Chipkarte verzichten und nur über spezielle Hausärzte per Überweisung zum Facharzt gehen dürfen. Diesbezügliche Hausärzte werden besonders qualifiziert sein müssen und erhalten Sonderverträge mit den Kassen.

Diese Entwicklungsoption entspricht nicht dem ursprünglichen Wunsch aller Hausärzte nach einer klassischen „Gatekeeper-Funktion". Es muss vielmehr befürchtet werden, dass ein Keil in die Basisversorger hineingetrieben wird, weil es Hausärzte zu Fuß und zu Pferd geben wird. Bevor es dazu kommt, muss allerdings abgewartet werden, wie die Patienten votieren werden. Im Pilotversuch zum AOK-Hausarztmodell 1995 haben die Patienten nicht auf die Freiheitsgrade der Chipkarte verzichten wollen. Diese Grundauffassung wird in neueren repräsentativen Befragungen bestätigt (Janssen-Cilag-Studie). Geld zur Umverteilung als Bonuszahlung sehe ich bei den Kassen nicht. Es fehlt der Benefit. Und damit dürfte das Projekt bei nüchterner Betrachtung erledigt sein.

Schlussbemerkung

„Es gibt viel zu tun, packen wir es an" – so der bekannte Werbetext eines großen Mineralölkonzerns vor einigen Jahren. Das gilt auch für die Selbstverwaltung, die durch die bisherigen und die nunmehr neuen Paragraphen des SGB V mit Arbeit eingedeckt wird, die nicht, und vor allem nicht zeitnah, erledigt werden kann. Der derzeitige Personalbestand bei den Kassen und den KVen schafft bekanntlich das alte Pensum allenfalls mit Mühe und häufig unvollständig. Da es um Macht- und Geldfragen zwischen den Partnern gehen wird und weitere Partner am Spielfeldrand das Vertragsgeschehen mitbestimmen werden, muss man auch bei Unterstellung des besten Willens aller Beteiligten davon ausgehen, dass es nicht zu einer Explosion gewaltiger Vertragsvielfalt in der Landschaft kommen wird. Das ist auch gut so, um den Überblick und den Blick auf das Ganze vor lauter Wettbewerbsphilosophie nicht aus den Augen zu verlieren.

Vertragswettbewerb und ärztliche Vergütung

Klaus-Dieter Kossow

Es gibt eine Reihe von Voraussetzungen dafür, dass Vertragswettbewerb überhaupt stattfinden kann. Dies wissen wir aus den Health-Maintenance-Organisations in den Vereinigten Staaten. Auch der Wettbewerb zwischen den verschiedenen Tarifen der privaten Krankenversicherungen hierzulande ist lehrreich, wenn man etwas über das Nebeneinander verschiedener Versorgungsformen und Versicherungsbedingungen im Wettbewerb erfahren möchte. Wir werden bei diesem Symposium im Übrigen auch noch einiges an Erfahrungen aus der Schweiz hören.

Verträge zwischen Krankenkassen und Leistungserbringern (wie z. B. Ärzten, Krankenhäusern, Apotheken und Gesundheitsfachberufen) können längerfristig nur Bestand haben, wenn sie stark unterschiedliche Ziele und Interessen der Vertragspartner so weit zur Deckung bringen, dass das Interesse an einer langfristigen Zusammenarbeit bei keinem der Vertragspartner abhanden kommt.

Analoges gilt für die Einschätzung der Leistungserbringer durch die Patientinnen und Patienten. Deren langfristige Zusammenarbeit ist doppelt wichtig. Ein häufiger Krankenkassenwechsel in der GKV entzieht dem System Mittel, weil sich die Versicherten an der Beitragshöhe orientieren und zur gesetzlichen Krankenkasse mit niedrigeren Beiträgen wechseln. In der privaten Krankenversicherung schädigen sich die Patienten selbst, weil sie ihre Altersrückstellung verlieren, wenn sie aus der Versicherung ausscheiden. Vertragstreue ist somit wichtig. Hinzu kommt die Bedeutung der Bereitschaft zur Zusammenarbeit bei der Krankheitsbehandlung.

Die zunehmende Zahl von Langzeiterkrankungen, die durch angeborene Risikofaktoren bedingt sind, bringt Patientinnen und Patienten in eine langfristige Doppelfunktion. Einerseits handelt es sich um Klienten, die man als Kunden und Dienstleistungsempfänger der Leistungserbringer auffassen kann. Dies gilt auch für das Mitgliedschaftsverhältnis der Pflichtversicherten zu den gesetzlichen Krankenkassen. Andererseits sind die Versicherten nicht nur Klienten, bzw. Kunden, sondern auch Produzenten von Gesundheit. Denn der kostenaufwändige Teil des gesamten Krankheitsspektrums basiert auf angeborenen und erworbenen Risikofaktoren.

Wer mit der Veranlagung zu Hypertonie, Diabetes, Übergewicht, Fettstoffwechselstörungen geboren ist, den bedrohen Jahrzehnte später Folgekrankheiten wie Schlaganfall, Nierenversagen, Herzinfarkt etc. Zwar können die Leute nichts für diese erblich bedingte Risikokonstellation. Wohl aber bestimmen sie durch ihren Lebensstil darüber mit, ob und wann sie die gefürchteten Endpunkterkrankungen bekommen. Dies gilt besonders dann, wenn zu den angeborenen Risikofaktoren auch noch erworbene kommen wie z. B. Nikotingebrauch, übermäßige Ernährung, zu wenig Bewegung und übermäßiger Alkoholgenuss.

Die ökonomischen Bedingungen im Gesundheitswesen werden dadurch bestimmt, wie die Leistungserbringer und die Versicherten gemeinsam mit den Risikofaktoren umgehen. Dies bedeutet für den Vertragswettbewerb zwischen unterschiedlichen Organisationsformen, unterschiedlichen Krankenversicherungstarifen, auch unterschiedlichen Versorgungsinhalten, dass diese zur langfristigen Kontrolle der Risikofaktoren geeignet sein müssen. Es geht darum, letztere soweit zu unterdrücken, dass die befürchteten Endpunkterkrankungen mit ihren Schicksals- und Kostenfolgen nicht auftreten. Neben diesem langfristigen Ziel kommt es kurzfristig darauf an, die Versorgungskosten im Wettbewerb so niedrig zu halten, dass der Krankenversicherungstarif attraktiv bleibt. Dies kann nur gelingen, wenn man die Versicherten selbst dafür gewinnt, ihre Gesundheit optimal zu pflegen.

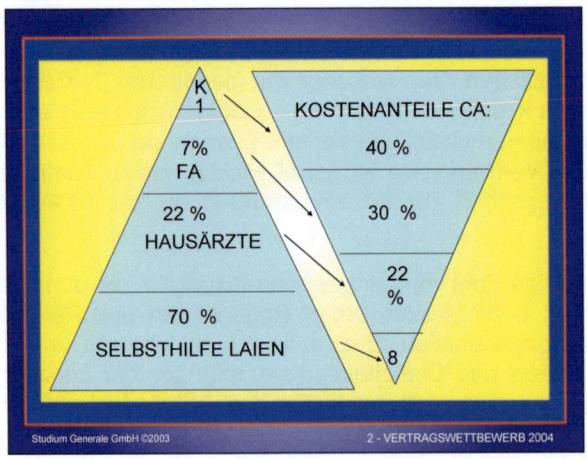

Die Abbildung zeigt zwei Dreiecke. Das linke steht auf einer breiten Basis. Es symbolisiert die Versorgungsstufen bei Langzeiterkrankungen, die von Risikofaktoren abhängig sind. Die Basis bildet die Selbstversorgung durch die betroffenen Laien selbst. Nach Abholz leisten sie etwa

70 % der Arbeit für die Gesundheitspflege. Es folgen die Hausärzte mit einem Leistungsanteil von 22 %, sodann die Fachärzte mit 7 %. An der Spitze ist das Krankenhaus positioniert, welches mit 1 % den quantitativ geringsten Leistungsanteil bei der Abwehr von gefürchteten Endpunkterkrankungen hat, die durch Risikofaktoren bedingt sind.

Das rechte Dreieck symbolisiert die Kostenanteile. Sie sind mit ca. 8 % für die Selbsthilfe durch die betroffenen Laien am geringsten, gefolgt von 22 % Kostenanteil für die hausärztliche und 30 % für die fachärztliche sowie 40 % für die Krankenhausversorgung. Selbst wenn die Zahlen nur in etwa stimmen, liegen die Konsequenzen auf der Hand, wenn man eine wirtschaftliche Versorgung gestalten möchte. Wenn es gelingt, ein standardisierbares und quantifizierbares Versorgungsziel zu formulieren, dann ist es am besten, dass dieses durch die Betroffenen selbst erarbeitet wird, weil dies für die Versicherung am wenigsten kostet. Im Übrigen wird die Strategie darauf gerichtet sein, soviel Fälle aus dem Krankenhaus in den ambulanten Bereich zu verlagern wie möglich.

Innerhalb des ambulanten Bereiches wird man zunächst die Hausärzte in Anspruch nehmen und auf die teureren Fachärzte nur zurückgreifen, wenn dies unbedingt erforderlich ist.

Nehmen wir einen typischen Langzeitpatienten mit den Risikofaktoren Typ II-Diabetes, Übergewicht und Hypertonie. Er weist drei standardisierte Versorgungsziele auf:

- Der HBA1C soll nach leitliniengerechter Diagnostik und Therapieplanung unter 6,5 % gehalten werden.

- Der Bodymass-Index soll von 30 auf 27 gesenkt werden.

- Die Blutdruckwerte sind unter 130/80 einzustellen.

Ob dieser Patient einen Typ II-Diabetes, Übergewicht oder eine Hypertonie hat, ist relativ egal. Wie er mit diesen Risikofaktoren lebt, ist die entscheidende Information. Dort setzt das Disease Management an.

Wenn es dem genannten Patienten gelingt, nach entsprechender Schulung sich so zu ernähren und zu bewegen, dass er gegebenenfalls mit medikamentöser Unterstützung seinen HBA1C selbst unter 6,5 % halten kann, dann ist dies optimal. Schafft er es nicht selbst, ist die zweitbeste Maßnahme das Coaching durch den Hausarzt. Schafft der Hausarzt es nicht, in Zusammenarbeit mit dem Patienten die Zielwerte zu erreichen, dann wird eine Überweisung zum niedergelassenen Diabetologen fällig. Krankenhausbehandlung aber kommt erst in Frage, wenn auch der niedergelassene Diabetologe nichts dazu beitragen kann, die Zielwerte zu erreichen.

Im Vertragswettbewerb ist die entscheidende Frage, wie die Leistungserbringer zu Versorgungsstrukturen und die Krankenversicherungen zu Versorgungsverträgen kommen, in denen für eine möglichst große Zahl von Patienten die genannten Ziele auf einer möglichst basisnahen Versorgungsstufe erreichbar werden.

In Deutschland haben private Krankenversicherungen seit 1995 damit begonnen, so genannte Hausarzttarife und später Vitaltarife auf den Markt zu bringen. Diese belohnen ihre Versicherten durch niedrige Prämien dafür, dass sie durch ihr Verhalten die soeben geschilderten Handlungsprinzipien unterstützen. Dies geschieht im Falle der Hausarzttarife, indem die Versicherer Facharztrechnungen zu 100 % bezahlen, wenn der Patient die Koordination durch den Hausarzt akzeptiert. Wohingegen eine fachärztliche Behandlung, die ohne Koordination durch den Hausarzt vom Patienten induziert wurde, nur zu einer 80 %igen Rechnungserstattung führt.

Bei den Vitaltarifen spielt zusätzlich für die Prämienhöhe eine Rolle, ob der Patient bei der Kontrolle der Risikofaktoren optimal mitarbeitet. Über die Ergebnisse dieser Krankenversicherungstarife ist in den letzten Jahren bei den Bad Orber Gesprächen mehrfach berichtet worden.

Mittlerweile erstrecken sich die Erfahrungen auf einen Beobachtungszeitraum von fast zehn Jahren. Bei der Klientel der gesetzlichen Krankenversicherung sind sowohl die Hausarzt- als auch die Vitaltarife in den jeweiligen Alters- und Morbiditätsklassen durch eine um ca. 20 % niedrigere Prämie gekennzeichnet. Interessant ist in diesem Zusammenhang, dass auch bei den Kostenerstattungstarifen die Begleitung des Patienten durch den Hausarzt zu erheblichen Ersparnissen führt.

Es ist gegen diese Tarife immer wieder eingewandt worden, sie seien ausschließlich eine Folge von Patientenselektion. Hierfür gibt es zwar nach Analyse des Versicherungsverlaufes über immerhin fast zehn Jahre keinen Beweis. Andererseits wird man nicht behaupten können, dass in der PKV Patientenselektion nicht stattfindet, solange man diese sogar in erheblichem Umfang in der gesetzlichen Krankenversicherung nachweisen kann. Gleichwohl lässt sich eine wesentliche Aussage machen: Es ist Vertragswettbewerb möglich. Er hat empirisch belegbar Erfolge aufzuweisen. Es kommt aber sehr darauf an, wie man das Case- und Disease-Management vornimmt.

Ganz wichtig ist es, die Grundsätze des „Management by Objectives" nicht zu verletzen. Es muss der Arzt (am besten die Hausärztin oder der Hausarzt) definiert werden, der dafür verantwortlich ist, dass Versorgungsziele gesetzt und möglichst durch Selbsthilfe des Patienten erreicht werden. Ferner muss er dafür verantwortlich sein, die für den Patienten notwendige Unterstützung zu mobilisieren, wenn der Patient selbst ohne fremde Hilfe sein Ziel nicht erreichen kann. Aus Amerika hören wir Berichte, dass auch ausgebildete „Gesundheitsarbeiter", Pflegekräfte etc. erfolgreich als Disease-Manager eingesetzt worden sind. Wichtig ist ferner, mit den Patienten möglichst schon im Versicherungsvertrag klare Lebensgestaltungsziele zu vereinbaren. Auch dies gehört zum „Management by Objectives". Werden solche Ziele nicht eingehalten, gibt es Risikozuschläge. Lassen Sie mich nun einen weiteren problematischen Punkt ansprechen.

Ziele der Krankenkassen

- Verlagerung des Morbiditätsrisikos auf das Netz durch Pauschalvergütung z.B. durch Kopfpauschale pro Mitglied
- Umfassende, kontinuierliche, koordinierte Versorgung ohne Zugangs- und Schnittstellenprobleme
- Wettbewerbsvorteile ohne Investitionen
- Qualitätssicherung = Vertragsbestandteil

Studium Generale GmbH ©2003   5 - VERTRAGSWETTBEWERB 2004

In Deutschland tun sich Politik, gesetzliche Krankenkassen und kassenärztliche Vereinigungen schwer, bei der Einführung des Disease-Management in optimaler Weise zusammen zu arbeiten. Dies liegt zum einen an den Interessengegensätzen und an Befürchtungen, man könne vorschnell strategisch wichtige Positionen räumen, zum anderen daran, dass wir bisher wenig praktische Erfahrungen haben sammeln können.

So ist es beispielsweise in Hessen zu einem Stillstand der Verhandlungen zwischen Krankenkassen und kassenärztlicher Vereinigung gekommen, weil die Interessengegensätze beider Seiten nicht überbrückt werden konnten. Dem Hausärzteverband und den Krankenkassen ist dies dann unter der Geschäftsführung von Herrn Mehl gelungen. Ich freue mich, dass ich ihn hier begrüßen darf, und ich finde, er hat seine Sache in Hessen gut gemacht.

Lassen Sie mich wegen dieser Erfahrungen in Frankfurt einiges über die Ziele der potenziellen Vertragspartner sagen, die am Verhandlungstisch und bei der Abwicklung der Verträge nur schwer auszugleichen sind. Eines der wesentlichen Ziele der Krankenkassen ist es, ihr Morbiditätsrisiko in die Verantwortung von Leistungserbringern zu verlagern. Dieses geschieht hierzulande strukturell unfair. Strukturell unfair deswegen, weil es keinerlei allgemein anerkannte Morbiditätsindizes in der amtlichen Statistik gibt. Es existiert keine Epidemiologie von Amts wegen, mit der der Gesundheits- bzw. Krankheitszustand der Gesamtbevölkerung in einer Zeitreihe beschrieben wird. Es ist deshalb nicht möglich, den Morbiditätsgrad von Partialbevölkerungen mit einem amtlichen Morbiditätsindex aus der Gesamtbevölkerung zu vergleichen. Somit können wir den Krankheitszustand einer Krankenkassenklientel zu Beginn einer Vertragslaufzeit nicht bestimmen. Es fehlt sozusagen die Eichung.

Die Krankenkassen haben deshalb die Möglichkeit, Vertragsnehmer über den Tisch zu ziehen. Weil man bei Beginn der Vertragslaufzeit nicht weiß, welche Morbiditätsmenge man den Leistungserbringern durch den Versorgungsvertrag übertrug, kann man am Ende der Vertragslaufzeit auch nicht beurteilen, ob die Versorgung morbiditätsgerecht durchgeführt wurde oder nicht. Es resultieren Misstrauen und Skepsis in Bezug auf die Erwartung einer fairen Vertragsabwicklung. Dies erzeugt Widerstände; und Widerstände führen nicht gerade zu Fröhlichkeit, wenn es darum geht, an neue Aufgaben heranzugehen.

Ein noch größeres Problem ist seit langem der Interessenunterschied zwischen Versicherten und Patienten: Versicherte haben hierzulande ein Interesse an niedrigen Beiträgen. Das gilt für jene 80 % der Krankenkassenmitglieder, die keine nennenswerten Gesundheitsprobleme haben. Sie entziehen dem System seit einigen Jahren ca. eine Milliarde Euro jährlich, indem sie von teuren Krankenkassen mit einem hohen Beitragsniveau wegwandern in Krankenkassen mit einem niedrigeren Beitragsniveau. Insoweit funktioniert der Risikostrukturausgleich nicht, denn es ist mit seiner Hilfe bisher nicht möglich gewesen, diesen Prozess zeitnah genug zu stoppen.

Im Ergebnis sind wir wegen der medizinisch-technischen Entwicklung, wegen der Entwicklung der Krankheitsmenge und des Lebensalters eher mit einem steigenden Bedarf an Mitteln konfrontiert, während der Wettbewerb der Krankenkassen untereinander dem System auch noch Mittel entzieht.

Patienten haben andere Interessen als Versicherte. Ihr Alltag ist durch Leidensdruck bestimmt. Sie möchten freien Zugang zum Versorgungssystem auf allen Ebenen. Eine Vermischung von freier Arztwahl und der Wahl der Versorgungsebene ist sogar willkommen. Letzteres selbst dann, wenn die oben geschilderten Prinzipien des Disease-Management es zweckmäßig erscheinen lassen, aus gesundheitsökonomischen Gründen die Inanspruchnahme der Versorgungsebene zu steuern. Patienten wollen eine umfassende, kontinuierliche und qualitätsgerechte Versorgung. Die Selbstbeteiligung sollte niedrig sein, wenn sie überhaupt besteht.

Bei Patienten sind Mitsprache und Mitentscheidungsmöglichkeiten gefragt. Eine Zweitmeinung sollte, insbesondere vor schwerwiegenden Eingriffen, verfügbar sein und durch die Versicherung finanziert werden. Im Übrigen ist soviel Transparenz wie möglich gefragt.

Alle diese Wünsche der Patienten kosten viel Geld. Je weiter man diesen Wünschen entgegen kommt, umso mehr sinkt die Effizienz des Gesamtsystems. Im Klartext: Die Optimierung der Patientenrechte kann den Finanzrahmen des Systems sprengen. Letzteres insbesondere dann, wenn es für Entscheidungen keine rationale Grundlage gibt.

Wir haben keine Gesundheitsberichterstattung als Bestandteil der amtlichen Statistik. Diese soll jetzt eingeführt werden bei Krankenkassen, KVen, bei dem gemeinsamen Bundesausschuss und seinem Institut für Qualitätssicherung. Hier aber sind immer Interessen im Spiel, die die Einseitigkeit der Gesundheitsberichterstattung garantieren und damit eine Abkehr von Wahrheitszielen.

Auch Leistungserbringer haben Vertragsziele. Selbst wenn sich diese in wichtigen Punkten mit den Versicherungen decken, wie dies bei Integrationsnetzen der Fall ist, die ja sowohl von kooperationsbereiten Leistungserbringern als auch von Krankenkassen gewünscht werden, bleibt festzuhalten: Auch Netzpartner sind keine Heiligen. Sie wollen eine Senkung der Betriebskosten erreichen, um ihren Gewinn zu erhöhen. Dies geht auch ohne Krankenkassen auf der Grundlage des Umsatzes, den die Regelversorgung der kassenärztlichen Vereinigung bringt.

Netzpartner wollen die Förderung der Selbstversorgung. Aus eigenem Interesse betreiben sie so viel Patientenschulung wie möglich. Selbst im Falle von Pauschalvergütungsregelungen sind die Versorgungsleistungen im Netz dann minimiert, wenn Patienten sich selbst versorgen, denn dies senkt die Betriebskosten und erhöht den Gewinn. Auch das geht ohne Krankenkassen.

Netzpartner wollen die Senkung der Morbidität durch Prävention. Auch dies geht ohne Krankenkassen und wird bereits gemacht. Die Steigerung der Wettbewerbsfähigkeit von Praxisnetzen z. B. durch Case- und Disease-Management geht ohne Krankenkassen. Dies schafft sogar jede Gemeinschaftspraxis ohne die KVen. Analoges gilt für Fortbildung und Qualitätssicherung. Innerhalb eines kooperativen Netzes geht dies am besten, wenn man von außen nicht gestört wird.

Jedes gut organisierte Netz verfolgt Tendenzen zur Monopolbildung. In einer überschaubaren Region wird das Handeln so weit abgestimmt, dass einige Versorgungsbereiche nur innerhalb des Netzes für die Patientinnen und Patienten zur Verfügung stehen. Das geht ohne Krankenkassen und wird insbesondere in Kleinstädten und auf dem Lande auch ohne Verträge mit ihnen gemacht.

Schließlich sind nach vier Jahren oft vergeblicher Gespräche und Verhandlungen mit Krankenkassen viele Partner in Integrationsnetzen der Auffassung, dass die Kooperation mit Krankenkassen nur Zeit fresse, aber nichts bringe, insbesondere nicht mehr Geld. Dies mag sich in Zukunft als Vorurteil erweisen. Die Erfahrung der letzten vier Jahre schafft für diese Auffassung eine Begründung. Es erhebt sich die Frage, warum man mit Krankenkassen zusammenarbeiten soll, wenn nicht einmal die Reibungsverluste durch Verhandlungen, Verträge und Auflagen zusätzlich zur Regelversorgung bei der KV bezahlt werden. Kostensenkung, Qualitätsverbesserung, Erhöhung der Gewinne durch mehr Umsatz, z. B. infolge von Krankenhausaufträgen; dies alles lässt sich auch ohne Krankenkassen erreichen. Für manchen Arzt im Netz bringen IGES-Leistungen mehr als vage in Aussicht gestellte Erfolgsprämien bei ökonomischem Umgang mit Arzneimittelverordnungen und Krankenhauseinweisungen. Analoges gilt für den betriebsärztlichen Dienst, der für manches Netz eine konkrete und disponierbare Umsatzerhöhung in jedem Wirtschaftsjahr bringt, ohne dass darüber in unfairer Weise am Verhandlungstisch gerungen werden muss.

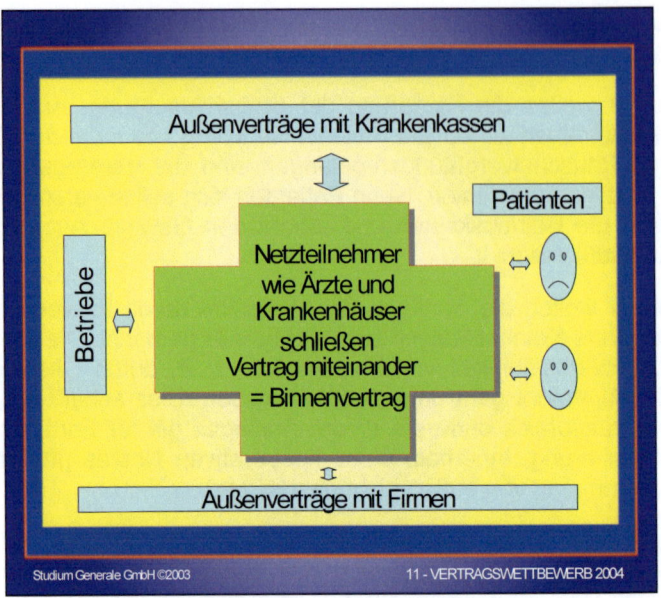

Wir alle haben unsere meistens positiven Erfahrungen mit der Vernetzung. Dies gilt für Vertretungsringe für Notdienst und Urlaub, EDV-Zirkel, Fortbildungsringe, Qualitätszirkel usw. Mit vernetzter Arbeit stehen wir also nicht am Anfang. Die Vernetzung ist bereits eine Erfolgsstory. Aber die Beteiligung der Krankenkassen wird zunehmend in Frage gestellt, weil sie durch ihr Verhalten kooperationsbereiten Ärzten gegenüber viel Vertrauen verloren haben. In noch stärkerem Maße gilt dies für manche KV.

Vertrauensschäden als Folge der Kritik durch Wettbewerber haben besonders die Hausärzte hinzunehmen. Ihre Qualität wird gerade in letzter Zeit von interessierter fachärztlicher Seite hämisch heruntergeredet. Mangels Epidemiologie brodelt hierzulande die Gerüchteküche weiter.

Dort, wo es objektiv fassbare Qualitätsdaten gibt, nämlich bei den Kunstfehlerberatungsstellen der Ärztekammern, werden diese nicht publiziert. Für das Jahr 2000 konnte ich sie aber einsehen. 15 % der Kunstfehler entfielen auf die relativ kleine Gruppe der Orthopäden, 3 % auf die hochriskant arbeitende Gruppe der Anästhesisten. Das heißt, mit der Frage, welche Qualität und welches Risiko die Patienten aufgrund unserer Arbeit haben, müssen wir uns auseinandersetzen.

Es gibt zu denken, wenn das riskanteste Fach, die Anästhesie, die besten statistischen Ergebnisse bei 46 000 ausgewerteten Kunstfehleranträgen aufweist (norddeutsche Begutachtungsstelle für Arzthaftpflichtfragen). Wenn dann eines der risikoärmsten Fächer, nämlich die nichtoperative Orthopädie, im ambulanten Bereich das schlechteste Ergebnis aufweist, spricht dies nicht für ein besonderes Qualitätsdefizit der Hausärzte.

Hausärzte haben nach der Hamburg-Mannheimer-Studie von 1994 einen Versorgungsanteil von 75 %. Damit korreliert eine Kunstfehlerquote von 5 % in der von mir eingesehenen Statistik. Wenn Sie das auf den Versorgungsanteil umrechnen, ist die hausärztliche Fehlerquote die niedrigste überhaupt. Ein Hausarzt, der an seine Grenzen gerät, überweist regulär an einen Facharzt, während ein Facharzt, der an seine Grenzen gerät, noch längst nicht delegiert, zu einer Zweitmeinung kommt usw.

Zur integrierten Versorgung gehört auch, dass man dieses systematisch ändert. Durch die Zahlen, die Herr Schönbach vorgelegt hat für den internationalen Vergleich, bin ich überzeugt, dass man sich auf der Grundlage einer objektiven Vergleichsepidemiologie den Indikatoren für schlechte Qualität stellen muss. Dies gilt für die hausärztliche und fachärztliche Seite gleichermaßen.

Es ist nicht so, dass in der hausärztlichen Versorgung keine Fehler möglich sind. Andererseits ist es keine Tatsache, sondern eine reine Mutmaßung, dass die Arbeit der Hausärzte besonders fehlergeneigt sei. Die Gerüchte haben ihre Ursache meistens in fachärztlicher Arroganz, die mindestens aus politischen Gründen zurückgewiesen werden muss. Es waren gerade die Facharztfraktionen in der Bundesärztekammer, die dazu beigetragen haben, dass die Pflichtweiterbildung in Allgemeinmedizin Jahrzehnte zu spät eingeführt wurde. Wenn es wirklich Qualitätsdefizite in der hausärztlichen Versorgung gibt, dann sind diese zu allererst eine Folge fachärztlicher Qualitätssicherungspolitik im Deutschen Ärztetag.

Vertragswettbewerb

Franz Knieps

Nachdem im ersten Teil der Veranstaltung die grundsätzliche konzeptionelle Ausrichtung des Vertragswettbewerbs zwischen Kranken-kassen hinterfragt wurde, über dessen Umsetzung im Bereich der ambulanten Versorgung sowie über dessen Auswirkungen auf die ärztliche Vergütung debattiert wurde, ist der zweite Teil den Auswirkungen von Vertragswettbewerb auf die Krankenhäuser und auf die Arzneimittelversorgung gewidmet. Schließlich sollen die Interdependenzen zwischen Disease-Mangement-Programmen und Vertragswettbewerb herausgearbeitet und mit Sicherheit kontrovers diskutiert werden.

Die stationäre Versorgung steht seit Jahren prototypisch für das problematische Verhältnis von Staat und Selbstverwaltung. Krankenhauspolitik ist bis auf die Ausgestaltung des Entgeltsystems grundsätzlich Ländersache. Das jeweilige Bundesland stellt in eigener Regie einen Krankenhausplan auf und verteilt die (stetig geringer werdenden) Mittel aus dem Landeshaushalt für die Investitionsfinanzierung entsprechend dieser Planung. Das Jammern von Krankenhäusern und Krankenkassen über die Planungstätigkeit des Staates, die als Ausdruck des verfassungsrechtlich geschützten Sicherstellungsauftrages gedeutet wird, sollte sich allerdings in Grenzen halten. Denn in den meisten Ländern sind diese Akteure an der Krankenhausplanung aktiv beteiligt. Gerade im Hinblick auf schwindende Ressourcen der öffentlichen Hand ist auch zu hinterfragen, ob wirklich das Land der entscheidende Akteur für die Ausgestaltung der Krankenhauspolitik ist. Nach meinem Eindruck dominieren die vielfältigen Beziehungen zwischen Krankenkassen und Krankenhäusern dieses Politikfeld. Auch dürfte die Umstellung der Finanzierung der laufenden Kosten von einem tagesgleichen Pflegesatz als Abschlag auf ein prospektiv verhandeltes Budget zu einem Fallpauschalensystem, das sich weitgehend einer echten Preissetzung annähern soll, erhebliche Auswirkungen auf dieses haben. Aus meiner Sicht ist problematischer, dass die Krankenkassen im stationären Sektor enger als in anderen Versorgungsbereichen gemeinsam und einheitlich handeln müssen (und vielleicht auch noch immer wollen). Gerade im stationären Sektor ist es besonders schwer für einzelne Kassen oder einzelne Krankenhäuser, wettbewerbliche Differenzierungen anzustreben, obwohl es schon einige positive Beispiele gibt.

Völlig im Umbruch sind die Rahmenbedingungen für die Arzneimittelversorgung, und hier insbesondere für die Preisbildung von Arzneimitteln bzw. die Erstattung durch die gesetzliche Krankenversicherung. Das GKV-Modernisierungsgesetz hat sowohl die Bedingungen für die Bildung von Festbeträgen als auch die Arzneimittelpreisverordnung, nach der sich die Margen des Großhandels und der Apotheken bestimmen, nachhaltig verändert. Die Unterhüllung des Festbetragskonzepts durch die Patentanmeldung immer neuer Nachahmerprodukte hat die Politik veranlasst, die alten Festbetragsregelungen für vergleichbare Wirkstoffe wiederherzustellen und auch sonst die Bildung von Festbeträgen zu erleichtern. Radikal verändert wurden die Preisbildungsvorschriften im Arzneimittelvertrieb. Für alle rezeptpflichtigen Produkte gilt künftig eine einheitliche Marge der Apotheker von 8,00 - 10,00 €. Davon werden in der gesetzlichen Krankenversicherung 2,00 € Kassenrabatt abgezogen. Der Gesetzgeber erhofft sich damit, bessere Anreize, dass nicht der Preis des Produktes dessen Auswahl bestimmt. Die alte prozentuale Regelung hatte einen Anreiz gesetzt, möglichst teure Produkte abzugeben. Die Neuregelung hat zur Konsequenz, dass die GKV im hochpreisigen Arzneimittelsegment spürbar entlastet wird. Auswirkungen auf die Bürgerinnen und Bürger im niedrigpreisigen Segment bleiben im Gegenzug gering, da die Mindestzuzahlung dort von 3,00 € auf 5,00 € angehoben wurde. Neuland betritt der Gesetzgeber mit der Freigabe der Preise für so genannte OTC-Produkte. Hier kann künftig jede Apotheke selbst kalkulieren, was sie für ein rezeptfreies Arzneimittel vom Patienten verlangen will. Ich bin gespannt, ob sich in diesem Marktsegment ein nachhaltiger Preiswettbewerb entwickeln wird. Sollte dies der Fall sein, dann wäre der Weg vorgezeichnet für eine weitere Liberalisierung der Preisbildungsvorschriften. Ansonsten wird man den Ursachen für ein „Marktversagen" nachgehen müssen.

Zum Abschluss des Themenkreises Vertragswettbewerb wird das ambivalente Verhältnis von Disease-Management-Programmen und Vertragswettbewerb näher ausgeleuchtet werden. Hier ist festzustellen, dass der Spielraum des Gesetzgebers, kassenspezifische Initiativen zu ergreifen, nur unzureichend genutzt worden ist. Auch hier hat sich der Hang zu einheitlichen und gemeinsamen Vereinbarungen als übermächtig erwiesen. Ich spare mir eine nähere Analyse, ob dies die Folge der Dominanz der kassenärztlichen Vereinigungen ist oder ob auch die Krankenkassen problematische Fragen lieber im Schutz des Kollektivs angehen wollen. Fakt ist, dass die Differenzierung von Vertragstypen im DMP-Sektor äußerst schmal ausfällt. Dazu mag auch die Verknüpfung mit dem Risikostrukturausgleich beitragen, die zu strengen Vorgaben für die Ausgestaltung der Programme führt. Allerdings dürfte festzuhalten sein, dass ohne die finanzielle Anreize entsprechende Versorgungsinitiativen kaum in Gang gekommen wären. Eine Wettbewerbsordnung, die versorgungspolitische Initiativen faktisch erschwert, ist Gegenstand heftiger Diskussionen, nicht nur zwischen Krankenkassen und Kassenarten. Das letzte Wort zu Fragen der Kassenorganisation und des Risikostrukturausgleichs ist deshalb noch nicht gesprochen. Ich will diese Frage nicht vertiefen, da mit Sicherheit die Diskutanten hier prononcierte Aussagen zum Verhältnis von DMP und RSA treffen werden.

Ehe ich den versierten und bekannten Referenten zu den Tagesordnungspunkten das Wort erteile, gestatten Sie mir doch, noch einige, vielleicht etwas pointierte Anmerkungen zum Thema Vertragswettbewerb und Gesundheitsreform zu machen:

Im Vorfeld der jetzigen Gesundheitsreform haben sich die Akteure – speziell innerhalb der gesetzlichen Krankenversicherung – mit Bekenntnissen zu Flexibilität und Wettbewerb gegenseitig überboten, nachdem in der Gesundheitsökonomie Wettbewerb bereits vorher in den Rang eines Sakrilegs erhoben worden war. Die Freiheit, mit einzelnen Leistungsanbietern Individualverträge schließen zu können, konnte gar nicht weit genug gehen. Als allerdings die Politik Ernst machte und mit dem Regierungsentwurf eines Gesundheitssystem-Modernisierungsgesetzes zumindest für die fachärztliche Versorgung künftig freie Verträge ermöglichen wollte, sollte dass alles offenbar nicht so gemeint gewesen sein. Während die einen praktische Schwierigkeiten beim Abschluss von Einzelverträgen sahen, konnten andere sich nicht einigen, auf welcher Ebene Verträge geschlossen werden sollten. Weitere stritten darüber, ob der Verband oder die einzelne Kasse Vertragspartner sein sollte. Schließlich befürchteten wieder andere, dass sie im Wettbewerb unter die Räder kommen könnten, und wollten ein Beitrittsrecht zu den Verträgen Dritter. Insgesamt war die Haltung skeptisch bis ablehnend. Wettbewerb ja, aber bitte nicht hier und nicht jetzt.

Es darf deshalb nicht verwundern, dass die politisch Verantwortlichen auf der Bundesebene den Eindruck hatten, die Forderungen nach mehr Vertragswettbewerb seien nur ein Surrogat für mangelhaftes Handeln im herkömmlichen System. Für die Politik wird es in der Zukunft entscheidend sein, wie die Flexibilitäten beispielsweise bei der Einführung eines Hausarztmodells, bei der Förderung besonderer Versorgungsformen und beim Abschluss von Integrationsverträgen, für die das GMG ja beträchtliche Geldsummen bereitstellt, künftig genutzt werden.

Als Moderator sollte man sich zurückhalten mit pointierten Aussagen, insbesondere, wenn renommierte und erfahrene Referenten die Themenpalette aus unterschiedlichen Blickwinkeln ausleuchten werden. Deshalb haben jetzt Herr Professor Lohmann und dann Herr Dr. Gerdelmann das Wort.

Auswirkungen von Vertragswettbewerb auf die Krankenhäuser: vom Budget- zum Vertragssystem

Heinz Lohmann

„Kopf hoch, wenn das Wasser bis an den Mund reicht".
Stanislaw Jerzy Lec

1. In den Zeiten der Zeitenwende

Der grundlegende Wandel in unserer Gesellschaft hat die „Erfolgsmodelle" der Industriegesellschaft erreicht. Die Zeichen der Zeit können inzwischen nicht mehr übersehen werden. Als ich vor kurzem zum 30-jährigen Jubiläum der Katholischen Akademie in Hamburg eingeladen war, schien zunächst alles nach bekanntem Muster zu verlaufen: Es gab Ansprachen des Weihbischofs sowie des Erzbischofs und auch ein Klavierkonzert. Die Veranstaltung verlief ordnungsgemäß wie immer. Beim Verlassen des Festsaales trafen die Gäste allerdings auf die demonstrierenden Mitarbeiter der Evangelischen Akademie in der Hansestadt, die auf mitgebrachten Plakaten darauf hinwiesen, dass ihre Einrichtung am Ende des Jahres „die Pforten schließen" müsse und sie alle ihren Arbeitsplatz verlören. In Hamburg werden inzwischen Kirchengebäude veräußert, um Einnahmen für die aufgrund des Steuerrückganges arg gebeutelten Budgets der Religionsgemeinschaften zu erzielen. Vor fünf Jahren, davon bin ich überzeugt, wären Aktivitäten dieser Art undenkbar gewesen. Mich persönlich haben auch in den letzten Monaten immer wieder die Fernsehbilder von der IG Metall-Zentrale beeindruckt, die in Berichten über interne Streitigkeiten dieser ehedem so mächtigen und unbeirrbar erscheinenden Organisation auftauchten. Gewerkschaften und Kirchen sind nach Parteien und dem Staat insgesamt heute von den Auswirkungen der Zeitenwende erfasst.

In der Folge dieser Veränderungen nimmt die Beunruhigung in der Gesellschaft zu. Viele Menschen sind desorientiert. Das gilt mehr und mehr auch für die Gesundheitsbranche. Dieser Sektor der Gesellschaft war bisher ein Refugium der Stabilität. Jetzt aber wird auch er vom allgemeinen Wandel erfasst. In dieser Situation schauen viele Gesundheitsmanager in Gesetze, um Auskunft über die Anforderungen der Zukunft zu erlangen. Allerdings sind Gesetze denkbar ungeeignet, um Ansprüche dieser Art erfüllen zu können. Sie sind Konsense der Vergangenheit. Richtig ist vielmehr, auch in der Gesundheitsbranche, die Kunden und ihre Anforderungen in den nächsten 10 bis 15 Jahren in den Fokus zu nehmen, wenn wichtige Zukunftsentscheidungen anstehen. Und da fällt die Analyse außerordentlich leicht. Die Anzeichen sind seit vielen Jahren unübersehbar. Die Nachfrage nach Gesundheitsdienstleistungen steigt permanent an und wird dies auch weiterhin tun. Gründe hierfür sind insbesondere in der demographischen Entwicklung mit dem größer werdenden Anteil älterer Menschen sowie in der Innovationsfähigkeit der Medizin zu finden. Auf der anderen Seite ist eine geringer wachsende solidarische Finanzkraft zu konstatieren. Damit ist klar, die Schere zwischen steigender Nachfrage und sinkender Finanzkraft führt zu einer grundsätzlichen Problematik.

> *„Selbst Hans-Olaf Henkel hat*
> *sich nach der Geburt nicht*
> *gleich selbst gefüttert."*
> Heiner Geißler
> Ex-CDU-Generalsekretär, zur These,
> der Mensch sei ein soziales Wesen

2. Europäische Traditionen und das Wettbewerbssystem

In einer solchen gesellschaftlichen Situation gibt es zwei mögliche Reaktionsmuster. Zum einen besteht die Möglichkeit, die Leistungen solidarisch finanzierter Krankenversicherungen einzuschränken und den privat zu finanzierenden Anteil zu erhöhen. Zum anderen kann der Produktivitätsdruck auf das Gesundheitssystem selbst erhöht werden, um damit durch die Hebung von Wirtschaftlichkeitsreserven die Leistungsfähigkeit zu erhöhen. Die häufig gehörte Forderung nach mehr Geld geht ins Leere, da sie an der Realität postindustrieller Gesellschaften im globalen Wettbewerb vorbeigeht.

In Mitteleuropa gibt es allerdings deutliche Grenzen für das Vorhaben, Gesundheitsrisiken zu privatisieren. Dazu zählen insbesondere die christlichen, jüdischen und humanistischen Traditionen. Es existiert zwar Leistungsabbau in der sozialen Krankenversicherung und dieser wird in den nächsten 10 Jahren weiter gehen, aber er kann keineswegs die Finanzierungsproblematik kompensieren. Deshalb ist die Politik gezwungen, auch im Gesundheitssektor mehr Wettbewerb zu organisieren.

Am Beispiel Hamburg lässt sich aufzeigen, dass bereits seit Mitte der 90er Jahre Wettbewerbselemente mehr und mehr an Bedeutung gewinnen. So gibt es einen starken Konzentrationsprozess, der in unserem Unternehmen zur Reduktion der Krankenhausbetriebe von zehn auf sieben geführt hat. Auch bei Mitbewerbern gibt es inzwischen Unternehmensgruppen, die an mehreren Krankenhausstandorten tätig sind. Zunehmend ist auch eine Privatisierung bisher öffentlich oder kirchlich geführter Krankenhäuser festzustellen. Aber auch im Umland von Hamburg sind die Veränderungen unübersehbar. Während noch Mitte der 90er Jahre nur jeder fünfte Patient in Hamburger Krankenhäusern von außerhalb kam, ist es heute bereits jeder vierte. Umgekehrt ist festzustellen, dass 1995 70 % der krankenhausbehandlungsbedürftigen Pinneberger in den vier Kreiskrankenhäusern Hilfe gesucht haben, während es heute nur noch 50 % sind.

„Nichts Kompliziertes funktioniert.
Nur simple Dinge funktionieren."
Peter F. Drucker
Banker, Journalist, Unternehmensberater,
Universitätslehrer

3. Gute Medizin zu bezahlbaren Preisen

Wer im Massengeschäft der Zukunft als Krankenhausunternehmen mitwirken will, muss „gute Medizin zu bezahlbaren Preisen" zu seiner unternehmerischen Antwort auf die Herausforderungen der Zeit als Unternehmensziel gestalten. Die Sorge vieler Menschen, Wettbewerb im Gesundheitssystem führe zu „Billigmedizin", teile ich ausdrücklich nicht. Richtig ist vielmehr, dass die Nachfrage im Gesundheitsmarkt sehr sensibel auf Qualitätsschwankungen reagiert. Ein Krankenhaus, das einmal durch Häufungen von Kunstfehlern betroffen war, kann „davon ein Lied singen". Über viele Jahre wirken Qualitätsprobleme nachfragesenkend. Deshalb wird der Wettbewerb der Zukunft im Gesundheitssektor über die eng miteinander verknüpften Themen Qualität und Preis entschieden werden.

Eine zentrale Voraussetzung für eine gute Wettbewerbsposition sind aber unbestreitbar bezahlbare Preise. Deshalb ist für jedes Krankenhausunternehmen die Beobachtung der leistungsgewichteten Fallpreise im Entwicklungsvergleich von zentraler Bedeutung. Im LBK Hamburg geschieht dieses seit 1996 unter Verwendung der DRG-Methodik.

Richtig wirksam werden kann der Wettbewerb in Zukunft erst dann, wenn das heutige Budgetsystem durch ein entwickeltes Vertragssystem ersetzt ist. Wenn das Hofbräuhaus in München budgetiert wäre, müsste es, um wirtschaftlich erfolgreich zu sein, an seiner Tür, möglichst auch auf japanisch, ein Schild mit folgender Aufschrift anbringen: „Besuchen Sie den Augustinerkeller". Weniger Kosten entstehen nämlich, wenn weniger Bier getrunken wird. Im Brauereigeschäft löst eine solche Überlegung zu Recht Kopfschütteln aus. In Krankenhausbetrieben ist dieses Prinzip ein zentrales Element der bisherigen Finanzierungssystematik. Dabei sind die Konsequenzen des Budgetsystems eindeutig patientenfeindlich. Sie führen in den qualitativ hochstehenden und wirtschaftlich gut geführten Krankenhäusern nämlich zu Wartelisten, um die implizit im Budget vereinbarte Zahl der Patienten nicht ruinös zu steigern.

In Zukunft muss der Wettbewerb der Gesundheitsanbieter dadurch gesteigert werden, dass das „einheitlich und gemeinsam" des bisherigen Budgetsystems durch ein Vertragssystem einzelner Krankenhäuser oder Anbietergruppen mit einzelnen Krankenkassen oder Nachfragergruppen ersetzt wird. Es geht dabei um die gemeinsam wahrzunehmende Verantwortung für den Kunden der im Gesundheitssektor als Mitglied der Krankenkasse und als Patient des Krankenhauses in derselben Person repräsentiert ist.

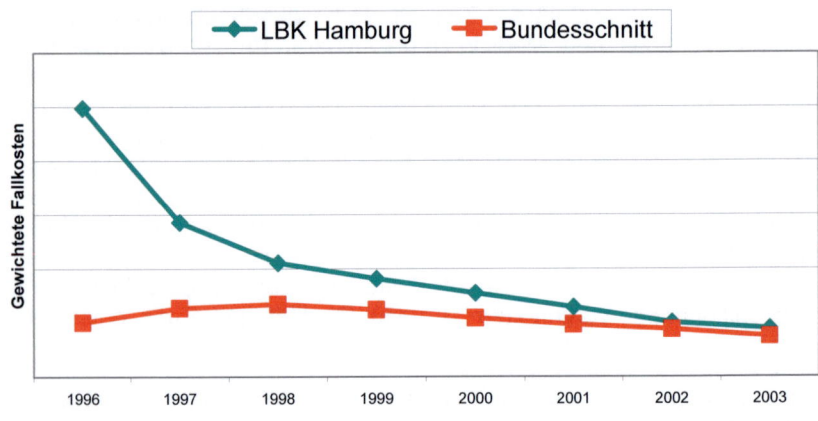

Die Voraussetzung für ein Vertragssystem ist die klare Definition der Leistung. Gerade für diese Zwecke eignen sich die DRG-Systeme in besonderer Weise. Sie und geplante Behandlungsabläufe stellen die Basis zur Entwicklung von Lösungen für Patienten dar. Gut entwickelte DRG-Verfahren bieten auch die Chance, eine realistische Preiskalkulation vorzunehmen. Erste Vorläufer solcher Leistungsverträge zwischen Krankenhäusern und Krankenkassen sind bereits abgeschlossen. So haben die Techniker Krankenkasse, die Deutsche Angestellten Krankenkasse und eine Betriebskrankenkasse mit dem LBK Hamburg auf der gesetzlichen Grundlage von integrierter Versorgung oder von Modellversuchen Abkommen geschlossen. In solchen Verträgen ist jeweils der medizinische Inhalt geklärt, die ablauforganisatorische Durchführung, z. B. der Tag der Operation und der Entlassung festgelegt, eine Gewährleistung vereinbart, die die Kostenübernahme bei Wiedereinweisung mit gleicher Grunderkrankung innerhalb eines festgelegten Zeitraumes durch das Krankenhaus regelt, zusätzliche Leistungsverpflichtungen, wie z. B. Nachsorgeuntersuchungen und Dokumentationspflichten, festgeschrieben, die Unterbringungs- und Verpflegungsleistungen definiert sowie die Preise und die Rabatte bestimmt.

Die Preise in den bisher abgeschlossenen Verträgen bewegen sich auf dem Niveau von DRG-Berechnungen. Rabatte können die Krankenkassen dann erwarten, wenn es ihnen gelingt, über eine bestimmte verabredete Anzahl von Patienten hinaus weitere Mitglieder ihrer Krankenkasse davon zu überzeugen, das vereinbarte Angebot in Anspruch zu nehmen. Wir rechnen damit, dass etwa 60 % der heutigen Krankenhausleistungen auf der Basis solcher standardisierten Medizinlösungen in Zukunft leistungsvertraglich geregelt werden können. Für etwa 30 % des heutigen Leistungsangebotes kann es zu Vereinbarungen über strukturierte Behandlungsabläufe kommen, und nur in 10 % wird es Einzelabrechnungen geben. Es ist also durchaus möglich, in absehbarer Zeit zu einer Überwindung des nicht mehr zukunftsfähigen Budgetsystems zu kommen. Die Voraussetzungen dazu sind gegeben bzw. werden in Kürze hergestellt sein. Die bisher mit einzelnen Krankenkassen geschlossenen Leistungsverträge sollen der Politik Mut machen, diesen wichtigen Schritt hin zu mehr Wettbewerb im Gesundheitssystem jetzt tatsächlich zu vollziehen.

„Wer allein arbeitet, addiert;
wer zusammen arbeitet, multipliziert."
Ernst Bauman,
BMW Personalvorstand

4. Komplexleistungen zu Komplexpreise

Die Angst vor einer ungesteuerten Mengenentwicklung kann dann mit Aussicht auf Erfolg überwunden werden, wenn die zu vereinbarenden Leistungen möglichst komplex definiert werden. Nicht Einzelleistungen, „Handschläge" und „Denkvorgänge" dürfen Gegenstand der Vereinbarungen sein, sondern möglichst umfangreiche und abschließende Behandlungsdefinitionen, Lösungen für Patienten. Die Produktivitätsreserven im System der Gesundheitsversorgung sind ganz erheblich und können wesentliche Beiträge zur Lösung der Finanzierungsproblematik der Zukunft leisten. Die Reserven sind dann zu heben, wenn integrierte Angebote im Gesundheitssektor der Zukunft die Regel werden. Es geht darum, ambulante und stationäre Leistungen einschließlich der Medikamentenversorgung und aller weiteren Leistungsbestandteile miteinander zu kombinieren. Auch Rehabilitation und Prävention lassen sich dabei sinnvoll integrieren. Komplexleistungen zu Komplexpreisen überwinden in Zukunft die tradierten Sektoren der Gesundheitsbranche.

Das beschriebene Modell eines Vertragssystems ist selbstverständlich nicht auf Metropolen begrenzt. Das große Problem der Flächenversorgung ist heute bereits die Qualität. Viele kleine Krankenhäuser in Deutschland erreichen bei komplexen Leistungen nicht annähernd die Mengen von Behandlungen, die aufgrund internationaler Erfahrungen für eine qualitativ hochwertige Versorgung unabdingbar sind. Deshalb müssen bereits aus diesem Grunde Konzentrationsprozesse bei der Leistungserbringung gefördert werden. Andererseits realisiert in Zukunft ein flächendeckendes Netz von Gesundheitszentren durch moderne Diagnostik und die Sicherung ambulanter und ortsnaher klinischer Medizin überall eine hohe Qualität. Diese Gesundheitszentren arbeiten als „Portale" mit hoch spezialisierten Medizinzentren in den Gesundheitsmetropolen eng zusammen. In unserem Unternehmen gibt es erste Beispiele für eine solche Zusammenarbeit mit schleswig-holsteinischen Kliniken. Dabei spielt die Entwicklung digitaler Bildübermittlungsverfahren zur Befundung von telemedizinisch erhobenen Bildern eine zentrale Bedeutung. Diese Entwicklung wird in Zukunft einen rasanten Verlauf nehmen.

Der Gesundheitsanbietermarkt ist in Deutschland stark segmentiert. Die nach wie vor große Zahl von Einzelkrankenhäusern behindert die schnelle Einführung des Vertragssystems. Überregional agierende Krankenkassen benötigen aber überregional agierende Anbieter. Deshalb ist es wichtig, Krankenhäuser in verschiedenen Regionen in Deutschland zu „Markenartikelringen" zusammenzuschließen. Damit wird die Gesundheitsbranche einen ähnlichen Weg gehen, wie er vor Jahrzehnten im Einzelhandelssektor vorgezeichnet wurde. Diese Unternehmensgruppen können dann Entwicklungsarbeit und Marketing gemeinsam vorantreiben und mit innovativen Krankenkassen zunehmend Leistungspakete auf der Basis von Vertragssystemen vereinbaren. Damit wird auch die Markenentwicklung in der Gesundheitsbranche insgesamt vorangetrieben. Heute ist noch vornehmlich das Krankenhaus die „Marke", die bei der Auswahlentscheidung die zentrale Bedeutung spielt. Morgen werden es Zentren und Portale sein, und übermorgen dann „Markenartikel".

„Management ist wie Bergsteigen,
wenn es weh tut, geht es erst richtig los."
Autor unbekannt

5. Im Bremserhäuschen werden keine Weichen gestellt

In der Gesundheitsbranche sitzen noch viele Verantwortliche im Bremserhäuschen am Ende des Zuges, wo bekanntlich keine Weichen gestellt werden. Deshalb ist der Umstieg auf die Lokomotive so wichtig. Nur wer aktiv an der Umgestaltung des Gesundheitssystems mitwirkt, hat künftig eine Chance, zu denjenigen zu zählen, die im Wettbewerb überleben werden. Die Veränderungen werden gravierend sein, sie bieten aber die Möglichkeit, gute Medizin zu bezahlbaren Preisen auch in Zukunft zu realisieren. Krankenhäuser, die diesem Anspruch genügen, bieten auch ihren Mitarbeiterinnen und Mitarbeitern für die Zukunft sichere Arbeitsplätze. Sie brauchen nicht zu befürchten, dass ihre Beschäftigten bei einem künftigen Jubiläum eines Mitbewerbers mit Transparenten auf der Straße nach einer Festveranstaltung gegen ihre Entlassung protestieren müssen.

Auswirkungen von Vertragswettbewerb auf die Krankenhäuser

Werner Gerdelmann

Um den Versicherten der gesetzlichen Krankenversicherung auch in Zukunft eine umfassende und qualitativ hochwertige Gesundheitsversorgung zu sozial tragbaren Beitragssätzen zu gewährleisten, sind wirksame Strukturreformen des Gesundheitswesens erforderlich, die mittel- bis langfristig die Absicherung breiter Bevölkerungskreise gegen die mit Krankheit verbundenen Risiken garantieren.

Zu Beginn des 21. Jahrhunderts steht das deutsche Gesundheitswesen vor zahlreichen Herausforderungen. Im Zuge der Flexibilisierung der Arbeitswelt und der Globalisierung der Wirtschaft durchlebt der Einzelne – und mit ihm die gesamte Gesellschaft – dynamische Veränderungen seiner Umwelt. Arbeitsformen und Lebensstile wandeln sich in immer kürzeren Zeiträumen. Je mehr Flexibilität der (Erwerbs-)Be-völkerung abverlangt wird, umso bedeutsamer wird für die Menschen die Zuverlässigkeit und Leistungsfähigkeit sozialer Sicherungssysteme. Je differenzierter, arbeitsteiliger, mobiler und individualisierter eine Gesellschaft, umso wichtiger werden „Anker" für die großen Lebensrisiken. Erst sozialer Schutz schafft Vertrauen und Sicherheit, um den Herausforderungen moderner Gesellschaften zur Mobilitäts- und Risikobereitschaft – mit allen ihren Risiken für Einkommen, Beruf und sozialen Status – gewachsen zu sein. In diesem Sinne ist soziale Sicherheit ein wesentlicher Produktionsfaktor für moderne Gesellschaften. Ihre Produktivität ist in erheblichem Maße von dem Vertrauen in langfristig angelegte soziale Sicherheit abhängig.

Im Zentrum steht die Weiterentwicklung der solidarischen Wettbewerbsordnung. Sie bildet den ordnungspolitischen Rahmen für eine sinnvolle Balance zwischen Solidarität und Wettbewerb. Die Solidarfunktionen als konstituierende Elemente der gesetzlichen Krankenversicherung werden so mit wettbewerblichen Prinzipien verknüpft, um insgesamt mehr Wirtschaftlichkeit zu erreichen. Wettbewerb ist im Rahmen einer solidarischen Krankenversicherung weder Ziel noch Selbstzweck. Vielmehr dient Wettbewerb der ständigen Verbesserung der Versorgung für die Patienten in wirtschaftlicher, qualitativer und humaner Hinsicht. Seine Grenzen findet der Wettbewerb in der gesetzlichen Krankenversicherung aber genau dort, wo er entsolidarisierend und risikoselektierend wirkt.

Die bisher nur unzureichend von der Politik ausformulierte Wettbewerbsordnung der gesetzlichen Krankenversicherung muss endlich in ein schlüssiges Gesamtkonzept überführt werden. Um zu mehr Qualität und Wirtschaftlichkeit zu gelangen, kommt es mehr denn je darauf an, die Angebotsseite wettbewerblich zu öffnen. In Zeiten der Überversorgung haben sich ausschließlich kollektivvertragliche Strukturen und Vertragsmonopole der Leistungserbringer überlebt.

Die Zahl und Struktur der abgerechneten medizinischen Leistungen folgt heute eher ökonomischen Interessen der Leistungserbringer als dem medizinischen Bedarf der Kranken. Die Frage nach einem bedarfsadäquaten Angebot lässt sich im medizinischen Bereich zwar nur schwer beantworten. Unbestritten aber ist, dass im Phänomen der angebotsinduzierten Nachfrage die eigentliche Dynamik des Gesundheitsmarktes wurzelt. Das beliebige Wachstum der Akteure und deren technischer Ausstattung wird ohne geeignete Regulative auf Dauer permanenten Ausgabendruck in der gesetzlichen Krankenversicherung erzeugen.

Die ungesteuerte Kapazitätsentwicklung sowie mangelnde Integration des medizinischen Angebots bilden heute wesentliche Ursachen für die im internationalen Vergleich häufig nur durchschnittlichen Versorgungsergebnisse. Und das – laut Testat des Sachverständigenrates für die Konzertierte Aktion im Gesundheitswesen – bei überdurchschnittlich hohem Ressourceneinsatz. Eine Verengung künftiger Reformdiskussion auf die Frage „zu wenig" oder „zu viel Geld im System" scheidet von daher aus. Vielmehr müssen bei Qualität und Wirtschaftlichkeit Fortschritte erzielt werden.

Voraussetzung für eine bedarfsgerechte Versorgung und einen effizienteren Einsatz der Ressourcen ist umfassende Transparenz über das Leistungsgeschehen. Auch zur Stärkung der Patientenautonomie ist mehr Ergebnisqualität über das Versorgungsgeschehen erforderlich. Nur wenn es gelingt, die bis heute vorherrschende Intransparenz zu beseitigen, können sachgerechte Entscheidungen über Kapazitäten, Mittelverwendung, gerechte Honorierung usw. getroffen werden.

Der Weiterentwicklung des Gesundheitswesens in Richtung auf effizientere Strukturen stehen bislang die sektoralen Grenzen entgegen. Der Weg zu einem besser integrierten System ambulanter, stationärer und rehabilitativer Versorgung verlangt daher zwingend neue Impulse zur Ablösung der streng sektoralen Budgets. Das Leistungsgeschehen und die Finanzströme sind nicht sektorenübergreifend organisiert. Die strikte Trennung der Versorgungsbereiche führt zu medizinisch unnötigen Doppeluntersuchungen. Mit der doppelt besetzten Facharztversorgung in Krankenhaus und Praxis werden in Deutschland teure Parallelstrukturen vorgehalten. Die fehlende Abstimmung der therapeutischen Maßnahmen von Krankenhäusern und ambulant tätigen Ärzten ist ein seit langem beklagtes Phänomen. Der Mangel an interdisziplinärer Zusammenarbeit zwischen den Arztgruppen trägt ebenfalls zur Problematik bei. In diesem Zusammenhang muss auch der weiterhin vorherrschende Organisationstyp Einzelpraxis kritisch gesehen werden, da Kooperationsnetze, Ärztehäuser und Gruppenpraxen schon organisatorisch die interdisziplinäre Zusammenarbeit und Kommunikation fördern.

Behandlungen auf der falschen Versorgungsebene, die Erbringung medizinisch nicht notwendiger Leistungen sowie unzureichende Informationsprozesse müssen systematisch und dauerhaft beseitigt werden. Der Schlüssel zur Lösung der Probleme liegt in der Flexibilisierung des Vertragsgeschehens. Mit wettbewerblichen Suchprozessen im Rahmen einheitlicher Leistungs- und Qualitätsstandards kann die Umsetzung der integrierten Versorgung vorangebracht werden.

Bessere Behandlungsergebnisse bei zugleich wirtschaftlicherem Ressourceneinsatz können nur durch Rahmenbedingungen entstehen, die Freiräume für flexible Leistungs- und Finanzströme lassen. Voraussetzung dafür ist eine Überwindung von sektoralen, strikt kollektivvertraglichen Strukturen, die für die zahlreichen Schnittstellenprobleme im deutschen Gesundheitswesen verantwortlich sind.

Mit der Einführung eines kompletten diagnoseorientierten Vergütungssystems (DRG-System) befinden sich die Rahmenbedingungen für den Krankenhausbereich im Umbruch. Ziel der Fallpauschalen-Vergütung ist es, durch mehr Effizienz und mehr Effektivität im Krankenhaussektor Ausgabenrückgänge zu erzielen. Ob dieses Ziel wirklich erreicht wird, ist zweifelhaft. Die im stationären Bereich ohnehin unzureichenden Regelungen zur Beitragssatzstabilität sind mit dem Fallpauschalengesetz (FPG) weiter aufgeweicht worden (z. B. durch Öffnungsklauseln). Durch unzureichende Regelungen zur Mengensteuerung ist mit einem deutlichen Anstieg der Fallzahlen zu rechnen.

Die Einführung eines neuen Vergütungssystems allein reicht nicht aus, mehr Effizienz und Effektivität im Krankenhausbereich zu erzielen. Unbedingt notwendig ist eine Änderung weiterer Rahmenbedingungen. Dazu gehört an vorderster Stelle die Bereitstellung der Krankenhauskapazitäten sowohl hinsichtlich des Leistungsangebots als auch der Leistungsstrukturen. Die Krankenhausplanung wird in Deutschland nach wie vor durch die Bundesländer bestimmt. Die Krankenhausplanung als auch die Umsetzung der Krankenhauspläne unterliegen daher vielfach politischen Einflüssen. Alle bisherigen Versuche des Gesetzgebers, dem Prinzip der Vertragsfreiheit und des Wettbewerbs auf diesem Sektor Vorrang zu verleihen, sind fehlgeschlagen. Die Krankenhausplanung der Länder ist, unbeschadet ihrer sich aus dem Grundgesetz ergebenden Letztverantwortung für die Versorgung der Bevölkerung, zukünftig nur noch als Rahmenplanung auszugestalten und im Einvernehmen mit den Krankenkassen vorzunehmen. Die Umsetzung der Rahmenplanung ist durch Versorgungsverträge zu gestalten.

Ein weiterer wichtiger Reformbedarf besteht bei der Investitionsfinanzierung der Krankenhäuser. Mit der Einführung des kompletten leistungsbezogenen Entgeltsystems werden wettbewerbliche Anreize im stationären Sektor gesetzt. Die heutige Investitionsfinanzierung über Einzelförderungsverfahren ist allerdings mit einem Preissystem dieser Art unvereinbar. Die Frage der Investitionsfinanzierung ist nicht nur entscheidend für den Umfang der Bettenkapazitäten. Die Berücksichtigung der Investitionskosten in der Preiskalkulation ist auch entscheidende Voraussetzung für die Bildung vernetzter Strukturen, da nur so die Gesamtkosten der Infrastruktur im stationären Bereich in den Preisen abgebildet werden. Auch die Vergleichbarkeit mit der Preisbildung in anderen Bereichen, z. B. der ambulanten Versorgung, ist nur mit einem monistischen Finanzierungssystem möglich.

Eine ökonomisch sinnvolle Steuerung der Preise, der Mengen und der Qualität der Leistungen kann im stationären Bereich nur über eine einheitliche Finanzverantwortung erfolgen. Hieraus ergibt sich zwingend die Notwendigkeit zum Übergang auf ein monistisches Finanzierungssystem.

Monistik setzt aber zugleich die Möglichkeit zur Kapazitätssteuerung voraus. Daher ist die Übernahme der Krankenhausinvestitionen durch die Krankenkassen so lange abzulehnen, wie eine sinnvolle Kapazitätssteuerung durch die Krankenkassen – bzw. unter ihrer maßgeblichen Beteiligung – nicht sichergestellt ist. Dafür ist es erforderlich, dass rechtsverbindliche Klarheit über den Charakter der Krankenhausplanung hergestellt wird. Eine Übernahme der Investitionskosten müsste zudem beitragssatzneutral erfolgen, setzt also eine ausreichende Kompensation der Belastungen für die Krankenkassen voraus.

Ferner ist die Aufhebung des Kontrahierungszwangs für die Krankenkassen in Bezug auf die Krankenhäuser notwendig, damit ein funktionsfähiger Wettbewerb um Qualität und Versorgungseffizienz entstehen kann. Auch dies setzt die Abkehr von steuerfinanzierten Kapazitäten voraus. Den Kassenärzten sollte darüber hinaus – unter Beachtung der Rahmenplanung der Länder – die Möglichkeit eröffnet werden, eigenständige Versorgungsverträge mit den Krankenhäusern zu schließen. Die bisherige strikte Verpflichtung zu „gemeinsamen und einheitlichen"

Verträgen muss in einem wettbewerblich organisierten Krankenhausbereich aufgelöst werden.

In einer Öffnung der Krankenhäuser für die ambulante, hoch spezialisierte Versorgung durch vertragliche Vereinbarungen liegt ein weiterer wichtiger Schritt zur Überwindung sektoraler Grenzen. Der gleichzeitige Abbau von Kapazitäten im vollstationären Bereich ist vertraglich mit den Krankenhäusern abzusichern. Um teure Medizintechnik optimal auszulasten und Parallelstrukturen zu vermeiden, sollten Krankenhäuser und niedergelassene Ärzte verstärkt Verträge zur gemeinsamen Gerätenutzung schließen.

Zudem lässt sich eine bessere Verzahnung ambulanter und stationärer Versorgung insbesondere durch Integration vertragsärztlicher Einrichtungen (Notfallambulanz) erreichen. Wettbewerb ist weder Ziel noch Selbstzweck innerhalb der gesetzlichen Krankenversicherung. Er dient der Suche nach der ständigen Verbesserung der Versorgung für die Patienten in wirtschaftlicher, qualitativer und humaner Hinsicht.

Der Gesetzgeber hat mit dem Gesetz zur Modernisierung der gesetzlichen Krankenversicherung (GKV-Modernisierungsgesetz – GMG) vom 14.11.2003 das Ziel verfolgt, den Wettbewerb im Krankenhausbereich zu fördern. Er hat im Wesentlichen folgende Maßnahmen (nachfolgend aufgeführt in der Reihenfolge der Paragraphen) ergriffen, die diesen Zielen dienen sollen:

- Ambulante Behandlung durch Krankenhäuser bei Unterversorgung (§ 116a SGB V),

- ambulante Behandlung durch Krankenhäuser im Rahmen strukturierter Behandlungsprogramme (§ 116b Abs. 1 SGB V),

- Erbringung hoch spezialisierter Leistungen und Behandlung seltener Erkrankungen und Erkrankungen mit besonderen Krankheitsverläufen (§ 116b Abs. 2 SGB V),

- integrierte Versorgung (§ 140b SGB V).

Damit wird eine verstärkte Öffnung der Krankenhäuser für ambulante Leistungen und ein größerer Wettbewerb sowohl zwischen den Krankenhäusern als auch zwischen den Versorgungssektoren angestrebt. Im Folgenden soll eine grobe Einschätzung vorgenommen werden, ob das gesetzte Ziel erreicht werden kann und welche Auswirkungen auf die Krankenhäuser zu erwarten sind.

Die in § 116a vorgesehene ambulante Behandlung durch Krankenhäuser bei Unterversorgung ist zwar eine interessante Idee, sie wird wahrscheinlich in der Realität aber keine große Bedeutung erlangen und keine grundlegenden Änderungen bewirken. Der Zulassungsausschuss kann zugelassene Krankenhäuser für das entsprechende Fachgebiet in den Planungsbereichen, in denen der Landesausschuss der Ärzte und Krankenkassen Unterversorgung festgestellt hat, auf deren Antrag zur vertragsärztlichen Versorgung ermächtigen, soweit und solange dies zur Deckung der Unterversorgung erforderlich ist. Es handelt sich nicht um eine Maßnahme, die den Wettbewerb stärken wird, denn Krankenhäuser und Krankenkassen können keine freien Vereinbarungen treffen, sondern sind an den Zulassungsausschuss gebunden, der paritätisch mit Vertretern der Vertragsärzte besetzt ist.

Da hat die Regelung zur ambulanten Behandlung im Krankenhaus im Rahmen von strukturierten Behandlungsprogrammen (Disease-Management-Programme) schon sehr viel mehr Gewicht. Nach § 116b Abs. 1 SGB V können die Krankenkassen, die Landesverbände der Krankenkassen oder die Verbände der Ersatzkassen mit zugelassenen Krankenhäusern, die an der Durchführung eines strukturierten Behandlungsprogramms nach § 137g SGB V teilnehmen, Verträge über ambulante ärztliche Behandlung schließen, soweit die Anforderungen an die ambulante Leistungserbringung in den Verträgen zu den strukturierten Behandlungsprogrammen dies erfordern. Für die Krankenkassen und ihre Verbände besteht Vertragsfreiheit. Sie sind nicht an etablierte Sicherstellungsregelungen gebunden. Die strukturierten Behandlungsprogramme erhöhen die Qualität der Behandlung sektorübergreifend (Versorgungskette). Durch die Verknüpfung der Disease-Management-Programme mit dem Risikostrukturausgleich ist zugleich das Interesse in der gesetzlichen Krankenversicherung geweckt, von den neuen gesetzlichen Möglichkeiten Gebrauch zu machen. Inzwischen liegen Programme für Brustkrebs, Diabetes mellitus Typ 2 und KHK vor. Weitere Krankheitsarten werden bald hinzukommen (Asthma/COPD, Diabetes mellitus Typ 1). Die Einbindung der Krankenhäuser wird je nach Krankheitsart unterschiedlich sein. Bei den Disease-Management-Programmen „Brustkrebs" spielen sie eine bedeutsame Rolle, da bei dieser Krankheitsart ein Großteil der Leistungen durch Krankenhäuser erbracht wird. Dadurch, dass die DMP-Programme eine hohe Qualität der Leistungserbringung vorschreiben, ergeben sich zum Teil starke Veränderungen im Krankenhausbereich. So werden zum Beispiel an die teilnehmenden Krankenhäuser Mindestanforderungen bezüglich der Behandlungszahlen gestellt:

- Erstoperationen von jährlich mindestens 150 Frauen mit einer Neuerkrankung Mammakarzinom (in allen Altersgruppen und allen Krankheitsstadien) an einem Standort, Durchführung der Erstoperation von Operateuren, die mindestens 50 primäre Mammakarzinom-Operationen jährlich durchführen und bestimmte Qualifikationen nachweisen können.

- Überweisungen zur Mitbehandlung, Biopsien sowie Assistenzen bei im Rahmen der Weiterbildung ausgeführten Erstoperationen werden nicht gezählt.

Die Folge dieser Mindestanforderungen ist, dass viele Krankenhäuser, die bisher Brustkrebsfälle operiert haben, zukünftig von der Teilnahme an den Disease-Management-Programmen ausgeschlossen werden. Es findet eine Strukturbereinigung durch Zentralisierung der Leistungserbringung und Förderung von Kooperationen von Krankenhäusern statt. Damit gehen eine Qualitätsverbesserung und erhöhte Wirtschaftlichkeit der Versorgung einher.

Auswirkungen wird auch die durch das GMG geschaffene erweiterte Möglichkeit der ambulanten Behandlung durch Krankenhäuser haben. Nach § 116b Abs. 2 SGB V können die Krankenkassen, die Landesverbände der Krankenkassen oder die Verbände der Ersatzkassen mit zugelassenen Krankenhäusern Verträge über die ambulante Erbringung hoch spezialisierter Leistungen sowie zur Behandlung seltener Erkrankungen und Erkrankungen mit besonderen Krankheitsverläufen schließen. Um welche Leistungen bzw. Erkrankungen es sich dabei handelt, ist im Einzelnen in § 116b Abs. 3 SGB V festgelegt. Dieser Katalog wird durch den Gemeinsamen Bundesausschuss (§ 91 SGB V) weiterentwickelt. Voraussetzung für die Aufnahme in den Katalog ist, dass der diagnostische oder therapeutische Nutzen, die medizinische Notwendigkeit und die Wirtschaftlichkeit belegt sind, wobei bei der Bewertung der medizinischen Notwendigkeit und der Wirtschaftlichkeit die Besonderheiten der Leistungserbringung im Krankenhaus im Vergleich zur Erbringung in der Vertragsarztpraxis zu berücksichtigen sind.

Die nach § 116 b Abs. 3 SGB V erbrachten Leistungen werden unmittelbar von den Krankenkassen an die Krankenhäuser vergütet. Damit laufen die Krankenkassen Gefahr, Doppelstrukturen zu finanzieren – sowohl im vertragsärztlichen Versorgungsbereich als auch im stationären Sektor. Die Umsetzung des § 116 b SGB V wird dadurch wesentlich gehemmt. Es entsteht kein echter Wettbewerb zwischen den niedergelassenen Vertragsärzten und den Krankenhäusern, da die Krankenkasse keine Möglichkeit hat, die Finanzierungsströme dorthin zu lenken, wo sie die Leistungen erbracht haben möchte. Eine Verlagerung der in § 116 b Abs. 3 SGB V aufgeführten Leistungen von der vertragsärztlichen Praxis in den ambulanten Bereich der Krankenhäuser bringt für die Krankenkasse keine entsprechende finanzielle Entlastung im Vertragsarztbereich. Daher wird es sich die einzelne Krankenkasse genau überlegen, ob sie von der in § 116 b SGB V gebotenen – und grundsätzlich positiv zu wertenden – Möglichkeit Gebrauch machen wird.

Die größten Chancen, einen Paradigmenwechsel im Gesundheitswesen durch neue Versorgungsstrukturen herbeizuführen, bietet das GKV-Modernisierungsgesetz durch die Neugestaltung der integrierten Versorgung. Die Krankenkassen können Verträge über eine verschiedene Leistungssektoren übergreifende Versorgung der Versicherten oder eine interdisziplinär-fachübergreifende Versorgung mit den Krankenhäusern abschließen. Soweit die Versorgung der Versicherten nach diesen Verträgen durchgeführt wird, ist der Sicherstellungsauftrag nach § 75 Abs. 1 SGB V, der grundsätzlich den kassenärztlichen Vereinigungen übertragen ist, eingeschränkt. Das Versorgungsangebot und die Voraussetzungen seiner Inanspruchnahme ergeben sich aus dem Vertrag zur integrierten Versorgung. Damit ist den Vertragspartnern ein weites Maß an Vertragsfreiheit gegeben, die die bisherigen, weitgehend kollektivvertraglich geprägten Strukturen überwindet. Mit der neuen gesetzlichen Regelung der integrierten Versorgung ist kein Kontrahierungszwang verbunden, so dass Vertragswettbewerb entstehen kann, der zu mehr Qualität und Wirtschaftlichkeit führt.

Ganz besonders wichtig ist die Neuregelung der Finanzierung der integrierten Versorgung (§ 140d SGB V). Das GMG sieht vor, dass zur Förderung der integrierten Versorgung jede Krankenkasse in den Jahren 2004 bis 2005 jeweils Mittel bis zu 1 vom Hundert von der nach § 85 Abs. 2 SGB V an die kassenärztliche Vereinigung zu entrichtenden Gesamtvergütung sowie von den Rechnungen der einzelnen Krankenhäuser für voll- und teilstationäre Versorgung einzubehalten hat. Diese Anschubfinanzierung schafft einen finanziellen Gestaltungsraum, der bisher nicht gegeben war. In der Vergangenheit mussten Modelle der integrierten Versorgung von den Krankenkassen in der Regel zusätzlich finanziert werden, da es außerordentlich mühsam war, aus dem vertragsärztlichen und dem stationären Sektor Finanzmittel herauszulösen, um sie für die integrierte Versorgung einzusetzen.

Allerdings ist in letzter Sekunde in das GKV-Modernisierungsgesetz eine Einschränkung aufgenommen worden, die die schnelle und reibungslose Umsetzung der gesetzlichen Bestimmungen zur integrierten Versorgung erheblich gefährden kann. Die Einbehaltung von Mitteln bis zu 1 vom Hundert von der an die kassenärztlichen Vereinigungen zu entrichtenden Gesamtvergütung sowie von den Rechnungen der einzelnen Krankenhäuser ist mit dem Zusatz „soweit die einbehaltenen Mittel zur Umsetzung von nach § 140b SGB V geschlossenen Verträgen erforderlich sind" versehen worden. Ursprünglich war vorgesehen, dass die Krankenkassen im Zeitraum von 2004 bis 2006 generell ein Prozent abziehen konnten, um diesen Betrag dann für Versorgungsformen der integrierten Versorgung zu verwenden. Durch die endgültige Fassung des Gesetzestextes ist eine Umkehr der Vorgehensweise eingeführt worden: Zunächst sind Verträge über integrierte Versorgungsformen zu schließen, erst danach erfolgt die Kürzung der vertragsärztlichen Gesamtvergütung und der Rechnungen der einzelnen Krankenhäuser, und zwar auch nur in dem Umfang (bis zu 1 von Hundert), wie diese Mittel für Finanzierung der abgeschlossenen Verträge erforderlich sind.

Die Deutsche Krankenhausgesellschaft, die Kassenärztliche Bundesvereinigung und die Spitzenverbände der gesetzlichen Krankenversicherung haben sich mittlerweile auf ein Registrierungsverfahren verständigt, das den Nachweisprozess für alle Betroffenen vereinfachen soll. Nicht die einzelne Krankenkasse weist gegenüber der einzelnen kassenärztlichen Vereinigung und dem einzelnen Krankenhaus die Berechtigung und Höhe der Kürzung nach, sondern der Abschluss von Verträgen über integrierte Versorgungsformen wird einer zentralen Registrierungsstelle (Bundeskuratorium für Qualitätssicherung mit Sitz in Düsseldorf) gemeldet, die jedem Betroffenen bei Bedarf Auskunft darüber erteilt, welche Verträge mit welchem Kürzungsvolumen für welchen Geltungsbereich bestehen. Damit wird die Transparenz wesentlich verbessert und das in § 140d Abs. 1 SGB V vorgesehene Verfahren der Anschubfinanzierung für integrierte Versorgungsformen vereinfacht.

Inwieweit das GKV-Modernisierungsgesetz einen Paradigmenwechsel im Gesundheitswesen durch neue Versorgungsstrukturen bringen wird, lässt sich zurzeit schwer abschätzen. Ansätze dafür sind geschaffen worden, der große Durchbruch ist noch nicht erreicht. Der vermehrte Vertragswettbewerb wird Veränderungen für die Krankenhäuser bringen, die nur das Krankenhaus schadlos überstehen wird, das sich rechtzeitig den Herausforderungen stellt.

Auswirkungen der Preisbildungsregelung im Arzneimittelbereich

Wolfgang Schmeinck

1. Ausgangslage

Der GKV-Arzneimittelmarkt entwickelt sich bekanntermaßen in den letzten Jahren so wie in der nachfolgenden Abbildung dargestellt. Preis und Menge der Verordnungen stagnieren mehr oder weniger; dennoch steigt der Umsatz, getrieben von der so genannten Strukturkomponente.

Abbildung 1

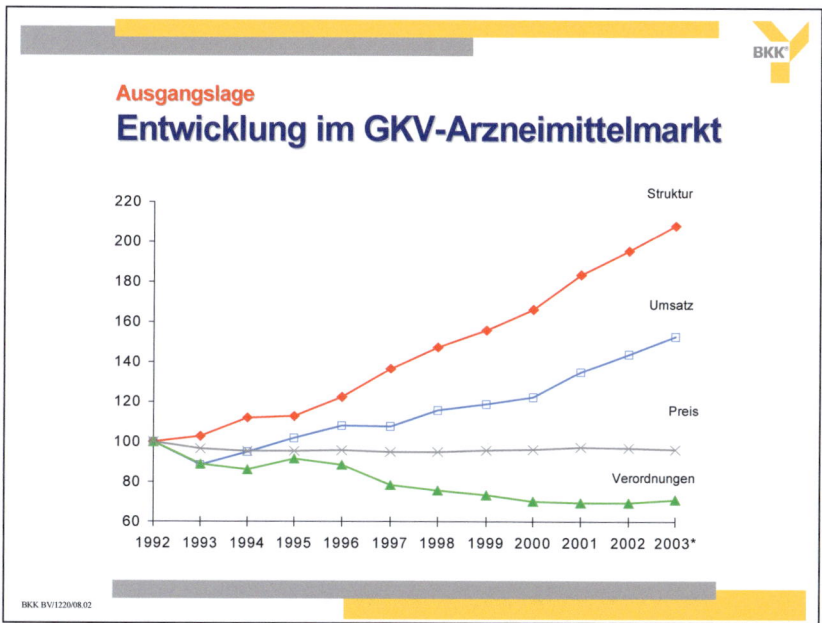

Dieses Szenario wäre durchaus akzeptabel, wenn man davon ausgehen dürfte, dass die Strukturkomponente nur von tatsächlichen Arzneimittelinnovationen gebildet würde und diese Arzneimittelinnovationen zielgenau an den Patientenkreis geleitet würden, der ihrer bedarf. Beides ist nicht der Fall: Zum einen verbergen sich hinter neuen Entwicklungen in erheblichem Umfang so genannte Scheininnovationen – aus ihnen besteht inzwischen rund jede fünfte Verordnung zulasten der gesetzlichen

Krankenversicherung – zum anderen kann von zielgenauer Verordnung keineswegs die Rede sein.

Insgesamt steigt die Strukturkomponente in den letzten Jahren stetig in einem Ausmaß, das absehen lässt, dass Zuwächse an generischen Verordnungen die finanziellen Spielräume für diese Strukturkomponenten nicht mehr auf Dauer sichern können.

Es ist darauf hinzuweisen, dass die Konstanz der Preiskomponente in der Abbildung 1 unter anderem dadurch zustande kommt, dass sie nur die Preise bereits im Markt befindlicher Produkte abbildet; insofern sind Preissprünge und Schübe im Zusammenhang mit so genannten Me-too-Produkten, wenn sie neu in den Markt kommen, in der Preiskomponente nicht abgebildet.

Abbildung 2

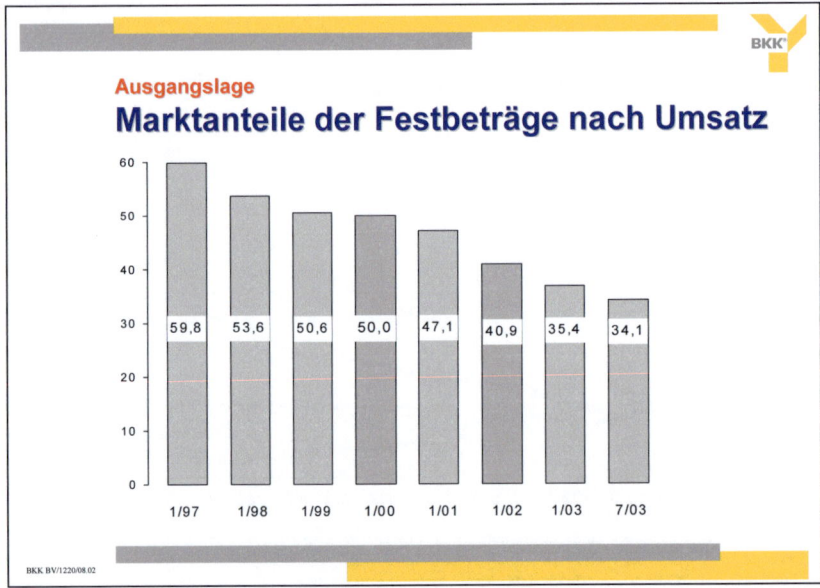

Die Konstanz dieser Preiskomponente hat im Übrigen eine wesentliche Ursache in den Arzneimittelfestbeträgen, die die Preisentwicklung für diejenigen Arzneimittel, die ihnen unterliegen, spürbar dämpft. Insofern ist es begrüßenswert, dass der Gesetzgeber die Arzneimittelfestbeträge im GMG restabilisiert hat und darüber hinaus ihren Anwendungsumfang gerade auf Scheininnovationen erweiterte.

Abbildung 2 zeigt den rapiden Verfall des Marktanteils und damit auch des relativen Gewichts der preisstabilisierenden Festbeträge im GKV-Markt. Es sei daran erinnert, dass vor rund 10 Jahren erwartet wurde, dass Festbeträge etwa 80 % des Marktes würden abdecken können.

In den letzten 10 Jahren ist der GKV-Verordnungsmarkt kontinuierlich gewachsen, zumindest dann, wenn man die Zuzahlungen der Versicherten einbezieht und vom Jahr 1997 absieht, in dem die Summe aus GKV-Belastungen und Versicherten-Zuzahlungen mit 18,6 Mrd. € genau so hoch war wie im Vorjahr.

Abbildung 3

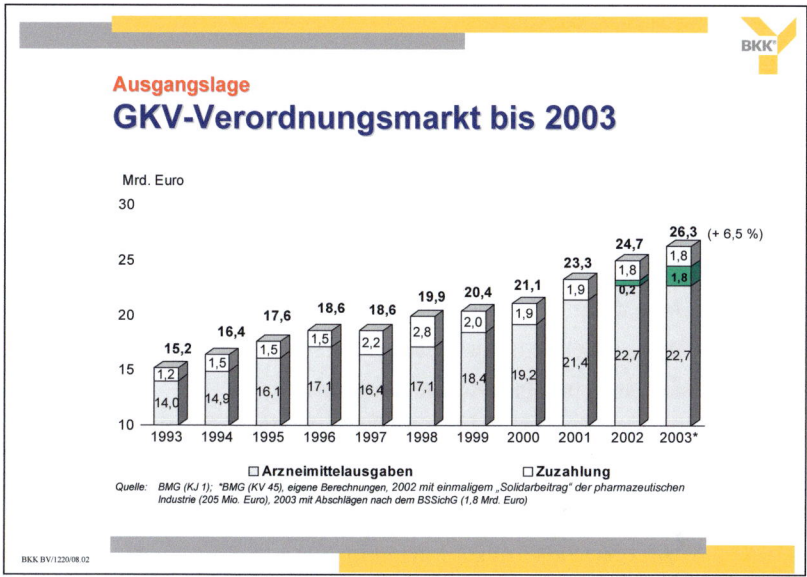

Gemessen daran, dass es kaum ein Gebiet der deutschen Gesundheitspolitik gibt, in das der Gesetzgeber regelmäßiger und detaillierter einzugreifen pflegt, ist dies nicht gerade eine Erfolgsbilanz. Insbesondere die Ausgaben des Jahres 2003 zeigen, dass die mit dem Beitragssatzsicherungsgesetz bewirkten Rabattierungen der Arzneimittelhersteller und beider Handelsstufen nicht beitragssatzdämpfend bei der gesetzlichen Krankenversicherung angekommen, sondern offenbar voll und ganz von der Strukturkomponente beansprucht worden sind.

2. Das GMG

In dieser Tradition enthält auch das Gesetz zur Modernisierung der gesetzlichen Krankenversicherung eine Vielzahl von zum Teil sehr detaillierten Änderungen zum Arzneimittelsektor, von denen nachstehend einige aufgeführt sind:

Abbildung 4

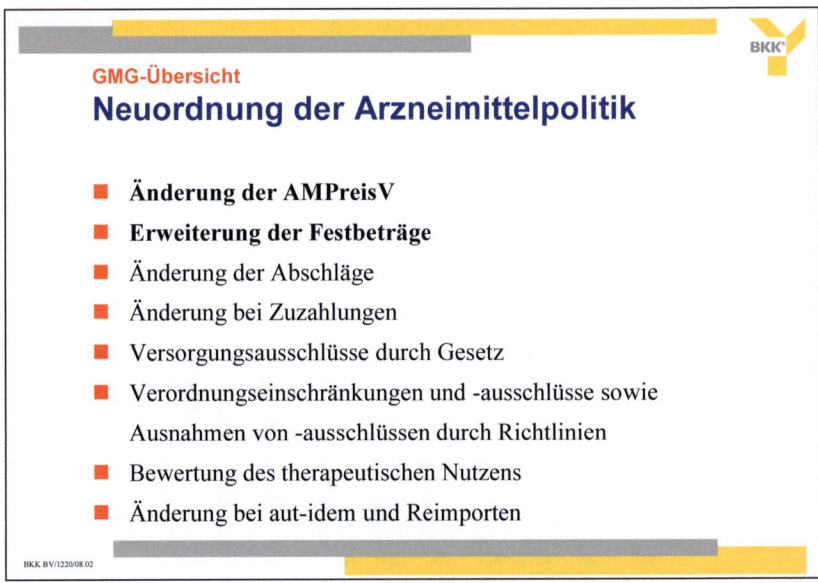

Unmittelbarste Wirkung für die Anbieterseite entfaltet sicherlich die Änderung der Arzneimittel-Preisverordnung, für die Versichertenseite hingegen die Herausnahme der OTC-Produkte aus dem Leistungsspektrum der GKV sowie die zum Teil deutliche Erhöhung der Zuzahlungen.

Viele dieser Regelungen haben ein Ausmaß an Komplexität erreicht, das inzwischen leider Tradition einschlägiger Gesetzgebung geworden ist. So ist absehbar, dass es bei den vom gemeinsamen Bundesausschuss zu beschließenden Ausnahmen von der Herausnahme der OTC-Präparate aus dem GKV-Leistungsspektrum erheblichen juristischen Streit geben wird. Es ist m. E. bürokratisch, wenn nur für diejenigen OTC-Arzneimittel, die auch in Zukunft zulasten der GKV abgegeben werden, die alte Arzneimittel-Preisverordnung weiter gilt.

Insgesamt war die gesetzliche Krankenversicherung davon ausgegangen, dass die Rabattzuflüsse nach dem Beitragssatzsicherungsgesetz politisch gesichertes, festes Terrain seien, um dann feststellen zu müssen, dass es der Apothekerschaft offenbar gelungen ist, den Gesetzgeber davon zu überzeugen, in diesem Beitragssatzsicherungsgesetz übermäßig belastet worden zu sein. Be- und Entlastungen der Hersteller sowie beider Handelsstufen aus dem GMG zeigt die folgende Darstellung:

Abbildung 5

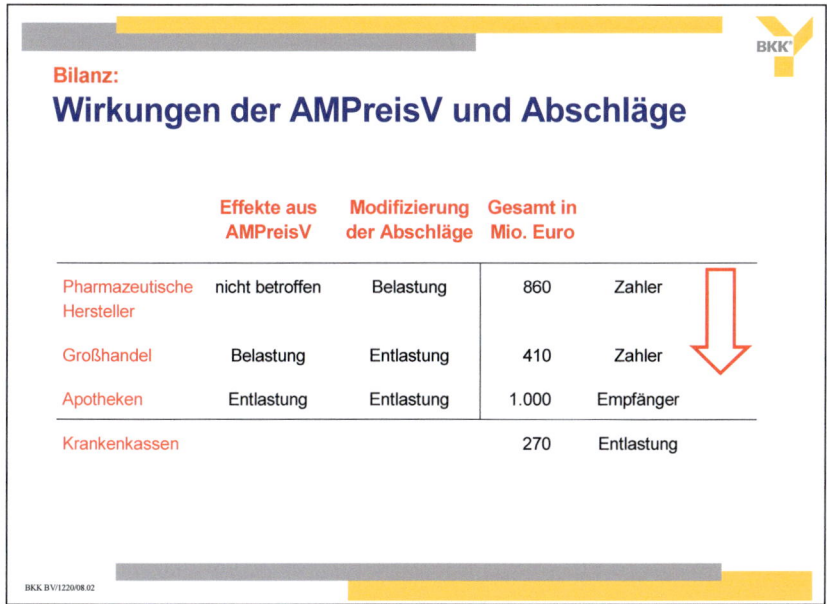

Die pharmazeutische Industrie ist im Jahre 2004 durch eine erhöhte Zuzahlung für diejenigen Arzneimittel belastet, die keinem Festbetrag unterliegen, was Teil der Gesamtbelastung von 860 Mio. € ist. Konsequenterweise wird diese Belastung im Laufe des Jahres in dem Maße reduziert, wie Festbeträge gebildet werden; allerdings besteht die zusätzliche Belastung im Jahre 2004 auch für solche Arzneimittel, für die die Bildung von Festbeträgen auch nach neuem Recht gar nicht möglich ist. Der Großhandel wird durch eine deutliche Reduzierung seiner Handelsspanne im Zuge der Neubildung der Arzneimittel-Preisverordnung belastet und erfährt eine Entlastung bei der Rabattierung an den Einzelhandel, so dass sich nach dem GMG seine Situation als die eines Zahlers von 410 Mio. € darstellt. Diese 410 Mio. € zzgl. der von der Herstellerstufe zu leistenden 860 Mio. € kommen aber nicht beitragssatzsenkend in den Töpfen der gesetzlichen Krankenversicherung an, sondern werden reduziert durch die Einzelhandelsstufe: Die Apotheken werden sowohl bei der Arzneimittel-Preisbildung insgesamt besser gestellt als bisher als auch bei der Abschlagsbildung entlastet. Somit bringt die ganze Operation nur „rund" 420 Mio. € Entlastung, was nicht mehr als 0,4 Beitragssatzzehnteln entspricht.

Abbildung 6

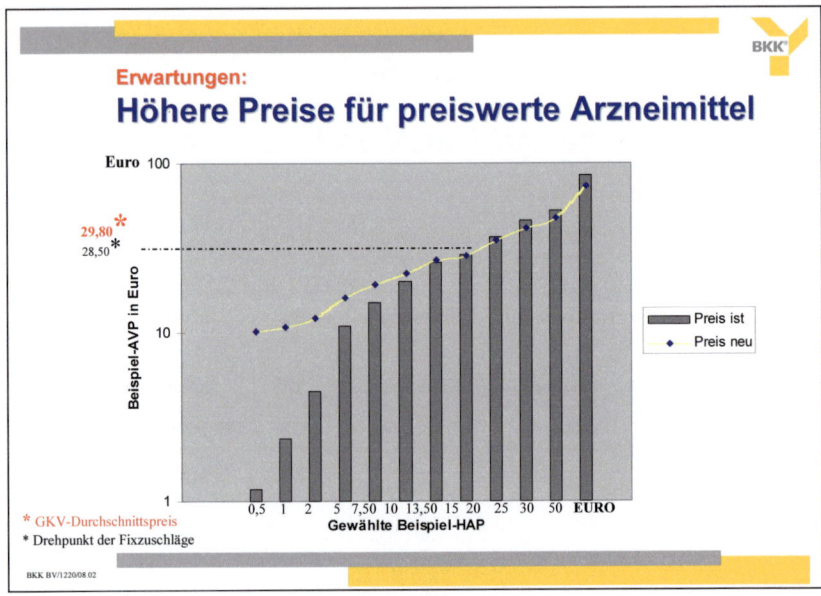

Die Änderung der Arzneimittel-Preisverordnung führt dazu, dass preiswerte Arzneimittel teurer werden, Arzneimittel mit hohem Herstellerabgabepreis da gegen billiger:

Diese Änderung wird innerhalb der Apothekerschaft erhebliche Strukturveränderungen hervorrufen. Apotheken, die – möglicherweise auch in Abhängigkeit von der sie umgebenden Struktur der Arztpraxen – bisher ihren Umsatz mit der Abgabe weniger teurer Medikamente erzielt haben, müssen mit Erlöseinbrüchen erheblichster Art rechnen, weil in Zukunft – abgesehen von einer verbliebenen 3 %-Quote vom Ein-standspreis – der feste Block von 8,10 € dafür sorgt, dass Umsatz nur noch durch die Menge der abgegebenen Packungen generiert werden kann. Dieser Effekt, der den langjährigen Forderungen der gesetzlichen Krankenversicherung nach Einführung eines Fixzuschlags auf der Einzelhandelsstufe sehr nahe kommt, bewirkt im Übrigen auch, dass der Preisvorteil generischer Produkte gegenüber ihrem Original deutlich schrumpft.

3. Fazit

Der einheitliche Apothekenabgabepreis für Arzneimittel zulasten der gesetzlichen Krankenversicherung, der in der deutschen Gesundheitspolitik offenbar schon den Status eines Dogmas hat, wird beibehalten. Hierfür sehe ich keinen überzeugenden Grund, zumal der Gesetzgeber sich inzwischen daran gewagt hat, im OTC-Bereich den Versicherten Wettbewerbspreise zuzumuten. Aber genau dann, wenn solche OTC-Produkte ausnahmsweise doch wieder zulasten der GKV verordnet werden dürfen, gilt ein vergleichsweise komplizierter Mechanismus, der zu einheitlichen Abgabepreisen führt.

Abbildung 7

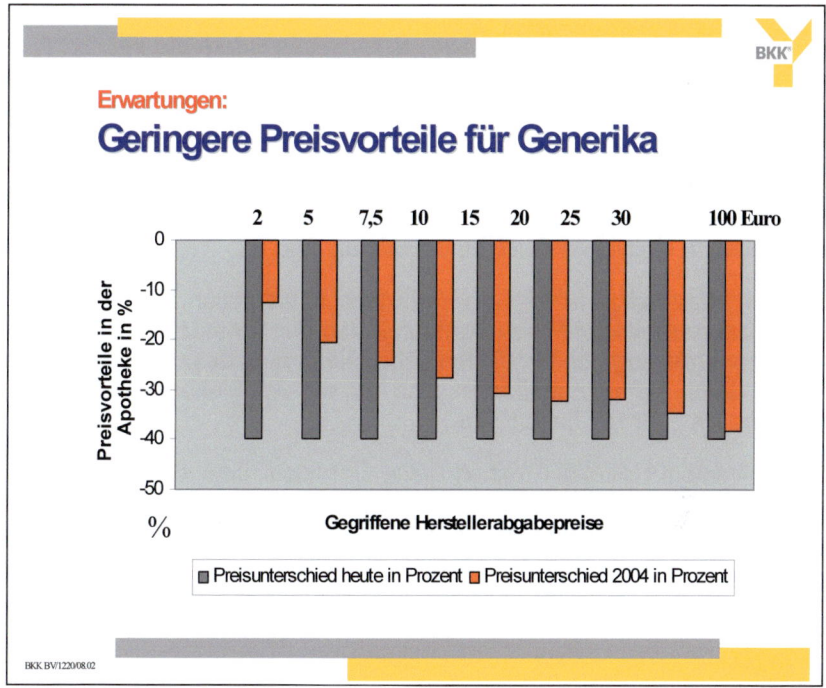

Die Arzneimittelhersteller werden mögliche Rabattspielräume am „point of sale" einsetzen. Der liegt nach meiner Einschätzung auf der GMG-Grundlage nicht bei den Krankenkassen – zumindest nicht in der regulären Versorgung – sondern bei den Apothekern, gerade auch vor dem Hintergrund der bestehenden Aut-idem-Regelungen. So verwundert es nicht, dass der einzige bislang bekannt gewordene Vertrag zwischen einer GKV-Kassenart und einem Arzneimittelhersteller als gescheitert anzusehen ist. Es ist eben nur schwer möglich, im Bereich der regulären Versorgung eine Win-Win-Situation derart zu erzeugen, dass eine gesetzliche Krankenkasse einem Hersteller als Gegenleistung für sein Rabattangebot eine Präferierung seiner Produkte versprechen und steigenden Absatz organisieren kann.

Preferred Provider-Lösungen im weitesten Sinne lassen sich allerdings im Bereich der integrierten Versorgung, bei Hausarztmodellen und bei Disease-Management-Programmen vorstellen. Dort liegen künftig gewissermaßen die Inseln des funktionalen Wettbewerbs und nach meiner Einschätzung auch die besonderen Chancen spezialisierter Versandapotheken.

Ab sofort werden die Krankenkassen sich an die Umsetzung ihres Teils der neuen Gesetzgebung begeben, d. h. insbesondere die Festbetragsanpassung. Ich bin optimistisch, dass die Festbetragsbildung im Jahre 2004 die dann wegfallende Sonder-Rabattierung von 10 % wird kompensieren können.

Die Herstellerseite wird sich fragen, mit welchen Mitteln sie im Verschreibungsmarkt der GKV wird bleiben können. Ich gehe davon aus, dass dies für einige Hersteller eine Existenzfrage ist.

Die Apothekerschaft steht vor erheblichen strukturellen Veränderungen durch die Arzneimittel-Preisverordnung: von der Umsatzorientierung zur Absatzorientierung. Ich persönlich gehe davon aus, dass der zusätzliche Druck durch Versandapotheken sich für die Apotheker in sehr überschaubaren Grenzen halten wird.

Die Patienten schließlich haben keine Übersicht über die Vielzahl von Änderungen, registrieren allerdings gerade im Arzneimittelsektor besonders schnell Veränderungen und insbesondere Anstiege von Selbstbeteiligungen. Sie werden mindestens kurzfristig in der Erwartung enttäuscht werden, solche Selbstbeteiligungsanstiege könnten durch Beitragssatzsenkungen auf breiter Fläche kompensiert werden.

Auswirkungen der Preisbildungs- und Erstattungs-Neuregelungen im Arzneimittelbereich[1]

Frank E. Münnich

Die für das Thema einschlägigen rechtlichen Vorschriften, die Arzneimittelpreisverordnung[1] (AMPreisV) und das Fünfte Buch des Sozialgesetzbuchs[2] (SGB V, kennen verschiedene Preisbegriffe. Auch im Wirtschaftsverkehr und in der Wirtschaftsanalyse wird der Begriff eines Preises in verschiedenen Bedeutungen verwendet, wobei diese häufig nicht durch eine differenzierte Wortwahl kenntlich gemacht werden. Sie sind auch nicht notwendigerweise mit den Begriffen des Rechts identisch. Um Missverständnissen vorzubeugen, die sich angesichts dieser Mehrdeutigkeiten allzu leicht einstellen können, wird der eigentlichen Analyse der wichtigsten der neuen Regulierungen eine Klärung der Nomenklatur voran gestellt. Die neuen Regulierungen werden in drei Kategorien behandelt: direkte Preisregulierung, direkt preisbeeinflussende Maßnahmen und indirekt preisbeeinflussende Maßnahmen.

Zum Begriff des „Preises"

Grundlegend für die formale Preisgestaltung des Arzneimittelmarktes und für die formale Preisauszeichnung von Arzneimitteln ist die Arzneimittelpreisverordnung, deren Regelungstatbestände allerdings nicht die Preise selbst, sondern die Preisspannen sind, die auf den beiden Handelsstufen Großhandel und Einzelhandel[3] erhoben werden dürfen bzw. müssen. Die AMPreisV bezieht sich allerdings nur auf bestimmte Teilbe-

---

[1] Ausarbeitung eines Vortrags bei den Bad Orber Gesprächen über kontroverse Themen im Gesundheitswesen 2003, die vom 6. bis 8. November 2003 in Berlin unter dem Generalthema „Paradigmenwechsel im Gesundheitswesen durch neue Versorgungsstrukturen?" stattgefunden haben. Der Vortrag wird um einige Fakten ergänzt, wie sie Mitte Februar 2004 vorgelegen haben.

[1] Die Arzneimittelpreisverordnung (AMPreisV) vom 14. November 1980 (BGBl. I S. 2147), zuletzt geändert durch Verordnung vom 15. April 1998 (BGBl. Teil 1 S. 721) sowie durch Artikel 3 des Gesetzes zur Umstellung von Gesetzen und Verordnungen im Zuständigkeitsbereich des Bundesministeriums für Wirtschaft und Technologie sowie des Bundesministeriums für Bildung und Forschung auf Euro (Neuntes Euro-Einführungsgesetz) vom 10. November 2001 (BGBl. Teil 1 Seite 2993), galt bis zum 31.12.2003. Die ab dem 1.1.2004 geltende Fassung folgt aus Artikel 24 GMG.

[2] SGB V in der Fassung des GKV-Modernisierungsgesetz (GMG) vom 19. November 2003 (BGBl. I Nr. 55).

[3] Wirtschaftsanalytisch stellen die niedergelassenen Apotheken Einzelhandelsgeschäfte dar.

reiche des gesamten Arzneimittelmarktes, insbesondere auf den wertmäßig besonders wichtigen Teilmarkt für Fertigarzneimittel, die „zur Anwendung am Menschen bestimmt sind und von Herstellern hergestellt und über niedergelassene Apotheken vertrieben werden". Diese Klasse von Arzneimitteln steht im Folgenden im Mittelpunkt der Analyse. Andere Klassen, wie die Belieferung von Krankenhäusern, die vom Apotheker selbst hergestellten Arzneimittel, die nicht apothekenpflichtigen Arzneimittel wie beispielsweise Vitamine sowie die Tierarzneimittel, werden nicht explizit untersucht; sie finden allenfalls wegen der zwischen den verschiedenen Teilmärkten bestehenden Überschneidungen und Substituierbarkeiten beiläufig Berücksichtigung, wenn diese Interdependenzen von Bedeutung sind. Einen besonderen Fall stellt die Klasse der nicht verschreibungspflichtigen Arzneimittel dar, weil für diese ab dem 01.01.2004 eine besonders wichtige Neuregelung in Kraft tritt.

Für Fertigarzneimittel normiert die AMPreisV im Wesentlichen eine Art Preisbindung der zweiten Hand: Auf den Herstellerabgabepreis (exklusive Mehrwertsteuer), der vom Hersteller nach betriebswirtschaftlichen Gesichtspunkten frei gesetzt wird, kann der Großhändler eine Großhandelsmarge zuschlagen, die die in der AMPreisV vorgesehene Höchstspanne nicht überschreiten darf. Der sich ergebende Preis ist der tatsächliche Großhandelsabgabepreis, der, um die Mehrwertsteuer erhöht, den in der Rechnung des Großhändlers auftretenden Apothekeneinstandspreis ergibt. Die in der AMPreisV vorgesehene fest vorgeschriebene Apothekenspanne wird aber nicht auf diesen Preis appliziert, sondern vielmehr auf den rein rechnerischen maximalen Großhandelsabgabepreis (ausschließlich Mehrwertsteuer). Dieser um die Mehrwertsteuer erhöhte Apothekenabgabepreis ist dann der Preis, den ein Privatkunde in der Apotheke zu entrichten hat. Die AMPreisV stellt somit sicher, dass einerseits Preiswettbewerb zwischen Großhandel und Apotheken möglich ist, andererseits aber der vom Kunden zu entrichtende Apothekenabgabepreis davon nicht betroffen wird: Er ist bundeseinheitlich und nur vom Herstellerabgabepreis abhängig.

Weil sich die Festlegungen der AMPreisV auf Preise vor Mehrwertsteuer beziehen, ist sie auch gegen Änderungen der Mehrwertsteuer quasi immun: Änderungen führen ausschließlich zu Änderungen der Belastung der „Konsumenten", lassen aber die Wertströme der Wertschöpfungskette unangetastet. Die AMPreisV eliminiert gewissermaßen die Inzidenzprobleme, die sich unter freier Preisbildung bei Änderungen der Umsatzsteuer üblicherweise ergeben.

Von dieser formalen Grundstruktur zu unterscheiden ist die numerische Ausgestaltung der vorgeschriebenen Spannen. Bis Ende des Jahres 2003 galt, dass die Margen mit steigendem Herstellerabgabepreis zwar absolut (in Währungseinheiten) steigen, aber relativ (als Prozentsatz der Bezugsbasis) sinken. Beide Eigenschaften, die formale Grundstruktur wie die numerische Struktur der Margen, waren und sind Gegenstand mannigfacher wissenschaftlicher und politischer Kontroversen, auf die im analytischen Teil einzugehen sein wird.

Die konkrete Umsetzung der AMPreisV wird von der Informationsstelle für Arzneimittelpreise (IFA) organisiert, die zu je einem Drittel von den Herstellern, den Großhändlern und den Apothekern getragen wird. Jeweils bis etwa drei Wochen vor Quartalsende sammelt die IFA die von den Herstellern benannten Herstellerabgabepreise und berechnet daraus die für den Privatkunden geltenden Apothekenabgabepreis. Diese sind dann für das folgende Quartal fix. Die Veröffentlichung der von der IFA ermittelten Preise liegt in der Hand von ca. 30 privaten Unternehmen, von denen die Lauertaxe und die gelbe Liste[2] die wohl bekanntesten sind. Diese Listen stellen selbst zwar keine rechtsverbindlichen Vorschriften dar, sie enthalten aber die allgemein verbindlichen Preisangaben.

Die AMPreisV stellt somit eine dem Wirtschaftsrecht zuzuordnende Maßnahme dar, die den Wirtschaftsverkehr auf dem gesamten Arzneimittelmarkt regelt. Sie ist damit Teil der Wirtschaftsordnung. Das SGB V als Teil der Sozialordnung regelt demgegenüber „nur" die wirtschaftlichen Beziehungen auf dem Teilmarkt, auf dem die Krankenkassen als Nachfrager auftreten. Schon durch deren schiere wirtschaftliche Bedeutung – sie finanzieren immerhin etwa fünf Sechstel des Gesamtmarktes – bestimmen sie aber über die AMPreisV hinaus das wirtschaftliche Geschehen entscheidend mit. Darüber hinaus wird durch das GMG die einstmals saubere systematische Trennung beider Rechtsbereiche für den Arzneimittelmarkt unterlaufen: Beide Bereiche werden rechtlich ineinander verschränkt.[3]

Auch das SGB V verwendet verschiedene Preisbegriffe. Das ist einmal der „Festbetrag", der den kritischen Wert kennzeichnet, bis zu dem die Krankenkassen den Versicherten von einer Bezahlung des von ihm in

---

[2] Die so genannte „Rote Liste" ist dagegen ein jährlich erscheinendes vom Bundesverband der Pharmazeutischen Industrie herausgegebenes Arzneimittelverzeichnis, das sich in erster Linie an den Arzt richtet. Es enthält zwar auch Preisangaben, die aber wegen der mangelnden Aktualität nur informativen und keinen verbindlichen Charakter haben können.

[3] Eine weitere Verschränkung ist die Zuweisung der Kompetenz für kartellrechtliche Prozesse, die im Rahmen der Sozialversicherung aufscheinen, an die Sozialgerichte in § 130a SGB V.

Anspruch genommenen Arzneimittels freistellen.[4] Aufgrund seiner Dimension „Währungseinheiten je Produkteinheit" hat er durchaus Preischarakter.[5] Daneben kennt das SGB V in seiner neuesten Version „den für den Versicherten maßgeblichen Arzneimittelabgabepreis".[6] Es handelt sich dabei um den Arzneimittelabgabepreis der AMPreisV zuzüglich der gesetzlichen Mehrwertsteuer. Entgegen seiner Bezeichnung kennzeichnet er aber keinen vom Versicherten zu entrichtenden Preis. Er dient vielmehr nur als Bezugspunkt für die Berechnung von Zahlungen, die von den Apothekern und Herstellern[7] direkt an die Krankenkassen zu entrichten sind und im SGB V als „Rabatte" bezeichnet werden.

Soweit in den genannten einschlägigen gesetzlichen Vorschriften von Preisen die Rede ist, sind stets in Währungseinheiten ausgedrückte Listenpreise gemeint, wie sie von den hierzu kompetenten Organisationen festgelegt und/oder notiert werden. Für die wirtschaftlichen Aktivitäten der Wirtschaftssubjekte sind aber die Preise ausschlaggebend, die die tatsächlichen Austauschverhältnisse von Gütern bzw. zwischen Gütern und Geld zum Ausdruck bringen. Diese stimmen dann nicht mit den Preisnotierungen der Preislisten überein, wenn es neben der Transaktion, für die die Preisnotierung erfolgt, mit ihr de facto untrennbar verbundene weitere monetäre oder reale Transaktionen gibt, deren Wert in der Preisnotierung nicht erfasst worden ist.

Einen weit verbreiteten Fall solcher Divergenz stellen Rabatte dar, etwa im vorhinein vertraglich vereinbarte Preisabschläge bei Einhaltung bestimmter Zahlungsfristen (Barzahlungsrabatte) oder nachträglich gewährte Bonuszahlungen bei Erreichen bestimmter Umsätze oder abgenommener Mengen. Fracht und Versicherung sind ein anderer Fall, der im internationalen Handel – und bei dessen statistischer Erfassung – eine besondere Rolle spielt.[8] Provisionen, Kickbacks und Bestechungsgelder verfälschen ebenfalls die offiziell ausgewiesenen Preise, so dass diese einen mehr oder weniger fiktiven Charakter annehmen. Aus der Zeit, als die Preisbindung der zweiten Hand noch ohne Ausnahme zulässig und weitgehend in Übung war, sind die „Mondpreise" dauerhafter Konsumgüter in Erinnerung, die die offiziellen, gesetzlich für den Einzel-

---

[4] Von daher resultiert die versicherungstechnische Bezeichnung „Indemnitätsmodell".
[5] Er stellt so etwas wie den Nachfragepreis im Sinne Alfred Marshalls dar.
[6] § 130 Abs. 1 SGB V
[7] Vorübergehend auch von den Großhändlern. Die konkreten Regulierungen sind häufigeren Änderungen unterworfen.
[8] Hierbei werden die Notierung fob („free on board", das heißt, Preis ab Grenze oder Seehafen der Versendung) und bzw. cif (cost, insurance, freight", das heißt, „Preis frei Haus") unterschieden.

handel vorgeschriebenen Preisauszeichnungen zierten, zu denen schließlich aber kaum noch Geschäfte abgewickelt worden sind.

Auf den Arzneimittelmärkten spielen drei Rabattformen eine besondere Rolle. Das sind zum ersten Rabatte des Großhändlers an den Apotheker, die durch die Grundstruktur der AMPreisV ermöglicht werden. Sie stellen analytisch monopsonistische Differentialgewinne und keine Funktionsrabatte dar, weil sie ausschließlich auf der Nachfragemacht des einzelnen Apothekers beruhen, der sich in der Regel von zwei bis drei Großhändlern beliefern lässt, um diese gegeneinander ausspielen zu können. In der Vergangenheit jedenfalls war die Nachfragemacht der Apotheker so stark, dass der Großhandel bis zur Hälfte seiner in der AMPreisV vorgesehenen Höchstspanne an die Apothekerschaft hat weitergeben müssen. Diese vom Großhandel „eingeräumten" Rabatte wurden durch eine erhebliche Steigerung der Produktivität der Großhandelslogistik ermöglicht, die freilich entgegen üblichem Marktgeschehen bei der nachfolgenden Handelsstufe „hängen blieb" und so dem Endverbraucher vorenthalten wurde. Die Novellierung der AMPreisV durch das GMG hat de facto diese Rabatte in die Spanne der Apotheker integriert.

Die zweite Rabattform stellen die bereits erwähnten Zwangsrabatte dar, die das SGB V vorsieht. Derartige Rabatte sind von den Apothekern[9] und den Herstellern[10] zu gewähren. Vorübergehend gab es auch einen Zwangsrabatt der Großhändler, der jedoch durch die Vorschriften des GMG abgelöst bzw. aufgehoben worden ist.[11] Dabei stellen die Rabatte der Apotheker Funktionsrabatte dar: Sie lassen sich sowohl als Barzahlungsrabatte[12] wie auch als Umsatzrabatte verstehen. Der Rabatt der Hersteller dagegen ist nicht preiswirksam und wirkt sich daher nicht auf die nachfolgenden Wirtschaftsstufen aus. Er mindert lediglich die Erträge der Unternehmen. Er hat damit den Charakter einer Strafsteuer auf Gewinne und ist wohl auch ausschließlich als Gewinnabschöpfung ohne jede Steuerungsabsicht gedacht.

Weil diese beiden Formen des Rabatts politisch gewollt bzw. geduldet und, weil gesetzlich verankert, auch legal sind, lässt sich allenfalls über

---

[9] § 130 SGB V
[10] § 130a SGB V
[11] Der Großhandelsrabatt wurde durch das Gesetz zur Einführung von Abschlägen der pharmazeutischen Großhändler eingeführt und durch Art. 26 GKV-Modernisierungsgesetz wieder aufgehoben.
[12] Ihre Einräumung ist formaliter an die Begleichung der Rechnungen durch die Kassen binnen einer Frist von 10 Tagen nach Rechnungseingang geknüpft. § 130 Abs. 3 SGB V.

ihre Zweckmäßigkeit diskutieren. Dies gilt freilich nicht für die dritte Form von Rabatten, die Naturalrabatte, die von Lieferanten, in der Regel vom Großhandel und den Reimporteuren, seltener von den Herstellern bei Direktbelieferung, den jeweiligen Abnehmern in der Form zusätzlicher, aber nicht explizit berechneter Einheiten des gehandelten Arzneimittels gewährt werden. Weil durch diese Form der Rabatte die tatsächlichen Tauschverhältnisse von den formalen Preisrelationen der Gesetze, die die beabsichtigten Steuerungswirkungen zum Ausdruck bringen, zum Teil erheblich abweichen, liegt in Naturalrabatten das Potenzial zu einer erheblichen Fehlsteuerung des Arzneimittelmarktes. Nach durchaus glaubwürdigen, allerdings nirgends dokumentierten Aussagen von „Mitspielern" laufen sie in Einzelfällen auf ein Verhältnis von 2:1 oder gar 1:1 verkaufte Packungen zu hinzu geschenkten Packungen hinaus, dürften aber im Regelfall deutlich niedriger liegen. Quantitativ spielen sie hauptsächlich in heiß umkämpften Generika- und Reimportmärkten eine Rolle. Insider wissen um eine eigens gegründete Reimportfirma, deren Listenpreise für Reimporte über den Listenpreisen der jeweiligen Inlandsprodukte liegen und die sich dank der gesetzlichen Förderklausel für Reimporte und lukrativer Naturalrabatte für die Apotheker dennoch einer rapiden Umsatzentwicklung erfreut hat. Dem Vernehmen nach wurde diese Firma inzwischen wieder eingestampft, um einem Präzedenzurteil vorzubeugen, das die wutschnaubende Konkurrenz im Begriffe war, gerichtlich zu erstreiten.

Man sollte eigentlich erwarten, dass Naturalrabatte durch geeignete Maßnahmen unterbunden werden. Solange sich Politik, Administration und Selbstverwaltung dieses Phänomens nicht annehmen und darauf beharren, die Anreizwirkungen ihrer Maßnahmen an den offiziellen Listenpreisen auszumachen, müssen sie damit rechnen, dass die erhofften Steuerungswirkungen erfolgreich unterlaufen werden. Dass nichts geschieht, ja, dass in offiziösen Stellungnahmen die Bedeutung der Naturalrabatte gerne herunter gespielt, wenn nicht gar geleugnet wird, ist umso erstaunlicher, wenn man bedenkt, dass vor Jahren das in seinen Auswirkungen harmlose Phänomen der unentgeltlichen Ärztemuster zu wahren Kampagnen der Krankenkassen und der Gesundheitspolitiker der SPD geführt hat.

Direkte Preisregulierung: die neue AMPreisV[13]

Die wohl wichtigste den Gesamtmarkt betreffende Neuerung ist die Änderung der Arzneimittelpreisverordnung. Zwar bleibt ihre Grundstruktur unverändert. Es gibt jedoch zwei wesentliche Änderungen mit nahezu

---

[13] Artikel 24 GKV-Modernisierungsgesetz sowie Folgeänderungen im SGB V.

revolutionärem Charakter. Dies ist erstens die Herausnahme der „nicht verschreibungspflichtigen Arzneimittel, die nicht zulasten der gesetzlichen Krankenversicherung abgegeben werden" aus ihrem Anwendungsbereich. Dadurch wird für diese Produkte die Preisbildung auf dem privaten Markt auf allen Stufen der Wertschöpfungskette freigegeben. Auf die Einheitlichkeit des Apothekenabgabepreises wird verzichtet, weil „die bisher vorgetragenen Argumente für die Preisbindung ... sich zumindest bei nicht verschreibungspflichtigen Medikamenten nicht mehr halten"[14] lassen und „die Freigabe der Preise für nicht verschreibungspflichtige Arzneimittel zu einer deutlichen Zunahme des Wettbewerbs und tendenziell zu sinkenden Preisen führen" wird. Die letztere Begründung – sinkende Preise – ist eine reichlich blauäugige Hoffnung, weil die Apotheker je nach Lage ihrer Apotheke nicht die mindeste Veranlassung haben, ihre Preise zu senken, weil sie durch die jahrzehntelange Gültigkeit regulierter Preise zu einer eigenständigen Kalkulation von (niedrigeren) Preisen kaum in der Lage sein dürften, weil ihre Standesorganisationen sie in diesem Sinne beraten werden und weil „für nicht verschreibungspflichtige Arzneimittel, die zulasten der gesetzlichen Krankenversicherung abgegeben werden, ohnehin die bisherige Arzneimittelpreisverordnung ... weiter Anwendung" findet.[15]

Zweitens werden die numerischen Werte der Zuschlagssätze sowie deren Struktur verändert, wobei dies wegen der Herausnahme der verschreibungsfreien Medikamente aus der AMPreisV nur für verschreibungspflichtige Medikamente wirksam wird. Die Zuschlagssätze der alten AMPreisV waren im Prinzip Bruchteile des rechnerisch maximalen Großhandelsabgabepreises[16], die mit dessen Steigen in der Weise abnahmen, dass der Apothekenabgabepreis mit höherem Herstellerabgabepreis stetig anstieg.[17] Aufgrund dieser Struktur hatte der Apotheker ein wirtschaftliches Interesse an der Abgabe möglichst teurer Arzneimittel, weshalb die Wirksamkeit des Aut-idem-Gebots durch zusätzliche Vorschriften gestützt werden musste. Ferner haben die Apotheken dank dieser Struktur über die mehr als zwei Jahrzehnte ihrer Gültigkeit hinweg an der impliziten „kalten Progression" verdient: Das – aufgrund gestiegener Kosten insbesondere der Forschung und des Vertriebs – gestiegene

---

[14] GMG. Begründung des Gesetzentwurfs, Besonderer Teil, Artikel 24.
[15] Tatsächlich hat sich, von wenigen Ausnahmen abgesehen, an der Preisfront nach Inkrafttreten des Gesetzes zunächst nichts getan. Vgl. „OTC-Präparate – Apotheker halten die Preise stabil". Ärztezeitung vom 09.02.2004.
[16] Für Details siehe oben Seite 2.
[17] Mathematisch gesehen ließe sich die Abhängigkeit des Apothekenabgabepreises vom Herstellerabgabepreis durch eine stückweise lineare Funktion beschreiben, die durch den Nullpunkt geht.

Niveau der Herstellerabgabepreise hat den Apothekern einen mit diesem steigenden Rohertrag garantiert. Beide Eigenschaften haben über die Jahre hinweg gute Argumente für eine Revision der AMPreisV geliefert.

Auf Vorschlag der organisierten Apothekerschaft wurde diese Struktur nunmehr „gedreht". Bei numerisch abgesenkten, aber strukturell unveränderten Großhandelszuschlägen beträgt die Apothekenspanne nunmehr 8,10 Euro plus 3 Prozent des rechnerisch maximalen Großhandelsabgabepreises.[18] Die Spanne wird damit (fast) zu einer reinen Handlinggebühr. Hochpreisige Produkte werden erheblich verbilligt, niedrigpreisige Produkte erheblich verteuert, so dass die ökonomischen Anreize zur Abgabe teurer Produkte erheblich gemildert werden, was die Durchsetzung des Aut-idem-Gebots erleichtert. Die „kalte" Dynamisierung wird weitgehend beseitigt und durch eine jährliche Überprüfung und diskretionäre, an den Kosten orientierte Anpassung durch Rechtsverordnung ersetzt. Überhaupt gehen die Apotheker aus dieser Reform eher als Gewinner denn als Verlierer hervor: Die neuen numerischen Werte der Zuschläge und die ebenfalls erfolgten Steigerungen bei den Zubereitungen und den Nacht- und Feiertagszuschlägen entsprechen weitgehend ihren offiziellen Vorstellungen. Bei den Ärzten schließlich ergibt sich ein Struktureffekt eigener Art, weil sich durch die Veränderung der Preisrelationen bei konstantem Verschreibungsverhalten eine Verschiebung in den verordneten AM-Volumina der Ärzte ergibt, dessen Richtung und Ausmaß von ihrer Verordnungsstruktur abhängt.

Von besonderer Bedeutung ist schließlich auch die Herausnahme der verschreibungsfreien Produkte aus der Erstattung durch die gesetzlichen Krankenkassen. Dies ist zwar streng genommen keine preisregulierende Maßnahme, hängt in gewisser Weise aber damit zusammen, weil, wie auch in der privaten Krankenversicherung, die (Rück-) Erstattung zur Vermeidung von Moral Hazard nicht einfach dem Verbraucher überlassen bleiben kann, sondern an das Vorliegen der Notwendigkeit, konstatiert durch die Verschreibung des Arztes, gebunden werden muss. Problematisch sind dagegen die Details. Aus Gründen der Versorgungssicherheit werden bestimmte verschreibungsfreie Produkte, „die bei der Behandlung schwerwiegender Erkrankungen als Therapiestandard gelten"[19], nicht von der Erstattung ausgenommen. Sie können „vom Vertragsarzt ausnahmsweise verordnet werden", wobei „der therapeutischen Vielfalt Rechnung zu tragen" ist. Welche Arzneimittel dies sind, ist vom

---

[18] Mathematisch gesehen lässt sich die Abhängigkeit des Apothekenabgabepreises vom Herstellerabgabepreis durch eine über den Gesamtbereich lineare Funktion (mit positivem Achsenabschnitt) beschreiben.

[19] § 34 Abs. 1 SGB V

gemeinsamen Bundesausschuss in seinen Arzneimittelrichtlinien festzuschreiben. „Bis zum Inkrafttreten dieser Richtlinien kann der Vertragsarzt nicht verschreibungspflichtige Arzneimittel nach den Kriterien des Satzes 2 verordnen."

Für die Preise dieser verschreibungsfreien, aber dennoch zulasten der gesetzlichen Krankenkassen verschriebenen Arzneimittel gilt aber nicht etwa die neue, sondern vielmehr die alte AMPreisV fort.[20] Damit ist die Verschränkung der aus wirtschaftsordnungspolitischen Überlegungen folgenden Struktur der AMPreisV mit sozialpolitisch motivierten Strukturen perfektioniert. Es kommt zu einer aus der Sicht der ökonomischen Rationalität absurden Marktspaltung, die in der folgenden Tabelle systematisch erfasst ist:

	frei verkäufliche Arzneimittel	apothekenpflichtige Arzneimittel	
		verschreibungsfrei	verschreibungspflichtig
GKV-Markt	nicht erstattet	soweit erstattet: "alte" AMPreisV	„neue" AMPreisV abzgl. Apothekenrabatt
Privatmarkt	freie Preisbildung auf allen Stufen	freie Preisbildung auf allen Stufen	„neue" AMPreisV

Direkt preisbeeinflussende Maßnahmen

Als direkt preisbeeinflussende Maßnahmen sollen diejenigen Maßnahmen verstanden werden, deren eigentlicher Regulierungszweck die Absenkung der Arzneimittelpreise ist. Hierzu rechnen die Neuregelung der Festbetragsvorschriften und die Aufhebung des Versandhandelsverbots, durch das insbesondere preisgünstigere Importe aus dem EG-Ausland ermöglicht werden sollen.

Die Festbetragsregelung ist in zwei wichtigen Details geändert worden. Zu einen ist für die Festbeträge wirkstoffgleicher[21] Arzneimittel nunmehr eine Höchstgrenze vorgeschrieben. Sie liegt beim unteren Drittel der Spanne zwischen dem untersten und dem höchsten Preis der jeweiligen Festbetragsgruppe.[22] Diese bereits von der Aut-idem-Regelung her bekannte Festlegung ist methodisch höchst zweifelhaft, weil sie die Verteilung der Preise und deren Gewicht (beispielsweise am Marktanteil gemessen) außer Betracht lässt. Dadurch ist sie für strategische Manipulationen durch Hersteller (oder Importeure) anfällig, die Produkte auf den Markt bringen können, die ausschließlich dazu bestimmt sind, die Berechnung von Preisspannen oder Durchschnittspreisen zu beeinflussen, ohne dass damit auch die Absicht verbunden wäre, mit diesem Produkt

---

[20] § 129 Abs. 5a SGB V
[21] Gruppen nach § 35 Abs. 1 Satz 2 Nummer 1
[22] § 35 Abs. 5 Sätze 4 bis 6

Umsatz zu erzielen.[23] Der Gesetzgeber hat dem zwar einen Riegel vorzuschieben versucht, diesen aber auf hochpreisige Scheinprodukte beschränkt[24] und damit übersehen, dass es, je nach der Art der Festlegung der Äquivalenzfaktoren[25], für die verschiedenen Wirkstoffe für einen Hersteller auch lukrativ sein kann, Scheinprodukte mit besonders niedrigem Preis auf den Markt zu bringen.

Die Festlegung der Festbeträge der Stufe 1 auf das untere Preisdrittel birgt zumindest im Prinzip den weiteren Nachteil, dass dadurch eine Abwärtsspirale in Gang gesetzt wird, wenn die Hersteller weiterhin oberhalb des Festbetrags liegende Preise auf oder unter den Festbetrag anpassen. Mit jeder Revision, wie sie mit einer jährlichen Periode gesetzlich vorgeschrieben ist, würde die Preisspanne um zwei Drittel gekürzt werden, so dass rebus sic stantibus schließlich der niedrigste Preis erreicht werden würde, der jemals einer Revision zugrunde gelegen hat. Es liegt auf der Hand, dass die Hersteller diesen Prozess nicht sehenden Auges so ablaufen lassen werden. Es gibt zumindest zwei Argumente, die irgendwann einen grundlegenden Strategiewandel herbeiführen werden. Das sind erstens die weiteren ertragsschädlichen Maßnahmen wie der Herstellerrabatt, das Aut-idem-Gebot und die Reimportbegünstigungsklausel, und zweitens die Tatsache, dass das innerdeutsche Preisniveau immer weiter unter den europäischen Durchschnitt abrutscht und so negative Rückwirkungen auf die Preise aller Länder ausübt, die eine am deutschen Preis orientierte Preisregulierung betreiben – und das sind viele: sogar die Schweiz. Hinzu kommt, dass der deutsche Binnenmarkt für Arzneimittel immer stärker von Herstellern dominiert wird, deren Hauptsitz in den USA liegt und deren Management von nichts weniger motiviert wird als von einer Rücksichtnahme auf deutsche industriepolitische oder gesundheitspolitische Wunschvorstellungen. Es ist nur eine Frage der Zeit, wann die Hersteller auf breiter Front dazu übergehen werden, ihre Preise gezielt und bewusst über den Festbeträgen

---

[23] Derartige Produkte werden auch als Scheinprodukte oder Dummies, d. h. Strohmänner, bezeichnet. Die Umsätze, die der Hersteller mit ihnen macht, gehen zulasten seiner bereits auf dem Markt befindlichen Produkte. Es lohnt sich nur, mit Scheinprodukten zu arbeiten, wenn die durch die Preismanipulation erzielten Zusatzerlöse die durch die Dummies entstandenen Verluste überkompensieren.

[24] „Bei der Berechnung nach Satz 4 sind hochpreisige Packungen mit einem Anteil von weniger als eins vom Hundert an den verordneten Packungen in der Festbetragsgruppe nicht zu berücksichtigen." § 35 Abs. 5 Satz 5.

[25] Äquivalenzfaktoren dienen dazu, die verschiedenen Medikamente therapeutisch vergleichbar zu machen. Sie werden vom Gemeinsamen Bundesausschuss im Zuge der Gruppierung festgelegt. „Der Gemeinsame Bundesausschuss ermittelt auch die nach Absatz 3 notwendigen rechnerischen mittleren Tages- oder Einzeldosen oder anderen geeigneten Vergleichsgrößen." § 35 Abs. 1 SGB V.

festzusetzen. Kein Wettbewerb wird sie daran hindern, wenn es die alle gleichermaßen treffenden Rahmenbedingungen sind, die sie zu einer solchen Aktion zwingen. Und keine Kartellbehörde wird in einer solchen Situation glaubwürdige Argumente haben, erfolgreich dagegen vorzugehen.

Die Bereitschaft zu einem solchen Strategiewandel wird bei den global agierenden forschenden Unternehmen auch durch die zweite Änderung bei der Festbetragsregelung gefördert. Sie betrifft die patentierten Arzneimittel. Die Einbeziehung patentierter Medikamente in die Festbetragsregelung hat eine wechselvolle Geschichte. Zwar sind von allem Anfang an[26] diejenigen „Arzneimittel mit patentgeschützten Wirkstoffen, deren Wirkungsweise neuartig ist und die eine therapeutische Verbesserung, auch wegen geringerer Nebenwirkungen, bedeuten" formaliter von der Einbeziehung in Festbetragsgruppen ausgenommen.[27] Doch ist diese Regelung praktisch nie so recht zur Anwendung gelangt, weil sie vom Bundesausschuss bei der Bildung von Festbetragsgruppen stets mit „benign neglect" behandelt worden ist und betroffene Hersteller sich auch nicht haben dazu durchringen können, dieses absichtsvolle Übersehen einmal zum Gegenstand einer gerichtlichen Überprüfung zu machen.

Die eigentliche Auseinandersetzung zwischen Krankenkassen und Herstellern lief daher immer auf der Ebene gesetzgeberischer Maßnahmen, bei der der Gesetzgeber zunächst auf Seiten der Hersteller und dann auf Seiten der Kassen interveniert hat. Jüngste Errungenschaft ist die Vorschrift des neuen § 35 Abs. 1a SGB V, durch die die Bildung von Festbetragsgruppen der Stufe 2 ermöglicht wird, in denen ausschließlich patentgeschützte Wirkstoffe enthalten sind. Voraussetzung ist, dass diese Gruppe wenigstens drei verschiedene Wirkstoffe umfasst. Es ist jedoch fraglich, ob diese Vorschrift eine große quantitative Bedeutung erlangen wird. Die wenigen Oligopolisten, die drei oder ein paar mehr Anbieter patentierter Arzneimittel einer neuen Wirkstoffgruppe darstellen, werden sich unter diesen Umständen bei der Neueinführung ihrer Produkte keinen Preiswettbewerb mehr erlauben. Echte Probleme bereiten den Anbietern neuer patentierter Produkte (nur) Festbetragsgruppen, in denen patentgeschützte Arzneimittel mit Produkten wie beispielsweise Generika zusammengefasst sind, deren Preisbildung anderen strategischen Überlegungen folgt. Die Signalwirkung dieser Neuregelung auf die In-

---

[26] Die Festbeträge wurden erstmals durch das GRG von 1988 eingeführt. Die ersten Festbeträge traten 1989 in Kraft.
[27] § 35 Abs. 1 Satz 4 bzw. Dies gilt freilich nur, solange der erste Vertreter der Wirkstoffklasse noch unter Patent steht. § 35 Abs. 1 Satz 5.

dustrie dürfte deshalb mehr industriepolitischen Schaden anrichten, als dass sie den Kassen Ersparnisse bei den Arzneimittelausgaben erbringt.

Auch die durch das GMG eingeführte Zulässigkeit des Versandhandels[28] mit Arzneimitteln ist eine Maßnahme mit ausgesprochen preispolitischer Zielsetzung. Seit mehreren Jahren wird eine Diskussion um die Einsparungen geführt, die aus dem Versandhandel für die Krankenkassen resultieren könnten.[29] Als Quellen der Ersparnis kommen bei nationalem Versand ein Verzicht des Versenders auf Teile seiner ihm gesetzlich zustehenden Marge, bei EU-Versand die Freiheit von allen deutschen gesetzlichen Preisregulierungen in Frage. Durch die „Drehung" der AMPreisV dürfte der ökonomische Anreiz für potenzielle inländische Versender weitgehend beseitigt worden sein. Anbieter aus dem europäischen Ausland, mit denen die Kassen seit dem GMG Versorgungsverträge[30] abschließen dürfen, werden wegen des abgesunkenen und noch weiter absinkenden deutschen Preisniveaus ebenfalls kaum noch Preisdifferentiale vorfinden, die sich lukrative ausnutzen ließen. Diese Pirouette hätte sich der Gesetzgeber ersparen können.

Indirekt preisbeeinflussende Maßnahmen

Schließlich gibt es auch noch einige Maßnahmen, deren eigentlicher Regulierungszweck es ist, die Verordnung möglichst billiger Produkte zu fördern oder zu bevorzugen, und die auf diesem Wege zu einer preissenkenden Marktdynamik führen können. Hierzu zählen

- das Aut-idem-Gebot
- die Begünstigung von (Re-) Importen
- die Information und die Bonuszahlungen an Ärzte
- die vereinbarten Versorgungsformen (§ 129 Abs. 5b SGB V) und
- die Verträge mit Krankenhausapotheken (§ 129a SGB V).

Das Aut-idem-Gebot[31] wurde durch die Beseitigung der Preisobergrenze[32] verschärft, die den Bereich der für die Substitution durch den Apo-

---

[28] Grundnorm: GMG Artikel 23 AMG § 43 Abs. 1 Satz 1 Umsetzung Artikel 20 ApoG §§ 11a, 11b
[29] Beispielsweise: Pfaff, Martin und Thomas Neldner: Pharmaversand in Deutschland. forum für gesundheitspolitik 7, 2001. Seite 413-417.
[30] § 140e SGB V
[31] § 129 Abs. 1 Satz 1 Ziffer 1

theker zulässigen Medikamente definiert hat. Durch den Wegfall dieses Bereiches ist der Apotheker nunmehr gehalten, in jedem Falle ein billigeres als das vom Arzt verordnete Präparat abzugeben, und das auch dann, wenn das verordnete Medikament bereits unter dem Festbetrag liegt. Dies läuft darauf hinaus, dass das Aut-idem-Gebot nunmehr eine Art Tiefstpreisvorschrift darstellt, wenn der Arzt nicht die Substitution durch den Apotheker ausdrücklich ausschließt.

Auch die Vorschrift zur (Re-)Importbegünstigung[33] wurde modifiziert. Die so genannte Abstandsklausel, die einen Höchstpreis für die Bevorzugung von Reimporten festlegt, wurde erweitert, allerdings so geringfügig, dass sie immer noch eher auf eine Subventionierung der Re-importeure als auf eine den Versicherten zugute kommende Kostendämpfungsmaßnahme wirkt. Neu eingeführt wurde auch eine Vorschrift[34], wonach ein bestimmter Prozentsatz der Gesamtvergütung vertraglich für die Unterrichtung der Ärzte über die Wirtschaftlichkeit der Arzneimittelversorgung reserviert werden kann, aus dem auch Bonuszahlungen an diejenigen Ärzte geleistet werden sollen, die das vereinbarte Richtgrößenvolumen[35] einhalten. Ob diese Vorschrift überhaupt eine Wirkung entfalten kann – vorausgesetzt, sie wird irgendwann einmal umgesetzt – ist eine Faktenfrage für die Zukunft, über die derzeit nicht spekuliert werden kann.

Neu ist auch eine Vorschrift, die die vertragliche Beteiligung von Apothekern an Einrichtungen der integrierten Versorgung[36] ermöglicht. Der Tendenz folgend, für solche Verträge keine zu engen Rahmenbedingungen festzulegen, damit die Praxis sie überhaupt aufnimmt, soll in den Verträgen auch Näheres „über Qualität und Struktur der Arzneimittelversorgung für die an der integrierten Versorgung teilnehmenden Versicherten auch abweichend von Vorschriften dieses Buches vereinbart werden". Ursprünglich sah der Gesetzentwurf vor, dass dabei Abweichungen auch von der AMPreisV zulässig sein sollen. Dies wurde einem Ondit zufolge vom baden-württembergischen CDU-Sozialminister Apotheker Repnik erfolgreich aus dem Entwurf hinausverhandelt, steht aber so noch in der allgemeinen Begründung des schließlich verabschiedeten

---

[32] Diese Preisobergrenze lag bei der oberen Grenze des „untere(n) Drittel(s) des Abstandes zwischen dem Durchschnitt der drei niedrigsten Preise und dem Durchschnitt der drei höchsten Preise wirkstoffgleicher Arzneimittel". § 129 Abs. 1 Sätze 2 bis 5. Sie wurde durch das GMG gewissermaßen in modifizierter Form auf die Festbetragsbestimmungen „transferiert", siehe § 35 Abs. 5 Sätze 4 bis 6.
[33] § 129 Abs. 1 Satz 1 Ziffer 2 SGB V
[34] § 84 Abs. 4a
[35] § 84 Abs. 6 SGB V
[36] § 129 Abs. 5b SGB V

Gesetzentwurfs. Der Ausschussbericht enthält dazu eine „Richtigstellung". Nun sind „Kassenrabatte" nicht Gegenstand der AMPreisV, sondern des SGB V. Man darf daher wohl davon ausgehen, dass Verträge zur integrierten Versorgung, in denen einzelne Apotheker zusätzliche Rabatte einräumen, Bestand haben werden.

Schließlich ist noch auf die ebenfalls neue Vorschrift[37] über die Verträge der Krankenkassen mit den Krankenhausträgern über die Abgabe von Arzneimitteln durch Krankenhausapotheken im Rahmen der ambulanten Versorgung (also „auf Kassenrezept" über die Straße) zu verweisen. In diesen Verträgen wird insbesondere „die Höhe des für den Versicherten maßgeblichen Abgabepreises" bestimmt. Auch bei dieser Vorschrift lässt sich nichts über die voraussichtlichen Wirkungen absehen.

Betrachtet man die Gesamtheit dieser Neuerungen, so lässt sich zusammenfassend sagen, dass sie dem Pharmasektor erhebliche Opfer zumuten, die allerdings sehr ungleich verteilt sind. Während insbesondere der Großhandel und die Industrie massiv zur Kasse gebeten werden, hat die Lobby der Apotheker erreicht, dass die Apothekerschaft aus der Reform noch mit einem Plus herauskommen wird.[38] Industriepolitisch gesehen ist das Gesetz ein weiterer Schritt ins innovatorische Abseits. Inkompetentes Management und inkompetente Politik, unterstützt durch inkompetente Pharmakritik, arbeiten Hand in Hand, um aus der einstigen Apotheke der Welt ein Low Price Generics Commodity-Paradies zu machen: Geiz ist halt geil in diesem Lande!

---

[37] § 129a SGB V
[38] „Insgesamt errechnet IMS – bei konstanter Marktstruktur – einen um 10 Prozent steigenden Rohertrag, der sich damit wieder der Ertragslage von 2002 annähern dürfte. Auf der Verliererseite steht der Großhandel. Seine Roherträge sinken um nahezu 30 Prozent." Ärztezeitung vom 17.02.2004.

Interdependenzen zwischen Disease-Management-Programmen und Vertragswettbewerb

Christoph Straub

Disease-Management-Programme sollen das deutsche Gesundheitssystem in vielerlei Hinsicht verbessern. Die hohen Erwartungen, die an die Einführung der strukturierten Behandlungsprogramme für chronisch Kranke gestellt werden, erwecken den Eindruck, die Programme könnten als Allheilmittel für die Probleme in der Gesundheitsversorgung allgemein und der gesetzlichen Krankenversicherung im Speziellen wirken. Doch die Probleme bei der Einführung der Disease-Management-Programme in der gesetzlichen Krankenversicherung sind vielfältig, und es ist sehr zweifelhaft, ob die Programme einen Qualitäts- und Vertragswettbewerb initiieren und so die Versorgung von chronisch Kranken verbessern werden.

Ziele des Gesetzgebers

Der Gesetzgeber führt folgende Ziele an, die er mit der Förderung der Disease-Management-Programme (DMP) über den Risikostrukturausgleich (RSA) erreichen will:

Im Finanzausgleich zwischen den gesetzlichen Krankenkassen soll die Morbidität der Versicherten eine erste Berücksichtigung finden. Mit diesem Ausbau des RSA soll eine Risikoselektion unter den Versicherten verringert werden. Ferner soll durch die Förderung von DMP für spezielle chronische Erkrankungen die Versorgungssituation für die "Volkskrankheiten" verbessert werden. Insbesondere die Implementierung von evidenzbasierten Behandlungsleitlinien soll die Qualität der medizinischen Versorgung erhöhen.

Parallel mit der Qualitätsverbesserung soll auch ein Abbau von Unter-, Über- und Fehlversorgung für die benannten Erkrankungen erfolgen. Der sinnvolle Ressourceneinsatz ist hier das Ziel.

Des Weiteren sollen die DMP auch zu Kosteneinsparungen in der Gesundheitsversorgung führen. Durch den sinnvollen Ressourceneinsatz sollen kurzfristig Einsparungen möglich sein und durch die Versorgungsoptimierung sollen Spätfolgen und Komplikationen der chronischen Erkrankungen vermieden werden, so dass langfristig Behandlungskosten entfallen.

Grundlage für die effizientere Versorgung in den DMP soll dabei die Realisierung von Integrationsversorgung und Qualitätswettbewerb sein. Die Krankenkassen sollen weit reichende Steuerungsfunktionen sowohl hinsichtlich der Auswahl der Leistungserbringer durch selektive Verträge als auch hinsichtlich der Steuerung und Beratung der Versicherten erhalten.

Aktuelle Umsetzung der DMP

Die Umsetzung der DMP nimmt durch die Komplexität der Regelungsinhalte hinsichtlich der medizinischen Inhalte – erinnert sei hier an die Diskussion um die nicht vorliegenden konsentierten Leitlinien – und insbesondere hinsichtlich der aufwändigen Verwaltungsvorgaben durch die RSA-Verknüpfung einen langen Zeitraum in Anspruch. Zwischenzeitlich sind die Programme für Diabetes fast flächendeckend angelaufen, und in einigen Regionen gibt es die ersten Pilotstudien für das DMP Brustkrebs.Die dafür abgeschlossenen DMP-Verträge zwischen Krankenkassen und Leistungserbringern gestalten sich bundesweit weitgehend einheitlich:

Fast ausnahmslos handelt es sich um Verträge, die gemeinsam und einheitlich zwischen allen Krankenkassen mit den kassenärztlichen Vereinigungen abgeschlossen wurden. Die Einbindung von Krankenhäusern in die Programme ist für Diabetes bisher nicht und für Brustkrebs nur im geringen Umfang erfolgt. In den Verträgen ist die Nutzung der Daten, die die Krankenkassen als Grundlage für die Betreuung der Versicherten erhalten, stark eingeschränkt. Das heißt konkret, dass die Krankenkassen die Daten, die mit hohem verwaltungstechnischen und monetären Aufwand generiert werden, weitestgehend nicht nutzen dürfen.

Darüber hinaus ist der Abschluss der Verträge zumeist verknüpft mit zusätzlichen Honorarforderungen der Ärzte. Die Honorarforderungen beziehen sich dabei nicht allein auf die Finanzierung zusätzlicher Leistungen innerhalb der DMP, wie z. B. den erhöhten Dokumentationsaufwand. Teilweise wird gefordert, bisher im Budget abgegoltene Maßnahmen extrabudgetär zu vergüten, oder es wird eine pauschale Erhöhung der Gesamtvergütung unabhängig von DMP-Leistungen gefordert.

In diesem Zusammenhang sei auf eine besonders kritische Honorarregelung verwiesen, die in einigen Ländern mit den DMP-Verträgen abgeschlossen wurden: die Einschreibeprämien für Ärzte. So erhalten die Ärzte in Baden-Württemberg in Abhängigkeit davon, wie viele Patienten sie in das DMP einschreiben, eine Erhöhung der ohnedies zusätzlich honorierten Betreuungspauschale um bis zu 18 Euro im Quartal. In ähnlicher Form erhalten die Ärzte in Bremen eine Bonusausschüttung bei

Erreichung einer überdurchschnittlichen Teilnahmequote in der Hansestadt, die 100 Euro im Jahr oder mehr betragen kann.

Diese Vertragsgestaltung für die Disease-Management-Programme ist bedingt durch die Verknüpfung mit dem RSA. Die Finanzierungsregelungen des RSA setzen für die Krankenkassen derart dominante Anreize, dass es primäres Ziel bei der Vertragsgestaltung ist, eine rasche Flächendeckung der DMP und eine möglichst "überoptimale" Rekrutierung zu erreichen.

Die Konsequenz ist, dass bei der aktuellen Umsetzung der Disease-Management-Programme weder ein Qualitätswettbewerb noch ein Vertragswettbewerb stattfindet. Nicht einmal die integrierte Versorgung wird in den DMP-Verträge ausreichend sichergestellt. Es gibt wohl für jede Kassenart Beispiele für weitaus sinnvollere integrierte Versorgungskonzepte. Darüber hinaus erhalten die Krankenkassen nicht, wie vom Gesetzgeber gewollt, signifikante Steuerungsfunktionen im Disease-Management.

Integrationsversorgung und Qualitätswettbewerb

Ziele von Kassen und Vertragspartnern:
- Rasche Flächendeckung der DMP
- Möglichst "überoptimale" Rekrutierung

Konsequenzen:
- Kein Qualitätswettbewerb, kein Vertragswettbewerb
- (Fast) keine Integrationsversorgung
- Keine Steuerungsfunktion der Krankenkassen
- Mehrausgaben für die GKV, ohne erkennbare medizinische Nutzen

---

Mehrausgaben für die GKV

Insgesamt ist bei der Umsetzung der DMP ein erstes Zwischenfazit zu ziehen, dass die Programme mit erheblichen Mehrausgaben für die gesetzlichen Krankenkassen verbunden sind, ohne dass ein erkennbarer medizinischer Nutzen für die Patienten entsteht.

Die Disease-Management-Programme werden nicht, wie vom Gesetzgeber angestrebt, zu Kosteneinsparungen für die GKV führen, sondern im Gegenteil massive Ausgabensteigerungen bedingen, die beitragssatzrelevant sein werden. Die Mehrausgaben sind bedingt u. a. durch die zusätzlichen Honorarforderungen der Leistungserbringer und insbesondere durch den gewaltigen Verwaltungsaufwand, der durch die DMP in Verbindung mit dem RSA entsteht.

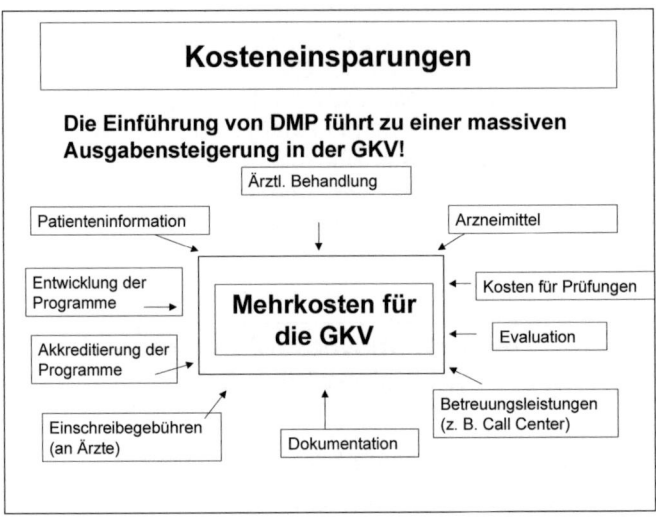

Verwaltungsaufwand der DMP

Der nicht zu vertretende bürokratische Aufwand der DMP wird zwischenzeitlich von allen Seiten kritisiert. Kritik kommt auch von den Krankenkassen, die sich durch die DMP im RSA einen monetären Vorteil erwarten. Unterstützt durch die Ärzte, wird die Vereinfachung insbesondere der Datenprozesse im DMP gefordert. So soll auf die Patientenunterschrift auf den Dokumentationsbögen verzichtet werden. Dabei ist diese datenschutzrechtliche Absicherung eine Forderung der Ärzteschaft in den Rostocker Beschlüssen 2002 gewesen. Die Patientenunterschrift stellt eine Bestätigung für die gemeinsame Therapiezielfindung zwischen Patient und Arzt dar. Sie ist eine Form der Vertragsbindung zwischen Patient und Arzt für die gemeinsame Behandlungsplanung. Außerdem ist in Frage zu stellen, ob die Unterschrift durch Patient und Arzt auf den Dokumentationsbogen wirklich ein aufwändiger Akt ist, wenn der Bogen im Beisein des Patienten ausgefüllt und ihm jeweils eine Kopie ausgehändigt werden soll.

Unbestritten sind die verwaltungsrechtlichen Vorschriften für die DMP viel zu komplex und aufwändig. Die angestrebten Ziele der Versorgungsoptimierung, Qualitätssteigerung und Vertragswettbewerb können unter diesen Bedingungen nicht erreicht werden. Dennoch kann bei dem in Deutschland gewählten Konstrukt der Verknüpfung der DMP mit dem Finanzausgleich zwischen den Krankenkassen nicht auf eine enge rechtliche Rahmengebung verzichtet werden. Der Gesetzgeber ist verpflichtet, ein Regelwerk zu definieren, das den RSA vor Willkür und Manipulation sichert. Betrachtet man die Vorgaben der Rechtsverordnung unter diesem Gesichtspunkt, ist zu konstatieren, dass die Vorschriften für die DMP bei weitem nicht ausreichend sind, um dies zu gewährleisten.

So waren sich Bundesgesundheitsministerium und Spitzenverbände der Krankenkassen in den erweiterten Eckpunkten zur Reform des RSA vom 4. April 2001 darüber einig, dass eine medizinische Zweitbegutachtung für die Einschreibung in ein strukturiertes Behandlungsprogramm Voraussetzung ist. Im weiteren Gesetzgebungsverfahren ist dies jedoch nicht umgesetzt worden.

Ein weiteres Beispiel: Die Rechtsverordnung zum RSA gibt vor, dass die finanzielle Förderung im RSA nur für Versicherte realisiert werden darf, die aktiv an den Programmen teilnehmen und bei denen die Krankenkassen prüfen, ob die Mitwirkungspflichten eingehalten werden. Wie sieht diese aktive Teilnahme und deren Prüfung in Praxis aus? Der Patient muss zweimal oder viermal jährlich zum Arzt gehen und an empfohlenen Schulungen teilnehmen. Eine Prüfung der entscheidenden Patientencompliance hinsichtlich Einhaltung der Arzneimitteltherapie, einer "krankheitsbewussten" Lebensführung usw. findet nicht statt.

Des Weiteren wird auch die in der RSAV vorgegebene Grundbedingung, dass nur Versicherte in die Programme eingeschrieben werden dürfen, bei denen durch die intensivierte Betreuung eine Verbesserung der Lebensqualität zu erwarten ist, nicht geprüft. Das Gegenteil wird praktiziert. Wie bereits dargestellt, muss es Ziel jeder Krankenkasse sein, möglichst viele Versicherte in die DMP einzuschreiben. Dies widerspricht allen internationalen Erfahrungen, dass Disease-Management nur für bestimmte Hochrisiko-Patientengruppen sinnhaft ist. Die Einführung des Disease-Managements in Deutschland im jetzigen Umfang mit dem Einschluss möglichst vieler Patienten muss als sinnlose Ressourcenverschwendung bewertet werden.

Versorgungsoptimierung für chronisch kranke Patienten

Zu diesem Schluss kommt auch das Institut für Gesundheits- und Sozialforschung GmbH (IGES), das vor dem Hintergrund der zahlreichen

Probleme bei der Einführung von Disease-Management-Programmen in Verbindung mit dem Risikostrukturausgleich ein Gutachten zur Frage von "Voraussetzungen für ein effektives und effizientes Disease-Management für Typ-2-Diabetiker und seine adäquate Finanzierung im Rahmen der gesetzlichen Krankenversicherung" erstellt hat. Am Beispiel der Indikation Diabetes wurde die bestehende Versorgungssituation analysiert und darauf aufbauend die Anforderungen an ein effizientes Disease-Management formuliert sowie dessen sachgerechte Finanzierung in der gesetzlichen Krankenversicherung dargestellt:

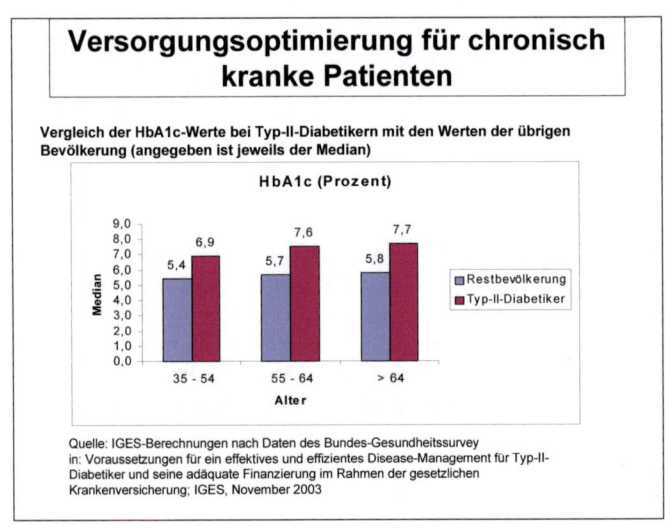

In Deutschland sind etwa drei Millionen Menschen an Typ-2-Diabetes erkrankt. Mehr als die Hälfte der Patienten ist über 65 Jahre alt. Die Einstellung des Blutzuckers ist – gemessen am HbA1c-Wert (Langzeitzucker) – als relativ gut zu bezeichnen.

Gleichzeitig haben Typ-2-Diabetiker in Bezug auf die Risikofaktoren systolischer Blutdruck und Rauchen ein ähnlich ungünstiges Profil wie die nicht-diabetische Bevölkerung, aber ein deutlich höheres Übergewicht als der Rest der Bevölkerung. Eine besondere Betrachtung verdienen unter 55-jährige Typ-2-Diabetiker. Sie haben im Vergleich zur Restbevölkerung deutlich verschlechterte Risikowerte.

Typ-2-Diabetiker haben ein erhöhtes Risiko, Folgeerkrankungen wie Schlaganfall, Amputationen, dialysepflichtigen Nierenschaden und Erblindung zu erleiden. Die Risiken sind individuell sehr unterschiedlich verteilt, was bei der Rekrutierung der Patienten in besondere Betreuungsprogramme berücksichtigt werden sollte.

Das Gutachten zeigt nun: Wenn die an Diabetes Typ 2 Erkrankten die medizinischen Zielwerte (wie Blutdruck und bestimmte Blutzuckermesswerte) über einen Zeitraum von zehn Jahren erreichen, so kann nur für einen geringen Teil der Typ-2-Diabetiker ein Schlaganfall oder Herzinfarkt vermieden werden. Die wirksamste Einzelmaßnahme ist dabei die Reduzierung des hohen Blutdrucks:

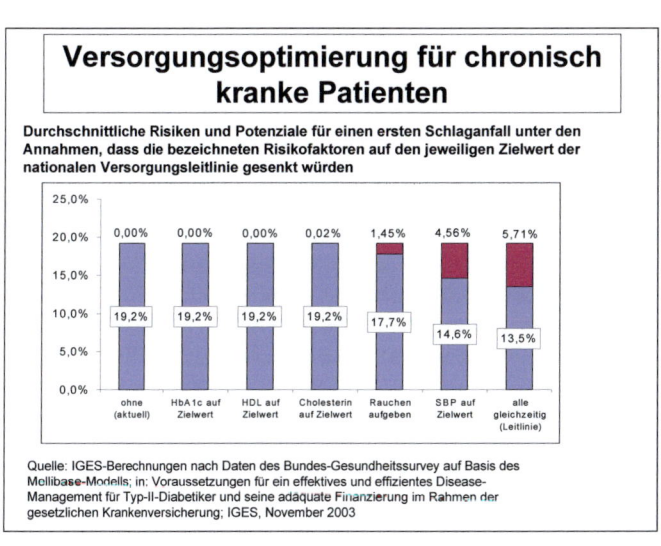

Zusätzlich zeigt sich, dass größere Verbesserungsmöglichkeiten des Gesundheitszustands nur bei den Patienten bestehen, die bisher nicht behandelt wurden. Die Reduktion des Risikos, eine Komplikation zu erleiden, ist von medizinischen und verhaltensbedingten Faktoren (wie Ernährung, Bewegung und Rauchen) abhängig. Anzunehmen ist, dass maximal ein Achtel der Patienten in der Lage ist, durch die Veränderung ihres Verhaltens langfristig die erforderlichen medizinischen Zielwerte einhalten zu können. Nur bei solchen Patienten werden langfristig verhaltensmodifizierende Disease-Management-Programme zu Erfolg führen. Deshalb sollten nur solche Patienten an DMP teilnehmen. Ihre dauerhafte Teilnahme sollte aber von ihrer Mitwirkung und von den erzielten Effekten auf den Gesundheitszustand abhängen. Bei einem Drittel der Patienten ist das Verbesserungspotenzial allerdings so gering, dass eine Verbesserung der Zielwerte nicht realistisch ist.

Durch den Einsatz verhaltensoptimierender Programme können nach einer mehrjährigen Anlaufphase jährlich etwa 2.000 Schlaganfälle und ebenso viele Herzinfarkte vermieden werden. Auf heutiger Basis wäre mit jährlichen Einsparungen von 120 Millionen Euro zu rechnen, denen nach konservativer Schätzung ein Aufwand von jährlich ca. 260 Millionen Euro gegenüber steht. Die heute konzipierten DMP weisen demgegenüber ein deutlich ungünstigeres Verhältnis von Kosten und Nutzen auf, da sie nur sehr wenig in die Verhaltensmodifikation investieren und gleichzeitig ein hoher finanzieller Aufwand für die bürokratische Administration und die Rekrutierung der Patienten anfällt.

Verbesserte Disease-Management-Programme sollten deshalb aus zwei Komponenten bestehen: einem allgemeinen Qualitätssicherungs-System, das Optimierungsreserven für medizinische Interventionen aufzeigt, und qualifizierten Angeboten für verhaltensmodifizierende Programme. Weil verhaltensmodifizierende Programme finanziell aufwändig sind, sollten sie nur dann im Rahmen der gesetzlichen Krankenversicherung angeboten werden, wenn vor Beginn der verhaltensmodifizierenden Maßnahme das individuelle Verbesserungspotenzial eines Patienten für ausreichend befunden wird und sein Behandlungserfolg laufend überwacht wird. Diese verhaltensmodifizierenden Programme bilden den Kern eines neuen, verbesserten Disease-Management-Programms.

Entkoppelung DMP vom RSA: "DMP-Fonds"

Nach den Ergebnissen der IGES-Untersuchung ist auch mit den neuen, verbesserten Disease-Management-Programmen nicht zu erwarten, dass die erzielbaren Einsparungen die mit Ausgestaltung, Umsetzung und Durchführung eines solchen Programms verbundenen Aufwendungen überwiegen. Deshalb ist eine finanzielle Förderung angebracht. Dabei ist aber die gegenwärtige Regelung zu streichen, nach der für eingeschriebene Versicherte nicht nur eine finanzielle Förderung der Programmkosten erfolgt, sondern zusätzlich die durchschnittlichen Mehrausgaben eingeschriebener Versicherter gegenüber nicht eingeschriebenen Versicherten im Risikostrukturausgleich angerechnet werden.

Die Koppelung der DMP an den RSA mit der Folge massivster finanzieller Anreize für Kassen und andere Akteure ist ursächlich für die in hohem Maße ineffiziente Praxis der DMP in Deutschland. Für den gegenwärtigen Finanzierungsmodus gilt: Jede erfolgreiche Einschreibung in ein akkreditiertes Programm bringt den Kassen per Saldo einen finanziellen Vorteil, der ihre erforderlichen Investitionen zumeist um ein Vielfaches übersteigt.

Die Anreize werden dadurch so gesetzt, dass Krankenkassen primär in ein möglichst regional deckendes Angebot an DMP investieren werden, in die Maximierung der Einschreibequoten sowie darin, die Akkreditierungskriterien zu erfüllen. Aufwendungen jenseits dieser Zielsetzungen sind unter rein ökonomischer Betrachtungsperspektive für eine Krankenkasse nicht interessant.

Die beschriebenen Auswirkungen hängen mit der Höhe des finanziellen Vorteils im Risikostrukturausgleich zusammen, der sich allein danach bemisst, ob eine Einschreibung vorliegt oder nicht. Gegen die Verknüpfung von DMP und RSA spricht zudem, dass der Komplexitätsgrad des Risikostrukturausgleichs dadurch stark zugenommen hat, dass die finanzwirtschaftlichen Auswirkungen schwerer voraussehbar werden und die Manipulationsanfälligkeit des RSA damit erheblich gestiegen ist.

Für die Ausgestaltung der finanziellen Förderung der neuen, verbesserten Disease-Management-Programme können daraus folgende Grundsätze abgeleitet werden:

- Die Höhe der Förderung sollte sich nur nach Aufwands- oder auch Erfolgsgrößen bemessen, die in direkter Form mit der Ausgestaltung, Umsetzung und Durchführung eines Disease-Management-Programms zusammenhängen.

- Es sollte ein nachvollziehbares und angemessenes Verhältnis der Förderhöhe zu den mit Ausgestaltung, Umsetzung und Durchführung eines Disease-Management-Programms verbundenen Kosten gewahrt werden.

- Die Förderung der Programme sollte nicht in der jetzt erfolgten Art und Weise mit dem Risikostrukturausgleich verwoben werden.

Für die neuen, verbesserten Disease-Management-Programme ist zu empfehlen, etablierten Beispielen folgend, die Mittel mitgliederbezogen über eine so genannte DMP-Abgabe einzuziehen und sie als Fixum je eingeschriebenen Versicherten auszubezahlen, wobei Zuschläge gewährt werden, wenn besondere qualitative Anforderungen erfüllt werden. Dafür wird ein DMP-Fonds eingerichtet.

DMP und Vertragswettbewerb

In Verbindung mit den neuen rechtlichen Grundlagen des Gesundheitsmodernisierungsgesetzes würde die Förderung der Disease-Management-Programme über einen DMP-Fonds, der nicht die beschrieben Fehlanreize setzt, die Möglichkeit eines qualitätsorientierten

Vertragswettbewerbes schaffen. Vertragswettbewerb beinhaltet dabei den Abschluss von selektiven Verträgen zwischen den Leistungserbringern und den Krankenkassen.

Ein weiterer wichtiger Bestandteil dieser innovativen Vertragsgestaltung wird für die Techniker Krankenkasse die Stärkung der Autonomie und Compliance der Patienten sein. Denn insbesondere bei den Disease-Management-Programmen für chronische Erkrankungen ist die Stärkung des Patienten im Umgang mit seiner Erkrankung ein entscheidender Qualitätsfaktor.

Interdependenzen zwischen Disease-Management-Programmen und Vertragswettbewerb

Rolf Hoberg

Im Folgenden möchte ich die Interdependenzen zwischen Disease-Management-Programmen (DMPs genannt) und dem Vertragswettbewerb im Gesundheitswesen aus Sicht der AOK näher beleuchten. Dabei möchte ich auf die Möglichkeiten eines Vertragswettbewerbs im Rahmen von DMP eingehen und im nächsten Schritt deutlich machen, wie es in der Realität um den Vertragswettbewerb bei der Umsetzung der Programme bestellt ist und welchen Änderungsbedarf wir in den rechtlichen Anforderungen sehen. Ich möchte auch einige Worte darüber verlieren, was wir daraus lernen und welche Perspektive sich dadurch aufzeigt.

Zunächst müssen wir feststellen, dass Wettbewerb kein Selbstzweck ist. Wettbewerbliche Strukturen sollen es ermöglichen, dass Qualität und Produktivität der Versorgung eine größere Bedeutung erhalten und dass gleichzeitig eine bessere Orientierung an den Versichertenpräferenzen erreicht wird. Ziel ist es, eine effektive Struktur zu etablieren, um ein flächendeckendes bedarfsgerechtes Angebot von Versorgungsleistungen sicherzustellen. Dabei kommt es darauf an, dass der Gesetzgeber einerseits den Akteuren im Gesundheitswesen größere Freiräume zur eigenverantwortlichen Gestaltung der Versorgung gibt, andererseits sicherstellt, dass die gesetzlichen Rahmenbedingungen weiterhin eine solidarische Wettbewerbsordnung garantieren. Die bereits beschlossene Morbiditätsorientierung im Risikostrukturausgleich ist ein wichtiger Pfeiler für diese solidarische Wettbewerbsordnung. Die Berücksichtigung von Teilnehmern an DMPs im Risikostrukturausgleich ist im Vorgriff auf die vollständige Morbiditätsorientierung als erster Schritt in dieser Richtung zu verstehen.

Möglichkeiten des Vertragswettbewerbs im Rahmen von Disease-Management-Programmen

Wenn man die Ziele des Vertragswettbewerbs betrachtet, erkennt man, dass diese Ziele eine große Relevanz für die neuen strukturierten Behandlungsprogramme für chronisch Erkrankte, so genannte DMPs, haben. Bei DMPs geht es um die Erhöhung von Qualität und Wirtschaftlichkeit in der Versorgung. Sie stellen innovative Versorgungsmodelle dar, die eine sektorübergreifende Zusammenarbeit erfordern. Gerade die starre und unflexible Abschottung der unterschiedlichen Versorgungssektoren ist ein entscheidendes Hemmnis für Qualität und Wirtschaftlichkeit. Die DMPs sehen eine strukturierte Behandlung vor, die grundsätzlich sektorenübergreifend ist, ohne die sektoralen Strukturen jedoch aufzubrechen. Der koordinierende Arzt übernimmt dabei die Funktion der kontinuierlichen Betreuung auf der Basis der evidenzbasierten Medizin und der gezielten krankheitsbezogenen Weiterleitung an Ärzte oder Einrichtungen, die festgelegten Strukturanforderungen genügen müssen.

Der Vertragswettbewerb beinhaltet einen Wettbewerb auf der Kassen- und auf der Leistungserbringerseite. Der Kassenwettbewerb ist der Wettbewerb um Preis und Leistung, das heißt, in der gesetzlichen Krankenversicherung (GKV) stehen die Krankenkassen im Wettbewerb um Beitragssatz und Qualität. Der Qualitätswettbewerb kann sich erstrecken auf Versorgungsangebote, wie sie z. B. durch DMPs angeboten werden.

DMPs sind medizinisch und prozessual anspruchsvolle Versorgungsmodelle, die für die Realisierung auch neue Investitionen erfordern. So werden in DMPs zusätzliche Vergütungen gezahlt für

- die koordinierenden Aufgaben des Arztes und Patientenschulungen, auf die im Rahmen von DMP erstmals ein Anspruch für die Versicherten entsteht.

Weiter ist die Dokumentation des Versorgungsgeschehens erforderlich, damit

- wesentliche krankheitsbezogene Kernindikatoren regelmäßig untersucht und erfasst werden,

- Krankenkassen gezielt ihre Versicherten informieren können,

- den Leistungsanbietern übergreifend notwendige Informationen zur Verfügung stehen,

- Qualitätsmanagement durchgeführt werden kann und letztlich

- auch eine Evaluation erfolgt, um die Wirksamkeit der Programme nachzuweisen.

Solche Investitionen können nur getätigt werden, wenn dafür eine Finanzierung vorhanden ist. Das hat der Gesetzgeber über die besondere Berücksichtigung von eingeschriebenen Versicherten in DMPs im Risikostrukturausgleich sichergestellt. In der Vergangenheit war es ein wirtschaftliches Risiko für die Krankenkassen, solche Angebote zu machen. Nicht nur die Ausgaben für die Programme an sich, sondern auch die Tatsache, dass die Kasse, die solche Programme anbot, hierdurch attraktiv für bereits erkrankte Versicherte anderer Kassen wurde, führte dazu, dass sie faktisch monetär bestraft wurde.

Bei der Ausgestaltung der Programme gibt es Möglichkeiten für kassenspezifische Angebote. Bestimmte Elemente eignen sich jedoch nicht für den Wettbewerb. Hier handelt es sich insbesondere um die wissenschaftlich-medizinischen Grundlagen der Versorgungsangebote, die vom BMGS in der Risikostrukturausgleichsverordnung (RSAV) festgelegt sind und damit für alle Krankenkassen gelten. Es bleibt jedoch genügend Spielraum für die Krankenkassen, ihre Angebote so weit auszugestalten, dass die Versicherten insbesondere in Fragen der Betreuung und Information durch ihre Krankenkasse zwischen den verschiedenen konkurrierenden Programmen Unterschiede feststellen können. Gerade der Kommunikation zwischen der Krankenkasse und den Versicherten kommt eine immer größere Bedeutung zu. Die Krankenkassen können die Versicherten erheblich im selbstbestimmten Umgang mit ihrer chronischen Erkrankung unterstützen. Die chronisch Erkrankten, die gut informiert sind, werden die Behandlung aktiv unterstützen und damit einen wesentlichen Beitrag zur Vermeidung oder Hinauszögerung von Folgeerkrankungen und Komplikationen leisten können. Die Mitwirkung des Patienten im Rahmen seiner Behandlung bedarf der kritischen Auseinandersetzung mit der eigenen Krankheit und ihrer Therapie, der Einhaltung bestimmter Behandlungsabläufe, der Vereinbarung von Behandlungszielen und der nötigen Erfolgskontrolle. Hier gibt es Spielräume für den Wettbewerb der Krankenkassen. Die besseren Konzepte sollen sich dabei durchsetzen.

Lassen Sie mich näher auf die Entstehung der DMPs eingehen. Der Sachverständigenrat für die Konzertierte Aktion im Gesundheitswesen hat Defizite in der Versorgung chronisch Erkrankter festgestellt. Gleichzeitig zeigt sich eine Über-, Unter- und Fehlversorgung, eine unangemessene Behandlung von Folgeerkrankungen und eine ernorme Variabilität der Behandlung der Patienten. Ein Vergleich einiger Qualitätsparameter, insbesondere auch im Hinblick auf die Endpunkte, zeigt, dass es in Deutschland noch erhebliche Verbesserungspotenziale gibt. Das bedeutet beispielsweise ganz konkret, dass in Deutschland, durch eine bessere Versorgung des diabetischen Fußes, jährlich viele Amputationen vermieden werden könnten, was vielen Diabetikern viel Leid ersparen und außerdem das Gesundheitswesen von diesen unnötigen Kosten entlasten würde.

Die Defizite haben sowohl organisatorische als auch medizinische Ursachen. Organisatorisch scheint es praxisintern Optimierungspotenzial zu geben. Der behandelnde Arzt soll sich explizit Zeit nehmen für das Monitoring der relevanten Parameter, auch wenn keine akuten medizinischen Probleme vorliegen. Das bedeutet eventuell eine Änderung der bisherigen Praxisabläufe, um der Behandlung der chronisch kranken Patienten gerecht zu werden. Die DMPs sollen hier einen Denkprozess in Gang setzen. Direkt beeinflussen können die DMPs jedoch die praxisübergreifende Strukturierung. Durch eine einheitliche Dokumentation und die Verpflichtung der teilnehmenden Ärzte und Krankenhäuser, sich gegenseitig zeitnah zu informieren, können die übergreifende Abläufe wesentlich verbessert werden.

Die medizinischen Defizite werden im Rahmen der Programme durch die medizinischen Grundlagen angegangen, die übrigens keine Leitlinien oder gar Richtlinien sind. Die medizinischen Grundlagen beschreiben dem Arzt einen Korridor für die Behandlung auf der Basis der Auswertungen nationaler und internationaler Leitlinien. Weil diese medizinischen Grundlagen von Ärzteschaft, Ärztekammern, DKG und Krankenkassen gemeinsam erarbeitet wurden, können diese weitestgehend als objektive Beschreibung des gegenwärtigen Kenntnisstandes gesehen werden. Diese medizinischen Grundlagen werden ständig aktualisiert. Die DMPs beinhalten außerdem Qualitätssicherungsmechanismen, die es ermöglichen, dass Ärzte in Qualitätszirkeln Erfahrungen austauschen und feststellen können, wie ihre Praxis im Verhältnis zu Vergleichspraxen abschneidet.

Die DMPs tragen zu mehr Transparenz in der Versorgung bei und fördern damit die ersten Ansätze eines Wettbewerbs zwischen den Leistungserbringern, der zu einer höheren Qualität führen soll. Welche Rahmenbedingungen müssen wir schaffen, damit sich der Vertragswettbewerb der Leistungserbringer weiterentwickeln kann?

- Die Krankenkassen müssen Verträge mit ausgewählten Leistungserbringern schließen können, und das bedeutet, dass der Kontrahierungszwang aufgehoben werden muss. Für eine qualitativ hochwertige und wirtschaftliche Versorgung genügt es nicht, bestimmte Strukturen aufgrund der Bevölkerungszahl festzulegen und diese mittels Kollektivverträgen finanziell zu sichern. Für eine bedarfsgerechte, an den Versicherteninteressen orientierte Versorgung ist es notwendig, dass die Krankenkassen aufgrund von Qualität und Preis Verträge mit Leistungserbringern schließen können.

- Die Leistungserbringer werden dann in einem Wettbewerb um die Verträge mit den Krankenkassen stehen und sich mit einem guten Preis-/Leistungsverhältnis behaupten.

tionen eines Operateurs) gibt, haben die Krankenkassen für die vertragliche Einbindung von Krankenhäusern das Erreichen von Mindestzahlen gefordert. Hier werden erste Schritte in Richtung selektiver Kontrahierung gesetzt.

Bei der Einbindung der verschiedenen Versorgungssektoren wurde auch im Rahmen von DMPs deutlich, dass die sektoralen Budgets ein Hindernis auf dem Weg zur integrierten Versorgung sind. Die DMPs vergüten hauptsächlich außerbudgetäre Zusatzleistungen, ohne die Versorgungsaufträge und Vergütungsstrukturen der einzelnen Sektoren zu ändern. Insbesondere bei der Umsetzung des DMP-Brustkrebs wurde deutlich, dass Mehrleistungen in Schwerpunktkrankenhäusern nicht durch Minderleistungen in anderen Krankenhäusern kompensiert werden konnten. Auch unter DMP-Bedingungen kann nicht erzwungen werden, dass das Geld der Leistung folgt.

Trotz der Tatsache, dass im Rahmen der Umsetzung von DMPs erste Elemente eines Vertragswettbewerbs erkennbar werden, müssen wir doch eine weitgehende Konformität feststellen. Was sind hierfür die Ursachen? Aus meiner Sicht sind zu nennen:

Die strengen rechtlichen Vorgaben der Rechtsverordnung für DMPs bieten nur einen geringen Spielraum für eine klare Differenzierung der Programminhalte. Die Kopplung der DMPs an den RSA macht eine detaillierte gesetzliche Regelung notwendig, die verhindern soll, dass Krankenkassen unrechtmäßig RSA-Gelder erhalten, zum Beispiel durch eine rein formale Umsetzung der DMPs, ohne die wichtigen Managementkomponenten zu realisieren. Gewünschte Kreativität im Wettbewerb auf der einen Seite muss mit der verwaltungsrechtlichen Handhabbarkeit auf der anderen Seite Kompromisse eingehen.

Wie bereits erwähnt, soll der Wettbewerb sich nicht auf die medizinischen Grundlagen der Programme erstrecken. Die gewollte Evidenzbasierung der Programme, die, vereinfacht gesagt, die wissenschaftlichen Erkenntnisse in Diagnostik und Therapie in die Arztpraxis bringen soll, muss grundsätzlich für alle Teilnehmer gelten, ungeachtet der Mitgliedschaft in einer Krankenkasse.

Die Rechtsverordnung fordert für die Umsetzung der strukturierten Behandlungsprogramme (DMPs) Qualitätssicherungsmaßnahmen und Qualitätsziele für die medizinischen Parameter. Grundsätzlich können die Krankenkassen diese Qualitätsmaßnahmen und -ziele individuell definieren. Die Umsetzung stößt aber bald an ihre Grenzen, wenn wir realisieren, dass jede Arztpraxis Patienten hat, die bei einer Vielzahl von Krankenkassen versichert sind. Insbesondere die Umsetzung der Programmschritte beim Arzt, der für die ganze Palette an Kassenarten und Versicherten tätig wird, zwingt zu einer diesbezüglichen Abstimmung zwischen den Krankenkassen. Folglich sind die Einschreibe-unterlagen, bestehend aus Dokumentationsunterlagen, Teilnahme- und Einwilligungserklärung, Datenschutzinformationen und allgemeinen Patienteninformationen über das Programm in der Regel kassenartenübergreifend identisch. Auch die Qualitätsziele sind in der Regel kassenartenübergreifend festgelegt. Die strengen Voraussetzungen und Verfahren der Einschreibung und die Dokumentationsanforderungen, die letztendlich den Ausschlag geben für den RSA-wirksamen Beginn und das Ende der Teilnahme des Versicherten, lassen kaum Modifikationen zu.

Weitere Anforderungen der Rechtsverordnung betreffen die strukturierten Schulungen der Versicherten und der Leistungserbringer. Die Schulungen für die Versicherten in den Programmen werden auf der Grundlage von wissenschaftlichen Methoden zugelassen (sie müssen strukturiert, evaluiert und publiziert sein) und sind kaum für kassenindividuelle Ausgestaltungen geeignet. Die schulenden Leistungserbringer sind an die Schulungsvorgaben gebunden und werden entsprechend vertraglich verpflichtet.

Die Festlegung der Dokumentationsparameter und die Anforderungen an die Dokumentation stellen mitunter den brisantesten Teil der Rechtsverordnung dar. Die Dokumentationsdaten wurden vom Koordinierungsausschuss, also von den Beteiligten, festgelegt und in der Rechtsverordnung übernommen. Auch hier gibt es folglich keine Möglichkeit der Differenzierung. Es leuchtet aber auch ein, dass ein Arzt nicht mit einer Vielzahl von unterschiedlichen Dokumentationsbögen arbeiten kann. Außerdem werden die Daten in der Regel durch spezialisierte Unternehmen unter strenger Beachtung datenschutzrechtlicher Gesichtspunkte nach verschiedenen Adressaten, die z. T. noch von den Vertragspartnern ins Leben gerufen werden müssen, getrennt und weitergeleitet. Pseudonymisierungs- und Prüfverfahren müssen angewandt werden. Für die Durchführung solcher Aufgaben bietet es sich für die Beteiligten schon aus Wirtschaftlichkeitsüberlegungen an, gemeinsam einen Auftrag an einen professionellen Dienstleister zu erteilen.

Darüber hinaus erfordert die Vergleichbarkeit der Programme, dass es eine einheitliche Evaluation gibt, deren Struktur vom Bundesversicherungsamt vorgegeben werden soll.

Es bestand bei Krankenkassen in den meisten Bundesländern sehr schnell eine Präferenz dafür, gemeinsame Verträge abzuschließen, und zwar mit den kassenärztlichen Vereinigungen. Gründe hierfür waren:

- Der Wunsch, kurzfristig viele Ärzte für das DMP zu interessieren und für die Teilnahme zu gewinnen – er konnte am einfachsten mit den KVen umgesetzt werden.

- In vielen Regionen gab es bereits Strukturverträge Diabetes mit den KVen. Diese Verträge sollten in das DMP Diabetes überführt oder von ihm abgelöst werden.

- Viele, insbesondere kleine Krankenkassen, waren nicht in der Lage, die komplexe Programmgestaltung und Vertragsverhandlung aus eigener Kraft umzusetzen. Diese Kassen wollten sich gerne den Ergebnissen der große Kassen anschließen.

Auch seitens der kassenärztlichen Vereinigungen gab es eine deutliche Präferenz für Kollektivverträge. Die Gründe waren:

- Ein kassenartenübergreifender Vertragsabschluss für die Ärzte sollte die Komplexität so gering wie möglich halten. Damit würde man das Handling für den Arzt enorm vereinfachen, aber auch den Wettbewerb der Krankenkassen aus dem Sprechzimmer weitestgehend heraushalten.

- Einzelverträge mit Ärzten müssten aus Sicht der kassenärztlichen Vereinigungen prinzipiell verhindert werden, da sonst Machtverlust zu befürchten wäre und der Beweis geliefert würde, dass es auch ohne sie geht.

- Die bisherigen Verträge sollten erhalten bleiben bzw. ohne Einkommensverluste übergeleitet werden. Dies ist ein typisches Beispiel dafür, wie Reformen häufig mit dem Besitzstandsdenken der Betroffenen verknüpft sind.

- In den Ländern, wo Strukturverträge fehlten, sah man die Chance, Neuabschlüsse zu tätigen. Die Vereinbarung von DMPs wurde somit zum weiteren Druckmittel gegenüber den Krankenkassen.

Die Krankenkassen hatten weitestgehend ein gemeinsames Interesse und konnten sich meistens auf die wichtigsten Punkte einigen:

- Die Krankenkassen wussten, dass kassenartenübergreifende Verträge die Verhandelbarkeit und Akzeptanz bei den Vertragspartnern erhöhen konnten.

- Auch war es ein Anliegen der Krankenkassen, die Komplexität so gering wie möglich zu halten. Der Einstieg in die neue Versorgungsform der DMPs sollte nicht zu Beginn bereits in der Unüberschaubarkeit ersticken.

- Nur eine schnelle Einbindung einer großen Zahl von Ärzten konnte eine flächendeckende Umsetzung der DMPs sicherstellen und damit den Zielen des Gesetzgebers gerecht werden.
- Die gemeinsame Verantwortung für die Qualitätssicherung von Ärzten und Krankenkassen sollte umgesetzt werden.

Die Krankenkassen waren sich untereinander allerdings nicht immer einig. Natürlich werden auch die Krankenkassen mit wenig chronisch Erkrankten zur Finanzierung der DMPs herangezogen. Das bedeutet, dass einige Krankenkassen ein Interesse daran hatten, die DMPs gar nicht, verzögert bzw. nur für eine kleine Gruppe von Versicherten umzusetzen. Manche Kassen versuchen, mit methodisch fragwürdigen Studien den DMP-Ansatz zu diskreditieren.

Die Umsetzung der DMPs wurde weiterhin erschwert durch die komplizierte Antragstellung beim Bundesversicherungsamt zur Akkreditierung der Programme: Die permanenten Unsicherheiten über die Auslegung der RSAV ließen es kaum zu, sehr unterschiedliche Programme zu konzipieren, zu erproben und ggf. bis zur Akkreditierung zu bringen. Das Bundesversicherungsamt war vor allem bestrebt, Rechtssicherheit bei der Umsetzung der DMPs zu garantieren; alle Abweichungen von bereits akkreditierten Elementen mussten beim BVA abgewogen und ggf. zur Absicherung mit dem BMGS abgestimmt werden. Das führte im Ergebnis zu einer größeren Gleichförmigkeit der Programme, als von den rechtlichen Rahmenbedingungen her notwendig war.

Vorschläge für praxisgerechte Änderungen der RSAV

Die ersten Erfahrungen mit den DMPs haben einige Schwächen aufgedeckt, die aus Sicht der AOK so schnell wie möglich beseitigt werden sollten. Die AOK hat sich deshalb mit folgenden Vorschlägen an das BMGS und den Koordinierungsausschuss gewandt:

- Der Patient bestätigt mit einer einmaligen Unterschrift seine Teilnahme am DMP und autorisiert hiermit die Datenübermittlung an die Krankenkassen. Das ist notwendig, um unnötige Wiedereinbestellungen der Patienten in die Arztpraxis zu verhindern, wenn die Daten nachträglich ergänzt oder korrigiert werden müssen. Darüber hinaus ist es eine zwingende Voraussetzung für die beleglose Datenübermittlung. Dieses Ziel ist für ein effizienteres Datenmanagement von großen Bedeutung.

- Eine Vereinfachung und Optimierung der Dokumentationen.
- Eine praktikable Gestaltung der Prüfverfahren im BVA, die eine Akkreditierung innerhalb der gesetzlich vorgesehenen Frist von drei Monaten erlaubt. Damit soll den Krankenkassen Planungssicherheit gegeben werden.

Zusammenfassung und Perspektive

Zusammenfassend kann gesagt werden, dass mit DMPs die ersten Schritte auf dem Weg in Richtung Vertragswettbewerb getan werden. Die Erkenntnisse, die wir aus der Umsetzung von DMPs gewinnen, sollen genutzt werden, um die Rahmenbedingungen für eine solidarische Wettbewerbsordnung besser definieren zu können. Hierbei sind sowohl vom Gesetzgeber als auch von den Kassen und Leistungserbringern Lehren zu ziehen.

Ein wesentliches Hindernis für einen Vertragswettbewerb im Rahmen von DMPs liegt im geringen Spielraum zur Ausgestaltung der Programme. Hier sollte der Gesetzgeber vielleicht den Mut aufbringen, weniger detaillierte Vorgaben zu machen. Die Selbstverwaltung soll dann die Gestaltungsmöglichkeiten nutzen, um auch zu einer Differenzierung des Versorgungsangebots zu kommen.

Die abzuschließenden Verträge konnten nur mit geringfügigen Differenzierungen umgesetzt werden. Die KVen waren in der Regel die bevorzugten Vertragspartner, was dazu führte, dass es kaum Wettbewerb unter den Leistungserbringern gab. Hier müssen die Krankenkassen weitere Kompetenzen aufbauen und beharrlich an Vertragsalternativen arbeiten, so wie das im Rahmen von DMPs auch in einigen Regionen realisiert werden konnte.

Wenn die DMPs ihren Möglichkeiten als Form der integrierten Versorgung gerecht werden sollen, müssen die gesetzlichen Regelungen geändert werden. Die bisherigen sektoralen Budgets verhindern, dass das Geld der Leistung folgt.

Die DMPs sind in einem schwierigen Konsensprozess entstanden. Die notwendigen Anpassungen, die sich jetzt abzeichnen, sollen schnell vorgenommen werden.

Wettbewerb ist ein wichtiges Steuerungselement für die Erhöhung von Qualität und Wirtschaftlichkeit der Versorgung. DMPs können dabei grundsätzlich den Wettbewerb bei der Versorgung initiieren.

Themenkreis 2
Effizienz und Effektivität der Arzneimitteltherapie

Eberhard Wille

Kursorischer Überblick über den deutschen Arzneimittelmarkt

Die pharmazeutische Industrie in Deutschland produzierte im Jahre 2002 pharmazeutische Erzeugnisse zu Herstellerabgabepreisen im Wert von 20,7 Mrd. € (vgl. Bundesverband der Pharmazeutischen Industrie e.V. 2003, S. 8). Dabei beschäftigten die pharmazeutischen Betriebe 114.801 Personen. Gegenüber 1992 nahm die Beschäftigtenzahl um über 21.200 Personen ab (vgl. Verband Forschender Arzneimittelhersteller e. V. 2003, S. 60). An der Produktion pharmazeutischer Erzeugnisse beteiligten sich mehr als 500 Hersteller, wobei noch ca. 300 Biotechnologie-Unternehmen hinzutreten, die sich ebenfalls der Forschung und Entwicklung von Humanarzneimitteln widmen.

Die deutsche pharmazeutische Industrie weist insofern eine mittelständische Branchenstruktur auf, als rund 90 % der Betriebe weniger als 500 Mitarbeiter beschäftigen. Allerdings erwirtschaften die Betriebe mit mehr als 1000 Beschäftigten, obwohl sie nur 9 % der Hersteller ausmachen, 69 % des gesamten Produktionswertes (ebenda, S. 11). Die Anzahl der vom Bundesinstitut für Arzneimittel und Medizinprodukte (BfArM) zugelassenen Humanfertigarzneimittel betrug zum 31.07.2003 42.700 Humanfertigarzneimittel.[1] Das Arzneimittelverzeichnis der sog. Roten Liste führt dagegen nur eine Zahl von 9.449 Präparaten an. Die Differenz zwischen mehr als 40.000 Zulassungen bzw. Registrierungen und knapp 9.500 Präparaten in der Roten Liste geht darauf zurück, dass das BfArM für jede einzelne Wirkstärke und jede Arzneiform eines Wirkstoffes jeweils eine spezielle Zulassung erteilt (vgl. Bundesverband der Pharmazeutischen Industrie e.V. 2003, S. 44f.).

---

[1] Diese Zahl enthält nicht jene Arzneimittel, die eine Standardzulassung besitzen, d. h. per Rechtsverordnung von der Pflicht auf Zulassung freigestellt sind, und jene Präparate, die zentral von der European Medicines Evaluation Agency (EMEA) zugelassen werden.

Tabelle 1: Apothekenumsatz und GKV-Ausgaben für Arzneimittel im Jahre 2002

Arzneimittelumsatz	33,9 Mrd. €	Apothekenumsatz	36,1 Mrd. €	GKV-Arzneimittelausgaben	22,3 Mrd €
Apothekenpflichtig = 97,6 vH	33,1 Mrd. €	davon: - Arzneimittel	93,5 vH		
davon: - verschreibungspflichtig = 74,9 vH	25,4 Mrd. €	davon: - apothekenpflichtig	91,3 vH		61,8 vH (67,2 vH)[1]
- nichtverschreibungspflichtig = 22,7 vH	7,7 Mrd. €	- verschreibungspflichtig	70,1 vH		65,8 vH (71,7 vH)[1]
davon: - verordnet = 10,0 vH	3,4 Mrd. €	- nichtverschreibungspflichtig	21,2 vH		67,4 vH (73,4 vH)[1]
- nicht verordnet = 12,7 vH	4,3 Mrd. €	- freiverkäuflich	2,3 vH		
freiverkäuflich = 2,4 vH	0,8 Mrd. €	- Krankenpflegeartikel	3,5 vH		
		- Ergänzungssortiment	3,0 vH		
- Selbstmedikation = 15,0 vH	5,1 Mrd. €			[1] Jeweils unter Einschluss der Selbstbeteiligung der GKV-Versicherten in Höhe von 2,0 Mrd. €.	

Quelle: Zusammengestellt nach Bundesvereinigung Deutscher Apothekerverbände (ABDA) 2003, 10 A und 12.

Wie Tabelle 1 ausweist, belief sich der Apothekenumsatz mit Arzneimitteln im Jahr 2002 auf 33,9 Mrd. €, was 93,5 % des gesamten Apothekenumsatzes entspricht. Bei den frei verkäuflichen Arzneimitteln tritt noch die Selbstmedikation außerhalb von Apotheken, d. h. Präparate aus Drogerie- und Verbrauchermärkten, mit ca. 0,33 Mrd. € hinzu (vgl. Bundesverband der Arzneimittel-Hersteller e.V. 2003, 1). Der deutsche Arzneimittelmarkt rangiert mit diesem Volumen im internationalen Vergleich an dritter Stelle in der Welt (vgl. Verband Forschender Arzneimittelhersteller e. V. 2003, S. 56). Die Bedeutung der gesetzlichen Krankenversicherung (GKV) für die öffentlichen Apotheken zeigt sich vor allem darin, dass sie unter Einschluss der Selbstbeteiligung ihrer Versicherten einen Anteil von 71,7 % bzw. 73,4 % des Apothekenumsatzes bzw. des Arzneimittelumsatzes in Apotheken einnimmt. An der Wertschöpfung der Ausgaben der GKV für Arzneimittel partizipieren die pharmazeutische Industrie mit 59,3 %, der pharmazeutische Großhandel mit 8,5 % sowie die Apotheken mit 18,4 %, und 13,8 % entfallen auf die Mehrwertsteuer (vgl. Bundesvereinigung Deutscher Apothekerverbände 2003, 14). Im Außenhandel mit pharmazeutischen Erzeugnissen standen im Jahre 2002 Exporte in Höhe von 16,3 Mrd. € Importe im Wert von 18,8 Mrd. € gegenüber, d. h. es entstand ein Defizit von gut 2,5 Mrd. €. In den Jahren 1997 bis 1999 lag dagegen noch ein Überschuss der Exporte gegenüber den Importen zwischen 3,6 Mrd. € und 5,2 Mrd. € vor (vgl. Bundesverband der Pharmazeutischen Industrie 2003, S. 10).

Zum Rationalisierungspotenzial in der Arzneimittelversorgung

In der Arzneimittelversorgung liegt ein Rationalisierungspotenzial vor, wenn Medikamente

- keine Wirksamkeit besitzen,

- eine geringere Wirksamkeit aufweisen als Präparate mit gleichen oder niedrigeren Preisen und

- keine höhere Wirksamkeit entfalten als preiswertere Arzneimittel.

Entsprechend sieht der Arzneiverordnungs-Report, wie Tabelle 2 zusammenfasst, für die GKV ein Einsparpotenzial bei im Hinblick auf ihre Wirksamkeit umstrittenen Arzneimitteln sowie bei Substitutionen durch generikafähige Wirkstoffe und beim Ersatz von Analogpräparaten durch preiswertere Medikamente mit gleicher oder ähnlicher Wirksamkeit. Für das Jahr 2002 beziffert er das gesamte Einsparpotenzial auf über 4 Mrd. €, was fast 18 % der gesamten Arzneimittelausgaben in der GKV entspricht.

Tabelle 2: Einsparpotenziale nach dem Arzneiverordnungs-Report

Gruppe	Jahr	2001 (Mrd. €)	2002 (Mrd. €)
Umstrittene Arzneimittel		1,197	1,141
Generikafähige Wirkstoffe		1,517	1,426
Analogpräparate		1,481	1,494
Einsparpotenzial insgesamt		4,195	4,061
Anteil des Einsparpotenzials an GKV-Arzneimittelausgaben		19,7 %	17,9 %

Quelle: Schwabe, U. 2003a, S. 22.

Der Arzneiverordnungs-Report bezeichnet als umstrittene Arzneimittel Wirkstoffe oder Fertigarzneimittel, "deren therapeutische Wirksamkeit nicht oder nicht in ausreichendem Maß durch kontrollierte klinische Studien nachgewiesen worden ist" (Schwabe, U. 2003b, S. 898). Da sich ein Teil dieser umstrittenen Arzneimittel durch wirksame Präparate ersetzen lässt, handelt es sich bei den entsprechenden Einsparpotenzialen um Differenzbeträge. Wie Abbildung 1 veranschaulicht, gingen die Umsätze von umstrittenen Arzneimitteln zwischen 1982 und 2002 von 4,8 Mrd. € auf 1,8 Mrd. € zurück. U. Schwabe (2003b, S. 910) sieht in dieser Entwicklung einen „bemerkenswerte(n) Beitrag der Vertragsärzte zur Ausschöpfung von Rationalisierungsreserven im System". Das Einsparpotenzial dürfte in den kommenden Jahren auch deshalb weiter abnehmen, weil zum 30.06.2003 die Zulassung von ca. 5000 Präparaten erlosch. Die betreffenden Firmen haben bei diesen Medikamenten, die sich bereits vor 1978 ohne Nachweis ihrer Wirksamkeit auf dem Markt befanden, freiwillig darauf verzichtet, eine (Nach-)Zulassung zu beantragen (siehe auch Bundesverband der Pharmazeutischen Industrie e.V. 2003, S. 44).

Abbildung 1: Entwicklung von Verordnungen und Umsatz umstrittener Arzneimittel

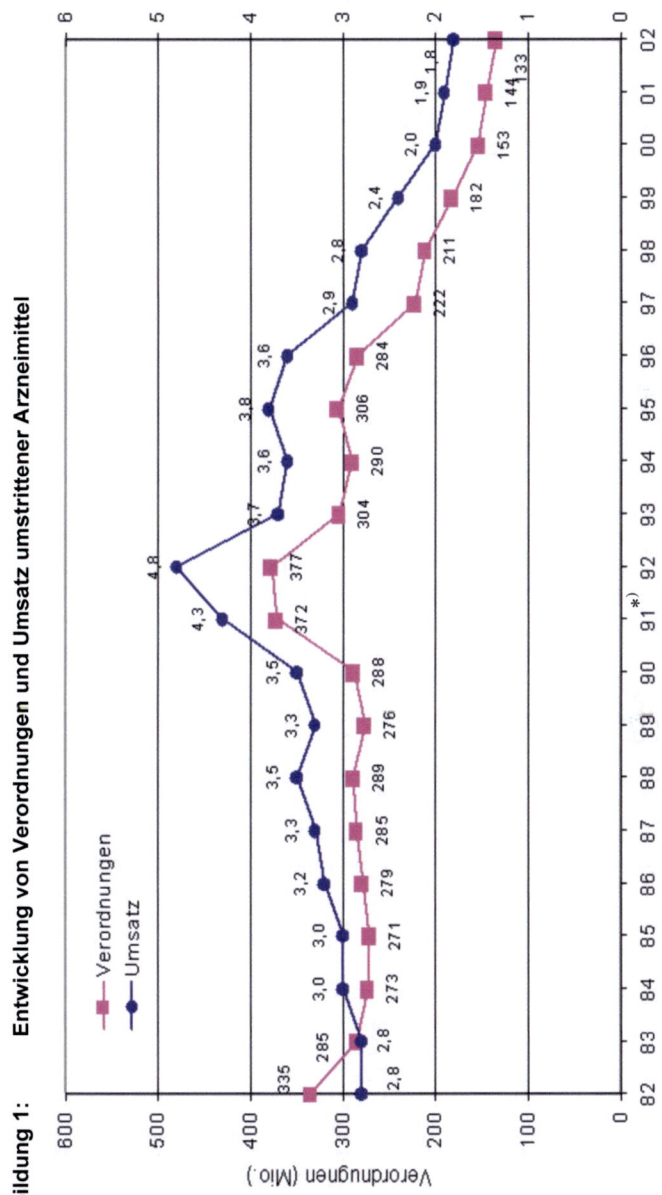

*) Ab 1991 mit den neuen Bundesländern Quelle: Schwabe, U. und Paffrath, D. (Hrsg.), Arzneiverordnungs-Report 2003, S. 899.

Im Unterschied zum Einsparpotenzial bei den umstrittenen Arzneimitteln erfolgt bei der Substitution durch generikafähige Wirkstoffe – ebenso wie beim Ersatz von teuren Analogpräparaten – im Sinne eines dynamischen Prozesses ein permanenter Zufluss von Rationalisierungsmöglichkeiten. Sofern der Patentschutz von umsatzstarken Arzneimitteln ausläuft, kann das Einsparpotenzial durch die Generikasubstitution, wie in den Jahren 1999 und 2000, selbst dann zunehmen, wenn die Ärzte verstärkt Zweitanmelderpräparate verordnen (vgl. Sachverständigenrat für die Konzertierte Aktion im Gesundheitswesen 2002, S. 31f.). Die Veränderung des Einsparpotenzials bildet insofern im generikafähigen Markt für sich betrachtet noch keinen validen Indikator für die Effizienz der Arzneimittelversorgung.

Wie Tabelle 3 zeigt, nahm der Anteil der Generikapräparate nach Verordnungen und Umsatz sowohl im generikafähigen als auch im GKV-Gesamtmarkt von 1987 bis 2002 deutlich zu.[2] Deutschland besitzt mit über 68 % im generikafähigen und knapp 30 % im GKV-Gesamtmarkt die wohl höchsten Marktanteile von Generikapräparaten weltweit (siehe auch Mossialos, E. 2003, S. 24, sowie Kommission der Europäischen Gemeinschaften 2003, S. 57). Da die Preise von Originalpräparaten im Durchschnitt über jenen von Generika liegen, erreichen die jeweiligen Anteile nach Umsatz mit 68,3 % bzw. 29,9 % nicht jene nach Verordnungen mit 75,3 % bzw. 52,2 %. Im generikafähigen Markt verringerte sich diese Differenz allerdings im Beobachtungszeitraum von 14,3 Prozentpunkten (1987) auf 7,0 Prozentpunkte (2002). Die Abnahme dieser Differenz deutet darauf hin, dass sich die Preise von patentfreien Originalpräparaten und Generika zunehmend angleichen. Anders verhält es sich seit 1999 im GKV-Gesamtmarkt, denn hier stehen zunehmenden Anteilen der Generika nach Verordnungen abnehmende Quoten nach Umsatz gegenüber. Dies impliziert den Markteintritt von sehr teuren patentgeschützten Medikamenten (ähnlich Schwabe, U. 2003b, S. 865).

---

[2] Die in Tabelle 3 ausgewiesenen Anteile der Generika erlauben nur mit Einschränkungen Vergleiche mit den Vorjahren, da sich Anzahl und Art der zugrunde liegenden Wirkstoffe ändert (siehe auch Sachverständigenrat für die Konzertierte Aktion im Gesundheitswesen 2002, S. 31).

Tabelle 3: Anteil der Generikapräparate am generikafähigen und am GKV-Gesamtmarkt

Jahr	Anzahl der Wirkstoffe	generikafähiger Markt		Gesamtmarkt GKV-Rezepte	
		Anteil nach Verordnungen in vH	Anteil nach Umsatz in vH	Anteil nach Verordnungen in vH	Anteil nach Umsatz in vH
1987	256	45,7	31,4	17,2	13,2
1988	281	50,4	39,7	20,4	15,3
1989	290	53,2	42,4	21,9	16,3
1990	306	55,5	44,9	23,8	17,0
1991	307	57,5	48,1	26,6	18,9
1992	299	58,3	48,5	29,4	22,1
1993	319	67,5	59,4	38,0	30,8
1994	328	64,5	54,7	36,3	28,2
1995	343	66,3	58,4	38,6	29,8
1996	338	66,8	61,0	38,2	30,0
1997	338	68,8	63,8	40,3	30,4
1998	334	68,7	63,2	39,3	27,3
1999	403	70,4	64,3	46,4	31,8
2000	420	72,0	64,0	49,0	31,7
2001	425	72,9	66,4	49,9	30,9
2002	460	75,3	68,3	52,2	29,9

Quelle: Zusammengestellt aus Schwabe, U. und Paffrath, D. (Hrsg.), Arzneiverordnungs-Report 1987-2003.

Analogpräparate enthalten als patentfähige Substanzen neue Wirkstoffmoleküle mit analogen pharmakologischen und klinischen Wirkungen wie bereits bekannte Arzneimittel. Diese chemischen Innovationen besitzen keine relevanten therapeutischen Vorzüge gegenüber bereits eingeführten Wirkstoffen. Da die Gruppe der Analogpräparate in den letzten Jahren weiter zunahm, gewinnt sie im Rahmen der Arzneimittelversorgung für die Ausschöpfung von Rationalisierungspotenzialen künftig eine größere Bedeutung als die bisher bereits stärker genutzten Einsparmöglichkeiten bei der Substitution durch Generika (vgl. Schwabe, U. 2003b, S. 869). Analogpräparate bieten aber nicht per se einen Ansatzpunkt für Rationalisierungsmaßnahmen.

Sie können, vor allem im Wettbewerb mit dem ursprünglichen Innovationsprodukt, auch Preissenkungsprozesse auslösen (siehe ebenda, S. 871ff. sowie den Beitrag von B. Häussler in diesem Band). Es kommt letztlich darauf an, ob das jeweilige Analogpräparat mit teureren oder preiswerteren Medikamenten mit ähnlichen oder gleichartigen Wirkungen konkurriert.

Die Analogpräparate können auch mit der zentralen Einflussgröße des Wachstums der Arzneimittelausgaben in der GKV, nämlich der sog. Strukturkomponente, in Beziehung stehen. Wie Tabelle 4 ausweist, stiegen die Arzneimittelausgaben der GKV von 1994 bis 2002 mit Ausnahme des Jahres 1997 stetig an, wobei die Wachstumsraten zwischen 2,8 % und 10,4 % lagen. Trotz dieses Ausgabenwachstums ging die Zahl der Verordnungen in diesem Zeitraum überwiegend, d. h. mit Ausnahme der Jahre 1995 und 2002, deutlich zurück, und der Arzneimittel-Preisindex veränderte sich kaum. Für das Wachstum der Arzneimittelausgaben zeichnete somit alleine die Strukturkomponente verantwortlich, die sich aus dem Inter- und Intramedikamenteneffekt zusammensetzt. Der Intermedikamenteneffekt misst Umsatzveränderungen, die auf den Wechsel zu anderen Arzneimitteln zurückgehen, und der Intramedikamenteneffekt zeigt entsprechende Veränderungen an, die bei identischen Arzneimitteln aus einem Wechsel zu anderen Packungsgrößen, Darreichungsformen und Wirkungsstärken resultieren. Dabei dominierte in den letzten Jahren eindeutig der Intermedikamenteneffekt, d. h. die Substitution von älteren Arzneimitteln durch neue Präparate mit höheren Preisen führte letztlich zu dem Anstieg der Arzneimittelausgaben.

Tabelle 4: Komponenten des Wachstums der GKV-Arzneimittelausgaben von 1987 bis 2002

Komponenten[1]	Umsatzent- wicklung	Zahl der Verordnungen	Preise	Strukturkomponente		
Jahr				insge- samt	Intermedika- menteneffekt	Intramedika- mentefekt
1987	6,8	3,7	0,7	2,3	0,4	1,9
1988	8,5	4,1	1,4	2,7	0,8	1,9
1989	0,8	-3,5	1,0	2,9	0,0	2,9
1990	6,5	5,3	-0,1	1,3	-0,4	1,7
1991	10,8	3,8	1,5	5,1	2,5	2,7
1992	9,8	3,2	2,0	4,3	1,8	2,5
1993	-12,0	-11,2	-3,6	2,7	0,9	1,9
1994	4,6	-3,1	-1,2	9,0	5,4	3,4
1995	7,1	6,3	0,2	0,7	-0,7	1,5
1996	4,8	-3,5	0,0	8,7	6,7	1,9
1997	-1,7	-11,3	-0,8	11,3	8,2	2,8
1998	4,8	-3,2	0,2	8,1	5,6	2,3
1999	2,9	-3,0	0,6	5,6	4,2	1,4
2000	2,8	-4,3	0,7	6,7	6,4	0,3
2001	10,4	-1,0	1,0	10,4	8,6	1,6
2002	6,5	0,2	-0,3	6,6	5,4	1,1

1) Veränderungen im Vergleich zum Vorjahr in Prozent.

Quelle: Zusammengestellt aus Schwabe, U. und Paffrath, D. (Hrsg.), Arzneiverordnungs-Report 1987 bis 2003.

Das negative Wachstum der Verordnungszahlen und der positive Intermedikamenteneffekt deuten darauf hin, dass im Arzneimittelbereich – anders als z. B. in der medizinischen Diagnostik – neue und teurere Präparate nicht zu den etablierten Medikamenten zusätzlich hinzutreten, sondern diese verdrängen. Der Intermedikamenteneffekt umfasst bei positivem Vorzeichen sowohl Substitutionen von Präparaten mit niedrigeren Preisen durch teurere Arzneimittelinnovationen mit therapeutischer Relevanz[3] als auch den Ersatz von preiswerteren Medikamenten durch höherpreisige Analogpräparate. Da es sich in beiden Fällen um patentgeschützte Wirkstoffe handelt, besitzen die Hersteller bei ihrer Preisbildung hier zumeist einen relativ weiten Spielraum.

Die Forderung nach einer Nutzenmessung und –bewertung der patentgeschützten Präparate zielt darauf ab, bei Analogpräparaten eine Erstattungsobergrenze für die GKV in Form eines Festbetrages einzuführen (siehe u. a. Sachverständigenrat für die Konzertierte Aktion im Gesundheitswesen 2002, S. 59ff.; Wille, E. 2002, S. 40ff. und die Beiträge in Association International de la Mutualité 2003). Patentgeschützte Arzneimittel mit unstrittiger therapeutischer Relevanz bleiben hiervon unberührt. Eine solche sog. 4. Hürde, die neben der Überprüfung von Qualität, Wirksamkeit und Unbedenklichkeit eines Arzneimittels noch die Analyse seiner Kosten-Effektivität vorsieht, verstößt insofern nicht gegen marktwirtschaftliche Prinzipien, als mit der fehlenden Preissensibilität der Nachfrage[4] die Voraussetzungen einer effizienten marktwirtschaftlichen Koordination gar nicht vorliegen (siehe ebenda sowie Sterzel, A. 2002, S. 11ff.).

Arzneimittelausgaben im internationalen Vergleich

Bei einer Betrachtung der Ausgaben für Arzneimittel pro Kopf, angegeben in US-Dollar, bleibt die deutsche Arzneimittelversorgung durchaus im internationalen Rahmen. Wie Tabelle 5 zeigt, lag Deutschland im Jahre 2001 mit 345:320 nur unwesentlich über dem Durchschnitt jener 15 Länder, für die hier Werte vorliegen. Dabei

---

[3] Auch die Ergebnisse der Studie von Wille, E., Erbsland, M. und Ulrich V. (2003, S. 30) deuten darauf hin, dass es sich bei der Innovationskomponente um eine Teilmenge des Intermedikamenteneffektes handelt. Es besteht im Hinblick auf die Entwicklung dieser beiden Komponenten allerdings kein eindeutiger Zusammenhang.

[4] Infolge einer weitgehenden Vollversicherung sehen sich die Nachfrager bzw. Konsumenten von Arzneimitteln nicht gezwungen, ihre Zahlungsbereitschaft und damit auch ihre individuelle Nutzenschätzung zu offenbaren. Marktwirtschaftliche Bedingungen existieren unter diesem Aspekt nur im Bereich der Selbstmedikation.

rangieren 6 der 15 Länder mit ihren Arzneimittelausgaben pro Kopf noch vor Deutschland.

Tabelle 5: Die Entwicklung der Ausgaben für Arzneimittel pro Kopf im internationalen Vergleich[1]

Jahr Land	1960	1970	1980	1990	1991	1995	1998	1999	2000	2001
Australien	17	25	63	127	140	191	204	232	245	240
Belgien	10	30	139	228	244	386				
Dänemark		16	74	165	175	256	245	240	215	227
Deutschland		31	155	294	288	406	372	368	327	345
Finnland	8	17	74	204	219	270	253	257	239	255
Frankreich	12	38	148	309	324	451	430	444	419	441
Griechenland	4	19	60	86	105	170	150	158	145	140
Irland		16	56	100	102	131	152	167	168	177
Island	8	21	145	306	302	333	384	415		
Italien	6	15	77	330	349	296	349	357	336	352
Japan			125	313	381	641	420	478	528	492
Kanada	16	31	66	214	239	251	280	297	328	349
Luxemburg		26	125	265	272	339	316	339	296	
Neuseeland			51	124	126	177				
Niederlande	4	12	76	151	158	247	208	219	202	216
Norwegen		11	94	153	164	241				
Österreich	7	17	88	196	210	267	282	294	270	272
Portugal		3	34	111	135	207	218			
Schweden		20	92	189	208	282	319	332	315	290
Schweiz		33	175	298	309	435	400	407	382	400
Spanien			67	157	177	204	207			
Türkei			20							
Ver. Königreich		15	69	142	160	209				
Ver. Staaten	24	43	96	251	269	324	420	483	541	605
Durchschnitt 24	11	22	93	197	220	292	295	323	310	320

1) Angegeben in US-Dollar.
Quelle: Zusammengestellt und berechnet nach OECD Health-Data 1999-2003, Paris.

Im Jahre 1995 dagegen übertraf Deutschland den Durchschnitt der hier notierten 23 Länder mit 406:292 recht deutlich. In diesem Jahr wiesen nur Japan, Frankreich und die Schweiz höhere Arzneimittelausgaben pro Kopf auf.

Ein etwas anderes Bild ergibt sich, wenn man die nationalen Arzneimittelausgaben in Dollar-Kaufkraftparitäten umrechnet. Die Relation zum Durchschnitt der 13 Länder mit entsprechenden Angaben für das Jahr 2001 erhöht sich, wie Tabelle 6 belegt, auf 552:462, und nur die Vereinigten Staaten und Frankreich gaben pro Kopf mehr für Arzneimittel aus als Deutschland. Im Jahre 1995 nahm Deutschland unter 23 Ländern hinter Frankreich sogar die zweite Position ein, wobei das Verhältnis zum Durchschnitt dieser Länder mit 400:273 noch deutlicher ausfiel.

Unter dem Aspekt der gesundheitlichen Leistungserstellung interessiert vor allem die Relation zwischen den Ausgaben für Arzneimittel und den Gesamtausgaben für die Gesundheitsversorgung. Im Unterschied zu einem internationalen Vergleich der Arzneimittelausgaben pro Kopf besitzt ein Benchmarking der sog. Arzneimittelquoten den Vorzug, dass dieser Indikator keine Umrechnung über Wechselkurse oder Kaufkraftparitäten erfordert und damit im Zeitablauf geringeren Verzerrungen unterliegt. Wie Tabelle 7 ausweist, liegt Deutschland im Hinblick auf den Anteil der Arzneimittelausgaben an den gesamten Gesundheitsausgaben sowohl im Jahre 2001 mit 14,3:14,5 als auch im Jahre 1995 mit 12,7:14,1 unter dem Durchschnitt der 15 bzw. 23 Länder.

Bei einem Vergleich der Tabellen 5 bis 7 fällt auf, dass einige Länder mit hohen Arzneimittelausgaben pro Kopf, wie die Vereinigten Staaten und die Schweiz, niedrige Arzneimittelquoten besitzen. Umgekehrt weisen einige Länder mit vergleichsweise niedrigen Arzneimittelausgaben pro Kopf, wie Griechenland, Portugal und Spanien, relativ hohe Anteile der Arzneimittelausgaben an den gesamten Gesundheitsausgaben auf. Einer der zentralen Gründe für diese Abweichungen dürfte in der unterschiedlichen Ausgabenintensität des jeweiligen stationären Sektors liegen. Insgesamt gesehen bleiben die deutschen Arzneimittelausgaben sowohl hinsichtlich ihres Niveaus als auch bezüglich ihrer Entwicklung im internationalen Kontext eher unauffällig.

Tabelle 6: Die Entwicklung der Ausgaben für Arzneimittel pro Kopf im inter-nationalen Vergleich[1]

Jahr Land	1960	1970	1980	1990	1991	1995	1998	1999	2000	2001
Australien	22	29	63	144	162	246	301	344	403	438
Belgien	13	41	113	218	241	352				
Dänemark		18	67	148	162	219	257	261	267	283
Deutschland		41	147	311		400	475	498	532	552
Finnland	11	23	69	154	173	234	263	291	315	344
Frankreich	16	48	111	303	340	420	462	507	575	637
Griechenland	6	25	65	104	113	195	183	218	258	
Irland		22	50	88	95	126	153	173	187	
Island	8	22	92	216	208	284	341	370		
Italien	10	22	80	280	294	311	388	419	457	493
Japan			111	232	266	367	343	351	383	417
Kanada	16	32	62	204	226	309	408	433	469	520
Luxemburg		29	88	223	234	255	291	307	403	
Neuseeland			54	129	140	184				
Niederlande	6	15	62	160	170	249	354	380	384	430
Norwegen		10	55	150	194	275	381	342		
Österreich	11	26	72	159	173	243	322	354	392	400
Portugal		5	53	152	177	266	320	316		
Schweden		18	55	120	126	202				
Schweiz	33	53	129	224	237	304	360	385	399	420
Spanien			69	145	189	260	328	353	370	401
Türkei				35						
Ver. Königreich		21	57	131	141	201		296		
Ver. Staaten	27	51	113	294	314	378	481	545	604	670
Durchschnitt 24	15	28	80	180	199	273	337	357	400	462

1) Angegeben in Dollar-Kaufkraftparitäten.
Quelle: Zusammengestellt und berechnet nach OECD Health-Data 1999-2003, Paris.

Tabelle 7: Die Entwicklung der Ausgaben für Arzneimittel in Prozent der Gesamtausgaben für Gesundheit im internationalen Vergleich

Jahr / Land	1960	1970	1980	1990	1991	1995	1998	1999	2000	2001
Australien	22,6	14,1	8,0	9,0	9,5	11,2	11,9	12,4	13,5	13,8
Belgien	24,3	28,1	17,4	15,5	15,6	16,5				
Dänemark		9,1	6,0	7,5	8,0	9,1	9,0	8,7	8,7	8,9
Deutschland		16,2	13,4	14,3		12,7	13,4	13,5	13,6	14,3
Finnland	17,1	12,6	10,7	9,4	9,9	14,1	14,6	15,1	15,5	15,7
Frankreich	22,1	23,2	15,9	16,9	17,2	17,6	18,6	19,5	20,4	21,0
Griechenland	26,8	25,5	18,8	14,3	16,3	15,7	13,9	13,8	14,2	14,0
Irland		22,2	10,9	12,2	11,6	10,4	10,4	10,5	10,6	10,3
Island	18,5	17,1	15,9	15,7	14,2	15,5	15,3	14,5		
Italien	19,8	14,5	13,7	21,2	20,4	20,9	21,8	22,3	22,2	22,3
Japan			21,2	21,4	22,9	22,4	18,9	18,1	18,3	18,7
Kanada	12,9	11,3	8,5	11,5	11,8	13,8	15,2	15,3	15,7	16,2
Luxemburg		19,7	14,5	14,9	15,0	12,0	12,3	12,1	12,1	
Neuseeland				11,9	13,8	14,1	14,8			
Niederlande	9,5	7,5	8,0	9,6	9,6	11,0	9,7	10,0	10,1	10,1
Norwegen		7,8	8,7	7,2	7,3	9,0				
Österreich	17,2	16,2	10,9	13,2	13,6	11,1	14,0	14,5	14,9	15,1
Portugal		13,4	19,9	24,9	24,3	23,2	22,8			
Schweden		6,6	6,5	8,0	8,7	12,3	13,6	13,9	13,9	13,5
Schweiz		19,1	15,2	10,2	9,8	10,0	10,2	10,5	10,7	10,6
Spanien			21,0	17,8	18,1	17,7				
Türkei				20,5						
Ver. Königreich		14,7	12,8	13,5	13,8	15,3				
Ver. Staaten	16,6	12,4	9,1	9,2	9,1	8,9	10,3	11,3	11,9	12,4
Durchschnitt 24	18,9	15,6	13,0	13,8	13,7	14,1	14,2	13,9	14,1	14,5

Quelle: Zusammengestellt und berechnet nach OECD Health-Data 1999-2003, Paris

Zur Wettbewerbsfähigkeit der deutschen pharmazeutischen Industrie

Von der pharmazeutischen Produktion aus Europa, Japan und den USA belief sich der Anteil Deutschlands im Jahre 2000 auf 6%, während er 1990 noch 9% betrug (vgl. Verband Forschender Arzneimittelhersteller e.V. 2003, S. 54). Als Produktionsstandort für pharmazeutische Erzeugnisse verlor Deutschland im letzten Jahrzehnt spürbar an Bedeutung (siehe auch Gambardella, A., Orsenigo, L. und Pammolli, F. 2000, S. 19f. sowie Tabellen, 9, 12, 16 und 17). In den 90er Jahren wuchs nahezu die gesamte europäische pharmazeutische Industrie schwächer als die amerikanische (ebenda, S. 82). In der Erkenntnis, „dass Europa hinsichtlich seiner Fähigkeit, immer kostspieligere und organisatorisch komplexere innovative Verfahren zu entwickeln, zu organisieren und zu finanzieren, hinter den USA hinterherhinke", richtete die Kommission der Europäischen Gemeinschaften (2003, S. 3) eine Arbeitsgruppe „Innovation und Bereitstellung von Arzneimitteln", die sog. G-10-Arzneimittelgruppe, ein. Diese Arbeitsgruppe legte am 07.05.2002 ihren Bericht vor und die Kommission unterbreitete auf dieser Grundlage zahlreiche Empfehlungen zur Stärkung der Wettbewerbsfähigkeit der europäischen pharmazeutischen Industrie.

Eine von der Kommission eingerichtete Arbeitsgruppe entwickelte für ein Benchmarking der Wettbewerbsfähigkeit der nationalen pharmazeutischen Industrie die folgenden „Hauptindikatoren" (ebenda, S. 47ff.):

- Risikokapitalinvestitionen in Gesundheit und Biotechnologie

- staatliche Mittel für Forschung und Entwicklung (FuE) im Gesundheitssektor

- Marktanteil der in den letzten fünf Jahren eingeführten neuen molekularen Wirkstoffe

- Marktanteil von Generika

- Anteil verschreibungsfreier Arzneimittel am Gesamtabsatz

- Zeitspanne zwischen weltweit erstem Zulassungsantrag und Markteintritt

- Zeitspanne zwischen Antrag auf Preisfindung und/oder Erstattungsentscheidung und der Erstattung

- FuE-Aufwendungen im Arzneimittelbereich und deren Produktivität

- Handelsbilanz der pharmazeutischen Industrie

- Beschäftigung in der pharmazeutischen Industrie.

Im Vergleich zu den USA investieren die europäischen Länder deutlich weniger Risikokapital in Gesundheit und Biotechnologie, wobei Deutschland noch am besten abschneidet. Bei den staatlichen Mitteln für FuE im Gesundheitsbereich wenden die USA fast fünfmal mehr als die Europäische Union auf. Hier liegt Deutschland allerdings noch deutlich hinter dem Vereinigten Königreich und Frankreich. In den USA existiert ein dynamischer Markt für neue molekularbiologische Arzneimittel, die auch nirgendwo schneller den Markt erreichen (siehe hierzu auch Schöffski, O. 2002). Bei diesem Indikator, d. h. der Zeitspanne zwischen erstem Zulassungsantrag und Markteintritt, rangiert Deutschland hinter den USA an zweiter Stelle. Insgesamt sieht die Kommission im Pharmasektor „ein zentrales Element der Gesundheitsversorgungssysteme und der öffentlichen Gesundheit" (S. 30) und möchte deshalb die Leistungsfähigkeit der europäischen pharmazeutischen Industrie und die Auswirkungen auf die öffentliche Gesundheit einem ständigen Benchmarking unterziehen.

Von den 14 speziellen Empfehlungen der Kommission setzen die meisten unmittelbar an den oben aufgelisteten Hauptindikatoren an. Daneben erscheinen noch die folgenden Empfehlungen erwähnenswert (ebenda, S. 32):

- freier Wettbewerb für Arzneimittel, die nicht vom Staat bzw. einer sozialen

- Versicherung erstattet werden,

- Entwicklung einer Beurteilung von Arzneimitteln auf klinische Wirksamkeit und

- Kostenwirksamkeit,

- Setzen von Forschungsanreizen für die Entwicklung und Vermarktung von Medikamenten für seltene Leiden und für Kinderarzneimittel,

- nachvollziehbare Unterscheidung von Werbung und patientengerechten, qualitativen Informationen sowie

- Bereitstellung von Finanzmitteln für Patientenorganisationen zur Vernetzung auf EU-Ebene.

Die Länder der Europäischen Gemeinschaften sehen sich im Hinblick auf den Arzneimittelsektor in den nächsten Jahren mit dem Problem konfrontiert, einerseits die Aufwendungen für Medikamente in ihren sozialen Sicherungssystemen beherrschbar zu halten und andererseits die Wettbewerbsfähigkeit der heimischen pharmazeutischen Industrie zu fördern. Im vergangenen Jahrzehnt vermochten die meisten dieser Länder – und dies gilt für Deutschland in besonderem Maße – weder das eine noch das andere Ziel zu verwirklichen.

Literatur:

Association Internationale de la Mutualité, Hrsg. (2003) : Neue Arzneimittel: Nutzenmessung und –bewertung im europäischen Vergleich, Internationale Konferenz der AIM Athen, 21. März 2003, Brüssel.

Bundesverband der Arzneimittel-Hersteller e.V., BAH (2003): Der Arzneimit-telmarkt in Deutschland in Zahlen 2002 – Unter besonderer Berücksichtigung der Selbstmedikation, Unkel.

Bundesverband der Pharmazeutischen Industrie e.V., BPI (2003): Pharma-Daten 2003, Berlin.

Bundesvereinigung Deutscher Apothekerverbände, ABDA (2003): Die Apotheke. Zahlen, Daten, Fakten 2002, Berlin.

Gambardella, Alfonso, Orsenigo, Luigi und Pammolli, Fabio (2000): Global Competitiveness in Pharmaceuticals. A European Perspective. Report Prepared for the Directorate General Enterprise of the European Commission, November 2000.

Kommission der Europäischen Gemeinschaften (2003): Die pharmazeutische Industrie Europas zum Wohl der Patienten stärken: was zu tun ist. Mitteilung der Kommission an den Rat, das Europäische Parlament, den Europäischen Wirtschafts- und Sozialausschuss und den Ausschuss der Regionen, Brüssel, den 1.7.2003.

Mossialos, Elias (2003): Kontrolle von Arzneimittelkosten und –verbrauch in Europa: Kostendämpfung bei gleichzeitiger Verbesserung von Effizienz, Qualität und Zugang, in: Association International de la Mutualité (Hrsg.): Neue Arzneimittel..., a.a.O., S. 17-26.

OECD (1999-2003): OECD Health-Data 1999-2003, Paris.

Sachverständigenrat für die Konzertierte Aktion im Gesundheitswesen (2002): Bedarfsgerechtigkeit und Wirtschaftlichkeit, Gutachten 2000/2001. Addendum: Zur Steigerung von Effizienz und Effektivität der Arzneimittelversorgung in der gesetzlichen Krankenversicherung (GKV), Baden-Baden.

Schöffski, Oliver (2002): Diffusion of Medicines in Europe. Prepared for the European Federation of Pharmaceutical Industries and Associations (EFPIA), Burgdorf.

Schwabe, Ulrich (2003a): Arzneiverordnungen 2002 im Überblick, in: Schwabe, Ulrich und Paffrath, Dieter (Hrsg.): Arzneiverordnungs-Report 2003, a.a.O., S. 23.

Schwabe, Ulrich (2003b): Einsparpotenziale, in: Schwabe, Ulrich und Paffrath, Dieter (Hrsg.): Arzneiverordnungs-Report 2003, a. a. O., S. 863-914.

Schwabe, Ulrich und Paffrath, Dieter, Hrsg. (2003): Arzneiverordnungs-Report 2003, Berlin et al.

Sterzel, Astrid (2002): Deregulierung des Arzneimittelvertriebs in Deutschland.

Versandapotheke als Reformoption? Eine ökonomische Analyse, Berlin.

Verband Forschender Arzneimittelhersteller e.V., VFA (2003): Statistics 2003.

Die Arzneimittelindustrie in Deutschland, Berlin.

Wille, Eberhard (2002) : Steuerungsinstrumente der Arzneimittelausgaben, in:

Wille, Eberhard und Albring, Manfred (Hrsg.): Konfliktfeld Arzneimittelversorgung, Frankfurt et al., S.35-47.

Wille, Eberhard, Erbsland, Manfred und Ulrich, Volker (2003): Zur Berechnung einer Innovationskomponente auf dem Arzneimittelmarkt 1995-2002, Gutachten im Auftrag von GlaxoSmithKline GmbH & Co. KG, Mannheim.

Bewertung des Nutzens aus ärztlicher Sicht

Ulrich Schwabe

Die Bewertung von Arzneimitteln gehört zu den zentralen Aufgaben der Pharmakologie. Bereits in den Anfängen der wissenschaftlich begründeten Arzneitherapie forderte der Begründer der Pharmakologie, Rudolf Buchheim, in seinem Lehrbuch der Arzneimittellehre: "Nie aber werden wir hoffen dürfen, zu einer wirklich wissenschaftlichen Arzneimittellehre zu gelangen, wenn wir nicht unser Urtheil über die Wirkung der Arzneimittel der strengsten Kritik unterwerfen."(Buchheim 1856). Die besondere ärztliche Verantwortung für die Bewertung von Arzneimitteln hat der Pharmakologe Wolfgang Heubner (1930) in seiner berühmten Heidelberger Antrittsvorlesung "Arznei als Wert" hervorgehoben. An oberster Stelle steht bei ihm das Streben nach der akademischen Freiheit, die Werturteile selbständig bildet und selbst verantwortet. Die erstrebte Freiheit sah er durch die Tatsache gefährdet, dass "an der Bewertung von Arzneimitteln andere Instanzen öffentlich teilnehmen, deren Urteil ganz andere Voraussetzungen hat als das des akademisch gebildeten Arztes". Schon damals kritisierte Heubner, dass "die Propaganda für Arzneipräparate nicht nur deren Wert im Einzelnen in die Höhe treibt, sondern zu einer allgemeinen Überbewertung der Arzneitherapie überhaupt führt". Und weiter: "Während sich Ärzte und Kassen in fruchtlosen Kämpfen darüber aufreiben, wie die Arzneikosten verringert werden könnten, streichen die Arzneiproduzenten immer höhere Gewinne ein, dank ihrem psychologischen Geschick in der Propaganda."

In den letzten 30 Jahren sind die Arzneimittelausgaben in den meisten Ländern angestiegen und haben zahlreiche staatliche und wirtschaftliche Initiativen zur Kostensenkung induziert. In Deutschland sind in erster Linie allgemeine ökonomische Instrumente wie Festbeträge, Patientenzuzahlungen, Arzneimittelbudgets und Kassenrabatte erfolgreich eingesetzt worden. Daneben wurde über verschiedene Ansätze versucht, die Verordnung von Arzneimitteln zu verbessern. Dazu gehörten bisher Arzneimittelrichtlinien, Transparenzlisten, Preisvergleichslisten und Negativlisten als Steuerungsinstrumente der Arzneimittelverordnung in der gesetzlichen Krankenversicherung.

Alle diese gesetzlichen Regelungen basierten auf einer Bewertung des therapeutischen Nutzens von Arzneimitteln nach jeweils vorgegebenen Kriterien.

Eine erste Maßnahme waren 1960 die Verordnungseinschränkungen für einzelne Arzneimittelgruppen in den Arzneimittelrichtlinien des Bundesausschusses der Ärzte und Krankenkassen (§ 368 p Abs. 1 Reichsversicherungsordnung vom 12.12.1960). Orientierten sich diese Einschränkungen zunächst überwiegend an sozialrechtlichen Maßstäben, fanden später auch Bewertungen des therapeutischen Nutzens Eingang in die Arzneimittelrichtlinien. So wurden 1993 weitere Verordnungseinschränkungen gemäß §§ 2, 12 und 70 SGB V festgelegt, weil die Voraussetzungen für die Notwendigkeit einer Arzneimitteltherapie aufgrund eines fehlenden therapeutischen Nutzens der Arzneimittel nicht gegeben ist oder weil das Behandlungsziel auch durch nichtmedikamentöse Maßnahmen erreicht werden kann (Ziffer 17.2 der Arzneimittelrichtlinien). Dazu gehörten beispielsweise Verordnungseinschränkungen für Antiarthrotika, Antihypotonika, Darmfloramittel, Immunstimulantien, Magnesiumpräparate und Venentherapeutika.

Der bisher umfassendste Versuch einer therapeutisch orientierten Arzneimittelbewertung wurde mit den Arzneimittelpositivlisten der Jahre 1992 und 2000 gestartet. Nach dem Vorbild vieler europäischer Länder wurde auch in Deutschland im Rahmen des Gesundheitsstrukturgesetzes (GSG) im Dezember erstmals 1992 die gesetzliche Grundlage für die Einführung einer Liste verordnungsfähiger Arzneimittel (Positivliste) geschaffen (§ 92a SGB V). Die entscheidende Anforderung für eine Aufnahme von Arzneimitteln in die Positivliste war der Nachweis eines mehr als geringfügigen Nutzens hinsichtlich des zu erzielenden therapeutischen Effektes. Nach 18-monatiger Tätigkeit hatte das Institut für Arzneimittel in der gesetzlichen Krankenversicherung 1995 eine Vorschlagsliste mit ca. 20.000 Fertigarzneimitteln erstellt, die eine qualitative Verbesserung der Arzneitherapie durch Substitution von Arzneimitteln mit einem Umsatzvolumen von 2,5 Mrd. € (4,9 Mrd. DM) und Einsparungen in Höhe von 1 Mrd. € (2 Mrd. DM) ermöglicht hätte. Nach massiver Kritik durch die pharmazeutische Industrie und die Apothekerverbände wurde die Einführung der Positivliste aus politischen Gründen im Dezember 1995 durch das 5. SGB V-Änderungsgesetz wieder gestoppt.

Auch der zweite Anlauf zur Erstellung einer Arzneimittelpositivliste, der im Rahmen der Gesundheitsreform 2000 (§ 33a SGB V) unternommen wurde, scheiterte im Juli 2003 kurz vor dem Ziel, da sie dem politischen Kompromiss bei den Beratungen des Gesetzes zur Modernisierung der gesetzlichen Krankenversicherung (GKV-Modernisierungs-Gesetz, GMG) geopfert wurde. Nach Auffassung des Gesetzgebers machen die neuen Regelungen des GMG zur Förderung von Qualität und Wirtschaftlichkeit in der Arzneiverordnung eine Arzneimittelpositivliste entbehrlich. Dazu gehören neue finanzielle Anreize zur Steuerung des Verordnungsverhaltens, veränderte Wirtschaftlichkeitsprüfungen, eine Nutzenbewertung von Arzneimitteln, eine neue Festbetragsregelung für patentgeschützte Arzneimittel sowie die grundsätzliche Herausnahme nicht verschreibungspflichtiger Arzneimittel und so genannter Lifestyle-Arzneimittel aus dem Leistungskatalog der gesetzlichen Krankenversicherung.

Institut für Qualität und Wirtschaftlichkeit im Gesundheitswesen

Eine wesentliche Teilaufgabe des bisher mit der Erstellung der Arzneimittelpositivliste betrauten Institutes ist im GKV-Modernisierungs-Gesetz dem neu zu gründenden Institut für Qualität und Wirtschaftlichkeit im Gesundheitswesen übertragen worden (§139a SGB V). Es handelt sich um die Bewertung des Nutzens von Arzneimitteln. Vorgesehen ist insbesondere eine Nutzenbewertung neuer Arzneimittel mit patentgeschützten Wirkstoffen. Darüber hinaus können auch andere Arzneimittel bewertet werden, wenn diese im Rahmen der Versorgung in der gesetzlichen Krankenversicherung von Bedeutung sind.

Im Vergleich zu dem vormaligen Institut für die Arzneimittelverordnung in der gesetzlichen Krankenversicherung (gemäß 33a SGB V) fallen drei wesentliche Unterschiede in der Aufgabendurchführung des neuen Qualitätsinstitut auf:

a. Das neue Institut wird primär vom Gemeinsamen Bundesausschuss oder direkt vom Bundesministerium mit Arbeiten zur Qualitätsbewertung beauftragt, während das Positivlisten-Institut nach gesetzlich festgelegten Kriterien von sich aus tätig wurde.

b. Das neue Institut hat zur Erledigung seiner Aufgaben wissenschaftliche Forschungsaufträge an externe Sachverständige zu vergeben, während das Positivlisten-Institut aus einer Kommission mit neun Sachverständigen mehrer Fachrichtungen und einer Geschäftsstelle mit wissenschaftlichen Mitarbeiten bestand. Es war damit unabhängig arbeitsfähig, konnte aber im Bedarfsfall ebenfalls externe Sachverständige heranziehen.

c. Die Nutzenbewertungen des neuen Instituts entfalten unmittelbar keine rechtlichen Wirkungen, da sie lediglich als Empfehlungen zur Beschlussfassung dem Gemeinsamen Bundesausschuss zugeleitet werden. Das Positivlisten-Institut erstellte Vorschlagslisten für verordnungsfähige Arzneimittel, die als Grundlage für den Erlass von Rechtsverordnungen durch das Bundesgesundheitsministerium dienten.

Aufgabenstellung und Organisation des neuen Instituts für Qualität und Wirtschaftlichkeit im Gesundheitswesen orientieren sich in wesentlichen Punkten an dem britischen National Institute of Clinical Excellence

(NICE), das sich in den wenigen Jahren seiner Tätigkeit ein beachtliches internationales Renommee erworben hat.

Das britische National Institute of Clinical Excellence (NICE)

Im Jahre 1999 hat die britische Regierung das National Institute of Clinical Excellence (NICE) als besondere Gesundheitsbehörde mit eigener korporativer und gesetzlicher Identität gegründet und mit direkter Verantwortung gegenüber dem Gesundheitsminister ausgestattet (Rawlins 1999). Vorrangiges Ziel war es, die Gesundheitsversorgung der Patienten des staatlichen Gesundheitsdienstes (National Health Service) zu verbessern. Die neue Institution sollte klaren und robusten Rat bereitstellen, der dazu beiträgt, den Bestrebungen der Leistungserbringer und ihrer Patienten gerecht zu werden.

Wesentliche Aufgaben des NICE sind Bewertung von neuen und vorhandenen Gesundheitstechnologien (Arzneimittel, medizinische Geräte, diagnostische Tests, chirurgische Verfahren und andere Eingriffe), Entwicklung von klinischen Leitlinien und Förderung von klinischen Qualitätskontrollen. Bei der Technologiebewertung standen von Anfang an die Arzneimittel im Vordergrund. Das kommt schon dadurch zum Ausdruck, dass unter den bisher abgeschlossenen 73 Technologiebewertungen Arzneimittel mit 47 Bewertungen rein mengenmäßig dominierten (Tabelle 1).

Bewertung des Neuraminidasehemmers Zanamivir

Bereits mit seiner ersten Arzneimittelbewertung kam das NICE in die Schlagzeilen. Es handelte sich um Zanamivir (Relenza®), den ersten Vertreter aus der neuen Gruppe der Neuraminidasehemmer zur Behandlung der Influenza A und B, der in Deutschland am 1. Oktober 1999 in den Handel kam. Zanamivir hemmt die virale Neuraminidase, die als Oberflächenprotein die Freisetzung neu gebildeter Viren aus infizierten Zellen und damit die Virusausbreitung in den Atemwegen fördert. Die Hemmung dieses Enzyms und die inhalative Applikation ließen also erwarten, dass der Wirkstoff durch einen direkten Eingriff am Ort der Virusvermehrung die Krankheitssymptome unterdrückt.

Die klinischen Effekte waren allerdings relativ enttäuschend. In einer placebokontrollierten Studie verkürzte Zanamivir die Dauer typischer Grippesymptome von 6,5 auf 5 Tage, wenn die Behandlung innerhalb von 36 bis 48 Stunden nach Auftreten der ersten Symptome begonnen wurde. Im Gegensatz dazu wies eine nordamerikanische Studie nur einen Behandlungseffekt von knapp einem Tag auf und zeigte keine statistisch signifikante Wirksamkeit, obwohl in dieser Studie die größte Zahl von Patienten untersucht worden war. Aufgrund der begrenzten Wirksamkeit hatte die amerikanische FDA die Zulassung nur unter der Voraussetzung erteilt, dass der Hersteller noch weitere Belege der Wirksamkeit vorlegt. Eine Wirksamkeit war damals ebenfalls nicht für Patienten über 65 Jahre, Patienten mit chronischen Atemwegserkrankungen und kardiovaskulären Hochrisikopatienten nachgewiesen.

Wegen der begrenzten Zahl von Hochrisikopatienten, die in den klinischen Studien mit Zanamivir behandelt worden waren, sah das National Institute of Clinical Excellence (1999) keine Hinweise, dass das Produkt die Häufigkeit ernsthafter Sekundärkomplikationen bei dieser Patientengruppe vermindert. Auf der Basis seiner Analysen und Schlussfolgerungen gab NICE am 12. Oktober 1999 die Empfehlung bekannt, dass Zanamivir in der Influenzasaison 1999/2000 nicht verschrieben werden sollte. Schon im Vorfeld der Publikation protestierte eine Gruppe britischer Pharmafirmen gegen diese Empfehlung. Wenn Zanamivir nicht für Patienten des National Health Service erhältlich sei, bedeute dies das Ende einer innovativen britischen pharmazeutischen Industrie (Editorial 1999). In einem Brief an den britischen Premierminister wurden potenziell verheerende Konsequenzen geschildert. Nachdem die Firma Glaxo Wellcome mit einer Verlagerung der Firma von Großbritannien in die USA gedroht haben soll, wurde mitgeteilt, dass die Entscheidung noch einmal überprüft werde.

Vier Jahre später wurde eine zweite NICE-Empfehlung zur Behandlung der Influenza mit Neuraminidasehemmern abgegeben, die nun auch das inzwischen zugelassene Oseltamivir umfasste (Tabelle 1). Auch hier wurde wiederum keine Empfehlung für die Anwendung bei Erwachsenen und Kindern gegeben, ausgenommen bei Risikopatienten. Weiterhin wurde allgemein betont, dass Neuraminidasehemmer eine Grippeschutzimpfung nicht ersetzen können. Diese Bewertung wurde durch eine aktuelle Metaanalyse von 24 randomisierten klinischen Studien unterstützt (Cooper et al. 2003). Danach wird die symptomatische Krankheitsdauer durch Zanamivir und Oseltamivir bei Normalpersonen um 0,8 bis 1 Tag verkürzt (Tabelle 2). Bei Risikopatienten erreichte das oral anwendbare Oseltamivir jedoch nur 0,4 Tage. Auch für alle Präventionsstrategien ist die Evidenz nur begrenzt.

Bewertung des Nutzens von Arzneimitteln

Wie bereits am Beispiel der Neuraminidasehemmer gezeigt, werden für die Bewertung des Nutzens von Arzneimitteln mehrere methodische Instrumente herangezogen. Die heute allgemein akzeptierte Grundlage ist die Bewertung nach den Kriterien der evidenzbasierten Medizin. Nach einer knappen Definition des Begründers dieser Methode ist die evidenzbasierte Medizin der gewissenhafte, ausdrückliche und vernünftige

Gebrauch der gegenwärtig besten externen wissenschaftlichen Evidenz für Entscheidungen in der medizinischen Versorgung individueller Patienten (Sackett et al. 1996).

Bei dieser Bewertungsmethode werden mehrere qualitative Stufen der wissenschaftlichen Evidenz nach den angewendeten Studientypen unterschieden (Tabelle 3). Die höchste Evidenzstufe und damit auch die höchste Aussagekraft haben systematische Übersichtsarbeiten von randomisierten Studien und die individuelle randomisierte kontrollierte Studie (Phillips et al. 2001). Die niedrigste Stufe haben Expertenmeinungen, die von der individuellen Erfahrung einzelner Sachverständiger geprägt sind und damit maßgeblich subjektiven Faktoren unterliegen. Trotzdem spielen gerade Expertenmeinungen traditionell eine nicht zu unterschätzende Rolle, da vor allem bei älteren Arzneimitteln keine kontrollierten Studien vorliegen, die heutigen methodischen Ansprüchen genügen.

Klassifikation des Nutzens von neuen Arzneimitteln

Ein entscheidendes Interesse besteht an der vergleichenden Bewertung des Nutzens von Arzneimitteln, insbesondere bei Präparaten mit neu eingeführten Wirkstoffen. Jedes Jahr kommen in den westlichen Industrieländern zahlreiche neue Wirkstoffe auf den Markt, die in einen Wettbewerb mit den bereits am Markt vorhandenen Präparaten eintreten. In Deutschland gibt es jährlich 20 - 40 solcher Neueinführungen, die dazu beitragen, dass neue Arzneimittel jedes Jahr wachsende Verordnungs- und Umsatzanteile im Arzneimittelmarkt erreichen. So betrug der Umsatzanteil aller in den letzten 10 Jahren in Deutschland eingeführten Arzneimittel im Jahr 2002 bereits 27,7 % (Fricke und Schwabe 2003). Häufig liegen bei der Markteinführung aber nur begrenzte Informationen über die neuen Wirkstoffe vor, die darüber hinaus überwiegend von dem pharmazeutischen Hersteller stammen.

Seit 1978 wird in Deutschland eine Bewertung des Nutzens von neuen Arzneimitteln nach einem vierstufigen Klassifikationsschema von den beiden Kölner Pharmakologen Fricke und Klaus vorgenommen (Fricke 2000). Die Klassifikation basiert in erster Linie auf pharmakologischen Kriterien, sie bezieht zusätzlich die Ergebnisse klinischer Studien in die Gesamtbewertung ein. Die einzelnen Klassifikationsstufen sind folgendermaßen definiert:

a. Innovative Struktur oder neuartiges Wirkprinzip mit therapeutische-Relevanz

b. Verbesserung pharmakodynamischer oder pharmakokinetischer Eigenschaften bereits bekannter Wirkprinzipien

c. Analogpräparate mit keinen oder nur marginalen Unterschieden zu bereits eingeführten Präparaten

d. Nicht ausreichend gesichertes Wirkprinzip oder unklarer therapeutischer Stellenwert.

Diese bewertende Klassifikation wird seit 1978 unverändert verwendet und weist damit eine bemerkenswerte Kontinuität über einen Zeitraum von 25 Jahren auf. Bis auf wenige Einzelfälle haben sich die ursprünglichen Bewertungen neuer Arzneimittel als korrekt erwiesen und mussten nicht durch spätere Studienergebnisse überarbeitet werden. Als Beispiel für die jährlich durchgeführten Bewertungen werden die Ergebnisse für die 29 neuen Wirkstoffe des Jahres 1999 dargestellt (Tabelle 4).

An diesem Beispiel sind zwei Dinge auffällig. Der Neuraminidasehemmer Zanamivir, der vom britischen NICE zunächst überhaupt nicht zur Verordnung empfohlen wurde, ist von Fricke und Klaus als neuartiges Wirkprinzip mit therapeutischer Relevanz klassifiziert worden. Damit wird deutlich, dass unterschiedliche Bewertungskriterien durchaus zu abweichenden Ergebnissen führen können. Die Fricke/Klaus-Bewertung ist sicher mehr von pharmakologischen Überlegungen zum Wirkungsmechanismus geprägt und sieht den Innovationswert einiger neuer Wirkstoffe daher häufig etwas optimistischer als eine spätere bewertende Analyse des therapeutischen Nutzens mit einer größeren Datenbasis klinischer Studien. Immerhin haben die später erhobenen Daten wesentlich dazu beigetragen, dass Zanamivir in der zweiten, überarbeiteten Version vom NICE für Risikopatienten empfohlen wurde.

Bedeutung der Analogpräparate unter den neuen Arzneimitteln

Auffällig ist an den Klassifikationsdaten von Fricke und Klaus weiterhin, dass fast die Hälfte der neuen Wirkstoffe als Analogpräparate ohne therapeutischen Zusatznutzen in die Gruppe C eingeordnet wurde. Das ist kein Sonderfall, sondern entspricht dem langjährigen Durchschnitt der Bewertung neuer Arzneimittel in Deutschland aus vorangehenden und auch späteren Jahrgängen. Diese Relation stimmt aber auch mit den Erfahrungen bei der vergleichenden Bewertung neu eingeführter Wirkstoffe in anderen Ländern überein. So wurden in den USA in der Zeit von 1989 bis 1993 insgesamt 127 neue Wirkstoffe von der Food and Drug Administration zugelassen, aber nur eine Minderheit zeigte eine klare klinische Überlegenheit im Vergleich zu bereits bestehenden Therapiemodalitäten (Kessler et al. 1994). Viele dieser Arzneimittel werden daher in der amerikanischen Terminologie als "Me-too Drugs" angesehen, da sie den bereits auf dem Markt vorhandenen patentierten Wirkstoffen zum Verwechseln ähnlich sind. Dieses Phänomen ist in vielen pharmakologischen Stoffgruppen anzutreffen, wie beispielsweise bei H_2 Rezeptorantagonisten, ACE-Hemmern, Calciumantagonisten, selektiven Serotonin-Rückaufnahme-Inhibitoren (SSRI) und den nichtsteroidalen Antiphlogistika. Wegen der großen Ähnlichkeit der verschiedenen Vertreter einer Wirkstoffklasse gibt es so genannte therapeutische Klassenkämpfe als Folge besonders intensiver Kompeti-tion um Marktanteile in einem bereits gut besetzten Marktsektor (Kessler et al.1994).

Ein weiteres auffälliges Phänomen vieler Analogpräparate unter den neu eingeführten Wirkstoffen ist die Verschiedenartigkeit der Preisgestaltung. Es gibt durchaus eine Reihe von Beispielen, wo der Hersteller eines Analogpräparats sein neues Produkt zu einem günstigeren Preis als seine Wettbewerber anbietet, um über einen Preisvorteil einen höheren Marktanteil zu erzielen. Auffälligerweise gibt es aber auch immer wieder die Situation, dass für ein weitgehend ähnliches Produkt sogar ein höherer Preis verlangt wird. Das geschieht dann unter der weit verbreiteten Annahme, dass ein neues Produkt immer besser und daher auch mehr wert sei (Kessler et al.1994). Die Verordnungsentwicklung des deutschen Arzneimittelmarktes zeigt, dass es auch bei uns auffällige Beispiele für eine solche Preispolitik einiger Pharmafirmen gibt.

Führende Analogpräparate des deutschen Arzneimittelmarkts

Auf die 25 umsatzstärksten Arzneimittel des deutschen GKV-Arzneimittelmarktes entfiel im Jahre 2002 mit 4,1 Mrd. € ein Umsatzanteil von 18,1 % am Gesamtumsatz von 22,7 Mrd. € (Tabelle 5). In diesem Marktsegment sind bereits neun Analogpräparate ohne einen therapeutischen Zusatznutzen vertreten. Sogar das umsatzstärkste Präparat, der Cholesterinsynthesehemmer Sortis® mit dem Wirkstoff Atorvastatin, ist ein Analogpräparat, das mit weitem Abstand an der Spitze liegt. Tatsächlich wurde Atorvastatin von allen derzeit am Markt vertretenen Statinen als letztes im Jahre 1997 eingeführt. Aufgrund seines Wirkungsmechanismus und der insgesamt verfügbaren Datenlage wird es als Analogpräparat ohne wesentlichen therapeutischen Zusatznutzen klassifiziert (Tabelle 6) (Fricke und Klaus 2002). Trotzdem hat Atorvastatin schon im Jahre 2000 alle Mitbewerber überflügelt und erzielte auch im Jahre 2002 noch hohe Umsatzzuwächse.

An zweiter Stelle folgt mit Zocor® (Wirkstoff Simvastatin) ein weiteres cholesterinsenkendes Mittel aus der Gruppe der Statine. Auch Simvastatin ist nur ein Analogpräparat, da es ein Jahr nach der Innovationssubstanz Lovastatin im Jahre 1990 eingeführt wurde. Mit Simvastatin wurde jedoch erstmals die Wirksamkeit der Cholesterinsenkung für die Sekundärprophylaxe von Patienten mit koronarer Herzkrankheit und Hypercholesterinämie nachgewiesen (Scandinavian Simvastatin Survival

Study Group 1994). Weitere große Simvastatinstudien berechtigen dazu, Simvastatin wegen der hervorragend belegten Langzeitevidenz als Leitsubstanz aus der Gruppe der Statine zur Sekundärprävention kardiovaskulärer Risiken zu klassifizieren. So wurde in der

Heart Protection Study (2002) an 20536 Patienten mit erhöhten kardiovaskulären Risiken (koronare Herzkrankheit, arterielle Verschlusskrankheiten, Diabetes) über einen Zeitraum von fünf Jahren gezeigt, dass die Gesamtmortalität sowie die Inzidenz von Herzinfarkten und Schlaganfällen durch Simvastatin (40 mg pro Tag) unabhängig von der initialen Cholesterinkonzentration gesenkt werden.

Die Sonderstellung von Simvastatin wird auch dadurch hervorgehoben, dass nur noch für Pravastatin große Langzeitstudien vorliegen, die allerdings nur in einem Fall eine ähnliche Erfolgsrate wie die Simvastatinstudien aufwiesen. In der LIPID-Studie senkte Pravastatin die Gesamtmortalität von 9014 Koronarpatienten von 14,1 % auf 11,0 % (The Long-Term Intervention with Pravastatin in Ischemic Disease Study Groups 1998). In der CARE-Studie ging die Häufigkeit der tödlichen koronaren Herzkrankheit und nichttödlicher Herzinfarkte unter Pravastatin zwar von 13,2 % auf 10,2 % zurück, die Gesamtmortalität wurde jedoch trotz einer LDL-Senkung auf 98 mg/dl nicht signifikant vermindert (Sacks et al. 1996) (Tabelle 7). Auch mit zwei weiteren großen Pravastatinstudien (ALLHAT-LLT, PROSPER) wurden keine Effekte auf die Gesamtmortalität erzielt. In der PROSPER-Studie wurde bei 5804 älteren Patienten mit vaskulären Risikofaktoren durch Pravastatin nur eine 15 %ige Risikoreduktion des primären Endpunktes (Koronartod, nichttödlicher Herzinfarkt, tödliche und nichttödliche Schlaganfälle) erreicht, die jedoch keine Auswirkung auf die Gesamtmortalität hatte (Shepherd et al. 2002). Pravastatin hatte schließlich auch in der ALLHAT-LLT-Studie keinen Einfluss auf die Gesamtmortalität, die in dieser Studie als primärer Endpunkt definiert worden war (The ALLHAT Officers and Coordinators 2002). Möglicherweise resultierte der Misserfolg dieser Studie aus der ungenügenden Senkung des LDL-Cholesterins durch Pravastatin im Vergleich zur Placebogruppe (28 % versus 11 %).

Ähnliches gilt auch für die Langzeitevidenz des verordnungsmäßig führenden Atorvastatin. Zunächst wurde in einer kleineren Studie an 341 Koronarpatienten über 18 Monate gezeigt, dass Atorvastatin genauso wirksam war wie eine koronare Angioplastie (Pitt et al. 1999). Außerdem verminderte Atorvastatin bei Patienten mit akutem Koronarsyndrom weitere ischämische Ereignisse in den ersten 16 Wochen, vor allem wiederkehrende symptomatische Ischämien, die eine Rehospitalisierung erforderten (Schwartz et al. 2001). Schwere kardiovaskuläre Ereignisse (Tod, Herzstillstand, Myokardinfarkt) wurden jedoch nicht vermindert. Mit der ASCOT-LLA-Studie liegt erstmals für Atorvastatin eine Langzeit-Studie vor, die eine Reduktion kardiovaskulärer Ereignisse um 36 % belegt, jedoch nahm auch hier die Gesamtmortalität trotz guter Senkung des LDL-Cholesterins auf 89 mg/dl nur unwesentlich von 4,1 % auf 3,6 % ab (Sever et al. 2003) (Tabelle 7).

Die vergleichende Analyse der wichtigsten großen Statinstudien zeigt auf vielfache Weise, dass Simvastatin über die beste Langzeitevidenz aller bisher geprüften Statine verfügt. Nach dieser positiven Nutzenbewertung ist es aus pharmakologisch-therapeutischer Sicht gerechtfertigt, Simvastatin als Leitsubstanz aus der Gruppe der Statine zu definieren. Damit verbindet sich zugleich die Empfehlung, Simvastatin als Mittel der ersten Wahl zur LDL-Cholesterinsenkung bei Koronarpatienten und anderen kardiovaskulären Risikopatienten einzusetzen. Das Beispiel des Simvastatins macht zugleich deutlich, dass ein Analogpräparat allein aufgrund einer überlegenen Beleglage in der Langzeitevidenz einen so großen Vorteil gegenüber der ursprünglichen Innovationssubstanz erlangen kann, dass es zum bevorzugten Arzneimittel einer pharmakologischen Stoffgruppe aufrückt. Diese positive Nutzenbewertung des Simvastatins hat sich auch seit vielen Jahren auf die praktische Verordnung von Simvastatin und der eigentlichen Innovationssubstanz Lovastatin ausgewirkt, da die Verordnungen von Simvastatin (Zocor®, Denan®) seit der Publikation der 4S-Studie im Jahre 1994 meistens zweistellige Zuwachsraten hatten, während die Verordnungen von Lovastatin (Mevinacor®) in Deutschland schon seit 1997 rückläufig sind. Diese Entwicklung ist allerdings maßgeblich dadurch geprägt worden, dass die beiden Statine vom gleichen amerikanischen pharmazeutischen Unternehmen Merk Sharp & Dohme (heute Merck & Co.) entwickelt wurden. Die Firma hat vor allem nach der erfolgreichen 4S-Studie mit Simvastatin schon seit vielen Jahren kein Geld mehr in die Forschung und die Vermarktung von Lovastatin investiert. Damit hat sie entscheidend dazu beigetragen, dass ein Analogpräparat erfolgreicher als das Innovationsprodukt wurde.

Einsparpotenziale durch Substitution von Analogpräparaten ohne therapeutischen Zusatznutzen

Die positive Nutzenbewertung von Simvastatin hat aber auch eine eminente wirtschaftliche Bedeutung für die praktische Statintherapie, da im Jahre 2003 mit dem Ablauf des Patentschutzes der beiden Originalpräparate Zocor® und Denan® erstmals Generika zur Verfügung stehen. Am 15. März 2003 wurden die beiden ersten Simvastatingenerika (Simvahexal®, Simvabeta®) eingeführt. Inzwischen gibt es eine Vielzahl weiterer Simvastatingenerika mit hochkompetitiven Preisen. Damit wird zum ersten Mal die Möglichkeit einer generischen Substitution von Simvastatinpräparaten eröffnet. Wenn das derzeit preisgünstigste Simvastatingenerikum (simvastatin-corax®) mit der WHO-Tagesdosis von 15 mg und daraus abgeleiteten Tagestherapiekosten von 0,44 € zugrunde gelegt wird, ergeben sich hohe rechnerische Einsparpotenziale bei Zocor® (167,9 Mio. €) und bei Denan® (45,8 Mio. €) pro Jahr (Tabelle 8). Diese Substitution ist schon intensiv genutzt worden, da die Verordnungen von Zocor® und Denan® in den ersten 9 Monaten des Jahres 2003 auffällig zurückgegangen sind.

Neben Simvastatin sind in der Gruppe der Statine noch der ursprüngliche Innovationswirkstoff Lovastatin (Mevinacor®) und die drei Analogsubstanzen Atorvastatin (Sortis®), Pravastatin (Pravasin®, Mevalotin®) und Fluvastatin (Locol®, Cranoc®) auf dem deutschen Markt vertreten. Wie bereits dargestellt, kann Simvastatin wegen seiner im Vergleich zu allen anderen Statinen hervorragend belegten Langzeitevidenz als Leitsubstanz in der Gruppe der Statine definiert werden. Damit ist Simvastatin als therapeutisch äquivalentes Arzneimittel geeignet, auch die anderen Statine zu ersetzen. Das höchste Einsparpotenzial errechnet sich für Sortis® (Atorvastatin), bei dem sich trotz der relativ günstigen Tagestherapiekosten über 50 % der jährlichen Kosten für dieses Arzneimittel einsparen lassen (Tabelle 8). Die in den ersten 9 Monaten erstmals rückläufige Verordnung von Sortis® zeigt, dass auch diese Substitutionsmöglichkeit bereits in der praktischen Therapie genutzt wird. Durch die Substitution der Originalpräparate von Simvastatin und weiteren analogen Statinen ergibt sich insgesamt ein jährliches Einsparpotenzial von 738 Mio. € für die Statinverordnungen in Deutschland (Tabelle 8). Die Statinsubstitution mit preiswerten Simvastatingenerika kann damit die höchsten Wirtschaftlichkeitsreserven in der Gruppe der Analogpräparate mobilisieren. Im Jahr 2002 betrug das gesamte rechnerische Einsparpotenzial der untersuchten 30 Analogpräparategruppen 1,5 Mrd. € (Schwabe 2003b).

Vergleich der Arzneitherapie mit nichtmedikamentösen Behandlungsverfahren

Zur Bewertung des Nutzens von Arzneimitteln gehört seit langem auch der Vergleich mit nichtmedikamentösen Behandlungsverfahren. Bekannte Beispiele für gut wirksame nichtmedikamentöse Therapien sind die Kompressionsbehandlung bei chronisch venöser Insuffizienz, Gehtraining bei peripheren arteriellen Durchblutungsstörungen und ballaststoffreiche Ernährung mit ausreichender Flüssigkeitsaufnahme bei chronischer Obstipation.

Auch im Bereich der cholesterinsenkenden Arzneimittel, die bei der Nutzenbewertung der Statine beispielhaft dargestellt wurden, spielen nicht medikamentöse Methoden in Form einer cholesterinsenkenden Ernährung eine wichtige Rolle als Basistherapie zur Behandlung von Hyperlipidämien. Allerdings erreichen die meisten Diätempfehlungen nur begrenzte Effekte einer Cholesterinsenkung von 4-13 % (Ramsay et al. 1991). Durch Kombination verschiedener cholesterinsenkender Nahrungsmittel ist kürzlich ein überraschend deutlicher Effekt bei hyperlipidämischen Patienten erreicht worden. Mit einer speziellen Diät aus Phytosterolen, Ballaststoffen (Hafer, Gerste, Plantago-ovata-Samenschalen), Sojaproteinen (Tofu) und Mandeln gelang es, die Plasmakonzentration von LDL-Cholesterin bereits nach 4 Wochen genauso stark zu senken (von 178 auf 125 mg/dl) wie durch 20 mg Lovastatin täglich (von 172 auf 117 mg/dl) (Jenkins et al. 2003). Dieses Ergebnis ist bisher nur in einer Pilotstudie mit 64 Patienten erzielt worden und bedarf daher noch der Bestätigung durch eine größere und längere Studie.

Die Wirksamkeit diätetischer Verfahren zur Behandlung der koronaren Herzkrankheit beschränkt sich jedoch nicht auf die Senkung des Cholesterinspiegels im Plasma als Surrogatparameter, sondern ist durch eine placebokontrollierte Studie mit klinischen Endpunkten bestätigt worden. In der Lyon Diet Heart Study ist an 605 Patienten nach Herzinfarkt gezeigt worden, dass eine mediterrane Diät einen eindrucksvollen klinischen Nutzen hat, da die kardiale Mortalität und die Herzinfarktrate um 68 % im Vergleich zu einer Patientengruppe mit Normalkost gesenkt wurden (de Lorgeril et al. 1999).

Zusammenfassung

Wesentliche Grundlage für die Bewertung des Nutzens von Arzneimitteln aus ärztlicher Sicht sind die Kriterien der evidenzbasierten Medizin. Die höchste Evidenzstufe und damit auch die höchste Aussagekraft haben systematische Übersichtsarbeiten von randomisierten Studien und individuelle randomisierte kontrollierte Studien. In Großbritannien wird eine Kostennutzenbewertung seit 1999 durch das National Institute of Clinical Excellence (NICE) durchgeführt. In Deutschland soll eine Nutzenbewertung durch das im Rahmen des GKV-Modernisierungs-Gesetzes (GMG) geschaffene Institut für Qualität und Wirtschaftlichkeit im Gesundheitswesen erfolgen.

Ein entscheidendes Interesse besteht an der vergleichenden Bewertung des Nutzens von Arzneimitteln, insbesondere bei Präparaten mit neu eingeführten Wirkstoffen. Dazu ist in Deutschland schon vor 25 Jahren ein Klassifikationsverfahren entwickelt worden, bei dem vor allem auf der Basis klinischer Studienergebnisse bewertet wird, ob es sich um ein innovatives Arzneimittel mit therapeutischer Relevanz (Klasse A), ein Arzneimittel mit verbesserten pharmakologischen Eigenschaften (Klasse B), ein Analogpräparat ohne therapeutischen Zusatznutzen (Klasse C) oder ein nicht ausreichend gesichertes Wirkprinzip (Klasse D) handelt.

Am Beispiel der cholesterinsenkenden Arzneimittel aus der Gruppe der Statine wurde die besondere pharmakologisch-therapeutische Bedeutung der Langzeitevidenz durch klinische Endpunktstudien dargestellt. Bei der vergleichenden Nutzenbewertung dieser Arzneimittelgruppe wurde die besondere Rolle von Simvastatin als hervorragend dokumentierter Leitsubstanz betont und auf die enormen Wirtschaftlichkeitsreserven einer Substitution der Analogpräparate in der Gruppe der Statine dargestellt.

Zur Bewertung des Nutzens von Arzneimitteln gehört seit langem auch der Vergleich mit nicht medikamentösen Behandlungsverfahren. Bei der Behandlung von Hyperlipidämien eröffnen sich interessante neue Möglichkeiten durch Kombination verschiedener cholesterinsenkender Nahrungsmittel, die ähnlich effektiv wie ein Cholesterinsynthesehemmer aus der Gruppe der Statine waren.

Literatur:

Buchheim R. (1859): Arzneimittellehre. Verlag Leopold Voss, Leipzig.

Cooper N.J., Sutton A.J., Abrams K.R., Wailoo A., Turner D., Nicholson K.G. (2003): Effectiveness of neuraminidase inhibitors in treatment and prevention of influenza A and B: systematic review and meta-analyses of randomised controlled trials. Brit. Med. J. 326: 1235-1241.

De Lorgeril M., Salen P., Martin J.-L., Monjaud I., Delaye J., Mamelle N. (1999): Mediterranean diet, traditional risk factors, and the rate of cardiovascular complications after myocardial infarction. Circulation 99: 779-785.

Editorial (1999): A nasty start for NICE. Lancet 354:1313.

Fricke U. (2000): Arzneimittelinnovationen – Neue Wirkstoffe: 1978-1999. Eine Bestandsaufnahme. In: Klauber J., Schröder H., Selke G.W. (Hrsg.): Innovation im Arzneimittelmarkt, Springer-Verlag, Berlin-Heidelberg-New York, pp. 85-97.

Fricke U., Klaus W. (2002): Neue Arzneimittel. Fakten und Bewertungen von 1997 bis 2000 zugelassenen Arzneimitteln. Band 12. Wissenschaftliche Verlagsgesellschaft mbH, Stuttgart, pp. 341-354.

Fricke U., Schwabe U. (2003): Neue Arzneimittel. In: Schwabe U., Paffrath D. (Hrsg.): Arzneiverordnungs-Report 2003. Springer-Verlag, Berlin, Heidelberg, S. 24-87.

Heart Protection Study Collaborative Group (2002): MRC/BHF heart protection study of cholesterol lowering with simvastatin in 20536 high-risk individuals: a randomised placebo-controlled trial. Lancet 360: 7-22.

Heubner W. (1931): Arznei als Wert. Verlag Julius Springer, Berlin.

Jenkins D.J.A., Kendall C.W.C., Marchie A., Faulkner D.A., Wong J.M.W. et al. (2003): Effects of a dietary portfolio of cholesterol-lowering foods vs lovastatin on serum lipids and C-reactive protein. JAMA 290: 502-510.

Kessler D.A., Rose J.L., Temple R.J., Schapiro R., Griffin J.P. (1994): Therapeutic-class wars – drug promotion in a competitive marketplace. N. Engl. J. Med. 331: 1350-1353.

Klose G., Schwabe U. (2003): Lipidsenkende Mittel. In: Schwabe U., Paffrath D. (Hrsg.): Arzneiverordnungs-Report 2003. Springer-Verlag, Berlin, Heidelberg, S. 570-583.

National Institute of Clinical Excellence (1999): Influenza – Zanamivir (Relenza) October 12, 1999. Technology appraisals, completed appraisals. http://www.nice.org.uk

Phillips B., Ball C., Sackett D., Badenoch D., Straus S., Haynes B., Dawes M.: Oxford Centre for Evidence-based Medicine Levels of Evidence (May 2001). http://www.cebm.net

Pitt B., Waters D., Brown W.V., van Boven A.J., Schwartz L., Title L.M. et al. (1999): Aggressive lipid-lowering therapy compared with angioplasty in stable coronary artery disease. N. Engl. J. Med. 341: 70-76.

Ramsay L.E., Yeo W.W., Jackson P.R. (1991): Dietary reduction of serum cholesterol concentration: time to think again. Brit. Med. J. 303: 953-957.

Rawlins M. (1999): In pursuit of quality: the National Institute for Clinical Excellence. Lancet 353: 1079-82.

Sackett D.L., Rosenberg W.M., Gray J.A., Haynes R.B., Richardson W.S. (1996): Evidence based medicine: what it is and what it isn't. Brit. Med. J. 312: 71-72.

Sacks F.M., Pfeffer M.A., Moye L.A., Rouleau J.L., Rutherford J.D. et al. (1996): The effect of pravastatin on coronary events after myocardial infarction in patients with average cholesterol levels. N. Engl. J. Med. 335: 1001-1009.

Scandinavian Simvastatin Survival Study Group (1994): Randomized trial of cholesterol lowering in 4444 patients with coronary heart disease. The Scandinavian Simvastatin Survival Study (4S). Lancet 344: 1383–1389.

Schwabe U. (2003a): Arzneiverordnungen 2002 im Überblick. In: Schwabe U., Paffrath D. (Hrsg.): Arzneiverordnungs-Report 2003. Springer-Verlag, Berlin, Heidelberg, S. 1-23.

Schwabe U. (2003b): Einsparpotenziale. In: Schwabe U., Paffrath D. (Hrsg.): Arzneiverordnungs-Report 2003. Springer-Verlag, Berlin, Heidelberg, S. 863-914.

Schwartz G.G., Olsson A.G., Ezekowitz M.D., Ganz P., Oliver M.F., Waters D. et al. for the Myocardial Ischemia Reduction with Aggressive Cholesterol Lowering (MIRACL) Study Investigators (2001): Effects of atorvastatin on early recurrent ischemic events in acute coronary syndromes: the MIRACL study: a randomized controlled trial. JAMA 285: 1711-1718.

Sever S.P., Dahlöf B., Poulter N.R., Wedel H., Beevers G., Caulfield M. et al. for the ASCOT Investigators (2003): Prevention of coronary and stroke events with atorvastatin in hypertensive patients who have average or lower-than-average cholesterol concentrations, in the Anglo-Scandinavian Cardiac Outcomes Trial-Lipid Lowering Arm (ASCOT-LLA): a multicentre randomised controlled trial. Lancet 361: 1149-1158.

Shepherd J., Blauw G.J., Murphy M.B. et al. (2002): Pravastatin in elderly individuals at risk of vascular disease (PROSPER), a randomised controlled trial. Lancet 360: 1623-1630.

The ALLHAT Officers and Coordinators for the ALLHAT Collaborative Research Group (2002): Major outcomes in moderately hypercholesterolemic, hypertensive patients randomized to pravastatin vs usual care. The Antihypertensive and Lipid-Lowering Treatment to Prevent Heart Attack Trial (ALLHAT-LLT). JAMA 288: 2998-3007.

The Long-Term Intervention With Pravastatin in Ischemic Disease (LIPID) Study Group (1998): Prevention of cardiovascular events and death with pravastatin in patients with coronary heart disease and a broad range of initial cholesterol levels. N. Engl. J. Med. 339: 1349-1357.

Tabelle 1: Bewertungen von Gesundheitstechnologien durch das National Institute of Clinical Excellence (NICE) von 1999 bis 2003 (http://www.nice.org.uk)

Nr.	Titel	Publikation	Überarbeitung
22	Adipositas – Orlistat	März 2001	Februar 2004
31	Adipositas – Sibutramin	Oktober 2001	September 2004
46	Adipositas (krankhaft) – Chirurgie	Juli 2002	Juni 2005
19	Alzheimersche Krankheit – Donepezil, Rivastigmin, Galantamin	Januar 2001	Dezember 2003
20	Amyotrophe Lateralsklerose (AML) – Riluzol	Januar 2001	Januar 2004
11	Arrhythmien – Implantierbare kardiokonvertierender Defibrillatoren	September 2000	September 2003
27	Arthrose und rheumatoide Arthritis – Cox-2-Inhibitoren	Juli 2001	Mai 2004
4	Arzneimittel eluierende Stents	Mai 2000	April 2003
38	Asthma – Inhalationsgeräte für ältere Kinder	April 2002	April 2005
10	Asthma – Inhalationsgeräte für Kinder unter 5 Jahren	August 2000	August 2003
13	Aufmerksamkeitsdefizit-Hyperaktivitäts-Störung (ADHS) – Methylphenidat	Oktober 2000	August 2003
66	Bipolare Störungen (Manie) – Neue Arzneimittel	September 2003	August 2006
62	Brustkrebs – Capecitabin	Mai 2003	Januar 2006
30	Brustkrebs – Taxane (Überarbeitung von Nr. 6 Juni 2000)	September 2001	August 2003
34	Brustkrebs – Trastuzumab	März 2002	April 2005
54	Brustkrebs – Vinorelbin	Dezember 2002	Juni 2005
40	Crohn'sche Krankheit	März 2002	Mai 2005
51	Depression und Angst – Computergestützte kognitive Verhaltenstherapie	Oktober 2002	Juni 2005
57	Diabetes – Insulinpumpentherapie	Februar 2003	Februar 2006
53	Diabetes – Langwirkende Insulinanaloga	Dezember 2002	November 2005
60	Diabetes – Patientenerziehungsmodelle	April 2003	Februar 2006
63	Diabetes (Typ 2) – Glitazone (Überarbeitung von Nr. 9, 21)	August 2003	Juli 2006
7	Dyspepsie – Protonenpumpeninhibitoren	Juli 2000	Juni 2003
59	Elektrokramfptherapie	April 2003	November 2005

Nr.	Titel	Publikation	Überarbeitung
47	Glykoprotein IIb/IIIa-Inhibitoren, Leitlinie für akute Koronarsyndrome – (Überarbeitung von Nr. 12 Juni 2000)	September 2002	Juli 2005
48	Hämodialyse – Heimdialyse versus Krankenhausdialyse	September 2002	August 2005
14	Hepatitis C – Interferon-alfa und Ribavirin	Oktober 2000	Oktober 2003
18	Hernien (inguinal) – Laparoskopische Chirurgie	Januar 2001	August 2003
52	Herzinfarkt – frühe Thrombolysetherapie	Oktober 2002	Oktober 2005
23	Hirntumoren –Temozolomid	April 2001	März 2004
2	Hüftprosthesen für primären totalen Hüftersatz	März 2000	April 2003
44	Hüftprothesen (Oberflächenersatzendoprothesen) – Metall auf Metall	Juni 2002	Februar 2005
15	Influenza – Zanamivir (Relenza) - (ersetzt durch Nr. 58)	November 2000	Juni 2002
58	Influenza – Zanamivir (Überarbeitung), Amantadin und Oseltamivir	Februar 2003	September 2005
67	Influenza (Prophylaxe) – Amantadin und Oseltamivir	September 2003	August 2006
35	Juvenile idiopathische Arthritis – Etanercept	März 2002	Januar 2005
16	Kniegelenksdefekte – autologe Knorpeltransplantation	Dezember 2000	November 2003
61	Kolorektales Karzinom – Capecitabin und Tegafur/Uracil	Mai 2003	Januar 2006
17	Kolorektales Karzinom – Laparoskopische Chirurgie	Dezember 2000	August 2003
33	Kolorektales Karzinom (fortgeschrittenes) – Irinotecan, Oxaliplatin, Raltitrexed	Januar 2002	April 2005
71	Koronararterielle Stents	Oktober 2003	November 2004
50	Leukämie (chronisch myeloische) – Imatinib	Oktober 2002	September 2003
70	Leukämie (chronisch myeloische) – Imatinib zur Ersttherapie	Oktober 2003	September 2006
29	Leukämie (lymphatische) – Fludarabin	September 2001	August 2004
26	Lungenkrebs – Docetaxel, Paclitaxel, Gemcitabin, Vinorelbin	Juni 2001	Mai 2003
37	Lymphom (follikuläres Non-Hodgkin) – Rituximab	März 2002	Januar 2005
68	Makuladegeneration (altersbedingte)	September 2003	September 2006
32	Multiple Sklerose – Betainterferon und Glatirameracetat	November 2001	November 2004

Nr.	Titel	Publikation	Überarbeitung
73	Myokardiale Perfusionszintigraphie bei Angina pectoris und Herzinfarkt	November 2003	November 2006
55	Ovarialkarzinom – Paclitaxel (Überarbeitung von Nr. 3)	Januar 2003	Juli 2003
28	Ovarialkarzinom – Topotecan	Juli 2001	Juni 2002
45	Ovarialkarzinom (fortgeschrittenes) – Pegyliertes liposomales Doxorubicin	Juli 2002	April 2003
025	Pankreaskarzinom – Gemcitabin	Mai 2001	April 2004
39	Raucherentwöhnung – Bupropion und Nicotinersatztherapie	März 2002	März 2005
72	Rheumatoide Arthritis – Anakinra	November 2003	Juni 2006
36	Rheumatoide Arthritis – Etanercept und Infliximab	März 2002	März 2005
65	Rituximab für Non-Hodgkin-Lymphom	September 2003	August 2006
43	Schizophrenie – Atypische Neuroleptika	Juni 2002	Mai 2005
41	Schwangerschaft – Routinemäßige Anti-D-Prophylaxe für Rh-negative Frauen	April 2002	März 2005
8	Schwerhörigkeit – Fortschritte der Hörgerätetechnik (obsolet)	Juli 2000	Juli 2002
56	Stressinkontinenz – Spannungsfreie Vaginaltapes	Februar 2003	Februar 2006
49	Ultraschallgeräte zur Lokalisierung zentralvenöser Katheter	September 2002	August 2005
64	Wachstumshormon (human) bei Erwachsenen	August 2003	Juli 2006
42	Wachstumshormon (human) bei Kindern	Mai 2002	Juni 2005
1	Weisheitszähne – Entfernung	April 2000	März 2003
24	Wundversorgung – Wundreinigungsmittel	April 2001	März 2004
69	Zervikalabstrichteste – Liquidbasierte Zytologie (Überarbeitung von Nr. 5)	Oktober 2003	August 2006

Tabelle 2: Verkürzung der symptomatischen Krankheitsdauer von Influenza-Patienten durch Neuraminidasehemmer. Metaanalyse von 24 randomisierten kontrollierten Studien. Nach Cooper N. J. et al.: Brit. Med. J. 326: 1235–1241 (2003)

Influenza-Patienten	Zanamivir Relenza®	Oseltamivir Tamiflu®
Erwachsene	1,0 Tage	0,9 Tage
Kinder	0,8 Tage	0,9 Tage
Risikopatienten	0,9 Tage	0,4 Tage

Tabelle 3: Stufen der wissenschaftlichen Evidenz
Phillips B. et al.: Oxford Centre for Evidence-based Medicine Levels of Evidence (May 2001). www.cebm.net

Stufe	Studientyp
1a	Systematischer Review randomisierter kontrollierter Studien
1b	Individuelle randomisierte kontrollierte Studien
1c	"Alles oder nichts" Studien
2a	Systematischer Review von Kohortenstudien
2b	Individuelle Kohortenstudien
2c	"Outcome"-Studien
3a	Systematischer Review von Fall-Kontroll-Studien
3b	Individuelle Fall-Kontroll-Studien
4	Fallserien
5	Expertenmeinungen

Tabelle 4: Bewertung von Arzneimitteln mit neuen Wirkstoffen 1999 nach Fricke und Schwabe (2000)

Wirkstoff	Handelsname (Einführungsdatum)	Indikation	Bewertung
Abacavir	Ziagen (15.07.1999)	HIV-Infektion	C
Amisulprid	Solian (15.01.1999)	Neuroleptikum	C
Cetrorelix	Cetrotide (03.05.1999)	Gonadorelinantagonist	A
Daclizumab	Zenapax (30.03.1999)	Nierentransplantatabstoßung	B
Dexketoprofen	Sympal (15.04.1999)	Schmerzen	C
Efavirenz	Sustiva (01.06.1999)	HIV-Infektion	A/B
Emedastin	Emadine (15.02.1999)	Allergische Konjunktivitis	C
Eptifibatid	Integrilin (05.07.1999)	Infarktprävention	A/C

Wirkstoff	Handelsname (Einführungsdatum)	Indikation	Bewertung
Fomivirsen	Vitravene (01.12.1999)	Cytomegalievirusretinitis	A
Imidapril	Tanatril (01.10.1999)	Hypertonie	C
Infliximab	Remicade (01.09.1999)	Morbus Crohn	A
Insulin Aspart	NovoRapid (01.10.1999)	Diabetes mellitus	C
Interferon alfacon-1	Inferax (01.11.1999)	Hepatitis C	A/C
Leflunomid	Arava (08.11.1999)	Rheumatoide Arthritis	A
Lornoxicam	Telos (01.03.1999)	Schmerzen/Entzündungen	C
Mifepriston	Mifegyne (29.11.1999)	Schwangerschaftsabbruch	A
Moroctococ alfa	Refacto (01.05.1999)	Faktor-VIII-Mangel	B
Moxifloxacin	Avalox (01.09.1999)	Gyrasehemmer	C
Oxaliplatin	Eloxatin (06.09.1999)	Kolorektales Karzinom	B
Palivizumab	Synagis (01.09.1999)	RSV-Infektion	A
Rimexolon	Vexol (01.06.1999)	Uveitis	C
Rofecoxib	Vioxx (22.11.1999)	Schmerzen/Entzündungen	B
Sibutramin	Reductil (01.02.1999)	Adipositas	C
Tasonermin	Beromun (20.09.1999)	Weichteilsarkom	A
Telmisartan	Micardis (15.01.1999)	Hypertonie	C
Temozolomid	Temodal (01.03.1999)	Malignes Gliom	C
Tibolon	Liviella (01.03.1999)	Klimakterische Beschwerden	B/C
Zaleplon	Sonata (01.06.1999)	Schlafstörungen	C
Zanamivir	Relenza (01.10.1999)	Influenza A + B	A

Tabelle 5: Die 25 umsatzstärksten Arzneimittel des GKV-Arzneimittelmarktes 2002 mit den Änderungen in Prozent und in Mio. € gegenüber 2001
(Schwabe 2003a)
*Analogpräparat

Rang	Präparat	Wirkstoff	Umsatz Mio. €	Änderung in %	Änderung in Mio. €
1	Sortis®	Atorvastatin*	539,3	+24,6	106,5
2	Zocor®	Simvastatin*	252,1	+29,3	57,1
3	Durogesic®	Fentanyl	228,4	+28,6	50,8
4	Erypo®	Epoetin	201,1	+ 4,9	9,4
5	Pantozol®	Pantoprazol*	195,4	+44,0	59,7

Rang	Präparat	Wirkstoff	Umsatz Mio. €	Änderung in %	Änderung in Mio. €
6	Norvasc®	Amlodipin*	173,8	−27,8	−67,1
7	Viani®	Salmeterol + Flutica-son	162,0	+19,9	26,9
8	Zyprexa®	Olanzapin	160,3	+32,4	39,2
9	Insulin Actra-phane®	Insulin	159,6	− 0,5	− 0,8
10	Beloc®	Metoprolol*	143,5	− 4,0	− 6,0
11	NeoRecormon®	Epoetin	142,9	+10,6	13,7
12	Rebif®	Interferon beta-1a	141,8	+31,3	33,8
13	Plavix®	Clopidogrel	139,1	+30,6	32,6
14	Betaferon®	Interferon beta-1b	137,7	+22,9	25,7
15	Insuman® Comb	Insulin	132,3	− 8,5	−12,3
16	Delix®	Ramipril*	131,8	+28,3	29,0
17	Pravasin®	Pravastatin*	131,4	+36,6	35,2
18	Nexium® Mups	Esomeprazol*	129,5	+59,9	48,5
19	Sandimmun®	Ciclosporin	128,7	− 1,7	− 2,2
20	Iscover®	Clopidogrel	127,2	+31,9	30,7
21	Vioxx®	Rofecoxib	125,6	+28,3	27,7
22	Risperdal®	Risperidon	115,4	+25,3	23,3
23	Humalog®	Insulin lispro	111,8	+19,4	18,1
24	Insulin Actrapid®	Insulin	98,3	+15,5	13,2
25	Amaryl®	Glimepirid*	94,8	+ 2,6	2,4
	Summe Rang 1–25		4103,8	+17,0	595,1
	Gesamtmarkt		22.688,9	+ 6,5	1.391,4

Tabelle 6: Therapeutische Bewertung von Statinen mit der Klassifikation nach Fricke und Klaus (2002)

ATC	Wirkstoff	Präparat	Klassifikation
C10A A 02	Lovastatin	Mevinacor® 1989	Innovation (A)
C10A A 01	Simvastatin	Zocor® 1990	Analogpräparat (C)
C10A A 03	Pravastatin	Pravasin® 1991	Analogpräparat (C)
C10A A 04	Fluvastatin	Locol® 1994	Analogpräparat (C)
C10A A 05	Atorvastatin	Sortis® 1997	Analogpräparat (C)
C10A A 06	Cerivastatin	Lipobay® 1997 Marktrücknahme 2001	Analogpräparat (C)

Tabelle 7: Evidenz für Statine aus klinischen Studien. KHK: koronare Herzkrankheit, LDL-C: Low-Density-Lipid-Cholesterin, LVH: linksventrikuläre Hypertrophie, NNT: number needed to treat

Studie	Methode	Gesamtmortalität		p-Wert
		Placebo	Statin	
Sekundärprävention				
Simvastatin 4S-Study (1994)	4444 KHK-Patienten, 5,4 J., LDL-C 188 ⇒ 122 mg/dl, 27 mg/d	11,5 %	8,2 %	0,0003 NNT 164
Pravastatin CARE (1996)	4159 KHK-Patienten, 5 Jahre LDL-C 139 ⇒ 98 mg/dl, 40 mg/d	9,4 %	8,6 %	ns
Pravastatin LIPID (1998)	9014 KHK-Patienten, 6,1 J., LDL-C 150 ⇒ 113 mg/dl, 40 mg/d	14,1 %	11,0 %	<0,0001 NNT 197
Simvastatin HPS-Study (2002)	20536 Patienten mit KHK, Schlaganfall, Diabetes, 5 J., LDL-C 131 ⇒ 92 mg/dl, 40 mg/d	14,7 %	12,9 %	0,0003 NNT 278
Pravastatin Prosper (2002)	8804 vask. Risiken, 75J., 3,2 J., LDL-C 147 ⇒ 97 mg/dl, 40 mg/d	10,5 % Infarkt 12,2 %	10,3 % Infarkt 10,1 %	ns 0,006
Primärprävention				
Pravastatin WOSCOP (1995)	6595 Männer, 4,9 Jahre LDL-C 192 ⇒ 144 mg/dl	4,1 %	3,2 %	ns 0,051
Lovastatin AF/TexCAPS (1998)	6605 Low HDL C Pat., 5,2 J. LDL-C 150 ⇒ 112 mg/dl	2,3 %	2,4 %	ns
Pravastatin ALLHAT-LLT (2002)	10355 Hypertoniker, 4,8 Jahre LDL-C 121 ⇒ 104 mg/dl, 40 mg/d	15,3 %	14,9 %	ns
Atorvastatin ASCOT-LLA (2003)	19342 Hypertoniker mit LVH, Schlaganfall, Diabetes, 3,3 J., LDL-C 132 ⇒ 89 mg/dl, 10 mg/d	4,1 % Infarkt 3,0 %	3,6 % Infarkt 1,9 %	ns 0,0005 NNT 287

Tabelle 8: Jährliches Einsparpotenzial von Statinen nach den Verordnungsdaten des Jahres 2002. Daten von Umsatz und definierten Tagesdosen (DDD) nach Klose und Schwabe 2003). Berechnung des Einsparpotenzials mit mittleren DDD-Kosten von 0,43 € für Simvastatin-Corax®.

Präparat	Umsatz 2002 in Mio. €	Tagesdosen 2002 Mio. DDD	DDD-Kosten 2002 in €	Einsparpotenzial Mio. €
Simvastatin	252,1	194,2	1,30	167,9
	64,0	42,0	1,52	45,8
Pravastatin				
Pravasin®	131,4	81,5	1,61	96,1
Mevalotin®	31,7	21,4	1,49	22,4
Fluvastatin				
Locol®	69,9	59,5	1,17	44,1
Cranoc®	33,4	26,6	1,25	21,9
Lovastatin				
Mevinacor®	47,1	25,0	1,89	36,3
Atorvastatin				
Sortis®	539,3	543,8	0,99	303,5
Summe	1.172,9	994,0	1,18	738,0

Bewertung des Nutzens von Arzneimitteln aus ärztlicher Sicht

Norbert Schmacke

Einleitung: Individualmedizin und Public Health

Der Versuch, das komplexe Thema der Nutzenbewertung von Arzneimitteln abzuhandeln, beginnt mit der persönlichen Einschätzung, dass es offenbar eine unverändert gewaltige Herausforderung bleibt, in der Medizin die individualmedizinische Betrachtung von Versorgungsfragen mit einer populationsbezogenen Perspektive in eine breit akzeptierte Wechselbeziehung zu setzen. Viele Ärzte scheinen nach wie vor kein Problem damit zu haben, ihr Handeln auf ungeprüfte Expertenempfehlungen zu stützen und sich an ihnen vertrauten Schulmeinungen zu orientieren. Warum dies ein großes Problem ist, ergibt sich aus der Darlegung der Möglichkeiten und Probleme der Bewertung des Nutzens von Arzneimitteln im Versorgungsalltag.

1. Die Basis: Unmittelbare Nutzenbewertung durch adäquate Studien

Die Nutzenbewertung von Arzneimitteln spielt bei den Regularien der Marktzulassung eines neuen Arzneimittels keine Rolle. Das klingt vielleicht zunächst wenig spektakulär, denn zum Zeitpunkt der Zulassung sind wesentliche Fragen des Nutzens tatsächlich nicht beantwortbar, weil der eigentliche „Feldversuch" noch gar nicht stattgefunden hat. Dass der Breiteneinsatz neuer Medikamente aber einen derartigen Feldversuch darstellt, wird oft ebenso wenig als spezifisches Problem der medizinischen Versorgung gesehen, wie auch immer noch angenommen wird, die eigentliche Anwendungsphase könne mit Beobachtungsstudien und den Instrumenten der Arzneimittel-Surveillance angemessen bewältigt werden. Andererseits beginnen die Probleme aber häufig schon vor der Marktzulassung, da viele Hersteller die rechtlichen Rahmenbedingungen dahingehend anwenden, dass sie eine neue Substanz nur gegen Placebo testen, dass die Follow-up-Periode der Phase III-Studien extrem kurz gehalten wird und die statistisch gerade erforderliche, in der Regel ausgesprochen kleine Zahl von Probanden gewählt wird. Ein weiteres bekanntes und ungelöstes Probleme besteht darin, dass über die Ausschlusskriterien in den Studiendesigns der Zulassungsstudien viele der typischen Sprechstundenpatienten aus den Studien herausgehalten werden, was konkret z. B. bedeutet, dass junge Männer höheren Bildungsstandes überrepräsentiert sind. Insoweit liest sich die Forderung der Europäischen Kommission, dass neue Medikamente vor der Marktzulassung auf Quality, Efficacy und Safety hin zu untersuchen sind[1], aus der Laienperspektive zwar gut. Die Operationalisierung dieser Kriterien im Rahmen der Regularien der European Medicines Evaluation Agency (EMEA) lässt aber massiv zu wünschen übrig. Es kommt hinzu, dass die Industrie nicht verpflichtet ist, sämtliche in den Zulassungsstudien erhobenen Daten offen zu legen. Dies alles berührt mit anderen Worten die Frage der Nutzenbewertung in der Breitenanwendung zwar nicht direkt, schafft aber bereits schwer kalkulierbare Risiken auf dem Weg zu einer besseren Nutzenbewertung nach Marktzulassung.

Es ist aus Sicht der Industrie zunächst einmal leicht zu verstehen, warum neue Medikamente häufig gegen Placebo und nicht gegen den vorhandenen State of the Art getestet werden. Aus ärztlicher Sicht interessiert gleichwohl primär die Frage, ob eine geltend gemachte Innovation dem bisher als Standard eingesetzten Medikament (genereller: Behandlungsverfahren) tatsächlich überlegen ist. Dies wären, technisch gesprochen, die Superiority Trials, nicht aber die beliebteren Non-Inferiority und Equivalence Trials.[2] Auf derartige Schwächen und den Reformbedarf der europäischen Regulierungspraxis haben Bassi u. a. jüngst noch einmal im Überblick hingewiesen.[3]

Wenn man noch einmal zu dem Argument zurückkommt, dass Zulassungsstudien den erst in der Langzeitanwendung ermittelbaren Nutzen von Arzneimitteln natürlich nicht „prophetisch" abschätzen können, so wird gerade durch dieses Standardargument deutlich, dass dringend neue gesellschaftliche Regeln für die systematische Erhebung des medizinischen Nutzens in einer Gesamtschau von Nutzen und Risiken geschaffen werden müssen. Warum dies so ist, soll nachfolgend im Einzelnen begründet werden.

Durch den einleitenden Vorschlag einer Typologisierung von Arzneimittelanwendungen aus ärztlicher Sicht[4] wird zugleich deutlich, dass ein Klä-

---

[1] European Commission. The rules governing medical products for human use: pharmaceutical legislation. European Communities 1998; 1-287
[2] Committee for Proprietary Medical Products. Points to consider on switching between superiority and non-inferiority. http://www.emea.eu.int. Document id: CPMP/EWP/482/9 adopted July 27, 2000
[3] Bassi LL, Bertele V, Garattini S. European regulatory policies on medicines and public health needs. European Journal of Public Health13; 2003: 246-251.
[4] Die Nutzenbewertung aus ärztlicher Sicht war die Fragestellung des Veranstalters an den Autor. Die Darstellung ersetzt selbstverständlich nicht die arzneimittelrechtliche Debatte um eine adäquate Operationalisierung der Anforderungen an Unbedenklichkeit und Qualität. Es wird allerdings in die Richtung argumentiert, die Aufmerksamkeit noch stärker als bisher auf den Zeitraum nach erfolgter

rungsbedarf besteht, der nach der kontroversen politischen Debatte um die so genannte Vierte Hürde oder nach dem wiederholten Scheitern einer Positivliste eben nicht als erledigt betrachtet werden kann.

Das heutige Arzneimittelgesetz ist ganz wesentlich ein Ergebnis der Thalidomid-Katastrophe. Die danach geschaffenen Sicherheitsinstrumente für die Arzneimittelzulassung lassen sich aber nicht mit gleichem Erfolg auf die unterschiedlichen heute zur Anwendung kommenden Arzneimitteltypen anwenden. Die folgende Typologie beansprucht nicht, bereits ausreichend fundiert zu sein, sondern dient über beispielhafte Erläuterungen der Veranschaulichung des zu lösenden Problems:

- Typ 1: Kurzzeitiger Einsatz eines Antibiotikums gemäß Antibiogramm. Das Ziel ist die Heilung einer zum Teil hoch gefährlichen und im Wesentlichen monokausal zu verstehenden Erkrankung bei einem einzelnen Patienten (häufig mit dem Ergebnis einer restitutio ad integrum). Der Nutzen ist für den einzelnen Patienten unmittelbar beschreibbar.

- Typ 2: Lege artis kurzzeitiger, de facto häufig längerfristiger Einsatz von Analgetika (z. B. Kopfschmerzmittel). Das Ziel ist die Beseitigung eines unterschiedlich stark belästigenden, die Leistungs- und Genussfähigkeit einschränkenden Symptoms bei einem einzelnen Patienten (häufig erfolgreiche Abkürzung der Schmerzdauer, in relevantem Umfang bei unzureichendem therapeutischen Bündnis aber auch Gefahr der Gewöhnung bzw. des Missbrauchs). Der potenzielle Nutzen ist auch hier für den einzelnen Patienten unmittelbar beschreibbar.

- Typ 3: Langzeiteinsatz von Medikamenten bei chronischen Erkrankungen im Sinne von Dauertherapie der Grunderkrankung. Primäres Ziel ist die Verbesserung der Überlebenschancen durch Vermeidung akuter Dekompensationen sowie die Vermeidung typischer Folgeerkrankungen. Der Nutzen ist teils unmittelbar beschreibbar (Vermeidung letaler Krisen), teils aus epidemiologischen Studien herleitbar und nur über ermittelte durchschnittliche Risikoverminderungen kommunizierbar.

- Typ 4: Langzeiteinsatz von Medikamenten zur Sekundärprophylaxe (z. B. Statine bei gesicherter koronarer Herzkrankheit). Ziel ist die langfristige Verbesserung der Überlebenschancen eines einzelnen Patienten mit einer chronischen Erkrankung ohne akute

---

Zulassung zu richten und die bisher üblichen Beobachtungsstudien durch methodisch hochwertige Studien zu ersetzen.

Symptomatik. Der Nutzen ist für den einzelnen Patienten nur mittelbar anhand von Daten aus klinisch-epidemiologischen Studien darstellbar.

- Typ 5: Langzeiteinsatz von Medikamenten zur Primärprävention bei klinisch gesunden Menschen mit definierten Risikofaktoren (z. B. wiederum Statine). Ziel ist die Prävention einer Erkrankung mit ausreichend hoher Prävalenz in einer definierten Population klinisch gesunder Menschen. Der Nutzen ist für den einzelnen Bürger – notabene im eigentlichen Sinne nicht „Patienten" – wiederum nur mittelbar anhand von Daten aus epidemiologischen Studien darstellbar.

- Typ 6: Langzeiteinsatz von Medikamenten bei klinisch gesunden Menschen ohne definierte Risikofaktoren (Typ Designer-Medikament Polypill[5] zur Prophylaxe von Herzinfarkten und Schlaganfällen, auch die reine Gabe von Acetylsalicylsäure oder von Statinen in einer gesunden Population ist hier einzuordnen). Ziel ist die Prävention gravierender Erkrankungen in definierten kompletten Altersklassen. Der Nutzen ist für den einzelnen Bürger (notabene: definitiv nicht Patienten!) nur mittelbar anhand von Daten aus epidemiologischen Studien darstellbar.

Eine Sonderstellung nehmen die so genannten Lifestyle-Präparate ein, bei denen eine ärztliche Indikation nicht gegeben ist. Ihr Risikopotenzial stellt gleichwohl eine beachtliche Größe innerhalb der Nutzendebatte dar.

Bei allen Studien mit längerer Reichweite stellt sich die Frage, ob Surrogatparameter als Endpunkte unverzichtbar sind oder ob der Verzicht auf klinisch relevante Endpunkte anderen Motiven geschuldet ist.

Die Nutzenbewertung aus medizinischer Sicht kann, dies ist der nächste entscheidende Punkt, nicht ohne die Darlegung der Effektstärken eines zu bewertenden therapeutischen Prinzips bzw. seiner Teilkomponenten auskommen. Laien (wie viele Ärzte?) neigen dazu, zwischen Wirksamkeit und Nutzen nicht zu unterscheiden und Effekte von Medikamenten

---

[5] Wald NJ, Law, MR. A strategy to reduce cardiovascular disease by more than 80 %. British Medical Journal 2003; 326: 1419-24. Es ist m.E. zu kritisieren, dass der Herausgeber des British Medical Journal in seinem Editorial die Auffassung vertrat, dass Nutzen und Risiken der Polypill nicht durch eine neue Studie ermittelt werden müssen, da alle Einzelsubstanzen ausreichend untersucht seien. Ein derartiger offener Feldversuch ist schon prinzipiell abzulehnen, und man muss sich zudem vergegenwärtigen, was dies in einer Bevölkerung mit einem ohnehin schon hohen Arzneimittelkonsum für Unsicherheiten produzieren würde.

wie anderer Therapien in ein Ja-Nein-Raster einzuordnen. Das Verschreiben eines Medikamentes folgt mit anderen Worten klassisch dem Muster: Ich bekomme ein Medikament, damit mein Problem gelöst wird, nicht aber: Mir ist bewusst, welchen Beitrag das Medikament zur Lösung meines Problems beisteuern kann. Die oben skizzierte Typologie der Arzneimittelbehandlung macht dieses Muster aufgrund der Geschichte der Arzneimitteltherapie mit ihren erfahrbaren Vorzügen auch ohne weiteres historisch verständlich. Für eine moderne Konzeption von Arzneimittelsicherheit reicht das aus den Anwendungsbereichen klassischer Felder der Akutmedizin stammende Muster der Nutzen- und Risikobewertung aber gleichwohl schon lange nicht mehr aus.

Es bedarf, so meine These, einer neuen Übereinkunft, welche Mindestanforderungen sowohl an Zulassungs- wie an Nutzen-Risiko-Studien nach Marktzulassung zu stellen sind. Der momentane Zustand im Prinzip nicht kalkulierbarer Risiken bei einer Vielzahl von Wirkstoffen – dies ist rein beschreibend gemeint – würde in anderen industriellen Bereichen wie z. B. der Automobilproduktion, die man ja nach weit verbreiteter Auffassung wegen der angeblichen Unvergleichbarkeit mit dem Gesundheitsmarkt nicht heranziehen soll, längst nicht mehr toleriert.

Berger und Mühlhauser haben entsprechende Reformen für mehr Arzneimittelsicherheit schon vor längerer Zeit in anderem Kontext gefordert, als sie auf die Gefahren der Fixierung von klinischen Studien auf Surrogatparameter hingewiesen haben.[6] Die systematische Anwendung der Prinzipien der evidenzbasierten Medizin (s. hierzu auch die Beiträge von Schwabe und Kaesbach in diesem Band) wurde auch von Mitgliedern des Bundesausschusses der Ärzte und Krankenkassen unter Hinweis auf vermeidbare Risiken in der Arzneimittelanwendung eingefordert.[7] Es geht, um ein mögliches Missverständnis auszuräumen, nicht um ein idealisiertes Bild vollständiger Risikovermeidung sondern um die nach heutigem Wissenstand mögliche Minimierung von Risiken durch adäquate Anwendung der hierfür erforderlichen Studientypen. Entsprechende gesellschaftliche Regularien stehen angesichts der Globalisierung der Produktionsprozesse wie des Health Technology Assessment international auf der Tagesordnung.

---

[6] Berger M, Mühlhauser I. Arzneimittelsicherheit: Wirksamkeit von Medikamenten muss auch nach Zulassung geprüft werden. Deutsches Ärzteblatt 2000; 97: A 154.

[7] Jung K, Gawlik C, Gibis B, Pötsch R, Rheinberger P, Schmacke N, Schneider G. Ansprüche der Versicherten präzisieren. Bundesausschuss der Ärzte und Krankenkassen. Deutsches Ärzteblatt 97; 2000: C-287-292.

2. Die Rolle der Ärztin/des Arztes

Der Nutzen einer Arzneimittelbehandlung in der konkreten Anwendung ist natürlich in erheblichem Umfang von der Kompetenz der jeweiligen Ärztinnen und Ärzte abhängig. Ohne dass Ärztinnen und Ärzte über einen aktuellen Überblick über die relevante Literatur zum eigenen Verordnungsspektrum verfügen, ist der potenzielle Nutzen nicht auszuschöpfen. Es war die sprichwörtliche Unüberschaubarkeit der Publikationslandschaft, die Sackett und andere dazu veranlassten, sowohl systematische Übersichtsarbeiten wie eine effizientere Schulung der Ärzteschaft zu probaten Mitteln der Qualitätssteigerung in der Medizin zu erklären. Dass gegen die evidenzbasierte Medizin fortwährend die Klage geführt wird: „Individuelle Therapien haben das Nachsehen"[8], ist insofern zumindest ein klassisches Missverständnis des Ansatzes der evidenzbasierten Medizin, mehr noch aber ein Verzicht auf die dringend erforderliche Professionalisierung der Unterstützung der Ärzteschaft für ein gleichermaßen rationales wie die Präferenzen der Patientinnen und Patienten berücksichtigendes Beraten und Verordnen.[9] Weder „ärztliche Therapiefreiheit" noch „Patientenpräferenz" lassen sich doch losgelöst von der kritischen Bilanzierung des vorhandenen Wissens über Nutzen und Risiken verschiedener Behandlungsverfahren sinnvoll thematisieren. Man muss ja eher kritisch feststellen, dass die heute zur Verfügung stehenden Methoden des Wissensmanagements auch nicht annähernd ausgeschöpft sind, während – verständlicherweise – die Praktiker sich über die nicht zu bewältigende Publikationsflut beklagen.[10]

Damit ist das Thema dieses Abschnitts aber noch nicht abgearbeitet. Man muss unvermeidlich auch über die inhaltliche Qualität und die pädagogische Form der heutigen Fortbildungsmaßnahmen in der Medizin sprechen. Wenn Tagungen und Kongresse offenkundig von Sponsoreneinflüssen geprägt sind, oder wenn gar infrage gestellt wird, ob ohne Sponsoring die notwendige Fortbildung der Ärzteschaft überhaupt finanzierbar ist, dann kann über den Nutzen von Arzneimitteln nicht mit der notwendigen Neutralität und Ausgewogenheit informiert werden. Und

---

[8] Aus: Staatliches Institut als Arzneimittel-Innovationshürde. VFA Erklärung vom 24.02.2003 (www.vfa.de/de/presse/positionen/vierte_huerde.html)

[9] Hierzu ausführlicher Schmacke N. Evidenzbasierte Medizin: Fundament zur Vereinbarung individueller Therapieziele. Gesundheit und Gesellschaft Wissenschaft 2; 4/2002: 16-25.

[10] Ich möchte an dieser Stelle eher anekdotisch den von meinen klinischen Lehrern Gustav Adolf Martini und Wolfgang Dölle häufig bemühten Satz zitieren „Häufige Sachen sind häufig, seltene Sachen sind selten", um die Frage zu stellen, ob die Anforderungen an ein modernes Wissensmanagement für die jeweiligen Handlungsbereiche der Arztgruppen wirklich so extrem hoch sind, wie dies häufig vermutet wird.

solange die Erkenntnisse der Erwachsenenbildung nicht systematischer als bisher umgesetzt werden, bleiben relevante Informationen auch nicht so haften, wie sie es sollten. Die Ärzteschaft steht traditionell zudem mit den Methoden der Biometrie „auf Kriegsfuß", wobei sich aus dieser Feststellung auch ein Vorwurf an die Forscher und Publizisten ableiten lässt: Es ist nicht sinnvoll und auch nicht nötig, Praktiker in der Fortbildung so zu behandeln wie Experten auf einer internen Fachtagung von Epidemiologen und Statistikern. Hier besteht mit anderen Worten auch eine Bringeschuld der an Evidence based Health Care interessierten Forschergemeinde. Welche Informationen aus der Publikationsflut am Ende wahrgenommen werden und wie sie in Alltagsroutinen umgesetzt werden, ist mithin der zweite wichtige Punkt bei der Erörterung des Nutzens von Arzneimitteln.

3. Die Rolle der Patientin/des Patienten

Des Weiteren hängt der potenzielle Nutzen der Arzneitherapie selbstverständlich auch vom Verhalten der Patientin/des Patienten ab. Dieses Kapitel trägt herkömmlich die Überschrift „Compliance" und wird in leider stark verkürzter Form als Problem ausreichender oder fehlender Einsichtsfähigkeit der Patienten wahrgenommen. Fehlende „Folgsamkeit" ist aber nicht nur insofern eine verkürzte Sicht der Dinge, als das klassisch paternalistische Rollenverständnis der Ärzteschaft unzeitgemäß ist. Die Begrifflichkeit verkennt vielmehr, dass die erwünschte Einnahme nutzenstiftender Medikamente vor allem im Falle von langfristigen Rezepturen und bei Mehrfachverordnungen in hohem Maße davon abhängt, dass das Verschreiben von Medikamenten als Kommunikationsprozess und nicht als Anordnung verstanden wird. Hierum rankt sich der gesamte Diskurs um Informed und Shared Decision Making[11], der leider nach wie vor damit zu kämpfen hat, dass Patienten häufig unterstellt wird, sie wollten ja gar nicht „mitreden". Im Falle des Typ-1-Diabetes ist inzwischen breit akzeptiert, dass nur der Patient als sein eigener Experte im Dialog mit betreuenden Ärztinnen/ Ärzten Garant für eine gute Stoffwechseleinstellung und für die Vermeidung der gefürchteten Spätkomplikationen ist. Das (in Deutschland von der Berger-Schule entwickelte) damit verbundene Schulungs- und Emanzipationskonzept war lange Zeit unter Diabetologen umstritten. Heute wird es in internationalen Fachzeitschriften als Meilenstein auf dem Weg zu einer patientenzentrierten Medizin anerkannt.[12] Das Realisieren des potenziellen Nutzens in der Arz-

---

[11] Im Überblick Scheibler F, Pfaff H (Hrsg.). Shared Decision Making. Der Patient als Partner im medizinischen Entscheidungsprozess. Weinheim: Juventa 2003
[12] DAFNE Study Group. Training in flexible, intensive insulin management to enable dietary freedom in people with type 1 diabetes: dose adjustment for normal eat-

neimittelbehandlung hängt mit anderen Worten stark davon ab, ob die Patientinnen und Patienten als Empfänger von Expertenbotschaften oder als Partner eines gelegentlich hoch komplizierten Verhandlungsprozesses gesehen werden. Dabei gilt auch für den Prozess der informierten Patientenentscheidung das von Julian Tudor Hart so benannte Inverse Care Law[13], wonach diejenigen häufig am wenigsten gesundheitliche Dienstleistungen erhalten, die sie am nötigsten haben.

Es ist sicher auch noch ein weiter Weg zur Realisierung des Dialogprinzips im medizinischen Alltag, da dies die Einübung zum Teil völlig ungewohnter Kommunikationsmuster auf unterschiedlichen Verständnis- und Verständigungsniveaus voraussetzt. Die Entwicklung derartiger Techniken und unterstützender Medien wird eines der Megathemen moderner Versorgungsforschung werden.

4. Die Rolle des Behandlungssettings

Die Gesundheitsforschung hat erst vor kurzer Zeit auf die Tagesordnung gesetzt, dass es darauf ankommt, Nutzen und Risiken von Behandlungsverfahren im Alltag zu untersuchen, wenn die Verfahren die notwendigen „Laborsituationen" überstanden haben: Auf Neuhochdeutsch ist hier die Rede vom Nachweis der Community Effectiveness. Die Forschungen von Wennberg und anderen[14] zur Behandlungsvarianz in umschriebenen regionalen Räumen gaben für diesen Ansatz entscheidende Impulse: Wenn Unterschiede in Behandlungsergebnissen zwischen verschiedenen vergleichbaren Regionen nicht auf ein unterschiedliches Morbiditätsspektrum zurückgeführt werden können, stellt sich gewissermaßen automatisch die Frage, welche Faktoren verantwortlich gemacht werden können. Die Liste der Faktoren ist lang: Sie reicht von den Kooperationsstrukturen der Behandlungssektoren über den Grad der Verwendung evidenzbasierter Leitlinien bis hin zur Rolle der vorhandenen Budgets. Man stelle sich vor, die Situation der deutschen Einigung wäre genutzt worden, das in der ehemaligen DDR vorhandene Modell der Polikliniken anhand von klinisch relevanten Ergebnisparametern mit Modellen der alten BRD zu vergleichen. Heute bietet vielleicht der Ansatz der Disease Management-Programme die Chance, den Ansatz strukturierter Behandlungsprogramme gegen bisherige Standards zu testen. Auch die integrierte Versorgung sollte eine derartige Plattform bieten können, unterschiedliche Behandlungssettings miteinander zu verglei-

---

ing (DAFNE) randomised controlled trial. British Medical Journal 2002; 325: 746-9

[13] Hart JT. The inverse care law. The Lancet 1971, Feb 27: 405-12

[14] Eine frühe Publikation hierzu: Wennerg JE, Gittelsohn AM, Small area variations in health care delivery. Science 1973; 182: 1102-8.

chen. Aber auch traditionell schon verwurzelte Ansätze wie Qualitätszirkel eignen sich dazu, den Einfluss systematischer Einflussnahme auf Behandlungsstandards in einer Praxis oder einem Praxisverbund auf die Behandlungsergebnisse einschließlich der Patientenzufriedenheit zu untersuchen.

Es steht außer Frage, dass der potenzielle Nutzen und die Vemeidung von Risiken von derartigen Rahmenbedingungen stark abhängig sind.

5. Kosten und Wirtschaftlichkeit

Der Nutzen aus ärztlicher Sicht hat dem ersten Anschein nach mit ökonomischen Fragen nichts zu tun. Dies würde im Falle eines therapeutischen Durchbruchs vom Typ Penicillin wohl auch gesamtgesellschaftlich so bewertet werden, es ginge dann nur um die Frage der raschen Disseminierung.

Es wäre eine eigene Untersuchung wert, welche Zeiträume anerkanntermaßen hoch bedeutsame medizinische Innovationen bis zur routinemäßigen Anwendung benötigt haben. Meine These ist, dass auch anfänglich als „unfinanzierbar" betrachtete Therapien wie die Dialyse sich ihren Weg immer unerwartet rasch gebahnt haben und – außer in absoluten Mangelwirtschaften – sich auch weiterhin bahnen werden. Gleichzeitig ist richtig, dass im Rahmen immer – explizit oder implizit – vorhandener Gesamtbudgets verschiedene Untersuchungs- und Behandlungsmethoden und -settings miteinander um die Mittel ringen und insofern die Frage des Evidenzgrades und der wirtschaftlichen Erbringung einer Leistung mit bedacht werden müssen, wenn die Frage der Optimierung des Nutzens aus ärztlicher Sicht aufgerufen wird. Es gibt, anders ausgedrückt, keine „unschuldige" Betrachtung der Nutzendebatte, bei der die Ärzteschaft definiert, welche Behandlungsmaßnahmen sie für nötig hält und ein Dritter (GKV, Staat oder Privatzahler) darüber zu befinden hat, was bezahlt wird.

Aus dieser Perspektive ist es das bleibende Verdienst des Sachverständigenrates (SVR) des BMG(S), für Deutschland die Thematik von Über-, Unter- und Fehlversorgung entdeckt zu haben, da diese Ausprägungen im Behandlungsalltag nämlich unabweislich vorhanden sind und ihre Aufdeckung hilft, die Steuerung in Richtung angemessener Versorgung zu verbessern.[15]

---

[15] Dass Teile der Ärzteschaft die Debatte um Über-, Unter- und Fehlversorgung dahingehend missverstehen, praxisferne Experten wollten der Medizin absprechen, dass im Versorgungsalltag noch angemessene Medizin betrieben werde, deutet auf ein gravierendes Kommunikationsproblem hin.

Bei der Bewertung der Belege des SVR wurde nun rasch Kritik laut, die Datenbasis trage manche der Aussagen nicht, insbesondere werde ein zu schwarzes Bild der Behandlungsergebnisse gemalt. Nun verweist diese Kontroverse – unabhängig von der Frage, wie begründet die Aussagen des SVR zu Über-, Unter- und Fehlversorgung im Einzelnen tatsächlich sind – in jedem Fall auf einen eklatanten Mangel an hochwertigen Studien zur medizinischen Versorgung. Dies betrifft eben auch vergleichende Arzneimittelstudien längerer Reichweite mit klinisch bedeutsamen Endpunkten: Es sollte wenigstens Einigkeit darin bestehen, dass kurzfristig nach Lösungen zur Finanzierung solcher Studien gesucht werden muss, und es sollte nicht länger bezweifelt werden, dass es solcher systematischen Forschungsstrategien bedarf.

Die bisherigen Raster der Marktbeobachtung liefern kein ausreichendes Maß an Einschätzung von Nutzen und Risiken. Will man über einen rationaleren Ressourceneinsatz mehr wissen, müssen gleichermaßen die Anstrengungen zur Ermittlung der – immer anzutreffenden – Varianz der Leistungsdichte und -qualität erhöht werden. Bezogen auf die Nutzenfrage interessiert dabei sowohl, offenkundige Unterversorgung entlang regionaler „Zufälle" (fast schon sprichwörtlich ist das Postcode-Rationing) zu thematisieren und im Falle echter Innovationen abzubauen, als auch, Über- und Fehlversorgung durch Vergleiche zwischen Regionen oder Leistungserbringern im Lichte der best verfügbaren Evidenz zu erkennen und abzubauen.[16] Wird die Datenbasis im skizzierten Sinn verbessert, steigen die Chancen, Effizienzreserven tatsächlich zu heben und aus übergeordneter Perspektive die Disseminierung echter Innovationen zu beschleunigen.[17]

Dass auf dem Weg zu diesem Ziel auch pragmatische Wege gangbar sind, zeigt (im Prinzip) der Umgang mit den so genannten neuen Anti-

---

[16] Es fällt schwer, das unterschiedliche Verschreibungsverhalten von Antidiabetika zwischen Skandinavien und Deutschland durch unterschiedliche Prävalenz oder Schweregrade zu erklären, schon gar, wenn Präparate wie die alpha-Liponsäure oder Calcium Dobesilate in Skandinavien überhaupt nicht eingesetzt werden. S. hierzu Melander A. Pharmacotherapy of type 2 in Scandinavia: A comparison with Germany. In: Berger M, Sawicki P, Schmacke N (Hrsg.). Stichwort: Diabetes. Dokumentation eines internationalen Symposiums. KomPart, Bonn 2002.

[17] Unter diesem Aspekt wird die so genannte Vierte Hürde der Zulassung zum GKV-Markt oder anderen Gesundheitssystemen selten gesehen, vermutlich schlicht deshalb, weil kurzfristige Perspektiven (Marktzulassung erreichen) und langfristige Perspektiven (mit hochwertigen Produkten Marktdominanz gewinnen) nicht ohne weiteres kompatibel sind. Siehe auch Schmacke N. Schafft eine „4. Hürde" Raum für Innovationen? In: Lauterbach KW, Volmer T (Hrsg). Arzneimitteltherapie – Über-, Unter- und Fehlversorgung. Schattauer Verlag, Stuttgart 2002, 69-75.

dementiva. Hier hat die Arzneimittelkommission der deutschen Ärzteschaft auf dem Boden der (notwendigerweise noch sehr begrenzten) Evidenz konkrete Empfehlungen ausgesprochen, welche Patienten wie lange mit welchem therapeutischen Ziel behandelt werden sollen, und die Gegenüberstellung der Ausgaben für offenkundig unwirksame Präparate, die zur Vermeidung oder Behandlung der Demenz verordnet werden, zeigt auf, dass hier tatsächlich über substitutive Effekte die derzeit für notwendig gehaltene Optimierung der Behandlung erreicht werden kann.[18] Und zugleich ist dringend erforderlich, Langzeitstudien durchzuführen, die den tatsächlichen Stellenwert der neuen Anti-dementiva innerhalb eines Gesamtkonzeptes zur Behandlung der Demenz ermitteln können. Genau dieses müsste geschehen, um eine neue Tradition der Einführung von Innovationen begründen zu können, in der das Generieren von belastbarer Evidenz auch dazu beiträgt, die Dauer der Fortführung therapeutischer Maßnahmen ohne adäquaten therapeutischen Nutzen und mit unbekannten Risiken abzukürzen.

Die Geschichte der Hormon(ersatz)behandlung sollte eine weiteres Mal gezeigt haben, wie überfällig diese neue Tradition ist. Hier stellt sich jetzt die Frage, wie lange es dauern wird, das Paradigma „Prävention chronischer Erkrankungen nach der Menopause durch Substitution weiblicher Hormone" aus dem therapeutischen Arsenal zu entfernen. Am Ende mündet die gesamte Argumentation in die These, dass die eingeforderten Nutzennachweise weit stärker als heute zu einem intelligenten Steuerungsinstrument zur Bewertung neuer medizinischer Leistungen werden können.

6. Nutzennachweise und Versorgungsforschung

Es ist bei dem Beispiel der Antidementiva schon angeklungen: Klassische Arzneimittelforschung testet Präparat A gegen Placebo oder Referenzpräparat B.

Hier sind im Hinblick auf die Frage der Nutzenbewertung bereits völlig unterschiedliche Anspruchsniveaus festzustellen, weil der Nachweis der Überlegenheit gegenüber dem jeweiligen Standard leider nicht durchgängig geführt wird. Bei einer Vielzahl von Behandlungskonzepten interessiert aber eigentlich noch etwas anderes, nämlich der Stellenwert des Arzneimitteleinsatzes gegenüber anderen therapeutischen (oder präventiven) Ansätzen.

---

[18] Arzneimittelkommission der deutschen Ärzteschaft. Therapieempfehlung Demenz, 2. Auflage 2001 (http://www.akdae.de), AMR Schwabe, U. Qualität der Arzneimittelversorgung. In: Schwabe U, Paffrath D /Hrsg.): Arzneiverordnungsreport 2002, Springer: Berlin, Heidelberg, New York 2002, 832-852.

Damit ist das Thema mehrarmiger Versorgungsstudien angesprochen, denen vor allem vorgeworfen wird, sie seien methodisch zu aufwändig und zu teuer. Wenn es aber nicht gelingt, die einzelnen Effektstärken therapeutischer Instrumente besser als heute im Vergleich zu beschreiben, werden sich viele Fragen der medizinischen Versorgung in einer Bevölkerung mit (glücklicherweise) hoher durchschnittlicher Lebenserwartung nicht befriedigend behandeln lassen. Leider scheint es sehr schwer zu sein, das vielerorts vorherrschende Denken in einfachen Ursache-Wirkungs-Zusammenhängen zu beeinflussen.

Wenn man für eine solche erweiterte Forschungsstrategie wirbt, so geschieht dies nicht nur aus rechtlicher und finanzieller Perspektive von einer schwachen Ausgangsposition aus, da es für viele relevante Forschungsfragen eben keine raschen und leicht zu realisierende Lösungen gibt. Dass alle nicht-medizinischen Interventionen zudem zumeist ungleich schlechter untersucht sind als noch so wenig zukunftsträchtige Pfade der Arzneimittelentwicklung, das ist eine ebenso bittere wie ins Kalkül zu nehmende Realität. Gleichwohl besteht objektiv die Notwendigkeit, die Endlichkeit eindimensionaler Optimierungsstrategien aus den Laboratorien der pharmazeutischen Industrie in einer Bevölkerung mit hohem Altersdurchschnitt[19] und damit einhergehend einem hohen Anteil an komplexen Versorgungsproblemen deutlicher als bisher zu machen. Dass heute der Begriff der Versorgungsforschung überhaupt „salonfähig" geworden ist, könnte ein erstes Schlaglicht auf die neue Situation sein.

7. Bilanz

Der Einsatz der Pharmakotherapie wird künftig stärker von zwei Fragen geleitet werden: Durch Studien welchen Typs ist der Nutzen eines neuen Medikaments gegenüber dem bisherigen Standard der medikamentösen Therapie belegt und wie lässt sich die Effektstärke der pharmakologischen Behandlung in der Nutzenbetrachtung eines therapeutischen Gesamtkonzeptes bewerten? Dabei wird es Behandlungstypen geben, in denen Arzneimittelinnovationen „outstanding" sind, und es wird sich aber auch im Bereich vieler chronischer Erkrankungen und möglicherweise besonders ausgeprägt bei alten und hochbetagten Patienten die Frage stellen, ob ein gemessener Effekt eines einzelnen Medikamentes einen

---

[19] Allein das Problem der Mehrfachverschreibungen stellt bereits ein Problem ersten Ranges dar, das von den Akteuren des Versorgungssystems noch überhaupt nicht angemessen adressiert worden ist. S. im Überblick Schmacke N. Rationale Arzneimitteltherapie: Lassen sich Risiken von Mehrfachverschreibungen kalkulieren? Brennpunkt Gesundheitswesen Ausgabe 8/2000, 12-18

klinisch relevanten Fortschritt bedeutet.[20] Viele dieser Effekte lassen sich nur durch kontrollierte Vergleiche mit längerer Beobachtungsdauer ermitteln, wobei der logistische und finanzielle Aufwand für hochwertige Studien der Versorgungsforschung aber vielleicht auch häufig überschätzt wird.[21] Dadurch entsteht gelegentlich eine fatalistische Stimmung gegenüber anspruchsvollen mehrarmigen Studien, für deren Realisierung, gemessen an den Umsätzen der Industrie und den Ausgaben der gesetzlichen Krankenversicherung und der Notwendigkeit zur Entwicklung besser abgesicherter Therapiekonzepte, aber trotzdem neue Perspektiven entwickelt werden müssen.

Wenn sich jetzt eine Vielzahl von medizinischen Fachgesellschaften hinter das Memorandum zur Versorgungsforschung[22] gestellt haben, dann kann dies zweierlei bedeuten, und dies gilt es im Auge zu behalten: Zum einen haben immer mehr Kliniker erkannt, dass die Organisation des Versorgungssystems selber und die Beforschung von Behandlungsstrategien in der Alltagswelt einen hohen Stellenwert haben, zum anderen rechnen sicher auch manche damit, dass die Forschungsförderung eine neue Quelle sprudeln lässt, an der man unter etwas anderen Vorzeichen frisches Wasser schöpfen kann, um seinen traditionellen Forschungslinien unbeirrt zu folgen. Die Bewertung des Nutzens der Pharmakotherapie aus Sicht von Ärzten wie Patienten erfordert zweierlei: über die bisherigen Zulassungsbedingungen und über die Erhebung relevanter Daten nach Marktzulassung im Lichte einer hier nur skizzierten Typologie der Arzneimittel und ihres Stellenwertes in umfassenden Therapiekonzepten neu nachzudenken. Die Investitionen in eine verlässlichere Datenbasis sind dabei eine ernste Hürde, über die man sicher nicht mit einem einzigen Anlauf hinwegkommt. Der hier formulierte Beitrag ist insofern ein Plädoyer, den Kopf nicht in den Sand zu stecken, sondern die Notwendigkeit wie die Möglichkeit der Gewinnung von klinisch relevanten Nutzennachweisen Schritt für Schritt unter Beweis zu stellen.

---

[20] Da solche Überlegungen auch missverstanden werden können, sei an dieser Stelle explizit darauf hingewiesen, dass Alter per se kein Kriterium im Kontext der Nutzenermittlung ist, da alle Methoden der heutigen Medizin auch bei hochbetagten Menschen erfolgreich eingesetzt werden können. Es geht hier vielmehr um die alterstypische Zunahme multimorbider Krankheitsverläufe im Alter, wodurch die Notwendigkeit eines mehrdimensionalen Blicks auf die Nutzenfrage besonders sinnfällig wird.

[21] Es ist zu hoffen, dass auch die Ausschreibung des BMBF zur Förderung klinischer Studien vom 11.11.2003 Impulse zur Überwindung der hier thematisierten Forschungsdefizite liefert. In dieser Ausschreibung wird ausdrücklich die Verbesserung der methodischen Kompetenz klinischer Studien adressiert.

[22] Memorandum zur Versorgungsforschung in Deutschland. 2003
(http://www.gqmg.de/Dokumente/VersorgungsforschungMemorandum-031020.pdf)

Probleme der Kosten-Nutzen-Bewertung

Oliver Schöffski

Im ersten Entwurf zum Gesundheitssystemmodernisierungsgesetz (GMG) war die Errichtung eines Deutschen Zentrums für Qualität in der Medizin vorgesehen, dessen Aufgabe unter anderem die Durchführung von Nutzen-Kosten-Bewertungen von Arzneimitteln sein sollte. Gemäß den Konsensverhandlungen über einen gemeinsamen Gesetzesentwurf – inzwischen GKV-Modernisierungsgesetz (GMG) von Bundesregierung, Opposition und Ländern – heißt die neu zu gründende Einrichtung nun Institut für Qualität und Wirtschaftlichkeit im Gesundheitswesen. Obwohl der Begriff der Wirtschaftlichkeit nun explizit im Namen aufgenommen wurde, ist statt einer Nutzen-Kosten-Bewertung inzwischen nur noch eine Nutzenbewertung von Arzneimitteln vorgesehen, wobei allerdings allgemein auch die Bewertung der Wirtschaftlichkeit und der Effizienz im Zuständigkeitsbereich des Instituts liegt. Es ist absehbar, dass das Institut einen ziemlichen Spagat zwischen der Quantifizierung des Nutzens, der Qualität und der Wirtschaftlichkeit vollbringen muss.

Im Gesetz ist nicht klar definiert, was eigentlich unter Nutzen eines Arzneimittels verstanden wird. In einem ersten Schritt kann Nutzen erst einmal grob in ökonomischen (= monetär quantifizierbaren) und medizinischen (= nicht bzw. nur über Umwege monetär quantifizierbaren) Nutzen differenziert werden. Der ökonomische Nutzen ist in den vorliegenden Entwürfen zumindest nicht explizit ausgenommen. Es wird zwar an einigen Stellen im Gesetz und in den Begründungen von medizinischem Nutzen gesprochen, dann allerdings immer nur im Zusammenhang mit den Begriffen Qualität und Wirtschaftlichkeit. Geht es um die Bewertung von Arzneimitteln, so wird nur von Nutzen gesprochen, ohne weiter zu differenzieren. Interpretiert man den Nutzen einer medizinischen Leistung auch als vermiedene Kosten, so kann natürlich bei der gewählten Terminologie auch eine Gegenüberstellung von Kosten und Nutzen erfolgen. Dieses soll an kleinen fiktiven Beispielen verdeutlicht werden:

- Kommt ein neues Präparat auf den Markt mit Tagestherapiekosten von 2 Euro und ersetzt dieses ein bisheriges Präparat mit Tagestherapiekosten von 3 Euro, so würde sich ein Nutzen des neuen Präparats in Höhe von 1 Euro ergeben. Dieses gilt natürlich nur bei einer angenommenen absoluten Wirkungsgleichheit (egal auf welchem pharmakologischen Weg) der beiden alternativen Präparate. Der Ökonom würde hier von einer *Ceteris paribus-Annahme* sprechen, d. h. in unserer modellhaften Überlegung wird nur eine Variable verändert (hier die Tagestherapiekosten) bei Konstanz aller übrigen Einflussfaktoren.

- Bei einer akuten Infektion ist anstelle der bisherigen i.v.-Verabreichung im Krankenhaus das neue Präparat (Antibiotikum) in Tablettenform verfügbar und kann zu Hause eingenommen werden. Bei sonst gleicher Wirksamkeit fallen im ersten Fall Kosten in Höhe von insgesamt 1.800 Euro an (insbesondere wegen des kostspieligen stationären Aufenthalts), im zweiten Fall Kosten in Höhe von 1.500 Euro (insbesondere wegen des hochpreisigen neuen Antibiotikums). Der Nutzen dieses neuen Präparats beträgt daher pro Krankheitsepisode 300 Euro.

- Durch die Verabreichung eines innovativen Präparats kann die Progredienz der Alzheimer'schen Krankheit verlangsamt werden, so dass die Patienten im letzten, schwersten Krankheitsstadium nur eine kürzere Zeit verbringen. Diese schwerste Form der Demenz ist der häufigste Grund für eine Einweisung in ein Pflegeheim, ein hoher Prozentsatz von Betroffenen verbringt dort den Rest seines Lebens. Mit dem neuen Arzneimittel ergeben sich vielleicht alzheimerspezifische Kosten bis zum Lebensende, diskontiert in Höhe von durchschnittlich 40.000 Euro; ohne den Einsatz wegen des längeren Pflegeheimaufenthalts sind es vielleicht 50.000 Euro. Der Nutzen des Arzneimittels für einen Alzheimer-Fall beträgt demzufolge 10.000 Euro.

Diese drei Beispiele zeigen auch ganz deutlich einen wesentlichen Schwachpunkt der deutschen Sozialversicherung: die sektorale Unterteilung. Innerhalb der einzelnen Sektoren kann und wird zwar optimiert, ein gesamtgesellschaftliches Optimum ergibt sich dadurch aber nicht. Im ersten Beispiel wird ausschließlich innerhalb eines Arzneimittelbudgets optimiert, dieses funktioniert üblicherweise auch. Im zweiten Fall sind schon drei Sektoren betroffen, der Arzneimittelbereich, die ambulante medizinische Versorgung und der Krankenhausbereich. Da jeder dieser drei Bereiche eigenen Restriktionen unterworfen ist, ist die Optimierung schon erschwert. Noch schwieriger wird sie, wenn – wie im dritten Fall – noch ein anderer Sozialversicherungszweig (hier die Pflegeversicherung) hinzukommt.

Es ist derzeit völlig unklar, wie das neu zu gründende *Institut für Qualität und Wirtschaftlichkeit im Gesundheitswesen* mit solchen Fällen umgehen wird, wenn es aufgefordert wird, den Nutzen eines Präparats zu quantifizieren. Wird auch dieser in Geldeinheiten gemessene Nutzen eine Rolle spielen? Zu den beiden letzten obigen Beispielen sei noch angemerkt, dass natürlich auch dort die *Ceteris-paribus-Annahme* vorausgesetzt ist. Allerdings wurden Fragen der Lebensqualität hier erst einmal ausgeklammert; diese würden sich in den Beispielen natürlich realistischerweise unterschiedlich darstellen.

Während der Begriff *Kosten* im Bereich der Medizin relativ einheitlich verwendet wird, geht die Begrifflichkeit des Gegenstücks stark auseinander. Es wird häufig allgemein von *Nutzen* gesprochen, dieser kann aber – wie bereits oben dargestellt – auch monetäre Komponenten umfassen, die häufig nicht gemeint sind. Während in der Ökonomie regelmäßig der Begriff *Output* verwendet wird, ist im Bereich des Gesundheitswesens die Terminologie *Outcome* geläufiger. Man könnte ganz allgemein auch von *Effekt* oder *Wirkung* sprechen, am klarsten beschreibt allerdings der Terminus *medizinisches Ergebnis* den Sachverhalt. Die Effektivität einer Maßnahme zeigt an, um wie viel die Wirkung einer medizinischen Maßnahme im Vergleich zu einer Alternative besser ist.

Abb. 1: **Der Zusammenhang von Kosten und Nutzen von Gesundheitsleistungen**

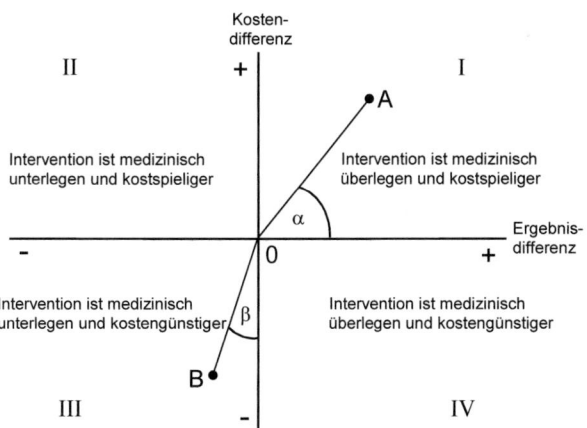

Wird eine medizinische Intervention mit einer relevanten Alternative verglichen, so kann das medizinische Ergebnis besser oder schlechter sein und die Kosten sind entweder höher oder niedriger. Es ergibt sich somit allgemein ein zweidimensionales 4-Felder-Diagramm (s. Abb. 1). Den Nullpunkt des Diagramms stellt dabei die relevante Alternative dar (Referenzprodukt).

Auf der Achse der Kosten werden schon die durch die Verwendung des innovativen Produkts eingesparten Kosten (= monetärer Nutzen) berücksichtigt, es handelt sich also um eine Nettogröße. Auf der Achse des medizinischen Ergebnisses wird daher nur der nicht-ökonomische Nutzen (= medizinischer Nutzen) betrachtet. Beschränkt man sich bei der Bewertung auf diesen medizinischen Nutzen und berücksichtigt die Kosten-Dimension nicht, so wird aus einer zweidimensionalen nur eine eindimensionale Betrachtung, wobei sich allerdings das Problem der Quantifizierung des medizinischen Nutzens weitaus komplexer darstellt als die Quantifizierung der monetären Komponenten. Während diese einheitlich und allgemein akzeptiert in Geldeinheiten (z. B. Euro, US-Dollar) quantifiziert werden, ist die Maßeinheit des medizinischen Nutzens erst einmal völlig unklar und höchst diskussionswürdig. Hier steht nämlich eine Reihe von alternativen Möglichkeiten zur Verfügung. Diese sollen im Folgenden kurz mit ihren Vor- und Nachteilen dargestellt werden.

- Quantifizierung des Nutzens in *nahe liegenden natürlichen Einheiten*
  Schon seit jeher war die Medizin damit konfrontiert, dass der Erfolg einer medizinischen Maßnahme messbar gemacht werden musste. In der Vergangenheit hat man sich häufig darauf beschränkt, das zu messen, was sich gut messen lässt. Man hat sich also nicht die Frage gestellt, was eigentlich beeinflusst werden soll, sondern darauf, welche Größen sich gut quantifizieren lassen. Quantifiziert werden die medizinischen Erfolge dann in verschiedensten Maßeinheiten, beispielsweise in Längenmaßen (z. B. Millimeter, Zentimeter, Meter), in Flächenmaßen (z. B. Quadratzentimeter), in Raummaßen (z. B. Liter, Milliliter), in Zeiteinheiten (z. B. Sekunden, Minuten, Stunden, Tage), in absoluten Zahlen oder prozentualen Angaben.

- Im Bereich der Lipidsenkung will man eigentlich die Lebenserwartung der Patienten verlängern, man misst allerdings die (absolute oder relative) Veränderung des Cholesterinspiegels. Bei der Peripher Arteriellen Verschlusskrankheit (PAVK) ist eigentlich die Zielgröße der ärztlichen Bemühungen die Lebensqualität des Patienten, gemessen werden allerdings die Durchflussmenge oder der Durchmesser von Gefäßen oder aber die beschwerdefreie Gehstrecke der Betroffenen. Auch bei Krebserkrankungen soll in erster Linie das Überleben gesichert werden, man misst allerdings die

Veränderungen der Größe eines Tumors, die Remissionsrate, die Zeit bis zur Progredienz und ähnliche Größen in der Hoffnung, dass zwischen diesen Größen und der Lebenserwartung ein direkter Zusammenhang besteht (Surrogatparameter). Das wird zwar in den meisten Fällen so sein, allerdings hört man auch immer wieder kritische Stimmen, die behaupten, dass der endgültige Nachweis fehlt. Onkologen stellen fest, dass in klinischen Studien bei neuen Chemotherapie-Regimen zwar die Zeit bis zur Progredienz immer um noch ein paar Tage verlängert wird, sie stellen allerdings auch fest, dass ihre Patienten dadurch eigentlich nicht länger leben. Auch ab wann ein erhöhter Cholesterinwert sich lebensverkürzend auswirkt, ist immer wieder Gegenstand kontroverser Diskussionen. Der große Vorteil bei dieser Form der Ergebnis- bzw. Nutzenmessung ist die Validität der Resultate. Die Schwankungsbreite dieser Größen ist recht gering, daher können mit relativ kleinen Fallzahlen valide Ergebnisse bezüglich der Unterschiede alternativer Therapieformen generiert werden. Daher ist diese Form der Nutzenmessung auch der Regelfall in klinischen Prüfungen. Erkauft werden diese Vorteile dadurch, dass man eigentlich nicht das misst, was man beeinflussen will.

- Quantifizierung des Nutzens anhand von *künstlichen Scores*
Bei einigen Erkrankungen lassen sich die Behandlungserfolge nicht oder nur schlecht anhand von *natürlichen Einheiten* messen (z. B. bei psychiatrischen Erkrankungen). Hier behilft man sich dann häufig mit der Konstruktion von *künstlichen, nicht direkt beobachtbaren Scores*. Das Hauptproblem mit diesen Konstrukten (neben der Frage, ob sie überhaupt das messen, was gemessen werden soll) liegt darin, dass nicht jeder dasselbe Instrument verwendet. Häufig werden von verschiedenen Forschergruppen alternative Messverfahren entwickelt, die miteinander nicht kompatibel sind. Die Vergleichbarkeit der Ergebnisse über einzelne Studien hinaus ist damit nicht oder nur sehr eingeschränkt möglich. In einigen Fällen haben sich zwar einzelne Instrumente durchgesetzt, aber auch von diesen existieren dann unterschiedliche Versionen und Sprachen. Ein Beispiel für solch ein künstliches Instrument wäre der *Mini Mental Status (MMS) Test* im Bereich der Alzheimer'schen Erkrankung. Hier wird das Ausmaß der geistigen Einschränkung, die sich nicht direkt messen lässt, quantifiziert. Ein weiteres Beispiel wäre der *PASI-Index*, mit dem der Schweregrad einer Psoriasis (Schuppenflechte) gemessen wird.

- Quantifizierung des Nutzens anhand der *erfolgreich behandelten Fälle*

Diese Form der Nutzenmessung existiert heutzutage nur noch selten. Die Anzahl der erfolgreich behandelten Fälle wird für die alternativen Methoden gemessen. Dabei muss natürlich explizit oder zumindest implizit klar sein, wie ein erfolgreich behandelter Fall überhaupt definiert ist. Bei akuten Erkrankungen, bei denen am Ende eine vollständige Wiederherstellung erreicht werden kann, mag diese Form der Messung akzeptabel sein. Bei chronischen Erkrankungen oder bei einer nur teilweisen Erreichung des Ausgangszustands sowie bei der Beeinflussung von Risikofaktoren und Wahrscheinlichkeiten stellt diese Form der Messung keine valide Methode dar.

- Quantifizierung des Nutzens anhand *gewonnener Lebensjahre, (-monate, -tage)* Die Lebenserwartung der Patienten ist in dieser Aufzählung die erste Größe, die tatsächlich durch medizinische Interventionen beeinflusst werden soll; im Gegensatz zu den Surrogatparametern handelt es sich hier um einen wirklichen Endpunkt. Daher liegt es nahe, auch die Auswirkungen auf diese Größe direkt zu quantifizieren. Deshalb existieren viele Studien, die als Zielgröße gewonnene Lebensjahre (life years gained) haben. Mehrere Probleme sind mit dieser Vorgehensweise verbunden:

Das erste Problem ist die Messbarkeit. Im Prinzip lässt sich die Lebenserwartung sehr gut messen, man muss nur so lange warten, bis der letzte Patient gestorben ist, und kann dann Aussagen über die durchschnittliche Lebenserwartung treffen. Solange kann man aber mit der Entscheidung über den generellen Einsatz des Präparats nicht warten, klinische Studien beobachten Patienten daher in der Regel nicht länger als 3 oder 6 Monate, gegebenenfalls mit einer zusätzlichen Nachbeobachtung über einige weitere Monate. Dadurch erhält man eine Absterbeordnung für die Dauer der Beobachtung (Kaplan-Meyer-Kurven). Aus diesen Informationen müssen dann Aussagen bezüglich der Sterblichkeit und der durchschnittlichen Lebenserwartung generiert werden, deren Validität nicht in jedem Fall gegeben sein muss.

Das zweite Problem mit der Messung der Lebenserwartung besteht darin, dass diese für viele Erkrankungen und viele Therapien nicht relevant ist. Viele gesundheitliche Störungen beeinflussen die Lebenserwartung überhaupt nicht (z. B. die Schuppenflechte, Alzheimer) oder nur minimal indirekt (z. B. über ein erhöhtes Selbsttötungsrisiko). Macht man nun die Beeinflussung der Lebenserwartung zum Maß aller Dinge, so haben viele Behandlungen überhaupt keine Berechtigung mehr, da sie bezüglich dieser Größe keinerlei Vorteile bringen.

Das dritte Problem besteht darin, dass bei der Messung der Lebenserwartung jedes gewonnene Jahr (oder jeder gewonnene Monat oder Tag) gleichgewichtig in die Berechnung mit einfließt. Nun ist es aber ein Unterschied, ob jemand bewusstlos an Dutzenden von Geräten angeschlossen im Krankenhaus liegt oder ob er keinerlei Einschränkungen bezüglich seiner normalen Lebensgestaltung aufweist. Die Frage der Lebensqualität als korrigierender Faktor wird damit relevant.

- Quantifizierung des Nutzens anhand der *Lebensqualität*
Viele medizinische Maßnahmen beeinflussen nicht die Lebenserwartung, sondern ausschließlich die Lebensqualität. Der Nutzen dieser Maßnahmen stellt demzufolge die gewonnene Lebensqualität dar. Üblicherweise beschränkt man sich dabei auf die gesundheitsbezogenen Faktoren, andere Größen (z. B. Arbeitsumfeld, Selbstverwirklichungsmöglichkeiten, Freizeitangebot) werden ausgeklammert. Trotzdem besteht die gesundheitsbezogene Lebensqualität immer noch aus einer Reihe von Dimensionen, die bewertet werden müssen.

Mittlerweile gibt es kaum noch klinische Studien, bei denen die Auswirkungen auf die Lebensqualität der Patienten nicht zusätzlich evaluiert werden. Aber auch die Lebensqualität als alleiniger Faktor ist nicht ausreichend für die Beurteilung von Arzneimitteln. Bei vielen Behandlungen wird die Lebensqualität nicht beeinflusst, wohl aber die Lebenserwartung. Manchmal besteht sogar ein gegenläufiger Zusammenhang: Palliative Medizin (z. B. Schmerzlinderung), d. h. Lebensqualitätserhöhung, ist häufig nur möglich bei gleichzeitiger Reduzierung der Lebenserwartung. Die Probleme und die verschiedenen Methoden bei der Bewertung der Lebensqualität werden weiter unten noch dargestellt.

- Quantifizierung des Nutzens in *Nutzwerten* (= Kombination aus Lebenserwartung und Lebensqualität, z. B. QALYs) Lebenserwartung und Lebensqualität stellen eigentlich die einzigen Zielgrößen jeglicher medizinischern Intervention dar, wobei die separate Messung beider Effekte nicht ausreichend ist. Was liegt daher näher, als beide Effekte zu einer (künstlichen) Kenngröße zusammenzufassen. Beim *QALY-Konzept* werden die Lebensjahre mit einem Lebensqualitätswert gewichtet. Die Lebensqualität ist dabei normiert zwischen den beiden Werten 1 (= uneingeschränkte Lebensqualität) und 0 (= Tod). Ein Jahr mit einer uneingeschränkten Lebensqualität geht somit mit 1 in die Berechnung mit ein, zwei Lebensjahre mit einer eingeschränkten Lebensqualität in Höhe von 0,7 mit 1,4. Die Differenz der QALYs von zwei alternativen medizinischen

Maßnahmen (im Beispiel ohne Behandlung versus mit Behandlung) stellt dann den Nutzen der besseren Alternative dar. Graphisch kann die Vorgehensweise recht eingängig anhand der Abbildung 2 dargestellt werden.

Abb. 2: **Ermittlung der QALYs**

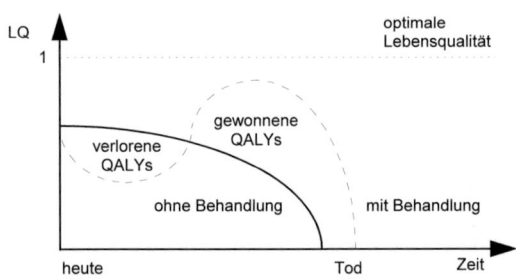

Der Vorteil des *QALY-Konzepts* liegt insbesondere darin, dass es prinzipiell für sämtliche Maßnahmen im Gesundheitswesen anwendbar ist, es sind keine krankheitsspezifischen Komponenten enthalten. Weit reichende Vergleiche, auch über Indikationen hinweg, sind damit möglich. Weiterhin vereinigt dieses Konzept die beiden einzigen wirklichen Zielgrößen im Gesundheitswesen und spiegelt damit insbesondere die *Sicht des Patienten* wider. Dieser ist nämlich nicht daran interessiert, wie hoch sein Blutdruck ist oder wie viele Metastasen er im Körper hat, sondern ausschließlich daran, wie lange und wie gut er leben wird. Der große Nachteil an dem Konzept ist, dass sich die QALYs nicht direkt beobachten lassen und die Quantifizierung der Lebenserwartungs- und Lebensqualitätseffekte nicht problemlos möglich ist. Während auf die Quantifizierung der Lebenserwartung schon weiter oben eingegangen wurde, soll im Folgenden noch abschließend kurz auf die *Quantifizierung der Lebensqualitätseffekte* eingegangen werden.

Bei der gesundheitsbezogenen Lebensqualität handelt es sich um ein mehrdimensionales Konstrukt aus der *Sicht des Patienten*, üblicherweise berücksichtigte Teildimensionen sind beispielsweise Schmerzen, Mobilität, soziale Kontakte, die Fähigkeit, für sich selbst zu sorgen und ähnliche. Es existieren mittlerweile Tausende von verschiedenen Lebensqualitätsmessinstrumenten, von denen allerdings nur wenige tatsächlich für eine umfassende Nutzenbewertung geeignet sind. Insbesondere bei der Verwendung des QALY-Konzepts sind nur Instrumente geeignet, die eine Normierung auf Werte zwischen 0 und 1 zulassen. Man unterscheidet grob die nutzentheoretische Lebensqualitätsmessung und die psychometrische Lebensqualitätsmessung durch Fragebögen, wobei letztere häufig durch erstere validiert werden. Nutzentheoretische Lebensqualitätsmessung erfolgt anhand von vier verschiedenen Verfahren:

Rating Scale Verfahren

Hier müssen die Befragten die Lebensqualität (ihre eigene oder eine fiktiv vorgegebene) auf einer Skala zwischen 0 und 1 (bzw. 0 und 100) markieren. Die Validität dieses Verfahrens lässt zu wünschen übrig.

Standard Gamble Verfahren

Die Probanden müssen sich zwischen zwei Alternativen entscheiden: entweder einem sicheren (mittelmäßigen) Zustand oder einer Lotterie zwischen dem besten und dem schlechtesten Zustand mit einer bestimmten Eintrittswahrscheinlichkeit. Die Eintrittswahrscheinlichkeit wird nun so lange variiert, bis der Proband zwischen beiden Alternativen (Lotterie und sicherer Zustand) indifferent ist. Aus diesem Ergebnis wird der Lebensqualitätswert generiert.

Time Trade-off Verfahren

Die Befragten müssen sich entscheiden zwischen einem mittelmäßigen Zustand mit einer langen Restlebenserwartung und dem besten Gesundheitszustand für eine kürzere Zeit. Diese kürzere Zeit wird nun so lange variiert, bis wiederum eine Gleichwertigkeit zwischen den Alternativen festgestellt wird. Aus dieser Konstellation kann dann der Lebensqualitätswert des mittelmäßigen Zustands berechnet werden.

Person Trade-off Verfahren

Von zwei Gruppen mit Patienten mit unterschiedlichen Lebensqualitätsausgangswerten kann nur einer Gruppe geholfen werden. Durch eine Variation der Gruppengrößen bis zur Gleichwertigkeit lassen sich wiederum Lebensqualitätswerte generieren.

Lebensqualitätsfragebögen können anhand verschiedener Kriterien charakterisiert werden. Man unterscheidet

Profil- und Indexinstrumente

Während erstere jede Teildimension einzeln erfassen und auswerten, ist bei den letzeren eine Aggregation zu einem einzigen Wert vorgesehen.

Krankheitsspezifische oder generische Messinstrumente

Krankheitsspezifische Instrumente sind speziell für einzelne Indikationen konstruiert und sind damit sehr trennscharf, während generische Instrumente bei sämtlichen Erkrankungen einsetzbar sind.

Ordinale oder kardinale Instrumente

Ordinale Instrumente messen nur die Rangordnung verschiedener Zustände, ohne eine Aussage bezüglich der Abstände zwischen zwei Zuständen zu geben. So kann ein Zustand nur wenig oder erheblich besser sein als ein anderer. Entsprechende Abstände werden durch kardinale Lebensqualitätsmessinstrumente quantifiziert.

Um das Ziel der zukünftigen Finanzierbarkeit des Gesundheitswesens zu erreichen, kann ein Vergleich eines Arzneimittels mit seinem Referenzarzneimittel nur ein erster Schritt sein. Der absolute Nutzenzuwachs für die Bevölkerung muss quantifiziert und über alle Indikationen vergleichbar gemacht werden. Die typischen Endpunkte klinischer Studien sind daher nicht ausreichend, es ist ein generisches Nutzenmaß zu verwenden. Insbesondere ist die Patientensicht des medizinischen Erfolgs relevant. Die Lebensqualitätsmessung gewinnt damit zunehmend an Bedeutung.

Der Gesetzgeber hat sich bei der Bewertung von Arzneimitteln prinzipiell auf Nutzenaspekte beschränkt, eine separate Kostenbewertung ist nicht vorgesehen. Von beiden Größen wurde damit die methodisch schwierigere gewählt. Durchgängig ist die Beschränkung auf die Nutzenaspekte im Gesetzestext aber nicht, Kosten- und Effizienzgesichtspunkte sind nicht völlig ausgeklammert. Es bleibt abzuwarten, wie das neu zu gründende Institut die Vorschriften konkret umsetzen wird. Es sollte aber klar geworden sein, dass es sich bei der Nutzenmessung nicht um eine triviale Angelegenheit handelt, bei der intuitiv klar ist, was gemessen wird. Es ist vielmehr einiges an Überlegungen und Abstimmungen zu investieren, damit eine einheitliche Vorgehensweise möglich ist. Diese qualifizierte Rahmensetzung wird eine der ersten Aufgaben des neu zu gründenden Instituts für Qualität und Wirtschaftlichkeit im Gesundheitswesen sein. Nur so lassen sich wirklich Vorteile für das deutsche Gesundheitswesen erzielen.

Das Grundproblem bei der Bewertung von medizinischen Leistungen bleibt aber auf jeden Fall bestehen: Wenn man die Bewertung benötigt (insbesondere vor der Zulassung oder vor der Entscheidung über die Erstattungsfähigkeit oder über den Preis), sind die zur Verfügung stehenden Daten nicht in ausreichendem Umfang bzw. akzeptabler Qualität verfügbar. Wenn die Datenbasis gut ist (in der Regel nach einem mehrjährigen Einsatz des Produkts), sind alle relevanten Entscheidungen bereits getroffen und können kaum noch rückgängig gemacht bzw. korrigiert werden. Dieses generelle Problem muss man versuchen zu beherrschen, alle anderen Probleme sind nur von nachgelagerter Relevanz.

Literatur:

Schöffski, O., Schulenburg, J.-M. Graf v. d. (Hrsg.) (2002): Gesundheitsökonomische Evaluationen. Zweite, vollständig überarbeitete Auflage. Studienausgabe. Berlin, Heidelberg, New York: Springer.

Probleme der Kosten-Nutzen-Bewertung

Wolfgang Kaesbach

Wird Effizienz als größtmöglicher Patientennutzen bei zugleich niedrigstmöglichen Kosten verstanden, so ist die Arzneimitteltherapie in Deutschland – und das gilt für den gesetzlichen wie privaten Gesundheitsmarkt gleichermaßen – noch weit davon entfernt, als effizient bezeichnet werden zu können. Ursache ist aber nicht – wie Leistungserbringer unisono behaupten – eine unzureichende Finanzausstattung der jeweiligen Versicherungssysteme, sondern die mangelhafte Mittelverwendung.

Bei der Antwort auf die Frage, ob denn die Arzneimitteltherapie in Deutschland, wenn schon nicht effizient, so doch zumindest effektiv sei, hilft der GKV-Arzneimittelindex. Danach haben die deutschen Vertragsärzte im Jahre 2002 über 30 Milliarden Tagesdosen verordnet. Statistisch wird also jeder der knapp 71 Millionen GKV-Versicherten von der Wiege bis zur Bahre täglich mit 1,15 Arzneimitteln dauertherapiert. Hinzuzurechnen sind noch die Arzneimittel bei stationärer Versorgung oder durch Selbstmedikation.

Wer nach dem Arzneimittelgesetz verkehrsfähige Arzneimittel mit effektiven Arzneimltteln gleichsetzt, wertet diese Daten als Beleg für die Effektivität der Arzneimitteltherapie. Eigentlich müssten sogar noch mehr Arzneimittel genommen werden, weil es nicht nur bei klassischen Krankheitsbildern eine dramatische Unterversorgung mit innovativen Arzneimitteln gebe, sondern auch, weil viele, insbesondere neu erfundene Krankheiten wie – um nur einige zu nennen – das „Sissi-Syndrom", das „Aging-Male-Syndrom", die „soziale Phobie", der „Jetlag" oder, wenn alle Verdachtsdiagnosen ausgeschlossen sind, die „Fibromyalgie" nicht adäquat therapiert würden. Die Kassenärztliche Bundesvereinigung ist sich nicht zu schade, den Mehrbedarf auf über 5,5 Milliarden Euro zu beziffern. Wer jedoch die ethisch und rechtlich allein zulässige Hypothese vertritt, dass jede Arzneimittelverordnung auch medizinisch notwendig ist, muss den gegebenen Arzneimittelverbrauch als Beleg für eine ineffektive Arzneimitteltherapie werten. Denn so krank kann ein Volk gar nicht sein. Die Gleichung „mehr Medizin führt zu mehr Gesundheit" ist definitiv nicht aufgegangen.

Die wesentliche Voraussetzung für eine effiziente Arzneimitteltherapie sind Kosten-Nutzen-Bewertungen als Grundlage für Entscheidungsprozesse über die Verordnungsfähigkeit oder Kostenübernahme durch ein

Krankenversicherungssystem. Warum braucht die gesetzliche Krankenversicherung in Deutschland eine Nutzen-Bewertung?

Weil Arzneimittelgesetz (AMG) und Sozialgesetz (SGB V) zwei Bewertungssysteme sind, die unterschiedliche Regelungsziele verfolgen. Historisch gesehen sind die arzneigesetzlichen Bestimmungen eine Folge von Arzneimittelkatastrophen und werden daher dominiert von Sicherheitsaspekten. Für die Arzneimittelzulassung sind die Ergebnisse der analytischen Prüfung (Qualität), der pharmakologisch-toxikologischen Prüfung (Unbedenklichkeit) und der klinischen Prüfung (Wirksamkeit) vorzulegen. Die Zulassung ist und bleibt eine produktbezogene Einzelfallentscheidung aufgrund einer Risiko-Wirksamkeits-Abwägung. Da es sich um die Bewertung eines Quotienten handelt, wird die Wirksamkeit umso eher überschätzt, je geringer das Risiko ist. So können Anwendungsgebiete entstehen, die möglicherweise therapeutisch gar nicht relevant sind. Den arzneigesetzlichen Postulaten folgend müsste jedoch eigentlich die Wirksamkeit die primäre Größe sein.

Der mit der Wirksamkeit korrespondierende sozialrechtliche Begriff ist die Zweckmäßigkeit, also der therapeutische Nutzen eines Arzneimittels. Nur durch eine systematisch vergleichende Prüfung indikationsgleicher Mittel werden die Unterschiede im Ausmaß oder in der Wahrscheinlichkeit einer klinisch relevanten Wirksamkeit erkennbar. Letztlich fordert das

Wirtschaftlichkeitsgebot des Sozialrechts, dass auf der Grundlage von Nutzen-Kosten-Abwägungen über die Leistungspflicht zulasten der solidarisch finanzierten GKV zu entscheiden ist. Daraus ergibt sich folgerichtig, dass durch die Absichten des AMG – nämlich der sichere Verkehr mit Arzneimitteln – die Forderungen des SGB V – nämlich der Anspruch auf eine wissenschaftlich gesicherte und zugleich wirtschaftliche Leistung – nicht erfüllt werden. Somit ist die arzneigesetzliche Zulassung eine zwar notwendige, aber keine hinreichende Bedingung für die Leistungspflicht der GKV.

Je mehr zur Steuerung der Arzneimittelverordnung wissenschaftlich administrative Verfahren als notwendig erkannt und zur Einführung vorgesehen sind, desto lauter wird gleichsam ritualisiert das übliche Horrorszenario bemüht: Insbesondere die mittelständische Pharmaindustrie sei existenzgefährdet, Arbeitsplätze müssten abgebaut werden, die ärztliche Therapiefreiheit ginge verloren, Versicherten würde der therapeutische Fortschritt vorenthalten und es drohe schlechthin die „Zwei-Klassen-Medizin". Bereits jeder gedankliche Ansatz in Richtung Positivliste oder Nutzenbewertung wird in Deutschland als eine unzulässige vierte Zulassungshürde diskreditiert und als Eingriff in den Wettbewerb diskriminiert. Der Begriff „Vierte Hürde" entstammt dem Vokabular der Pharmaindustrie. Die Krankenkassen wollen für die Arzneimittelversorgung ihrer Versicherten keine Hürden aufbauen, sondern ganz im Gegenteil den Weg ebnen für eine nutzenorientierte Therapie. Jenseits deutscher Grenzen sind längst – unter anderem auch als Folge der zunehmenden Internationalisierung der Arzneimittelmärkte – objektive Arzneimittelbewertungen als eine Grundvoraussetzung für eine rationale, „evidence based" Arzneimitteltherapie institutionalisiert.

Vor dem Hintergrund des arzneimittelgesetzlichen und sozialrechtlichen Zusammenhanges befremdet ein Kommentar zur Analyse von Arzneimittelverordnungen im Bereich einer kassenärztlichen Vereinigung: *Die Frage, ob alle diese Neuzulassungen bei allen Patienten gerechtfertigt waren oder ob diese innovativen Substanzen überhaupt für die Behandlung relevanter Krankheitsbilder von Nöten sind, stellt sich gar nicht, denn es handelt sich um Arzneimittelzulassungen, die nicht nur von der nationalen Zulassungsbehörde des deutschen BfArM einen Marktzugang erhalten haben, sondern auch über die europäischen Zulassungsbehörde EMEA.*[1] Dass der Deutschlandchef des derzeit weltweit größten Arzneimittelherstellers wider besseren Wissens in das gleiche Horn tutet, ist auf dem Konto „gezielte Desinformation" abzubuchen: *Wir sperren uns*

---

[1] Arzneimitteltherapie in Hessen: Die erwartete Kostenexplosion, Juli 2002, Seite 16

nicht gegen Kosten-Nutzen-Bewertungen. Aber wozu brauchen wir in Deutschland noch eine weitere Behörde, wo es doch in London für die Europäische Union ein anerkanntes Institut gibt?[2]

Maßnahmen zur Risikoabwehr 1990 - 2001

- im Zuständigkeitsbereich des BfArM

  ⇨ Widerruf der Zulassung: 15 Wirkstoffe oder Wirkstoffkombinationen
                                 in rund 175 Arzneimitteln
  ⇨ Ruhen der Zulassung: 4 Wirkstoffe mit rund 60 Arzneimitteln

- im Zuständigkeitsbereich des PEI

  ⇨ Verzicht auf Zulassung: 3 Wirkstoffe mit 3 Arzneimitteln

  ⇨ Teil-Widerruf der Zulassung: 4 Wirkstoffe in 6 Arzneimitteln

  ⇨ Ruhen der Zulassung: 4 Wirkstoffe in 10 Arzneimitteln

Quelle: Bundestags-Drucksache 14/7723 vom 4. Dezember 2001

BKK BV/I220/11.03

Warum braucht die gesetzliche Krankenversicherung eine Nutzen-Bewertung? Weil die Zulassung von neuen Wirkstoffen auf klinischen Untersuchungen an speziell ausgewählten Patienten beruht, die nicht dazu angelegt und von daher auch nicht geeignet sind, aufzuzeigen, was Routinepatienten in der täglichen Praxis von diesen Arzneimitteln zu erwarten haben. Daher überwiegt in den ersten Lebensjahren eines neuen Arzneimittels die Anmutung seiner Effektivität, also eines vermeintlichen Nutzens. Die getroffenen Maßnahmen der deutschen Zulassungsbehörden zur Risikoabwehr[3] sollten daher denjenigen, die eine vergleichsweise geringe Diffusion neuer Arzneimittel in die Verordnungspraxis insbesondere auch der deutschen Vertragsärzte beklagen und für die Versorgung mit innovativen Arzneimitteln mehr Geld fordern[4], zu denken geben. In den USA zeigten sich bei 10,2 Prozent aller Neueinführungen zum Zeitpunkt der Zulassung nicht bekannte schwere Nebenwirkungen. Es besteht eine 20-prozentige Wahrscheinlichkeit, dass neue Wirkstoffe

---

[2] W. Köbele, zitiert in Berliner Zeitung vom 09.07.2003.
[3] Antwort der Bundesregierung auf eine Kleine Anfrage der CDU/CSU-Fraktion zur Verbesserung der Arzneimittelsicherheit, BT-Drs. 14/7723 vom 04.12.2001.
[4] The Innovation Report, Edition 3, June 2003, Seite 10-11.

eine so genannte Black-Box-Warning erhalten oder vom Markt genommen werden.[5] Neue Arzneimittel bieten auch nicht immer neue Therapiechancen. So zeigen drei Viertel aller von der EMEA im Zeitraum 1995 bis 2000 zugelassenen neuen Zytostatika keinerlei Verbesserung gegenüber der Standardtherapie, verursachen aber erheblich höhere Kosten.[6] Auf den sich anbietenden Exkurs zum Off-Label-Use wird an dieser Stelle verzichtet.

Nutzenbewertung als Marktzugangskriterium

- schneller Marktzugang
  ⇨ mit obligat nachfolgender Nutzenevaluation

- später Marktzugang
  ⇨ erst bei nachgewiesenem Nutzen

Sind Nutzen-Bewertungen, insbesondere für neue Arzneimittel, eine Marktbarriere? Sie sind keine Marktbarriere, wenn es bei der bisherigen Praxis bleibt, dass Arzneimittel mit ihrem Markteintritt auch grundsätzlichen Zugang in das System der GKV erhalten. Für diesen Fall muss allerdings der mit der Zulassung in Aussicht gestellte Nutzen nach einer gewissen Zeit evaluiert werden mit allen Konsequenzen, falls sich der Nutzen nicht belegen lässt. Sie wären eine Marktbarriere, wenn sich die gegenteilige, eher puristische Auffassung des britischen Pharmakologen D. R. Laurence durchsetzen würde, der sich erst jüngst der Vorsitzende der Arzneimittelkommission der Deutschen Ärzteschaft angeschlossen hat: *Abgesehen von offensichtlich lebensrettenden, arzneitherapeutischen Innovationen sollte die Neuheit eines Medikamentes ein Grund sein, es nicht zu verschreiben, ausgenommen dann, wenn es sich um*

---

[5] JAMA 287 (2002) 2215-2220 und 2273-2275
[6] BMJ 325 (2002) 269-271

wissenschaftliche Studien handelt oder wenn ältere, in ihren Wirkungen gut bekannte Medikamente im Einzelfall versagt haben, und dies so lange, bis der Stellenwert der Innovation im Verhältnis zu schon vorhandenen Medikamenten allgemein [7] beurteilt werden kann.[8]

Warum braucht die gesetzliche Krankenversicherung eine Kosten-Bewertung? Weil die Industrie ihr Privileg, die Preise der Arzneimittel frei bestimmen zu können, in den letzten Jahren überstrapaziert hat. Das gilt insbesondere für zumindest pharmakologisch innovative Arzneimittel und so genannte Spezialpräparate, eine Namensgebung, die allein schon zu Wucherpreisen einlädt. Dies gilt aber auch für Analogpräparate. Seit der Freistellung von der Festbetragsregelung im Jahre 1996 ist ihr Anteil nicht nur auf rund zwanzig Prozent des Verordnungsmarktes angewachsen, ihre Kosten sind inzwischen auch auf das Zweieinhalbfache einer Durchschnittsverordnung angestiegen. Insofern war die gesetzgeberische Weichenstellung überfällig, für neue, erstmals verordnungsfähige Arzneimittel eine Nutzen-Bewertung vorzusehen und für Analoga die ordnungspolitische Fehlentscheidung des Jahres 1996 rückgängig zu machen.

Das in diesem Zusammenhang immer wieder bemühte Argument, Analoga führten über Preiswettbewerb zu einer Verringerung der Arzneimittelausgaben, wäre nur zutreffend, wenn jede Verordnung aus der entsprechenden Wirkstoffklasse auch therapeutisch zweckmäßig wäre. Die Erkenntnis, dass dies nicht so ist, ist epidemiologischen Studien zu verdanken. So werden zum Beispiel bei der Anfangsbehandlung des Bluthochdruckes immer noch Calciumantagonisten und ACE-Hemmer in einem unvertretbaren Ausmaß verordnet. Diese Wirkstoffklassen haben jenseits von Nutzenerwägungen die bewährten Diuretika zurückgedrängt.

---

[7] vgl. §§ 2, 70,72 SGB V
[8] Die Contergankatastrophe – Eine Bilanz nach 40 Jahren, Veranstalter: Deutsches Orthopädisches Geschichts- und Forschungsmuseum e. V.; 20. September 2003 in Frankfurt /M.

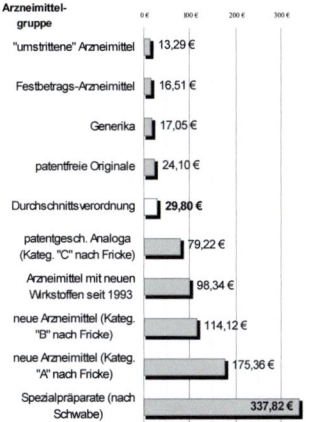

Verordnungskosten nach Marktsegmenten

Arzneimittelgruppe	Kosten
"umstrittene" Arzneimittel	13,29 €
Festbetrags-Arzneimittel	16,51 €
Generika	17,05 €
patentfreie Originale	24,10 €
Durchschnittsverordnung	29,80 €
patentgesch. Analoga (Kateg. "C" nach Fricke)	79,22 €
Arzneimittel mit neuen Wirkstoffen seit 1993	98,34 €
neue Arzneimittel (Kateg. "B" nach Fricke)	114,12 €
neue Arzneimittel (Kateg. "A" nach Fricke)	175,36 €
Spezialpräparate (nach Schwabe)	337,82 €

Quelle: Arzneiverordnungs-Report 2003, BKK Bundesverband GKV-Geschäftsstelle Arzneimittel-Festbeträge

Legt man die durchschnittlichen Tagestherapiekosten der einzelnen Wirkstoffklassen zu Grunde, verteuert jede Analogpräparateverordnung aus einer therapeutisch unzweckmäßigen Wirkstoffklasse die indikationsspezifischen Behandlungskosten. Es wird also nicht billiger – wie der Verband forschender Arzneimittelhersteller, auf Gutachten[9] gestützt, nicht müde wird zu behaupten – sondern eindeutig teurer.

Warum braucht die gesetzliche Krankenversicherung eine Kosten-Bewertung? Weil die so genannte Strukturkomponente der Kostentreibsatz ist. Unter Strukturkomponente ist im Wesentlichen die Therapieumstellung von bewährten Arzneimitteln auf neue Substanzen zu verstehen, obwohl deren Nutzen oder auch Risiko in der naturalistischen Alltagsversorgung noch nicht abschließend beurteilt werden kann. Die Gründe, warum Ärzte so schnell auf neue Therapieansätze umschwenken, sind zahlreich. In Zeiten immer unübersichtlicher werdender Behandlungsop

---

[9] Häussler, B. et al.: Analog-Wirkstoffe im Arzneimittelmarkt, IGES-Eigenverlag 2002.

tionen fehlt es an objektiven Pfadfindern. Das Problem besteht nicht darin, dass behandelt wird, sondern darin, wie behandelt wird.

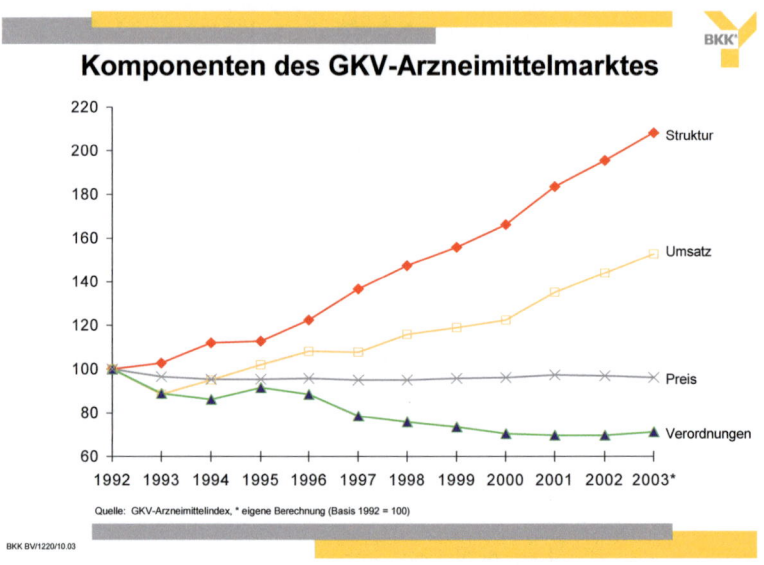

Der französische Dichter Jean Baptiste Molière hat das so ausgedrückt: *Die meisten Menschen sterben nicht an ihrer Krankheit, sondern an ihren Medikamenten.* Ärzte sollten daher Leitlinien nicht als „Checklistenmedizin" abqualifizieren, sondern als willkommene Hilfestellung annehmen, das Richtige zu tun. Therapiefreiheit heißt schließlich Verantwortung und nicht Beliebigkeit. Die ärztliche Fortbildung ist schon längst zu einer Schaufensterveranstaltung der pharmazeutischen Industrie verkommen. Dass sich – nicht ausschließlich, aber auch in diesem Zusammenhang – die Industrie einen Kodex geben will, ist aller Ehren wert, allerdings dient die derzeit diskutierte Fassung lediglich als Feigenblatt, um so weiter machen zu können wie bisher.

Empfehlungen des „Rundes Tisches" (I)

Darstellung und vergleichende Bewertung des Nutzens

- Zulassungsunterlagen
- Studien mit Vergleich zur Standardtherapie
- Bewertung anhand „harter" Endpunkte
- ⇨ unabhängige Institution
  - Anforderung an Studiendesign
  - transparentes Bewertungsverfahren
  - Mitwirkungs- und Anhörungsrechte
  - Anpassung an den fortschreitenden Erkenntnisstand
  - Berücksichtigung internationaler Erkenntnisse
- ⇨ bei Markteinführung pharmakologische Bewertung
  Hersteller soll Studien nachliefern

3. Sitzung des „Runden Tisches" am 28.01.2002

BKK BV/1220/02.02

Wie reagiert die Politik auf die gewachsene Erkenntnis, dass Kosten-Nutzen-Bewertungen von Arzneimitteln unverzichtbar sind? Der von Bundesgesundheitsministerin Ulla Schmidt im Jahre 2001 einberufene „Runde Tisch" hat hierzu eine richtungsweisende Empfehlung für die damals anstehende Gesetzgebung zur Gesundheitsreform abgegeben.[10] Der „Runde Tisch" empfiehlt ein zweistufiges Verfahren. Stufe eins umfasst die Nutzen-Bewertung. Dazu sind als Material heranzuziehen:

- die zur Zulassung eingereichten Studien,

- klinische Studien des neuen Wirkstoffs, die einen Vergleich mit der Standardtherapie erlauben und nicht nur gegen Placebo durchgeführt sind und

- die zugleich Aussagen zur Beeinflussung harter klinischer Endpunkte erlauben.

Die Nutzen-Bewertung soll von einer unabhängigen Institution durchgeführt werden. Die bei diesem Prozess zu berücksichtigenden Kriterien hat der „Runde Tisch" ebenfalls bereits genannt. Das Rad muss nämlich

---

[10] Empfehlungen des „Runden Tisches", Dritte Sitzung am 28.01.2002.

nicht immer neu erfunden werden. Der Nutzen von Arzneimitteln wechselt oder endet nicht an Landesgrenzen.

Empfehlungen des „Rundes Tisches" (II)

pharmakökonomische Analyse (Kosten-Nutzen-Verhältnis)
- ausgerichtet auf die tatsächliche therapeutische Praxis
- ⇨ die für die Festlegung der Festbeträge zuständige Stelle
  - auf der Grundlage der Nutzenbewertung
  - Festlegung eines maximalen Erstattungsbetrages*

* von VFA, BPI, BAH und ABDA nicht mitgetragen. Diese Verbände gehen von einer hinreichenden Reaktion des Marktes auf die Erkenntnisse nach Schritt 1 aus.

3. Sitzung des „Runden Tisches" am 28.01.2002

BKK BV/1220/02.02

Besondere Beachtung – auch und gerade mit Blick auf die Aufgabenstellung des neuen Institutes für Qualität und Wirtschaftlichkeit im Gesundheitswesen[11] – ist der zutreffende Hinweis des „Runden Tisches", dass zum Zeitpunkt der Markteinführung eines neuen Arzneimittels eine Nutzen-Bewertung in aller Regel eben nicht durchführbar sei und der pharmazeutische Unternehmer noch zu diesem Zweck geeignete Studien nachzuliefern habe. Vorstellbar ist ein Zeitraum von zwei bis drei Jahren. Somit kann und darf die Nutzen-Bewertung bei Markteinführung nach pharmakologischen Kriterien erfolgen.

In einem zweiten Schritt soll nach der Vorstellung des „Runden Tisches" das Kosten-Nutzen-Verhältnis evaluiert werden. Dieses Verhältnis soll für die Bedingungen der täglichen Praxis dargestellt werden, also über die teilweise artefiziellen Studienbedingungen hinausgehen. Auf der Nutzenbewertung aufsetzend, soll das Kosten-Nutzen-Verhältnis in Form eines Erstattungshöchstbetrages, also eines Festbetrages, monetarisiert werden.

---

[11] § 139a Abs. 3 SGB V i.d.F. GMG

Dass die Anbieterseite diesen zweiten Schritt abgelehnt hat und für die Zukunft auch immer ablehnen wird, überrascht nicht. Zu erwarten wäre allerdings gewesen, dass sich die Politik diesem Druck nicht beugt, denn die Kostenbewertung ist im Vergleich zur Nutzenbewertung unter allen Aspekten die leichtere Aufgabe.

Wie anfangs bereits dargestellt, fordert das Wirtschaftlichkeitsgebot des SGB V als die „Magna Charta" der GKV eine Kosten-Nutzen-Abwägung.So werden bereits sowohl für den ambulanten als auch für den stationären Sektor Untersuchungs- und Behandlungsmethoden bewertet, ob sie zulasten der GKV angewendet werden dürfen.

Kosten-Nutzen-Bewertungen in der GKV (I)

- Untersuchungs- und Behandlungsmethoden
  - ⇨ ambulante Versorgung § 135 Abs. 1 SGB V
    Empfehlungen über die Anerkennung des therapeutischen Nutzens der neuen Methode sowie deren medizinische Notwendigkeit und Wirtschaftlichkeit - auch im Vergleich zu bereits erbrachten Methoden
  - ⇨ stationäre Versorgung § 137c Abs. 1 SGB V
    Überprüfung angewandter Untersuchungs- und Behandlungsmethoden, ob sie für eine ausreichende, zweckmäßige und wirtschaftliche Versorgung erforderlich sind

- übrige Leistungen (auch Arzneimittel) § 92 Abs. 1 GMG
  Einschränkung oder Ausschluss der Erbringung und Verordnung von Leistungen oder Maßnahmen, wenn nach dem allgemein anerkannten Stand der medizinischen Erkenntnisse der therapeutische Nutzen, die medizinische Notwendigkeit oder die Wirtschaftlichkeit nicht nachgewiesen ist

Bewertungskriterien sind der diagnostische und therapeutische Nutzen, die medizinische Notwendigkeit und die Wirtschaftlichkeit auch im Vergleich zu bereits erbrachten Methoden.[12] In der Vergangenheit stand allerdings die Nutzenbewertung im Vordergrund. Das Kriterium der vergleichenden Wirtschaftlichkeit wurde bisher niemals opera-tionalisiert. Oftmals scheiterte die Einführung einer neuen Methode trotz belegtem

---

[12] vgl. §§ 135 Abs. 1 und § 137c Abs. 1 SGB V

Nutzen an den Honorarforderungen der Ärzte, weil keine Bereitschaft bestand, auf eine ältere Methode zu verzichten.

Ja-/Nein-Entscheidungen werden mit dem GKV-Modernisierungsgesetz (GMG) nunmehr für alle Leistungsbereiche eingeführt.[13] Der Gemeinsame Bundesausschuss kann zum Beispiel die Verordnungsfähigkeit von Arzneimitteln bei einem ungünstigen Kosten-Nutzen-Verhältnis einschränken oder gar ausschließen.

Kosten-Nutzen-Bewertungen in der GKV (II)

- Wirtschaftlichkeitsprüfung auf der Grundlage von Stichproben
  Gegenstand der Beurteilung ist u.a.
  ⇨ die Angemessenheit der durch die Leistungen verursachten Kosten im Hinblick auf das Behandlungsziel
  § 106 Abs. 2a Satz 1 Nr. 4 SGB V

  ⇨ die Prüfungen umfassen neben dem zur Abrechnung vorgelegten Leistungsvolumen auch Überweisungen, Krankenhauseinweisungen und Feststellungen der Arbeitsunfähigkeit sowie veranlasste Leistungen, insbesondere aufwändige medizinisch-technische Leistungen
  § 106 Abs. 2 Satz 3 GMG

BKK BV/1220/11.03

Schon seit Jahren ist die gemeinsame Selbstverwaltung verpflichtet, in einer speziellen Art der Wirtschaftlichkeitsprüfung Fragen der Effizienz nachzugehen.[14] Dieses sowohl methodisch als auch intellektuell anspruchsvolle Verfahren auf der Grundlage einer zweiprozentigen Stichprobe hat bisher kein einziger Prüfungsausschuss in keiner kassenärztlichen Vereinigung jemals durchgeführt. Unbestritten fehlt es noch an den materiellen Grundlagen für eine sachgerechte Durchführung der Stichprobenprüfung, es bleibt jedoch kritisch anzumerken, dass sich weder Ärzte noch Krankenkassen ernsthaft bemüht haben, diese Grundlagen überhaupt zu schaffen.

---

[13] vgl. § 92 Abs. 1 Satz 1 letzter Halbsatz SGB V i.d.F. GMG
[14] Mit der GKV-Gesundheitsreform 2000 wurden die Kriterien für die Stichprobenprüfung bestimmt, vgl. § 106 Abs. 2a SGB V.

Dass unter dem Gesichtspunkt der Effizienz einer Behandlung nicht nur die ärztlich erbrachten, sondern insbesondere auch die verordneten und veranlassten Leistungen im Zusammenhang zu bewerten sind, versteht sich eigentlich von selbst. Gleichwohl wird dies für die Stichprobenprüfung nochmals explizit herausgestellt.[15]

Nutzen-Bewertungen des „neuen" Institutes

- Beauftragung durch Gemeinsamen Bundesausschuss optional
  ⇨ für jedes erstmals verordnungsfähige Arzneimittel
     mit patentgeschützten Wirkstoffen
     ↳ Innovation: Therapiehinweis nach Ziffer 14 AMR
     ↳ Imitation: Festbetragsregelung
     (für vergleichbares Therapieprinzip gleicher Erstattungshöchstbetrag)
  ⇨ für andere Arzneimittel von Bedeutung
     ↳ Nutzenbewertung und A / B / C - Klassifikation
     ↳ Bewertungsergebnis als Empfehlung für Arzneimittel-Richtlinien

Das Aufgabenspektrum des neuen Institutes für Qualität und Wirtschaftlichkeit im Gesundheitswesen ist mehr als ambitioniert. Zu den Aufgaben zählt neben anderen auch die Nutzenbewertung von Arzneimitteln. Der Gesetzgeber hat einschränkend klargestellt, dass Nutzenbewertungen nicht automatisch, sondern nur im Bedarfsfalle durchzuführen sind.[16]

Es macht wenig Sinn, das Institut mit der Nutzenbewertung erstmals verordnungsfähiger, also neu eingeführter Arzneimittel zu beauftragen. Wie vorstehend dargestellt, ist eine Nutzenbewertung erst nach einem gewissen Zeitablauf möglich, dann allerdings dringend erforderlich, um die Qualität des Leistungskataloges der GKV zu gewährleisten.

---

[15] vgl. § 106 Abs. 2 Satz 3 SGB V i. d. F. GMG.
[16] Das Institut kann bei Beauftragung durch den Gemeinsamen Bundesausschuss den Nutzen für jedes erstmals verordnungsfähige Arzneimittel mit einem patentgeschützten Wirkstoff sowie für Arzneimittel, die von Bedeutung sind, bewerten, vgl. § 139a Abs. 3 Satz 1 Nr. 5 i. V. m. § 35b Abs. 1SGB V i. d. F. GMG.

Bei neuen Arzneimitteln ist anhand pharmakologischer Kriterien zu prüfen, ob es sich im Vergleich zu bereits im Markt befindlichen Arzneimitteln um eine Innovation oder um ein therapeutisch vergleichbares Mittel handelt. Entsprechend wird der Gemeinsame Bundesausschuss entweder einen Therapiehinweis nach Ziffer 14 der Arzneimittel-Richtlinien erstellen oder das Mittel in die erweiterte Festbetragsregelung einbeziehen.[17] Beide Aufgaben vermag der Bundesausschuss, wie in der Vergangenheit bewiesen, auch ohne Unterstützung durch ein wissenschaftliches Institut zu leisten.

Nutzenbewertungen werden sich demnach auf Arzneimittel konzentrieren, die nach der Zahl oder den Kosten der Verordnungen bedeutsam sind. Zuvor muss aber das Institut schnellstmöglich Verfahren und Kriterien seiner Bewertungen transparent darlegen, um entsprechende Studien zu initiieren, damit Antworten auf die tatsächlich versorgungsrelevanten Fragestellungen gefunden werden. Für die GKV ist von höchstem Interesse, für welche der zugelassenen Anwendungsgebiete sich ein positiver Outcome für den Patienten belegen lässt, welche Patientengruppen gegebenenfalls nach Alter oder Geschlecht profitieren oder unter welchen Bedingungen ein bestimmtes Arzneimittel angewendet werden soll. Konkretisierungen des Institutes im Sinne eines zielgerichteten Arzneimitteleinsatzes wird der Gemeinsame Bundesausschuss in die Arzneimittel-Richtlinien übernehmen. Kurzfristig kann das Institut also keine Hilfestellung geben, um die Arzneimittelausgaben maßgeblich bestimmende so genannte Strukturkomponente nachhaltig zu beeinflussen.

Ausweislich der Begründung zum GMG soll der Nutzen von Arzneimitteln in einem dreistufigen Schema angegeben werden. Arzneimitteln der Stufen B und C sollen jeweils Referenzarzneimittel mit vergleichbarem Wirkprinzip zugeordnet werden. Das ist als Rückzugsposition des Gesetzgebers für den Verzicht auf die ursprünglich noch vorgesehene Kostenbewertung mit Festlegung eines Erstattungshöchstbetrages zu verstehen. Dagegen ist ein nach A klassifiziertes Arzneimittel aufgrund eines neuartigen Wirkprinzips solange der Festbetragsregelung nicht zugänglich, bis Analogpräparate auf den Markt kommen. Allerdings lassen Analogentwicklungen, von der Pharmaindustrie gerne als Ergebnis intensiver und kostenträchtiger Parallelforschung bezeichnet, dank moderner Screening- und Syntheseverfahren nicht lange auf sich warten. Die

---

[17] Für Arzneimittel mit patentgeschützten Wirkstoffen kann eine Festbetragsgruppe nach Stufe 2 gebildet werden, wenn mindestens drei Arzneimittel verfügbar sind und keines dieser Arzneimittel eine therapeutische Verbesserung, auch wegen geringerer Nebenwirkungen, bedeutet, vgl. § 35 Abs. 1a SGB V I .d. F. GMG.

Zeiten, als zum Beispiel der Wirkstoff Propranolol den Betablocker-Markt über zehn Jahre exklusiv besetzte, sind längst vorbei.

Pharmakoökonomische Ratio

Nicht an Arzneimitteln, sondern mit Arzneimitteln sparen

- pro

  Der Einsatz von Innovationen führt zu Einsparungen bei den Aufwendungen für Arbeitsunfähigkeit und Krankenhaus oder später im Bereich der Pflege- und Rentenversicherung

- contra

  Der volkswirtschaftliche Nutzen ist nicht die Perspektive einer aus lohnabhängigen Beiträgen finanzierten solidarischen Krankenversicherung

Der Slogan „nicht am Arzneimittel, sondern mit Arzneimitteln sparen" soll der Arzneimitteltherapie den Makel eines Kostentreibers nehmen und sie als den Problemlöser für die ungebremste Entwicklung der GKV-Ausgaben schlechthin herausstellen. Neue und teure Arzneimittel führten zwar zwangsläufig zu höheren Arzneimittelausgaben, dafür könnten aber Kosten an anderer Stelle, entweder in anderen Leistungsbereichen der GKV oder in anderen Zweigen unseres sozialen Sicherungssystems, eingespart werden, und zwar oftmals sogar um ein Vielfaches der arzneimittelbedingten Mehraufwendungen.

Beachtung, möglicherweise sogar praktische Bedeutung könnte dieser Ansatz unter den Bedingungen eines kombinierten Budgets oder in der integrierten Versorgung gewinnen. Bei den gegebenen Finanzierungsgrundlagen mit sektoraler Verantwortung verbieten sich jedoch derartige Überlegungen. Für die Implementierung von Kaufentscheidungen auf der Grundlage pharmakoökonomischer Evaluationen ist kein Raum, wenn die Kosten zulasten der GKV gehen, der Nutzen aber anderen Bereichen der Volkswirtschaft zugute kommt. Allerdings ergäbe sich bei einem steuerfinanzierten Gesundheitssystem eine andere Perspektive.[18]

Pharmakoökonomische Evaluationen: Kriterium für ...

- arzneimittelgesetzliche Zulassung
  - ⇨ nein
- Erstattung durch die GKV
  - ⇨ nein, aber Vergleich direkter Kosten zu Referenzarzneimitteln
- Ausgabenvolumen / Richtgrößen
  - ⇨ nein, aber Berücksichtigung bei DRG's möglich
- Festlegung des Herstellerabgabepreises
  - ⇨ nein, aber Argumentationshilfe für „Mondpreise"
- Wirtschaftlichkeitsprüfung nach Stichproben
  - ⇨ ja, aber bisher nicht umgesetzt

In pharmakoökonomischen Studien, die pharmazeutische Unternehmen den Krankenkassen präsentieren, wird der Nutzen regelmäßig überschätzt. Ausgangspunkt der Evaluationen ist nämlich die Hypothese, dass das abgerechnete Leistungsgeschehen stets dem „State of the Art" entspricht. Insofern werden Kosten in erheblichem Umfang eingerechnet, die bei rationaler Leistungserbringung eigentlich nicht entstanden wären. Jenseits dieser Überlegungen stellt sich die Frage, in welchen Entscheidungsfeldern pharmakoökonomische Evaluationen eine Rolle spielen oder spielen könnten:

- Sie haben keine Bedeutung für die arzneimittelgesetzliche Zulassung, die Voraussetzung für die allgemeine Verkehrsfähigkeit eines Arzneimittels ist, und zwar in keinem der großen Arzneimittelmärkte dieser Welt.

---

[18] Schleert, D., Kaesbach, W., Gesundheitsökonomische Evaluationen – Grundlagen und Standortbestimmung aus Sicht der Betriebskrankenkassen, in: Schöffski, O., Glaser R., Schulenburg, J.-M. Graf v. d.(Hrsg.), Springer Verlag 1998.

- Sie finden bis heute – zumindest in Deutschland – keine Berücksichtigung bei Entscheidungen über die Verordnungs- oder Erstattungsfähigkeit zulasten der GKV. Dies mag sich in eingeschränktem Umfang ändern, wenn zukünftig die Arzneimittel-Richtlinien um Hinweise zu Referenzarzneimitteln einschließlich eines Vergleiches direkter Kosten pharmakoökonomisch ergänzt werden.

- Sie fließen auch nicht in die für den Bereich der kassenärztlichen Vereinigungen zu vereinbarenden arztgruppenspezifischen Richtgrößen oder Ausgabenvolumina ein, weil Verrechnungsmöglichkeiten mit anderen Leistungsbereichen noch nicht möglich sind. Ein erster Ansatz eröffnet sich aber über die „diagnoses related groups" für die Krankenhäuser.

- Sie haben allenfalls untergeordneten Wert für die Festlegung von Herstellerabgabepreisen. Neben Entwicklungs-, Herstellungs- Vertriebs- und Marketingkosten bestimmen insbesondere Umsatz- und Gewinnerwartungen sowie die Konkurrenzsituation zu therapeutischen Alternativen die Listenpreise der Hersteller. Pharmakoökonomische Erwägungen werden aber gerne als Argumentationshilfe herangezogen, um nicht nachvollziehbare „Mondpreise" zu rechtfertigen.

- Sie könnten jedoch dem gesetzlich vorgegebenen Kriterienkatalog entsprechend zur Wirtschaftlichkeitsprüfung nach Stichproben herangezogen werden. Die Gründe, warum gerade dies nicht geschieht, sind vorstehend erläutert.

Da zurzeit der Aufwand für pharmakoökonomische Studien deren Nutzen noch überwiegt, werden sie auch nicht so sorgfältig geplant und durchgeführt, dass sie wissenschaftlichen Ansprüchen genügen. Insofern sind Studienergebnisse oftmals wenig relevant, und zwar insbesondere immer dann, wenn nicht im nationalen „setting" erhobene Daten auf deutsche Verhältnisse übertragen und monetarisiert werden.

Pharmakoökonomische Kriterien werden bereits in der Mehrzahl der europäischen Länder bei der Aufnahme in Erstattungsverzeichnisse berücksichtigt. Dabei spricht die Beobachtung Bände, dass es sich überwiegend um Länder handelt, in denen die pharmazeutische Industrie keine politische Macht darstellt.

Erstattungsverzeichnisse in Europa

Land	Erstattungs-Verzeichnis/ Positivliste	Negativliste
Belgien	X *	
Dänemark	X *	
Deutschland		X
Estland	X *	
Frankreich	X *	
Finnland	*	X
Griechenland	X *	
Großbritannien (England und Wales)	X * (NICE: positive Empfehlungen)	X (NICE: negative Empfehlungen)
Irland		X
Italien	X	
Lettland	X *	
Litauen	X	
Luxemburg	X *	
Niederlande	X *	
Österreich	X * (mit Anhang „Genehmigungspflicht")	X
Portugal	X	
Schweden	X	
Slowenien	X *	
Spanien	X	
Schweiz	X	X
Tschechien	X *	

Quelle: WHO Working Meeting on Pricing and Reimbursement of Medicines in Europe, 13./14. März 2003; eigene Recherche
* einschließlich pharmakoökonomischer Kriterien

Ebenso vielsagend ist auch, dass eine Positivliste weitaus häufiger anzutreffen ist als eine Negativliste. Zwar dürfte sich die Einführung einer nationalen Positivliste in Deutschland auf absehbare Zeit erledigt haben, gleichwohl sind in Krankenhäusern Arzneimittellisten gang und gäbe. Derartige Positivlisten „im Kleinformat" werden auch in der integrierten Versorgung eine nicht unerhebliche Rolle spielen.

Die Krankenkassen haben sich bisher leider vergeblich für eine Positivliste ebenso wie für Kosten-Nutzen-Bewertungen eingesetzt. Gleichwohl werden sie zu jeder passenden Gelegenheit dem Gesetzgeber raten, die dieses Mal vertane Chance nicht noch einmal verstreichen zu lassen. Nutzenbewertungen müssen zwingend mit Kostenbewertungen kombiniert werden, um zu einer effizienten Arzneimitteltherapie zu kommen.

Aber selbst eine effiziente Gesundheitsversorgung hat nur begrenzten Stellenwert. Das gesundheitliche Niveau einer Bevölkerung wird nämlich zu neunzig Prozent von Faktoren außerhalb der medizinischen Versorgungsmöglichkeiten bestimmt: von der individuellen genetischen Disposition, dem individuellen Lebensstil sowie von sozialen Bedingungen und Umweltverhältnissen. Auch und gerade vor diesem Hintergrund sind die Ausgaben für Gesundheit unverhältnismäßig.

Innovationshürden und Diffusionsbarrieren der Arzneimittelversorgung

Dieter Cassel

Alljährlich im Herbst erwarten die Akteure im Gesundheitswesen mit Spannung den im Wissenschaftlichen Institut der Ortskrankenkassen (WIdO) erstellten und von Ulrich Schwabe und Dieter Paffrath herausgegebenen Arzneiverordnungs-Report (AVR). Auf mehr als 1.000 Seiten werden inzwischen die Verordnungen von über 3.000 Präparaten statistisch erfasst und ausgewertet sowie von anerkannten Fachleuten aus Wissenschaft und Praxis pharmakologisch kommentiert. Der AVR schafft damit eine unverzichtbare Datengrundlage, um das Verordnungsgeschehen in Deutschland transparent zu machen und aktuelle Entwicklungen auf dem Arzneimittelmarkt beurteilen zu können. So verdienstvoll er in dieser Hinsicht ist, so problematisch ist er jedoch bezüglich der exakten Quantifizierung von Wirtschaftlichkeits- bzw. Einsparpotenzialen, auf die sich die öffentliche Diskussion regelmäßig konzentriert und die selbst der Sachverständigenrat für die Konzertierte Aktion im Gesundheitswesen zum Ausgangspunkt seiner Effizienz- und Effektivitätsbeurteilung der Arzneimittelversorgung in der gesetzlichen Krankenversicherung (GKV) macht (SVR KAiG 2001, S. 22 ff.).

Vom Mythos quantifizierbarer Einsparpotenziale

So kommt auch der jüngste AVR (Schwabe/Paffrath 2003) wieder zu dem Ergebnis, dass die Ärzte zu viele teure Analogpräparate, Medikamente mit zweifelhafter Wirkung sowie hochpreisige generikafähige Originalpräparate verschreiben. Dementsprechend errechnet Schwabe (2003, S. 863 ff.) für das Jahr 2002 minutiös beachtliche „Einsparpotenziale", nämlich

- 1,494 Mrd. Euro, die durch Substitution von Analogpräparaten durch Arzneimittel mit pharmakologisch-therapeutisch gleichwertigen Wirkstoffen hätten eingespart werden können;

- 1,427 Mrd. Euro, die weniger ausgegeben worden wären, wenn man statt teurer Originalpräparate preisgünstigere Generika verordnet hätte; sowie

- 1,141 Mrd. Euro, die unnötig ausgegeben wurden, weil umstrittene Arzneimittel nicht sinnvoll medikamentös substituiert wurden.

Hiernach ergibt sich insgesamt ein Einsparpotenzial von knapp 4,1 Mrd. Euro, was immerhin rd. 18 Prozent der GKV-Arzneimittelausgaben im Jahr 2002 entspricht. Würde es realisiert, so die Schlussfolgerung von Schwabe, könnte eine hochwertige, dem medizinischen Erkenntnisstand entsprechende Arzneimittelversorgung deutlich kostengünstiger erbracht werden (ähnlich Glaeske/Jahnsen/Repking 2001). Dieses Kalkül ist jedoch in zweierlei Hinsicht fragwürdig.

Erstens ist es aus erkenntnistheoretischen Gründen prinzipiell unzulässig, derartige „Einsparpotenziale" unter Ceteris-paribus-Bedingungen zu quantifizieren: Dem methodologischen Individualismus zufolge würde man für das Verordnungsverhalten und den Arzneimittelkonsum einen Referenzmaßstab benötigen, der sich aus einem freien, wettbewerblichen Tauschprozess ergibt, in dem die medizinischen Patienten- und Arztpräferenzen voll zur Geltung kommen. Hieran fehlt es bekanntlich in dem in erster Linie administrativ und kollektivvertraglich durch Planung, Budgetierung, Festpreise, Honorarvereinbarungen usw. gesteuerten GKV-System (Cassel 2003, S. 163 ff.). Welches Verschreibungsverhalten sich jedoch unter Wettbewerbsbedingungen ergeben und wie es sich in einem evolutorischen, prinzipiell ergebnisoffenen Prozess fortentwickeln würde, ist nicht präzise vorhersagbar. Deshalb lassen sich weder das „Einsparpotenzial" selbst noch das mögliche Ausmaß seiner „Ausschöpfung" verlässlich beziffern; und jede exakte Zahlenangabe dazu ist erkenntniskritisch gesehen dem Vorwurf der „Anmaßung von Wissen" (von Hayek) ausgesetzt.

Zweitens sind derartige Quantifizierungsversuche auch politisch-pragmatisch gesehen fragwürdig: Sie geben einer Gesundheitspolitik, die der Chimäre „Beitragssatzstabilität" nachjagt und das höchst komplexe GKV-System administrativ und kollektivvertraglich zu steuern versucht, willkommenen Anlass, vermeintliche Einsparpotenziale im Arzneimittelbereich dadurch auszuschöpfen, dass sie das Geflecht der Regulierungen noch enger als bisher knüpft. Dies umso mehr, als die Arzneimittelausgaben seit Jahren überproportional steigen und die Arzneimittelversorgung schon aus diesem Grund zu einem besonderen „Konfliktfeld" (Wille/Albring 2002) geworden ist. So hat sich mit der Einführung von Festbeträgen, Arzneimittel-Richtlinien, Richtgrößen, Zielvereinbarungen, Mindestimporten, Zwangsrabatten und Aut-idem-Substitutionen die Interventionsspirale auf dem Arzneimittelmarkt immer schneller gedreht (Vogelbruch 1992; Daumann/Oberender 1997; Mummenhoff 2003). Sie droht mit den geplanten Reformprojekten einer GKV-weiten „Positivliste" (Cassel/Friske 1999) und der Kosten-Nutzenbewertung als „4. Hürde" bei der Einführung neuer Präparate (Wille 2001; Sundmacher/Jasper 2004) an Geschwindigkeit noch weiter zuzulegen. Das Ziel derartiger Steuerungsansätze ist allemal die Kostendämpfung in der GKV-Arzneimittelversorgung – und der vermeintlich sichere quantitative Nachweis von Einsparpotenzialen nach Art des AVR liefert der Gesundheitspolitik die willkommene Legitimation dafür.

Arzneimittelmarkt im Regulierungsdickicht

Dabei gehören Produktion und Vermarktung von Arzneimitteln in Deutschland ohnehin schon zu den am stärksten regulierten Wirtschaftsbereichen (Friske 2003, S. 55 ff.; Prinz/Vogel 2003, S. 14 ff.). Die mit den Regulierungen verfolgten Ziele sind zum einen die Versorgungssicherheit und zum anderen der gesundheitliche und wirtschaftliche Verbraucherschutz. Sie geraten jedoch leicht in Konflikt, sofern mit den zu ihrer Erreichung eingesetzten Instrumenten die Innovationsfähigkeit der pharmazeutischen Industrie beeinträchtigt und der Diffusionsprozess innovativer Arzneimittel – d. h. die rasche Verbreitung therapeutisch überlegener und die Verdrängung veralteter, medizinisch fragwürdiger Präparate – gehemmt werden. Insbesondere erweisen sich Regulierungen, die dem wirtschaftlichen Verbraucherschutz durch kurzfristig wirksame Kostendämpfung dienen sollen, langfristig als ausgesprochene „Innovationshürden" und „Diffusionsbarrieren". Als solche bremsen sie den medizinisch-technischen Fortschritt, verzögern die Anwendung innovativer Arzneimitteltherapien, tragen zu Unter-, Über- und Fehlversorgung mit Arzneimitteln bei, beeinträchtigen den Gesundheitszustand und die Lebenserwartung der Bevölkerung und wirken auf Dauer eher effizienzverschlechternd als -verbessernd (Weisbrod 1991; Philipson 2002; Häussler u. a. 2003; Lichtenberg 2003).

Wie vielfältig die Regulierungsansätze im Arzneimittelsektor sind, ist aus Abb. 1 ersichtlich. Diese Systematik macht zugleich deutlich, dass es außer den gesundheitspolitisch motivierten Regulierungen des Arzneimittelmarktes auch solche gibt, die im Dienste der Industriepolitik stehen. Hier sind es vor allem die Patentregelungen, die dem Patentinhaber eine zeitlich befristete, exklusive wirtschaftliche Nutzung seiner neuen Produkte oder Verfahren ermöglichen und ihm damit einen Anreiz zu Innovationen im Marktprozess geben sollen. Dies ist gerade für die forschende Pharmaindustrie von existenzieller Bedeutung, weil der hohe Empiriegrad der Forschung und der gesundheitspolitisch geforderte Nachweis von Qualität, Wirksamkeit und Unbedenklichkeit bei der Marktzulassung neuer Medikamente (1. bis 3. Hürde) den Innovator einem erheblichen finanziellen und zeitlichen Risiko aussetzt. So werden derzeit die Entwicklungskosten eines neuen Arzneimittels mit durchschnittlich 800 Mio. Dollar und die Entwicklungsdauer mit 12 Jahren veranschlagt (VFA 2003, S. 12).

Abb. 1: Systematik der Regulierungen des Arzneimittelmarktes

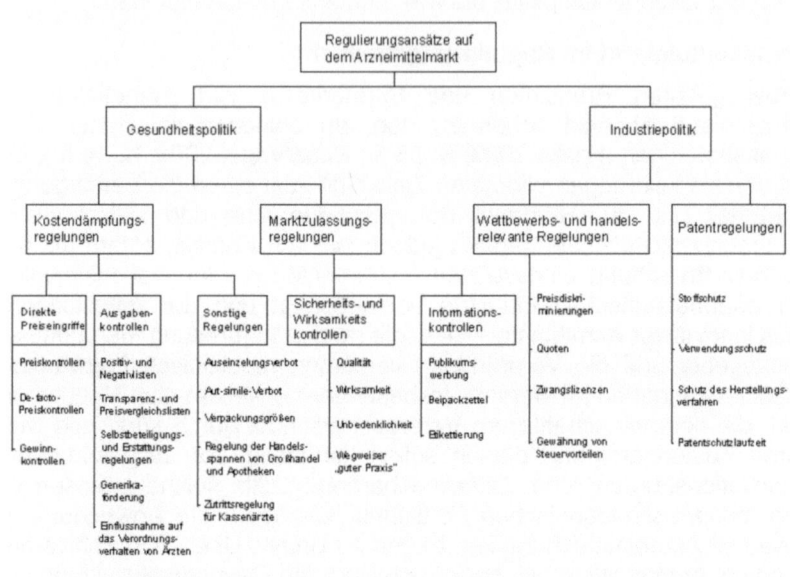

Quelle: Boroch (1994), S. 159.

Hinzu kommt, dass die Arzneimittelproduktion selbst verhältnismäßig geringe Grenzkosten verursacht, so dass Nachahmer beim Fehlen eines effektiven Patentschutzes nicht an der kostenlosen Nutzung des neuen pharmazeutischen Wissens und der Kalkulation konkurrenzlos niedriger Preise für ihre Nachahmerprodukte gehindert werden könnten. Stünde dem wirtschaftlichen Risiko des Innovators nicht die Chance gegenüber, durch exklusive Vermarktung seiner Innovation ihre Entwicklungskosten wieder einzuspielen und darüber hinaus noch Gewinne zu erzielen, würden Arzneimittelinnovationen praktisch ausbleiben und die Arzneimittelversorgung qualitativ stagnieren. Dies wäre ein klassischer Fall von „Marktversagen", das dann im Interesse des medizinisch-technischen Fortschritts, z. B. durch den Aufbau einer verstaatlichten oder subventionierten pharmazeutischen Forschungsindustrie „geheilt" werden müsste. Um dieses Menetekel nicht Realität werden zu lassen, bedarf es insbesondere im Pharmabereich eines effektiven Patentschutzes, der vor allem nicht durch Kostendämpfungsregelungen unterlaufen werden darf. Dies ist z. B. insoweit der Fall, wie patentgeschützte Original- oder Analogpräparate in Festbetragsregelungen einbezogen werden, auf ihren Umsatz Zwangsrabatte abzuführen sind oder für Apotheken eine Verpflichtung besteht, grundsätzlich billigere Parallelimporte zu beschaffen und abzugeben.

Spezifika der forschenden Arzneimittelindustrie

Dass gesundheitspolitisch motivierte Marktzulassungs- und Kostendämpfungsregelungen (Abb. 1) den pharmazeutischen Innovations- und Diffusionsprozess so überaus subtil beeinträchtigen können, liegt daran, dass die Arzneimittelindustrie eine auf wenige Standorte konzentrierte High-Tech-Branche besonderer Art ist, die Forschungs-, Produktions- und Dienstleistungsindustrie in einem darstellt (Cassel 1988a, S. 110 ff.; Boroch/Cassel 1998, S. 348 ff.):

- Als „Forschungsindustrie" hat sie die Entdeckung neuen, für die Entwicklung von Arzneimitteln geeigneten und patentierbaren pharmakologischen Wissens zum Ziel. Sie ist auf das Ergebnis der Grundlagenforschung angewiesen und muss sie deshalb weitgehend selbst betreiben. Insbesondere die Suche nach neuen Wirkstoffen ist nach wie vor durch einen hohen Empiriegrad – d. h. durch geringe Trefferquoten und hohe Unsicherheit – gekennzeichnet, so dass der Erfolg umso wahrscheinlicher ist, je mehr geforscht wird. Weltweit führende Arzneimittelhersteller geben deshalb bis zu 20 Prozent (VFA-Unternehmen: 16 Prozent) ihres Umsatzes für die Suche und Überprüfung neuer Wirkstoffe sowie für Galenik und Verfahrenstechnik aus. Die Arzneimittelindustrie ist damit nach dem Luftfahrzeugbau der forschungsintensivste, aber – im Gegensatz dazu – am wenigsten subventionierte Wirtschaftszweig.

- Als „Produktionsindustrie" haben die Pharmaunternehmen das Ziel, Fertigarzneimittel herzustellen und gewinnbringend zu verkaufen. Sie verwerten dabei ihr neu erworbenes pharmakologisches Wissen und werden so zum Innovator ihrer eigenen Entdeckungen. Dies vor allem deshalb, weil die Einführung neuer Therapiekonzepte an die Herstellung und Verwendung von Arzneimitteln gebunden ist, so dass sich der Erfinderlohn für das neue pharmakologische Wissen in der Regel nur durch die firmeneigene Herstellung und Vermarktung der Medikamente realisieren lässt. Der Arzneimittelpreis hat somit nicht nur die Herstellungs-, Vertriebs- und Gemeinkosten der Präparate zu decken – das sind bis zu 65 Prozent der Gesamtkosten –, sondern auch die Kosten für die Produktion des in ihnen enthaltenen pharmakologischen Wissens.

- Als „Dienstleistungsindustrie" haben die Pharmaunternehmen schließlich die Aufgabe, Arzt und Patient über die zweckdienliche Anwendung der Medikamente zu informieren. Da neue Arzneimitteltherapien nur in Verbindung mit dem Therapeutikum selbst angewendet werden können, ist die Lieferung der Anwendungsinformationen notwendigerweise mit dem Vertrieb der Arzneimittel verbunden. Dem dienen Aussendungen, Ärztebesuche, Publikationen, Beipackzettel usw. Wissenschaftliche Information und Werbung verursachen zusammen bis zu 20 Prozent der Gesamtkosten, die ebenfalls durch den Arzneimittelpreis zu decken sind.

Diese Gegebenheiten ziehen eine Reihe von Besonderheiten des Wettbewerbsprozesses auf dem Arzneimittelmarkt nach sich, die in der Öffentlichkeit kaum verstanden und im gesundheitspolitischen Reformprozess meist sträflich missachtet werden.

Primat des Innovationswettbewerbs

Die Unternehmen der pharmazeutischen Forschungsindustrie konkurrieren miteinander, indem sie mit beträchtlichem F&E-Aufwand nach neuen Wirkstoffen, Wirkstoffvariationen und Wirkstoffkombinationen, nach neuen galenischen Verpackungen und qualitätssteigernden Herstellungsverfahren sowie nach neuen Indikationen suchen. Dabei geht es um die Entwicklung von Medikamenten, die den bereits eingeführten Präparaten medizinisch, therapeutisch oder ökonomisch überlegen sind. Gelingt es, ein solcherart überlegenes Arzneimittel zu entwickeln (Invention) und erstmalig in den Markt einzuführen (Innovation), ist dies eine Aktion vorstoßenden Wettbewerbs, mit dem die Markterschließung beginnt (Abb. 2; zu alternativen Begriffen der Arzneimittelinnovation siehe z. B. Münnich 1997; Wille 1997; Erbsland/Ulrich/Wille 2000; Fricke/Klaus 2000; Scriba 2003). Wie schnell sich das neue Medikament unter Wettbewerbsbedingungen am Markt durchsetzt und welcher Grad der Bedarfsdeckung letzlich erreicht wird (Diffusionspfade A und C in Abb. 2), hängt von einer Vielzahl von Einflussfaktoren ab – darunter insbesondere von hersteller-, patienten-, arzt-, system- und politikbezogenen Determinanten (Schöffski 2002). Letztlich wird der Diffusionsprozess umso schneller und erschöpfender ablaufen, je wirksamer, sicherer, verträglicher oder preisgünstiger die Arzneimittelinnovation im Vergleich zu bereits etablierten Präparaten ist.

Abb. 2: Phasen der Markterschließung bei Arzneimittelinnovationen

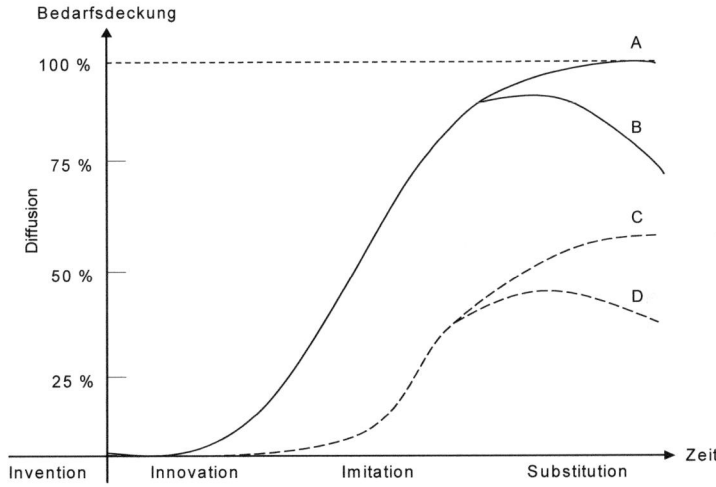

Der Innovator ist verständlicherweise sehr daran interessiert, noch vor Ablauf des Patentschutzes einen möglichst hohen Diffusionsgrad zu erreichen. Denn läuft der Patentschutz aus, können potenzielle Imitatoren praktisch kostenlos auf die Zulassungsunterlagen des Innovators zugreifen und wirkstoffidentische Präparate (Generika) zu Preisen auf den Markt bringen, die sich lediglich an den vergleichsweise niedrigen Produktionskosten orientieren. Hierdurch wird der Originalanbieter dem Preiswettbewerb ausgesetzt mit der regelmäßigen Folge, dass er seine Monopolstellung verliert und Marktanteile einbüßt (Diffusionspfade B und D in Abb. 2). Bei weniger innovativen Arzneimitteln mit hoher Preiselastizität der Nachfrage ist es auch möglich, dass der imitatorische Wettbewerb durch generische Präparate den Diffusionsgrad in diesem Marktsegment erhöht.

Anders gelagert ist der Fall der Analogpräparate (Häussler u. a. 2002; Glaeske u. a. 2003; Gothe u. a. 2002): Pharmakologisch gesehen gehören Original- und Analogpräparate der gleichen Substanzklasse an, unterscheiden sich aber je nach Molekülvariation mehr oder weniger stark im medizinischen Wirkungsspektrum (z. B. in den Neben- und Wechselwirkungen oder in der Indikation). Die Analogpräparate genießen ebenfalls Patentschutz, sind aber als relativ hochpreisige „Nachahmerprodukte" in das Visier von Kassen und Gesundheitspolitik geraten. Anders als die Generika sind Analogpräparate jedoch ebenfalls Resultat des mit hohem F&E-Aufwand betriebenen Innovationswettbewerbs. Sie entstehen meist dadurch, dass mehrere Unternehmen und Forschergruppen zeitgleich an Projekten aus derselben Substanzklasse arbeiten und häufig in geringem Zeitabstand ihre Arzneimittelinnovationen auf den Markt bringen. Es sind also in der Regel keine bloßen Imitationen wie die Generika, sondern eigenständige Entwicklungen, die oft genug den zuerst ausgebotenen Originalpräparaten überlegen sind. Da sich überlegene Arzneimittel aber in einem wettbewerblichen Gesundheitswesen mit der Zeit zulasten der bisher für dieselbe Indikation verwendeten Präparate durchsetzen, sind sie ein wesentliches Element des nachstoßenden Imitationswettbewerbs, aus dem neue Vorstöße erwachsen, die zur Substitution und damit zur Marktverdrängung etablierter Arzneimittel führen. Patentierte Analogpräparate zusammen mit den patentfreien Originalpräparaten und deren generische Substitute in die Festbetragsregelung einzubeziehen, stellt jedenfalls eine ökonomisch durch nichts zu rechtfertigende Diskriminierung dar.

Funktionsweise und Rahmenbedingungen des Innovationswettbewerbs

Der für den Arzneimittelmarkt adäquate Wettbewerb ist somit der Innovationswettbewerb: Indem die pharmazeutische Forschungsindustrie weltweit ständig Arzneimittelinnovationen hervorbringt, sind die Anbieter der etablierten Präparate fortwährend von existenzgefährdenden Marktanteilsverlusten betroffen, die sie nur durch einen kontinuierlichen Strom eigener Innovationen kompensieren können. Dies prägt das typische Wettbewerbsverhalten der Arzneimittelanbieter und erklärt die wesentlichen Besonderheiten des Wettbewerbsprozesses auf nationaler wie internationaler Ebene:

- Der Wettbewerb auf Arzneimittelmärkten ist in erster Linie ein mit den Parametern Produkt, Qualität und Information geführter „Innovationswettbewerb", dessen Intensität von den Ergebnissen der weltweit miteinander konkurrierenden F&E-Anstrengungen der pharmazeutischen Forschungsindustrie abhängt.

- Der Innovationswettbewerb ist zugleich „Preiswettbewerb" – nämlich insoweit, wie der Erfinderlohn, der bei gegebenem Abgabepreis eines Medikaments von dessen Gesamterlös abhängt, durch die innovationsbedingte Verdrängung der etablierten Arzneimittel gesenkt wird. Selbst wenn die Ersteinführungspreise neuer Arzneimittel unverändert bleiben, kommt es somit zu (impliziten) Preissenkungen, sobald die Innovationspräparate älter werden und Marktanteile verlieren.

- Intensiver Innovationswettbewerb vorausgesetzt, richtet sich der Ersteinführungspreis eines neuen Präparates erfahrungsgemäß nicht nach den entstandenen F&E-Kosten, sondern nach der mit der Arzneimittelinnovation erzielbaren Fortschrittsrate und dem potenziellen Bedarf (z. B. Blockbuster oder Orphan Drug), was im Ergebnis dem Modell des funktionsfähigen Preiswettbewerbs entspricht.

- Arzneimittelinnovationen setzen sich am Markt weitgehend unabhängig von der Höhe ihres Ersteinführungspreises durch, wenn sie das überlegene Therapiekonzept bieten. Im Gegensatz zu anderen Konsumgütern bedarf es deshalb bei Innovationspräparaten keiner gezielten Preissenkungen und Werbekampagnen, um die Nachfrage auszuweiten – wie umgekehrt die Senkung der Abgabepreise oder verstärkte Werbung ein überholtes Präparat nicht vor der Verdrängung vom Markt schützen kann.

- Bei intensivem Innovationswettbewerb sind nicht oder nur galenisch forschende Arzneimittelhersteller mit ihrem Generikaangebot wettbewerblich weitgehend funktionslos, weil sie aus Mangel an eigenen F&E-Aktivitäten lediglich Imitationen und keine dem Imitationsprozess erwachsenden Folgeinnovationen hervorbringen, und weil es bloßer Imitationen nicht bedarf, um den medizinisch-therapeutischen Fortschritt zu verbreiten. Deshalb gelten die Generika z. B. in Japan als unerwünschte Plagiate, während sie in Deutschland gesundheitspolitisch gefördert und sogar zur Kostendämpfung instrumentalisiert werden.

Damit der Innovationswettbewerb auf dem Arzneimittelmarkt funktioniert, müssen die Pharmaunternehmen bereit und in der Lage sein, nach Umfang und Qualität hinreichende Ressourcen zu bilden und diese in erfolgversprechenden F&E-Projekten einzusetzen. Dies wird aber nur dann geschehen, wenn die jeweiligen wirtschafts- und gesundheitspolitischen Rahmenbedingungen genügend Handlungsspielräume für F&E-Aktivitäten lassen und die Aussicht auf einen angemessenen Erfinderlohn für das neue pharmakologische Wissen sowie eine marktgerechte Risikoprämie für das eingesetzte Forschungskapital besteht.

Ändern sich diese Bedingungen innerhalb eines pharmazeutischen Herstellerlandes grundlegend, werden dadurch längerfristig nicht nur Marktstruktur, Anbieterverhalten und Wettbewerbsergebnis auf dem nationalen Arzneimittelmarkt beeinflusst, sondern auch die Stellung der heimischen Pharmaindustrie im internationalen Innovationswettbewerb. Werden Innovationsfähigkeit und -willigkeit z. B. durch vermehrte Zulassungshemmnisse, schärfere Preisregulierungen, verkürzte effektive Patentlaufzeiten oder verstärkten Generikawettbewerb beeinträchtigt, sind auf Dauer negative Folgewirkungen für den Pharmastandort wie für die heimische Arzneimittelversorgung unvermeidlich.

Innovationshürden und Diffusionsbarrieren abbauen – aber wie?

Wird die Arzneimittelversorgung nicht nur als Objekt der gesundheitspolitischen Kostendämpfung gesehen, sondern auch aus der Perspektive des allseits gewünschten medizinisch-technischen Fortschritts, erscheinen die zu ihrer Steuerung hierzulande verwendeten Regulierungen höchst ambivalent: Zum einen erweisen sie sich – wie die Patentregelung oder der zur Arzneimittelzulassung geforderte Qualitäts-, Wirksamkeits- und Unbedenklichkeitsnachweis – als notwendig, um Marktversagen zu vermeiden und eine hohe Innovationsrate an wirksamen und unbedenklichen Medikamenten zu gewährleisten; zum anderen laufen sie – wie Arzneimittelbudgets, Verordnungsrichtlinien, Zwangsrabatte, Festbeträge oder Positivlisten – diesem Ziel diametral entgegen, weil damit Innovationshürden und Diffusionsbarrieren aufgebaut werden, die den Fortschritt der medizinischen Versorgung beeinträchtigen. Dabei ist jede einzelne Regulierung für sich genommen kaum relevant genug, um merkliche Effekte auszulösen. Was hingegen bedenklich stimmt, ist die Vielzahl der auf bloße Kostendämpfung gerichteten Regulierungsmaßnahmen, die im eklatanten Widerspruch zu den Funktionsbedingungen effizienter Märkte stehen.

Solange die Gesundheitspolitik an der administrativen und kollektiven Steuerung des GKV-Systems festhält, wird sie nicht aus dieser Kalamität herauskommen. Im Gegenteil: Mit jeder neuen „Gesundheitsreform" verstärkt sich der Zwang zu weiteren Interventionen als Folge der vorangegangenen. Dadurch wird jedoch das bereits bestehende „Steuerungschaos" verstärkt mit der zwangsläufigen Folge, dass die angestrebte Verbesserung von Qualität und Wirtschaftlichkeit der Gesundheits- und insbesondere der Arzneimittelversorgung sowie die viel beschworene Beitragssatzstabilität zum unerreichbaren Nirwana wird.

Stattdessen wäre eine ordnungspolitische Grundentscheidung zugunsten einer durchgängigen wettbewerblichen Steuerung des GKV-Systems zu treffen: Die Gesundheitspolitik müsste den Torso der „solidarischen Wettbewerbsordnung" vollenden und die Gestaltung des Leistungsgeschehens gänzlich den Kassen und Leistungserbringern als den legitimen Agenten der Versicherten und Patienten überantworten (Cassel 2002a). Sind die Kassen und Leistungserbringer erst einmal vom kollektivistischen Zwang des „einheitlichen und gemeinsamen" Handelns befreit und können sie individuell Verträge schließen, wird sich rasch zeigen, dass Arzneimittelbudgets, Verordnungsrichtlinien, Positivlisten, Rabatte usw. sehr wohl eine auf Effektivität und Effizienz der Arzneimittelversorgung gerichtete Steuerungsfunktion wahrnehmen können (Cassel/Friske 1999; Cassel 2002b; Klauber/Lankers/Selke 2003) – aber eben als kassen- und arztindividuelle Handlungsparameter und nicht als GKV-einheitliche Regulierungsinstrumente.

Literatur:

Albring, M.; Wille, E. (1997), Hg., Innovationen in der Arzneimitteltherapie, Frankfurt am Main (Peter Lang Verlag) 1997.

Arnold, M.; Klauber, J.; Schellschmidt, H. (2002), Krankenhaus-Report 2002. Schwerpunkt: Krankenhaus im Wettbewerb, Stuttgart (Schattauer) 2002.

Boroch, W. (1994), Internationale Wettbewerbsfähigkeit der EU-Arzneimittelindustrie, Hamburg (Steuer- und Wirtschaftsverlag) 1994.

Boroch, W.; Cassel, D. (1988), Pharmazeutische und medizintechnische Industrie, Kap. 6.14 Gesundheitsbericht Deutschland, hrsg. vom Statistischen Bundesamt, Stuttgart (Metzler/Poeschel) 1998, S. 346 - 351.

Cassel, D. (1988a), Internationaler Innovationswettbewerb: Die Rahmenbedingungen in den USA und Japan, in: Ders. (1988,b), S. 107 - 129.

Cassel, D. (1988b), Hg., Forschung im Dienste der Gesundheit, Baden-Baden (Nomos) 1988.

Cassel, D. (2002a), Wettbewerb in der Gesundheitsversorgung: Funktionsbedingungen, Wirkungsweise und Gestaltungsbedarf, in: Arnold, M.; Klauber, J.; Schellschmidt, H. (2002), S. 3 - 20.

Cassel, D. (2002b), Ordnungspolitischer Reformbedarf des Arzneimittelmarktes, in: Stein, P. (2002), S. 13 - 18.

Cassel, D. (2003), Gesundheitspolitik zwischen Staatsdirigismus und Wettbewerb, in: Mummenhoff, W. (2003), S. 163 – 174.

Cassel, D.; Friske, J. (1999), Positivlisten für Arzneimittel: Instrument zur Kostendämpfung oder Wettbewerbsparameter der Kassen?, in: Gesundheitsökonomie und Qualitätsmanagement, 4 (1999,4), S. 194 - 201.

Cavalié, P. (2003), Is therapeutic innovation responsible for the increase in drug expenditure?, in: The European Journal of Health Economics, 4(2003,3), S. 184 - 194.

Daumann, F.; Oberender, P. (1997), Arzneimittelmarkt im Spannungsfeld seiner institutionellen Umgebung, in: Delhaes, K. von; Fehl, U. (1997), S. 235 - 284.

Delhaes, K. von; Fehl, U. (1997), Hg., Dimensionen des Wettbewerbs, Stuttgart (Fischer) 1997.

Erbsland, M.; Ulrich, V.; Wille, E. (2000), Ökonomische Bewertung von Arzneimittelinnovationen, in: Klauber, J.; Schröder, H.; Selke, G.W. (2000), S. 169 - 191.

Fricke, K.; Klaus, W. (2000), Neue Arzneimittel. Fakten und Bewertung von 1996 bis 1998 zugelassenen Arzneimitteln, Stuttgart (Wissenschaftliche Verlagsgesellschaft) 2000.

Friske, J.E. (2003), Mehr Markt und Wettbewerb in der deutschen Arzneimittelversorgung?, Bayreuth (Verlag P.C.O.) 2003.

Glaeske, G.; Jahnsen, K.; Repking, D. (2001), Der „GEK-Arzneimittel-Report": Mehr Ausgaben, mehr Qualität? Ergebnisse der Auswertung von Arzneimitteldaten aus den Jahren 1999-2000, Schwäbisch Gmünd (Gmünder Ersatzkasse) 2001.

Glaeske, G.; u. a. (2003), Stärkung des Wettbewerbs in der Arzneimittelversorgung zur Steigerung von Konsumentennutzen, Effizienz und Qualität, Bonn (Wissenschaftliches Institut der AOK – WIdO) 2003.

Gothe, H., u. a. (2003), Die Bedeutung von innovativen Arzneimitteln für die Gesundheit der Bevölkerung in Deutschland, Berlin (Institut für Gesundheits- und Sozialforschung – IGES) 2003.

Häussler, B.; u. a. (2002), Analog-Wirkstoffe im Arzneimittelmarkt: Therapeutischer Nutzen und Bedeutung für die Ausgaben der Krankenversicherungen, Berlin (Institut für Gesundheits- und Sozialforschung – IGES) 2002.

Klauber, J.; Schröder, H.; Selke, G.W. (2000), Hg., Innovation im Arzneimittelmarkt, Berlin (Springer) 2000.

Klauber, J.; Lankers, Chr. H.R.; Selke, G.W. (2003), Reform des Arzneimittelmarktes – Ein Plädoyer für mehr Wettbewerb –, in: Gesundheits- und Sozialpolitik (2003,5-6), S. 24 - 33.

Lauterbach, K.W.; Volmer, T. (2001), Hg., Arzneimitteltherapie – Über-, Unter- und Fehlversorgung, Stuttgart (Schattauer) 2001.

Lichtenberg, F.R. (2003), The Impact of New Drug Launches on Longevity: Evidence from Longitudinal, Disease-Level Data from 52 Countries, 1982-2001, Cambridge, MA (National Bureau of Economic Research - NBER) 2003.

Münnich, F. (1997), Arzneimittelinnovationen aus dem Blickwinkel der pharmazeutischen Industrie, in: Albring, M.; Wille, E. (1997), S. 77 - 84.

Mummenhoff, W. (2003), Hg., Staatseingriffe in den Arzneimittelmarkt, Frankfurt am Main (pmi Verlag) 2003.

Philipson, T.J. (2002), The Regulation of Medical Innovation and Pharmaceutical Markets, in: The Journal of Law & Economics, XLV (2002,2), S. 583 - 586.

Prinz, A.; Vogel, A. (2000), Preisbildung für innovative Arzneimittel auf regulierten Märkten, in: Jahrbuch für Wirtschaftswissenschaften, 51 (2000,2), S. 175 - 196.

Sachverständigenrat für die Konzertierte Aktion im Gesundheitswesen – SVR KAiG (2001), Bedarfsgerechtigkeit und Wirtschaftlichkeit, Addendum zum Gutachten 2000/2001 (Bände I bis III), Mimeo 2001.

Schöffski, O. (2002), Diffusion of Medicines in Europe, Burgdorf (Health Economic Research Zentrum – HERZ) 2002.

Schwabe, U. (2003), Einsparpotenziale, in: Schwabe, U.; Paffrath, D. (2003), S. 836 - 914.

Schwabe, U.; Paffrath, D. (2003), Hg., Arzneiverordnungs-Report 2003, Berlin (Springer) 2003.

Scriba, P.C. (2003), Medizinisch-technischer Fortschritt als Outcome- und Ausgabenfaktor, in: Albring, M.; Wille, E. (2003), S. 115 - 131.

Stein, P. (2002), Hg., Perspektiven zur Regulierung des Internetversandhandels von Arzneimitteln, Argumente und Materialien zum Zeitgeschehen, 33, München (Hanns-Seidel-Stiftung) 2002.

Sundmacher, T.; Jasper, J. (2004), Welche Zukunft hat die 4. Hürde für die Erstattung von Arzneimitteln? Ausgestaltungsvarianten und ihre ökonomischen Konsequenzen, Duisburg und Hannover (Mimeo) 2004.

Verband Forschender Arzneimittelhersteller e.V. – VFA (2003), Hg., Die Arzneimittelindustrie in Deutschland, Berlin (VFA) 2003.

Vogelbruch, B. (1992), Festbeträge für Arzneimittel, Hamburg (Steuer- und Wirtschaftsverlag) 1992.

Weisbrod, B.A. (1991), The Health Care Quadrilemma: An Essay on Technological Change, Insurance, Quality of Care, and Cost Containment, in: Journal of Economic Literature, XXIX (1991,6), S. 523 - 552.

Wille, E. (1997), Innovationen in der Arzneimitteltherapie: Übereinstimmungen und divergierende Meinungen, in: Albring, M.; Wille, E. (1997), S. 142 - 155.

Wille, E. (2001), Welche Auswirkungen hat die „4. Hürde" auf Über-, Unter- und Fehlversorgung und auf die deutsche Gesundheitsindustrie?, in: Lauterbach, K.W.; Volmer, T. (2001), S. 33 - 55.

Wille, E.; Albring, M. (2002), Hg., Konfliktfeld Arzneimittelversorgung, Frankfurt am Main (Peter Lang) 2002.

Innovationshürden als Barrieren der medizinischen Versorgung: Vermindert ein restriktiver Umgang mit innovativen Leistungen die Leistungsfähigkeit des Gesundheitssystems?

Innovationshürden als Barrieren der medizinischen Versorgung: Vermindert ein restriktiver Umgang mit innovativen Leistungen die Leistungsfähigkeit des Gesundheitssystems?

Betram Häussler

1. Die Bedeutung von Innovationen in der gesundheitlichen Versorgung

Durch das zerstörerische Potenzial der Entdeckung und technischen Beherrschung der Kernenergie hat die Menschheit bisher am deutlichsten erfahren, dass Fortschritt nicht nur segensreiche Wirkungen entfalten kann. Dennoch gehen wir weiterhin davon aus, dass wir auf wissenschaftlich-technische Innovationen nicht verzichten können, wenn wir die Existenz der Menschen auf der Erde sichern wollen. In vielen Bereichen des Lebens werden Innovationen ganz überwiegend als positiver Beitrag für die Gestaltung der Zukunft angesehen.

Im Bereich von Medizin und gesundheitlicher Versorgung hat sich allerdings in den 60er und 70er Jahren eine Diskussion entwickelt, der ein tiefes Misstrauen zu Grunde liegt, dass der medizinische Fortschritt überhaupt einen nennenswerten Beitrag zur Lösung gesundheitlicher Probleme leistet. Die Arbeit von Thomas McKeown "The role of medicine: Dream, mirage oder nemesis?" gilt bis auf den heutigen Tag als zentraler Beleg dafür, dass die entscheidenden Erfolge bei der Verbesserung der gesundheitlichen Situation der Bevölkerung nicht durch die Medizin, sondern durch allgemeinen materiellen Wohlstand sowie Verbesserungen in der Arbeits- und Wohnumgebung und des Bildungsstandes der Bevölkerung erreicht worden sind.

Eine Diskussion im British Medical Journal im Jahre 1994 zeigt, dass diese Gedanken nicht nur eine akademische Aktualität haben, sondern auch schwerwiegende Auswirkungen auf die Bereitschaft zur Finanzierung von Investitionen in das Versorgungssystem gerade in einem staatlich gelenkten Gesundheitssystem wie in England: "Health results from a combination of social, economic, and psychological as well as purely biological phenomena. Most doctors now understand this and so increasingly do politicians; this enhances their reluctance to invest heavily in health services when they have only a small effect on health." Morrison und Smith 1994).

Es ist ein interessantes Phänomen, dass wir zwar im Zeitalter der "evidence based medicine" in zunehmendem Maße die klinische Wirksamkeit von medizinischen Interventionen belegen, auf der anderen Seite aber so gut wie keine wissenschaftlichen Anstrengungen unternehmen, diese Wirkungen auf der Ebene der Bevölkerung zu untersuchen. Nur vor dem Hintergrund dieser Abstinenz ist zu erklären, dass sich auch in Deutschland hartnäckig die Meinung hält, die augenscheinlichen Verbesserungen bei Gesundheit und Sterblichkeit hätten mit den Ausgaben für Gesundheit nichts oder nicht viel zu tun.

2. Einige Belege für die Wirksamkeit von Innovationen

Man kann die Hypothese wagen, dass McKeown zu diesen Ergebnissen kam, weil bis dato noch nicht viele Einflussmöglichkeiten bestanden, die bei nennenswerten Bevölkerungsgruppen zu nennenswerten Effekten führten. Erst in den letzten 25 Jahren sind medizinische Ansätze entstanden, die zu Effekten führten, aus denen sich dann sicht- und messbare Effekte ergaben.

Eine Schätzung von Bunker et al. (1994) ergibt, dass von der aktuellen Lebenserwartung der Bevölkerung in den Vereinigten Staaten etwa 3,6 Jahre auf die Effektivität von kurativen medizinischen Maßnahmen zurückzuführen ist. Weitere eineinhalb Jahre Gewinn an Lebenserwartung werden nach dieser Schätzung durch präventive Maßnahmen wie Impfung erreicht. Derzeit lassen sich aber noch keine systematischen Übersichten über den Wert der Medizin und das bevölkerungsweite Verhältnis von Nutzen und Ausgaben zitieren. Daher sollen einige wenige Beobachtungen als Beleg dafür dienen, dass sich die Zeiten seit McKeown noch geändert haben.

Beispiel 1: Hodenkrebs
Die Sterblichkeit an Hodenkrebs nahm in der Bundesrepublik zu Beginn der 80er Jahre plötzlich ab und ist seither auf ein Drittel des Ausgangswertes gesunken. Es besteht Übereinkunft darin, dass die Einführung des Zytostatikums Cisplatin für diese Mortalitätssenkung verantwortlich ist. Cisplatin steht in Deutschland seit 1979 zur Verfügung. Erster Schritt in der Behandlung des Hodenkrebs ist die operative Entfernung des betroffenen Hodens. Abhängig von der Histologie des Tumors und dem Krebsstadium ist anschließend ggf. eine Chemo- und/oder Strahlentherapie angezeigt. Standardmäßig wird dabei eine Kombination aus Cisplatin, Etoposid und Bleomycin eingesetzt (PEB-Protokoll).

Vor Einführung des Cisplatin betrugen die Heilungschancen bei Hodentumor 45 % (Hauf 1998), heute liegen sie bei den meisten Erkrankten bei 90 % oder sogar darüber (Gerl et al. 2003). Im Tumorregister München beobachtete man unmittelbar nach Einführung des neuen Wirkstoffs einen Rückgang der Todesfälle wegen Hodenkrebs von zuvor durchschnittlich zehn pro Jahr auf nur noch rund drei (Hauf 1998).

Beispiel 2: HIV/AIDS
Kommt es bei einer HIV-Infektion zum Ausbruch der Immunschwäche (AIDS), so endet sie unbehandelt in den allermeisten Fällen tödlich. Die Sterblichkeit durch AIDS ist in Europa von 1995 bis 1998 auf ein Fünftel gesunken. Auch in Deutschland wurde ein drastischer Rückgang der AIDS-bedingten Todesfälle in diesem Zeitraum verzeichnet. Ursächlich dafür ist die Einführung der HAART (hoch-aktive antiretrovirale Therapie), bei der eine Kombination verschiedener gegen das HI-Virus wirksamer Medikamente gegeben wird. Das erste dieser antiretroviralen Medikamente, das Azidothymidin, wurde bereits 1987 in Deutschland eingeführt. Es folgten bald weitere zur Gruppe der nukleosidischen Reverse-Transkriptase-Hemmer gehörenden Wirkstoffe, doch erst nachdem 1996 mit Indinavir der erste Proteasehemmer zur Verfügung stand, konnten die antiretroviralen Medikamente in auch über längere Zeiträume wirksamen Kombinationen angewendet werden, ohne dass es zu einer raschen Resistenzbildung kam.

Nach Darstellungen des Robert-Koch-Instituts betrugen die Kosten für die Behandlung von HIV-Infizierten 1997/1998 etwa 1,5 bis 2,5 Milliarden Euro, was etwa 1 % des Gesundheitsbudgets entsprach. Für einen Patienten mussten jährlich etwa 35.865 Euro aufgewendet werden. Im Jahr 2000 waren diese durchschnittlichen Kosten auf 26.017 Euro zurückgegangen. Die Kostensenkung konnte vor alle durch geringere Ausgaben für Krankenhausaufenthalte und Begleitmedikation erreicht werden. Nach Schätzungen sollen in den USA die Kosten für ein gerettetes Leben bei einem HIV-Infizierten In der gleichen Größenordnung liegen wie für einen Patienten mit einer anderen chronischen Erkrankung.

Beispiel 3: Vermeidbare Sterbefälle in den neuen Bundesländern
Medizinisch vermeidbare Sterbefälle werden international definiert als Todesfälle bei bestimmten Erkrankungen in definierten Altersgruppen. Sie gelten in den (meist jüngeren Altersgruppen) als prinzipiell vermeidbar, da präventive oder kurative Ansätze existieren. Vermeidbare Sterbefälle sind ein Indikator für die Leistungsfähigkeit eines Gesundheitssystem.

In den neuen Bundesländern wurden im Gesundheitssektor nach der Wende umfangreiche Investitionen getätigt, die auch einen Zugang zu bisher nicht verfügbaren Therapien bedeuteten, darunter auch solche, die erst seit kurzem verfügbar sind. Die folgende Abbildung zeigt, dass der Rückgang der Sterblichkeit, die auf vermeidbare Todesfälle zurück zu führen ist, in den Jahren nach der Wende wesentlich stärker war als der (auch deutlich sichtbare) Rückgang der allgemeinen Sterblichkeit in vergleichbaren Altersgruppen. Der Befund kann als deutlicher Indikator für die Wirksamkeit von medizinischen Interventionen gewertet werden.

Abb. 1: Rückgang der allgemeinen Sterblichkeit in der Altersgruppe der 5- bis 64-Jährigen sowie der Sterblichkeit aufgrund vermeidbarer Todesfälle

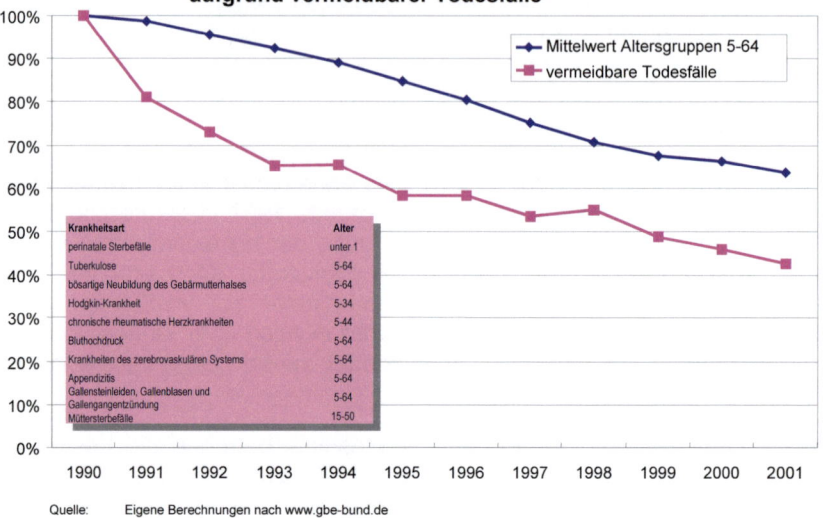

Quelle: Eigene Berechnungen nach www.gbe-bund.de

3. Was sind Innovationshürden?

Zu den Mangelsituationen, die in der Realität auftreten können, gehören auch solche, bei denen eine neue Entwicklung, eine Verbesserung, "der Fortschritt" oder eben eine Innovation nicht verfügbar ist, obwohl man davon ausgeht, dass sie verfügbar sein könnte oder sollte. Hierzu werden im Folgenden verschiedene "Innovationshürden" vorgestellt. Der Fokus liegt dabei auf dem Arzneimittelsektor.

Fehlende wirtschaftliche Anreize zur Forschung

Am grundsätzlichsten ist die Situation, dass eine Innovation nicht existiert, obwohl eigentlich nichts dagegen spricht, dass sie verfügbar sein könnte. "Orphan drugs" sind ein Beispiel dafür, dass Wirkstoffe nicht entwickelt werden, weil sie nur bei seltenen Erkrankungen eingesetzt werden können, bei denen eine Refinanzierung der Forschungs- und Entwicklungskosten unter herkömmlichen wirtschaftlichen Bedingungen nicht möglich ist.

Fehlende Kaufkraft

Die häufigere Variante ist allerdings die, dass eine Innovation im Prinzip existiert, jedoch nicht verfügbar ist, weil die potenziellen Nutzer sie nicht bezahlen können. Die Verfügbarkeit von HIV/AIDS-Wirkstoffen in den Ländern Afrikas war und ist eingeschränkt, weil die Gesundheitssysteme dieser Länder nicht für die bisher am Weltmarkt geforderten Preise aufkommen können bzw. die reichen Staaten keine finanzielle Förderung des Bezugs dieser Arzneimittel zur Verfügung stellten. In entwickelten Ländern sind Bürger ohne ausreichenden Krankenversicherungsschutz ebenfalls davon bedroht, nicht ausreichend mit Arzneimitteln bzw. innovativen Arzneimitteln versorgt zu werden.

Generell ist auch die Höhe des Preises eine wichtige Variable, die die Verfügbarkeit von Innovationen begrenzt.

Preisregulierung
In Ländern mit Einflussnahme auf den Angebotspreis kann die Situation entstehen, dass ein Hersteller darauf verzichtet, ein innovatives Produkt auf dem Markt anzubieten, weil der festgesetzte Preis nicht den gewünschten Gewinn verspricht.

Ausschlüsse aus dem Versicherungspaket
Der Ausschluss von Arzneimitteln aus Versicherungspaketen ist ein in der Praxis sehr wirksames Instrument zur Reduzierung der Inanspruchnahme auch von Innovationen, da die Zahlungsbereitschaft bzw. Zahlungsfähigkeit der Versicherten meist deutlich begrenzt ist. Positivlisten, Negativlisten bzw. auch der Ausschluss von verschreibungsfreien Arzneimitteln sind gängige Instrumente. Auch von den Patienten zu leistende Zuzahlungen gehören in diesen Rahmen.

In zahlreichen Ländern wird die Zulassung zu Versicherungspaketen in zunehmendem Maße unter Berücksichtigung von Bewertungen im Sinne des Health Technology Assessment gebunden. Das britische National Institute of Clinical Excellence (NICE) hat hierzu die meisten Erfahrungen vorzuweisen.

Im Rahmen von Bewertungs- bzw. Registrierungsverfahren kommt es erfahrungsgemäß auch zu zeitlichen Verzögerungen, die sich als temporäre Innovationshürden auswirken können. Dies gilt natürlich auch für die klassischen Verfahren, bei denen Wirksamkeit, Sicherheit und Qualität von Zulassungsbehörden geprüft werden.

Leitlinien
Eine weitere Beschränkung der Inanspruchnahme von Innovationen kann durch Vorschriften entstehen, die sich direkt auf die Ausgestaltung des ärztlichen Behandlungsprozesses beziehen. Sie sind daher in Disease-Management-Programmen regelmäßig verankert, insbesondere bei Hochkosten-Indikationen wie z. B. Hämophilie oder HIV/AIDS. Eher auf den Einsatz des Arzneimittels bezogene Vorschriften sind in Deutschland in den Arzneimittelrichtlinien der Bundesärztekammer (richtig zitiert) zu finden.

Budgetverantwortung der Ärzte
Die finanzielle Mitverantwortung der Ärzte für ihre Verschreibungen im Sinne von Budgets oder Richtgrößen sind indirekte, aber nicht weniger effektive Instrumente zur Steuerung des Verordnungsgeschehens. Es ist nicht übertrieben, davon auszugehen, dass unter ihrem Einfluss seit 1993 ein massiver Umbau des Verordnungsgeschehens in Deutschland stattgefunden hat. Dies hat zum einen zu einer Konzentration auf hochwirksame Medikamente geführt. Andererseits kann auch gezeigt werden, dass die Ärzte auch zu Ungunsten von Therapien entscheiden, wenn das Preis-Leistungsverhältnis nicht günstig eingeschätzt wird.

Sektorale Budgets
Die in Deutschland noch immer stark fixierte Trennung zwischen den Ausgaben für stationäre und ambulante Leistungen sowie für Arzneimittel und andere Leistungen hat eine oft unterschätzte negative Auswirkung auf die Inanspruchnahme auch von Innovationen, die eine höhere Kosteneffektivität nachweisen können. Trotz eines solchen Nachweises wird ihr Einsatz nicht gefördert, sondern eher behindert, weil die Kostenträger (aus ihrem betriebswirtschaftlichen Kalkül heraus zu Recht) darauf verweisen, dass etwaige Einsparungen in anderen Sektoren nicht realisiert werden können.

4. Wie wirken sich Innovationshürden aus?

Gerade in Deutschland gibt es einen langen Streit um die Frage, ob es Innovationshürden gibt oder nicht. Dieser Streit geht einher mit einem weitgehenden Mangel an empirisch belegten Befunden zur Unterversorgung in einem Indikationsbereich, in dem Innovationen eine Rolle spielen. Auch das bekannte Gutachten des Sachverständigenrates hat seine Aussagen zur Über-, Unter- und Fehlversorgung nicht überzeugend empirisch unterlegen können.

Innovationshürden finden dort ihren Ausdruck, wo eine aus wissenschaftlichen Erwägungen heraus zu erwartende Abdeckung der Versorgung nicht erreicht wird. Streng genommen setzen solche Befunde allerdings voraus, dass die Befunde im Rahmen von klinisch-epidemiologischen Studien erhoben werden, bei denen Ein- und Ausschlusskriterien exakt definiert werden. Solche Studien sind bis heute in nur sehr geringer Zahl durchgeführt worden.

Indirekte Hinweise – mit allerdings eingeschränkter Aussagekraft – können aus der Beschreibung differenzieller Profile der Inanspruchnahme beschrieben werden. Hierzu bieten sich an:

- diskontinuierliche zeitliche Verläufe der Pro-Kopf-Inanspruchnahme, bei denen Veränderungen im Bereich der Finanzierung wahrscheinliche Einflüsse sind,

- unterschiedliche Niveaus der Versorgung von soziodemographisch unterschiedlichen Patientengruppen (insbesondere privat und gesetzlich Versicherte),

- regionale Unterschiede der Inanspruchnahme, die auf Unterschiede im Zugang zu entsprechenden Leistungen hinweisen.

Zeitlicher Verlauf

Die Verordnungen von Statinen entwickelten sich in den Jahren 1988 bis 1991 stetig, erfuhren allerdings im Jahr 1992 eine deutliche Abschwächung, um schließlich im Jahr 1994 zu stagnieren. Rechnet man die verordneten Tagesdosen auf versorgte Patienten um unter der Annahme, dass jeder Patient an jedem Tag des Jahres eine Tagesdosis bekommt, werden im Jahr 1991 ca. 0,5 % der Bevölkerung (ganzjährig) mit Statinen versorgt (Werte für die westdeutsche Bevölkerung). Im Jahr 2001 waren es ca. 3,5 %.

1995 und 1996 nahm die Zahl der Verordnungen wieder leicht zu, ab dem Jahr 1997 deutlich stärker. Unter der Annahme, dass die Unterbrechung des Zuwachses nicht stattgefunden hätte, ergibt sich für das Jahr 1996 ein Verordnungsvolumen, das nur bei gut einem Drittel des erwarteten Volumens liegt. Die Abflachung der Verordnungszahlen ist gleichbedeutend mit einer Verzögerung der Inanspruchnahme in der Bevölkerung um ca. drei Jahre.

Zur Erklärung dieses Phänomens kommen einerseits medizinische Bewertungen der verordnenden Ärzte in Frage, andererseits deren wirtschaftliche Interessen. Betrachtet man die in Deutschland gängigen Quellen zur Arzneimittelbewertung, so zeigt sich, dass in den Jahren bis einschließlich 1993 die Frequenz der Publikationen gering war. Im November 1994 erschien die so genannte 4S-Studie, mit der die Wirkung von Simvastatin auch mit klinischen Endpunkten belegt werden konnte. Meldungen über schwerwiegende unerwünschte Wirkungen gab es in dieser Zeit nicht, die Lipobay-Krise fand erst 2001 statt.

Im Hinblick auf die wirtschaftlichen Interessen der verordnenden Ärzte hat sich ab dem Jahr 1993 allerdings eine entscheidende Veränderung ergeben: Mit dem Gesundheitsreformgesetz wurden die Budgetierung der Arzneimittel eingeführt sowie der kollektive Arzneimittelregress, der zumindest in der subjektiven Wahrnehmung eine deutliche wirtschaftliche Bedrohung der niedergelassenen Ärzte darstellte.

Es ist daher sehr wahrscheinlich, dass die Stagnation bei der Verordnung von Statinen darauf zurückzuführen ist, dass sich die Ärzte vor dem Hintergrund des ökonomischen Drucks zur Absenkung der Verordnungskosten (Statine gehörten zu den teuren Arzneimitteln) vor einer Ausweitung der Verordnungen zurück hielten (was bereits 1992 einsetzte, als die neuen Regelungen bereits diskutiert wurden). Diese Entscheidung wurde vermutlich vor dem Hintergrund gefällt, dass Ergebnisse über die Erreichung von klinischen Endpunkten noch nicht vorlagen.

Retrospektiv gesehen kann die Auswirkung dieser Stagnation dahingehend interpretiert werden, dass die günstige Wirkung dieser Arzneimittel bei einer größeren Zahl von Personen nicht zum Tragen kommen konnte und dadurch eine Zahl kardiovaskulärer Ereignisse nicht vermieden wurde.

Abb. 2: Entwicklung der Verordnungen von Statinen gemessen am Anteil der westdeutschen Bevölkerung, die durch die verordneten Tagesdosen ganzjährig versorgt werden könnte

Quelle: Eigene Berechnungen nach Daten von IMS Health

Selektiver Zugang zu Innovationen

Die große Mehrzahl der Schmerzmittel ist mit dem Risiko gastrointestinaler Nebenwirkungen behaftet. Die so genannte Cyclooxygenase-II-selektiven Inhibitoren (COX2) wurden in den 90er Jahren eingeführt und haben in dieser Hinsicht ein wesentlich günstigeres Nebenwirkungsprofil. Die Tagestherapiekosten betragen allerdings ein Vielfaches der herkömmlichen Schmerzmittel.

In einer Untersuchung soziodemographischer Unterschiede der Inanspruchnahme von klassischen Schmerzmitteln und Coxiben wurde nach Unterschieden bei den Verordnungsmustern gesucht, die sich aus der Zugehörigkeit der Patienten zur gesetzlichen und privaten Krankenversicherung ergeben (Krobot et al. 2002). Im Ergebnis zeigt sich, dass PKV-versicherte Patienten bei einer insgesamt geringeren Inanspruchnahme von Schmerzmitteln eine deutlich höhere Inanspruchnahme von COX2-Inhibitoren aufwiesen und damit höhere Zugangschancen. Da diese Untersuchung keine Analyse einzelner Fälle beinhaltet, kann nicht unbedingt auf eine verbesserte Versorgungsqualität bei den Privatpatienten geschlossen werden. Es könnte immerhin sein, dass deren Mehrinanspruchnahme auf eine nicht indizierte Verordnung von COX2-Inhibitoren zurückzuführen ist. Andererseits wäre dieser Befund auch mit der Hypothese in Einklang, dass die Chancen auf einen indizierten Zugang zu diesen innovativen Medikamenten als Folge der in der gesetzlichen Krankenversicherung bestehenden Budgetrestriktionen der niedergelassenen Ärzte bei den gesetzlich Versicherten deutlich geringer sind.

Abb. 3: **Unterschiedliche Häufigkeit der Verordnung vonSchmerzmitteln bei Patienten im Alter zwischen 40 und 90 Jahren bei Versicherten der gesetzlichen und privaten Krankenversicherung**

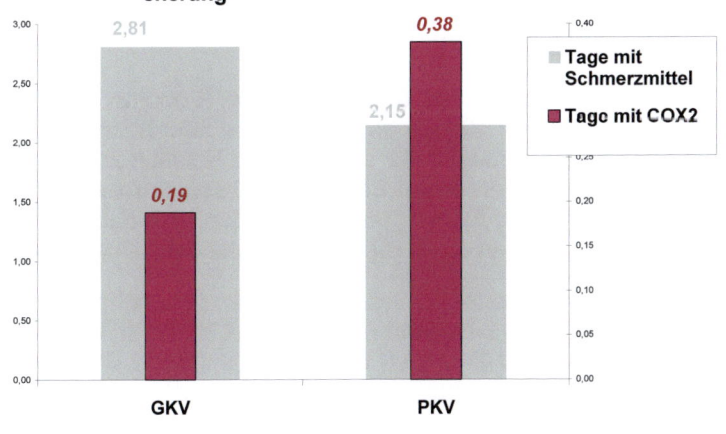

Quelle: Krobot et al. 2002

5. Schlussbetrachtung

Der Inanspruchnahme innovativer Produkte können zahlreiche Hürden entgegenstehen. Dies ist besonders dann zu erwarten, wenn

- es sich um Produkte und Leistungen gegen nicht lebensbedrohliche Erkrankungen handelt,
- die innovativen Produkte einen höheren Preis haben als die bereits eingeführten,
- der zusätzliche gesundheitliche und/oder finanzielle Nutzen schlecht belegt ist oder
- aufgrund sektoraler Budgets der finanzielle Vorteil nicht realisiert werden kann.
- Im Rahmen des im Januar 2004 in Kraft tretenden Reformpakets wird eine Nutzenbewertung neuer Arzneimittel möglich (§ 35b SGB V). Obwohl im Gesetz nicht genannt, wird sich eine Bewertung auch der Kostenaspekte in der Praxis anschließen, da der Gemeinsame Bundesausschuss in Zukunft z. B. die Möglichkeit hat, Festbeträge auf Arzneimittel festzusetzen, die unter Patentschutz stehen (§ 35.1a).

Aufgrund der Situation, dass über innovative Produkte grundsätzlich nicht die Fülle an Informationen bereit steht wie über bekannte, tendiert jede Bewertung des Nutzens, vor allem im der Relation zu den Kosten, zur Bevorzugung des bereits gut Bekannten. Diese strukturell konservative Tendenz kann dazu führen, dass das Nutzenpotenzial des Innovativen unterschätzt wird, wie am Beispiel der Statine deutlich geworden ist.

Dadurch besteht einerseits die Gefahr, dass das gesundheitliche Potenzial von Innovationen nicht oder nur verspätet realisiert werden kann. Während allgemein anerkannt ist, dass die vorschnelle Einführung von Innovationen gesundheitliche Risiken durch unerwünschte Wirkungen nach sich ziehen kann, muss umgekehrt auch deutlich gemacht werden, dass dies auch für die verzögerte Einführung gilt, wenn das gesundheitliche Potenzial einer Innovation nicht oder nur verspätet realisiert wird. Darüber hinaus bedeutet eine verzögerte Einführung von Innovationen auch eine wirtschaftliche Einbuße von Unternehmen, die in die Forschung investieren. Auch wenn die große Mehrzahl der pharmazeutischen Produkte von ausländischen Unternehmen angeboten wird, sind negative Auswirkungen auf den inländischen Wirtschaftsstandort zu erwarten.

Das Institut für Qualität und Wirtschaftlichkeit im Gesundheitswesen (§139a) sollte daher bei der Konstituierung seiner Methoden darauf gerichtet sein, dass dem Ziel einer Optimierung von Nutzen und Kosten nicht die Botschaft zum Opfer fällt, dass Innovationen auch in diesem Land gewünscht werden.

Literatur:

Bunker J. P., Frazier, H.S., Mosteller F. (1994): Improving health: measuring effects of medical care. In: Milbank Quarterly; 72: 225-258.

Gerl A., Barba, M., Liedl B., Zimmermann F., Clemm C. H. (2003): Hodentumoren. In: Tumorzentrum München (Hrsg.) Manual urogenitale Tumoren: 98-126.

Gothe H., Höer A., Hagenmeyer E. G., Häussler B. (2002): Die Bedeutung von innovativen Arzneimitteln für die Gesundheit der Bevölkerung in Deutschland. Schriftenreihe Strukturforschung im Gesundheitswesen, Sonderband 1, IGES-Eigenverlag, Berlin.

Hauf G., (1998): Tumorregister. Vom Datengrab zum Info-Management. http:trm.web.med.uni-muenchen.de/datzuinf.html (10.02.2004)

Morrison I., Smith R. (1994): The future of medicine (Editorial). In: British Medical

Verzeichnis der Referenten

Ahrens, Dr. iur. Hans Jürgen	Vorsitzender des Vorstandes des AOK Bundesverbandes, Bonn
Bausch, Dr. med. Jürgen	Ehrenvorsitzender der Kassenärztlichen Vereinigung Hessen, Frankfurt/Main
Cassel, Prof. Dr. rer. pol. Dieter	Lehrstuhl für Wirtschaftspolitik an der Universität, Duisburg, Duisburg
Ebsen, Prof. Dr.iur. Ingwer	Lehrstuhl für Öffentliches Recht, Johann-Wolfgang-Goethe-Universität Frankfurt, Frankfurt/Main
Gerdelmann, Dr. rer. pol. Werner	Mitglied des Vorstands, Verband der Angestellten-Krankenkassen e. V. / Arbeiter-Ersatzkassen-Verband e. V., Siegburg
Häussler, Prof. Dr. med. Bertram	Geschäftsführender Gesellschafter des IGES-Instituts für Gesundheits- und Sozialforschung GmbH, Berlin
Hoberg, Dr. rer. pol. Rolf	Stellvertretender Vorsitzender des Vorstandes des AOK Bundesverbandes, Bonn
Kaesbach, Wolfgang	Leiter der Abteilung Arzneimittel, Medizinprodukte und Heilmittel, Bundesverband der Betriebskrankenkassen, Essen
Knieps, Franz	Abteilungsleiter Gesundheitsversorgung, Bundesministerium für Gesundheit und Soziale Sicherung, Bonn
Kossow, Prof. Dr. med. Klaus-Dieter	Bundesvorsitzender des Bundesverbandes der Deutschen Allgemeinärzte – BDA, Achim, Uesen
Lohmann, Prof. Heinz	Vorstandssprecher der Landesbetrieb Krankenhäuser, LBK Hamburg, Hamburg
Münnich, Prof. Dr. rer. pol. Frank	Mitherausgeber des Gesundheitspolitischen Informationsdienstes Broll & Lehr, Königswinter
Schmacke, Prof. Dr. med. Norbert	Leiter der Arbeits- und Koordinierungsstelle Gesundheitsversorgungsforschung, Zentrum für Public Health, Universität Bremen, Bremen
Schmeinck, Wolfgang	Vorsitzender des Bundesverbandes der Betriebskrankenkassen, Essen

Schöffski, Prof. Dr. rer. pol. Oliver	Lehrstuhl für Gesundheitsmanagement der Universität Erlangen-Nürnberg, Nürnberg
Schönbach, Karl-Heinz	Leiter der Hauptabteilung Verträge des Bundesverband der Betriebskrankenkassen, Essen
Schulte, Gerhard	Vorstandsvorsitzender des Vorstandes des Landesverbandes der Betriebskrankenkassen in Bayern, München
Schwabe, Prof. Dr. med. Ulrich	Pharmakologisches Institut der Universität Heidelberg, Heidelberg
Sodan, Prof. Dr. iur. habil. Helge	Lehrstuhl für Staats- und Verwaltungsrecht, Öffentliches Wirtschaftsrecht und Sozialrecht an der Freien Universität Berlin, Berlin; Präsident des Verfassungsgerichtshofes des Landes Berlin, Berlin
Straub, Dr. med. Christoph	Vorstand, Leiter der Abteilung Unternehmensentwicklung der Techniker Krankenkasse Hamburg, Hamburg
Wille, Prof. Dr. rer. pol. Eberhard	Vorsitzender des Sachverständigenrates für die Konzertierte Aktion im Gesundheitswesen; Lehrstuhl für Volkswirtschaftslehre, Planung und Verwaltung, öffentliche Wirtschaft, an der Universität Mannheim, Mannheim
Zweifel, Prof. Dr. oec. publ. Peter	Institutsdirektor am Sozioökonomischen Institut der Universität Zürich, Zürich

Verzeichnis der Teilnehmer

Ahrens, Dr. iur. Hans Jürgen	Vorsitzender des Vorstandes des AOK Bundes-verbandes, Bonn
Albring, Dr. med. Manfred	Leiter der Abteilung Gesundheitswesen der Schering Deutschland GmbH, Berlin
Bausch, Dr. med. Jürgen	Ehrenvorsitzender der Kassenärztlichen Vereinigung Hessen, Frankfurt/Main
Becker, Maria	Referentin der Arbeitsgruppe Gesundheit der CDU/CSU-Bundestagsfraktion, Berlin
Bender, Birgitt	Gesundheitspolitische Sprecherin der Fraktion Bündnis 90/Die Grünen, Berlin
Cassel, Prof. Dr. rer. pol. Dieter	Lehrstuhl für Wirtschaftspolitik an der Universität, Duisburg, Duisburg
Dierks, PD Dr. iur. Dr. med. Christian	Rechtsanwalt und Arzt, Dierks & Bohle, Rechtsanwälte, Berlin
Ebsen, Prof. Dr.iur. Ingwer	Lehrstuhl für Öffentliches Recht, Johann-Wolfgang-Goethe-Universität Frankfurt, Frankfurt/Main
Flug, Dr. rer. nat. Michaela	Abteilung Gesundheitswesen der Schering Deutschland GmbH, Berlin
Fritze, Prof. Dr. med. Jürgen	Arzt für Neurologie und Psychiatrie, Verband der privaten Krankenkassen e. V., Köln
Gerdelmann, Dr. rer. pol. Werner	Mitglied des Vorstands, Verband der Angestellten-Krankenkassen e. V. / Arbeiter-Ersatzkassen-Verband e. V., Siegburg
Häussler, Prof. Dr. med. Bertram	Geschäftsführender Gesellschafter des IGES-Instituts für Gesundheits- und Sozialforschung GmbH, Berlin
Helming, Dr. med Hans-Joachim	Vorsitzender des Vorstandes der Kassenärztlichen Vereinigung Brandenburg, Potsdam
Hoberg, Dr. rer. pol. Rolf	Stellvertretender Vorsitzender des Vorstandes des AOK Bundesverbandes, Bonn

Holzgreve, Prof. Dr. phil. Dr. med. Alfred	Regionaldirektor Süd, Klinikum Neukölln, Vivantes Netzwerk für Gesundheit GmbH, Berlin
Hovermann, Eike, MdB	Mitglied des Gesundheitspolitischen Ausschusses der SPD-Bundestagsfraktion, Berlin
Jacobs, Dr. rer. pol. Klaus	Institutsleiter des Wissenschaftlichen Instituts der AOK, Bonn
Kaesbach, Wolfgang	Leiter der Abteilung Arzneimittel, Medizinprodukte und Heilmittel, Bundesverband der Betriebskrankenkassen, Essen
Klusen, Prof. Dr. rer. oec. Norbert	Vorstandsvorsitzender der Techniker Krankenkasse Hauptverwaltung, Hamburg
Knabner, Dr. rer. pol. Klaus	Abteilung Corporate Health Policy der Schering AG
Knieps, Franz	Abteilungsleiter Gesundheitsversorgung, Bundesministerium für Gesundheit und Soziale Sicherung, Bonn
Kohlhaas, Oliver	Abteilung Geschäftsentwicklung Deutschland, Leitung der Schering Deutschland GmbH
Kossow, Prof. Dr. med. Klaus-Dieter	Bundesvorsitzender des Bundesverbandes der Deutschen Allgemeinärzte – BDA, Achim, Uesen
Laschet, Helmut	Stellvertretender Chefredakteur der Ärztezeitung, Berlin
Lohmann, Prof. Heinz	Vorstandssprecher der Landesbetrieb Krankenhäuser, LBK Hamburg, Hamburg
Mehl, Eberhard	Hauptgeschäftsführer des Bundesverbands der Allgemeinärzte Deutschlands e.V., Köln
Meusch, Andreas	Leiter der Landesvertretung der Techniker Krankenkasse, Hauptverwaltung, Hamburg
Münnich, Prof. Dr. rer. pol. Frank	Mitherausgeber des Gesundheitspolitischen Informationsdienstes Broll & Lehr, Königswinter
Naase, Birgit	Gesundheitspolitische Referentin der FDP-Bundestagsfraktion, Berlin

Ober, Dr. med. Erika	Mitglied des Ausschusses für Gesundheit der SPD-Bundestagsfraktion, Berlin
Oberender, Prof. Dr. rer. pol. Peter	Lehrstuhl für Volkswirtschaftslehre der Universität Bayreuth, Bayreuth
Schäfer, Wolfgang	Vorsitzender der Geschäftsführung des Vivantes Netwerk für Gesundheit GmbH, Berlin
Schaub, Dr. rer. oec. Vanessa Elisabeth	Abteilung Gesundheitswesen der Schering Deutschland GmbH, Berlin
Schlander, Prof. Dr. med. Michael	Hochschule für Wirtschaft Ludwigshafen am Rhein, Alzenau
Schmacke, Prof. Dr. med. Norbert	Leiter der Arbeits- und Koordinierungsstelle Gesundheitsversorgungsforschung, Zentrum für Public Health, Universität Bremen, Bremen
Schmeinck, Wolfgang	Vorsitzender des Bundesverbandes der Betriebskrankenkassen, Essen
Schmidt, Peter	Referent der Arbeitsgruppe Gesundheit der SPD-Bundestagsfraktion, Berlin
Schöffski, Prof. Dr. rer. pol. Oliver	Lehrstuhl für Gesundheitsmanagement der Universität Erlangen-Nürnberg, Nürnberg
Schönbach, Karl-Heinz	Leiter der Hauptabteilung Verträge des Bundesverband der Betriebskrankenkassen, Essen
Schulte, Gerhard	Vorstandsvorsitzender des Vorstandes des Landesverbandes der Betriebskrankenkassen in Bayern, München
Schulte-Sasse, Dr. med. Hermann	Staatssekretär der Senatsverwaltung für Gesundheit, Soziales und Verbraucherschutz, Berlin
Schwabe, Prof. Dr. med. Ulrich	Pharmakologisches Institut der Universität Heidelberg, Heidelberg
Schwoerer, Dr. med. Peter	Stellvertretender Geschäftsführer des MDK Baden-Württemberg, Lahr
Seeger, Stefan	Geschäftsführer der Schering Deutschland GmbH, Berlin

Sodan, Prof. Dr. iur. habil. Helge	Lehrstuhl für Staats- und Verwaltungsrecht, Öffentliches Wirtschaftsrecht und Sozialrecht an der Freien Universität Berlin, Berlin; Präsident des Verfassungsgerichtshofes des Landes Berlin, Berlin
Straub, Dr. med. Christoph	Vorstand, Leiter der Abteilung Unternehmensentwicklung der Techniker Krankenkasse Hamburg, Hamburg
Verhees, Hans Günther	Stellvertretender Vorsitzender des Vorstandes der AOK Sachsen, Dresden
Weller, Michael	Stabsbereich Politik im AOK-Bundesverband, Bonn
Widmann-Mauz, Annette, MdB	Mitglied des Ausschusses für Gesundheit der CDU/CSU-Bundestagsfraktion, Berlin
Wille, Prof. Dr. rer.pol. Eberhard	Vorsitzender des Sachverständigenrates für die Konzertierte Aktion im Gesundheitswesen; Lehrstuhl für Volkswirtschaftslehre, Planung und Verwaltung, öffentliche Wirtschaft, an der Universität Mannheim, Mannheim
Wodarg, Dr. med. Wolfgang	Ausschuss für Gesundheit der SPD-Bundestagsfraktion, Berlin
Ziegenhagen, PD Dr. med. Dieter	Abteilungsleiter Medizin in der Hauptabteilung des Gesundheitsmanagements der Deutschen Krankenversicherung AG, Köln
Zweifel, Prof. Dr. oec. publ. Peter	Institutsdirektor am Sozioökonomischen Institut der Universität Zürich, Zürich

STAATLICHE ALLOKATIONSPOLITIK IM MARKTWIRTSCHAFTLICHEN SYSTEM

Band 1 Horst Siebert (Hrsg.): Umweltallokation im Raum. 1982.

Band 2 Horst Siebert (Hrsg.): Global Environmental Resources. The Ozone Problem. 1982.

Band 3 Hans-Joachim Schulz: Steuerwirkungen in einem dynamischen Unternehmensmodell. Ein Beitrag zur Dynamisierung der Steuerüberwälzungsanalyse. 1981.

Band 4 Eberhard Wille (Hrsg.): Beiträge zur gesamtwirtschaftlichen Allokation. Allokationsprobleme im intermediären Bereich zwischen öffentlichem und privatem Wirtschaftssektor. 1983.

Band 5 Heinz König (Hrsg.): Ausbildung und Arbeitsmarkt. 1983.

Band 6 Horst Siebert (Hrsg.): Reaktionen auf Energiepreissteigerungen. 1982.

Band 7 Eberhard Wille (Hrsg.): Konzeptionelle Probleme öffentlicher Planung. 1983.

Band 8 Ingeborg Kiesewetter-Wrana: Exporterlösinstabilität. Kritische Analyse eines entwicklungspolitischen Problems. 1982.

Band 9 Ferdinand Dudenhöfer: Mehrheitswahl-Entscheidungen über Umweltnutzungen. Eine Untersuchung von Gleichgewichtszuständen in einem mikroökonomischen Markt- und Abstimmungsmodell. 1983.

Band 10 Horst Siebert (Hrsg.): Intertemporale Allokation. 1984.

Band 11 Helmut Meder: Die intertemporale Allokation erschöpfbarer Naturressourcen bei fehlenden Zukunftsmärkten und institutionalisierten Marktsubstituten. 1984.

Band 12 Ulrich Ring: Öffentliche Planungsziele und staatliche Budgets. Zur Erfüllung öffentlicher Aufgaben durch nicht-staatliche Entscheidungseinheiten. 1985.

Band 13 Ehrentraud Graw: Informationseffizienz von Terminkontraktmärkten für Währungen. Eine empirische Untersuchung. 1984.

Band 14 Rüdiger Pethig (Ed.): Public Goods and Public Allocation Policy. 1985.

Band 15 Eberhard Wille (Hrsg.): Öffentliche Planung auf Landesebene. Eine Analyse von Planungskonzepten in Deutschland, Österreich und der Schweiz. 1986.

Band 16 Helga Gebauer: Regionale Umweltnutzungen in der Zeit. Eine intertomporale Zwei-Regionen-Analyse. 1985.

Band 17 Christine Pfitzer: Integrierte Entwicklungsplanung als Allokationsinstrument auf Landesebene. Eine Analyse der öffentlichen Planung der Länder Hessen, Bayern und Niedersachsen. 1985.

Band 18 Heinz König (Hrsg.): Kontrolltheoretische Ansätze in makroökonometrischen Modellen. 1985.

Band 19 Theo Kempf: Theorie und Empirie betrieblicher Ausbildungsplatzangebote. 1985.

Band 20 Eberhard Wille (Hrsg.): Konkrete Probleme öffentlicher Planung. Grundlegende Aspekte der Zielbildung, Effizienz und Kontrolle. 1986.

Band 21 Eberhard Wille (Hrsg.): Informations- und Planungsprobleme in öffentlichen Aufgabenbereichen. Aspekte der Zielbildung und Outputmessung unter besonderer Berücksichtigung des Gesundheitswesens. 1986.

Band 22 Bernd Gutting: Der Einfluß der Besteuerung auf die Entwicklung der Wohnungs- und Baulandmärkte. Eine intertemporale Analyse der bundesdeutschen Steuergesetze. 1986.

Band 23 Heiner Kuhl: Umweltressourcen als Gegenstand internationaler Verhandlungen. Eine theoretische Transaktionskostenanalyse. 1987.

Band 24 Hubert Hornbach: Besteuerung, Inflation und Kapitalallokation. Intersektorale und internationale Aspekte. 1987.

Band 25 Peter Müller: Intertemporale Wirkungen der Staatsverschuldung. 1987.

Band 26 Stefan Kronenberger: Die Investitionen im Rahmen der Staatsausgaben. 1988.

Band 27 Armin-Detlef Rieß: Optimale Auslandsverschuldung bei potentiellen Schuldendienstproblemen. 1988.

Band 28 Volker Ulrich: Preis- und Mengeneffekte im Gesundheitswesen. Eine Ausgabenanalyse von GKV-Behandlungsarten. 1988.

Band 29 Hans-Michael Geiger: Informational Efficiency in Speculative Markets. A Theoretical Investigation. Edited by Ehrentraud Graw. 1989.

Band 30 Karl Sputek: Zielgerichtete Ressourcenallokation. Ein Modellentwurf zur Effektivitätsanalyse praktischer Budgetplanung am Beispiel von Berlin (West). 1989.

ALLOKATION IM MARKTWIRTSCHAFTLICHEN SYSTEM

Band 31 Wolfgang Krader: Neuere Entwicklungen linearer latenter Kovarianzstrukturmodelle mit quantitativen und qualitativen Indikatorvariablen. Theorie und Anwendung auf ein mikroempirisches Modell des Preis-, Produktions- und Lageranpassungsverhaltens von deutschen und französischen Unternehmen des verarbeitenden Gewerbes. 1991.

Band 32 Manfred Erbsland: Die öffentlichen Personalausgaben. Eine empirische Analyse für die Bundesrepublik Deutschland. 1991.

Band 33 Walter Ried: Information und Nutzen der medizinischen Diagnostik. 1992.

Band 34 Anselm U. Römer: Was ist den Bürgern die Verminderung eines Risikos wert? Eine Anwendung des kontingenten Bewertungsansatzes auf das Giftmüllrisiko. 1993.

Band 35 Eberhard Wille, Angelika Mehnert, Jan Philipp Rohweder: Zum gesellschaftlichen Nutzen pharmazeutischer Innovationen. 1994.

Band 36 Peter Schmidt: Die Wahl des Rentenalters. Theoretische und empirische Analyse des Rentenzugangsverhaltens in West- und Ostdeutschland. 1995.

Band 37 Michael Ohmer: Die Grundlagen der Einkommensteuer. Gerechtigkeit und Effizienz. 1997.

Band 38 Evamaria Wagner: Risikomanagement rohstoffexportierender Entwicklungsländer. 1997.

Band 39 Matthias Meier: Das Sparverhalten der privaten Haushalte und der demographische Wandel: Makroökonomische Auswirkungen. Eine Simulation verschiedener Reformen der Rentenversicherung. 1997.

Band 40 Manfred Albring / Eberhard Wille (Hrsg.): Innovationen in der Arzneimitteltherapie. Definition, medizinische Umsetzung und Finanzierung. Bad Orber Gespräche über kontroverse Themen im Gesundheitswesen 25.-27.10.1996. 1997.

Band 41 Eberhard Wille / Manfred Albring (Hrsg.): Reformoptionen im Gesundheitswesen. Bad Orber Gespräche über kontroverse Themen im Gesundheitswesen 7.-8.11.1997. 1998.

Band 42 Manfred Albring / Eberhard Wille (Hrsg.): Szenarien im Gesundheitswesen. Bad Orber Gespräche über kontroverse Themen im Gesundheitswesen 5.-7.11.1998. 1999.

Band 43 Eberhard Wille / Manfred Albring (Hrsg.): Rationalisierungsreserven im deutschen Gesundheitswesen. 2000.

Band 44 Manfred Albring / Eberhard Wille (Hrsg.): Qualitätsorientierte Vergütungssysteme in der ambulanten und stationären Behandlung. 2001.

Band 45 Martin Pfaff / Dietmar Wassener / Astrid Sterzel / Thomas Neldner: Analyse potentieller Auswirkungen einer Ausweitung des Pharmaversandes in Deutschland. 2002.

Band 46 Eberhard Wille / Manfred Albring (Hrsg.): Konfliktfeld Arzneimittelversorgung. 2002.

Band 47 Udo Schneider: Theorie und Empirie der Arzt-Patient-Beziehung. Zur Anwendung der Principal-Agent-Theorie auf die Gesundheitsnachfrage. 2002.

Band 48 Manfred Albring / Eberhard Wille: Die GKV zwischen Ausgabendynamik, Einnahmenschwäche und Koordinierungsproblemen. 2003.

Band 49 Uwe Jirjahn: X-Ineffizienz, Managementanreize und Produktmarktwettbewerb. 2004.

Band 50 Stefan Resch: Risikoselektion im Mitgliederwettbewerb der Gesetzlichen Krankenversicherung. 2004.

Band 51 Paul Marschall: Lebensstilwandel in Ostdeutschland. Gesundheitsökonomische Implikationen. 2004.

Band 52 Eberhard Wille / Manfred Albring (Hrsg.): Paradigmenwechsel im Gesundheitswesen durch neue Versorgungsstrukturen? 8. Bad Orber Gespräche. 6. - 8. November 2003. 2004.

www.peterlang.de